사전학총서 1

동아시아 한자사전과 『한한대사전』

동양학연구원 편

단국대학교출판부

간 행 사

한국문화를 기축으로 한 동양문화 연구를 목적으로 동양학연구소가 발족한 것이 1970년 가을이었으니, 어언 40여 년의 세월이 흘렀다. 동양학연구소가 교책중점연구기관으로 승격되어 동양학연구원으로 이름을 바꾼 지도 햇수로 2년이 되었다. 그동안 동양학연구원에서는 매년 동양학학술회의(東洋學學術會議)를 개최하여 한국을 비롯한 동아시아 문화의 특성을 구명하기 위해 노력해 왔을 뿐 아니라 학술지 『동양학(東洋學)』을 간행하여 연구 성과를 공유해 왔으며 『동양학총서(東洋學叢書)』를 간행하여 연구자들에게 귀한 자료를 제공하기도 했다. 그러나 무엇보다 역점을 두어 추진해 온 사업은 『한한대사전(漢韓大辭典)』 편찬 사업이었다.

일찍이 우리말로 된 한자사전의 필요성을 절감하고 있었던 장충식(張忠植) 단국대학교 전 총장은 일석(一石) 이희승(李熙昇) 박사를 연구소장으로 모셔와 『한한대사전』 편찬을 위한 대장정에 첫 걸음을 떼었다. 1977년 한한대사전편찬실을 신설하고 그 이듬해부터 매년 이 작업에 참여할 편찬원들을 공채하여 강산이 세 번이나 변하는 30여 년의 세월을 투자한 끝에 2008년 10월 드디어 『한한대사전』을 세상에 내놓을 수 있었다. 『한한대사전』 16권과 『한국한자어사전(韓國漢字語辭典)』 4권을 보유하게 됨으로써 우리는 마침내 우리말로 된 한자사전을 이용하여 우리의 역사와 문화를 연구할 수 있게 되었다.

동양학연구원에서는 30여 년에 걸친 편찬 작업을 진행해오면서 사전 편찬에 대한 지식과 정보를 공유하고 대방의 의견을 수렴하기 위하여 다각적인 노력을 경주하여 왔다. 『동양학간보』의 발간과 사전학학술회의의 개최는 바로 그러한 노력의 일환이었다. 이번에 발간하는 사전학총서(辭典學叢書)는 그 같은 노력을 지속적으로 펼쳐나가겠다는 의지의 천명이다. 이번 사전학총서 발간을 계기로 숱한 공력을 요하는 사전 편찬 작업에 대한 정보교류가 다각적으로 이루어지고 새롭게 출발하는 사전학 분야의 연구도 활성화되기를 기대한다.

끝으로 사전학총서 제1집에 옥고(玉稿)를 수록하도록 허락해 주신 필자분들께 감사의 말씀을 드린다. 아울러 디지털한한대사전 편찬을 위하여 늦은 시간까지 편찬실의 불을 밝히고 있는 편찬원 여러분들께도 진심으로 감사의 말씀을 드린다.

2013년 1월 25일

단국대학교 동양학연구원장 서영수

머 리 말

일본의 『大漢和辭典』에 필적할 한자사전의 간행은 동양학연구원(구 동양학연구소)이 역점을 두고 추진해 온 대표적 사업이었다. 1977년 한한대사전편찬실을 설치하고 이듬해부터 본격적인 사전편찬작업에 들어간 지 15년 만인 1992년 『韓國漢字語辭典』 1권이 비로소 세상에 나왔다. 『한국한자어사전』은 우리나라에서만 사용된 한국 고유의 한자와 한자어를 집성한 사전으로 1996년 총 4권으로 완간되었다. 그 뒤 1999년에 마침내 『漢韓大辭典』 1권이 간행되었고, 2008년 9월 『한한대사전』 16권 전권이 완간됨으로써 30여 년에 걸친 대장정의 일단락을 보게 되었다.

중국, 대만, 일본 등 한자문화권에 속한 여러 나라에서는 일찍이 자국의 학문적 수준을 보여주는 대형 한자사전을 편찬해 낸 바 있었다. 일본의 『大漢和辭典』, 대만의 『中文大辭典』, 중국의 『漢語大詞典』이 바로 그것이다. 같은 한자문화권에 속해 있으면서도 그에 상응하는 대형 한자사전을 갖고 있지 못하였던 우리로서는 자존심에 상처를 입지 않을 수 없었다. 그러나 『한한대사전』이 완간됨으로써 우리도 문화적으로나 학문적으로 한자문화권에 속한 다른 나라와 어깨를 나란히 할 수 있게 되었다.

21세기로 접어들면서 또 한 차례의 변화가 몰아쳤다. 모든 정보가 온라인을 통하여 제공됨으로써 누구나 언제 어디서든 원하는 정보와 자료를 찾아볼 수 있는 시대가 된 것이다. 한자사전도 예외는 아니어서 온라인을 이용한 웹 사전이 등장하게 되었다. 이러한 흐름에 발맞추어 동양학연구원에서는 『한국한자어사전』과 『한한대사전』의 웹 서비스를 위하여 두 사전을 통합하고 DB화한 『통합디지털한한대사전』 편찬 작업을 진행하고 있다.

30여 년에 걸친 편찬 작업 끝에 『한한대사전』을 완간하고 『통합디지털한한대사전』을 준비하고 있는 동양학연구원에서는 그동안 쌓아온 사전 편찬에 대한 지식과 정보를 공유하는 한편, 학계의 다양한 고견을 구하고 수렴하기 위하여 다각적인 노력을 기울여 왔다. 『東洋學簡報』의 발행이나 사전학학술회의의 개최는 바로 그러한 노력의 일환이었다. 특히 사전학학술회의는 한자사전 편찬과 관련한 특정 주제를 설정하여 집중적으로 검토하는 기회로 삼았다. 그동안 개최되었던 사전학학술회의의 공동주제는 다음과 같다.

제1회 "東아시아 辭典의 歷史와 未來"(2008. 12. 17)
제2회 "東아시아 漢字辭典의 現況과 課題"(2011. 2. 18)
제3회 "東아시아 固有漢字의 國際標準化와 辭典編纂"
(2012. 2. 10)

이러한 과정을 통하여 축적된 사전 편찬에 대한 지식과 연구성과는 사전학의 기초를 다지는 밑거름이 될 것이다. '辭典學叢書'를 기획한 것은 이와 같은 성과를 하나로 묶어 출판함으로써 이 분야에 관심을 가지고 있는 이들의 이용에 편의를 도모하기 위해서이다. '사전학총서'의 발간을 계기로 숱한 공력을 요하는 사전 편찬 작업에 대한 정보 교류가 더욱 활발하게 이루어지고 이제 막 자리를 잡기 시작한 동아시아 사전학 분야의 연구도 활성화되기를 소망한다.

'사전학총서' 1집에 실린 글들은 그동안 『동양학간보』와 『한한대사전간행기』, 동양학연구원 주최 사전학학술회의에서 발표되고 『동양학』지에 실렸던 것들이다. 이 글들 중에서 집필 시점이 오래되어 한자 노출이 빈번하고 표기상 어색한 것들은 최소한의 수정을 가하였다. 하지만 대부분의 경우 집필 당시의 논점을 존중하여 가능한 한 원문 그대로 유지하고자 하였다. 한편 원어로만 게재되었던 중국·일본·대만 학자들의 논문은 이번에 새로 번역본을 추가하였다. 전체 13편의 글을 성격상 크게 둘로 나누어 제1부는 '『한한대사전』 편찬의 기본 방향'이라는 제목으로, 제2부는 '동아시아의 한자사전과 사전학'이라는 제목으로 편성하였다. 그 출처와 내용을 간략히 소개해 보면 다음과 같다.

제1부에 수록된 「『한한대사전』 편찬의 기본 방향과 체재」는 2008년 『한한대사전』을 완간하고 펴낸 『한한대사전간행기』에 실린 글이다. 이에 의하면 『한한대사전』은 우리나라 국학 및 동양학 연구의 필수적 도구를 제공한다는 데에 목적을 두고, 중국과 우리나라에서 사용된 모든 한자와 한자 어휘를 가능한 한 빠짐없이 수록했다고 한다. 수록 종류는 일반 어휘와 전문어 및 고유명사도 망라하여 백과사전적 면모를 갖추었다고 하였다. 또한 『한한대사전』은 문자나 어휘의 배열에 있어서 최대한 검색에 편리하도록 하고, 주석 등에 있어서도 쉬운 일상어를 사용하여 되도록 이용자의 편의에 맞추고자 하였다고 한다. 아울러 『한한대사전』의 편찬 지침과 체재 등을 간략하게 요약, 제시하여 독자의 이해를 돕고 있다.

이강로의 「『한한대사전』의 표제어 선정기준에 대하여」는 1984과

1985년 『동양학간보』 1~3호에 게재되었던 글이다. 이 글은 크게 두 편으로 구성되어 있는데, Ⅰ편은 한자어에 비해 비교적 간단한 구조를 가진 우리의 토박이말을 대상으로 표제어 선정기준에 대해 논하였다. 먼저 사전에 표제어로 선정되어야 할 말을 형태소의 단위와 낱말 단위로 나누고, 형태소에서는 기본형태소와 변이형태를 표제어 선정의 위치에서 어떠한 방법으로 어떻게 처리할 것인지를 설명하였다. 다음에는 낱말 단위에서 파생어가 성립되는 과정, 합성어를 만드는 과정들을 설명하고, 이런 말들을 표제어로 선정할 경우에는 어떠한 방법과 기준으로 선정할 것인지를 논하였다. 단위별로는 형태소는 기본변이형태이든 변이형태이든 누락 없이 표제어가 되고, 파생어나 합성어는 어학적으로 조건을 갖춘 것이면 모두 표제어로 올려야 한다는 요지로 결론을 내렸다. Ⅱ편은 『한한대사전』에서 실제로 처리하고 있는 한자어로 이루어진 표제어의 선정 기준에 대해 『대한화사전』, 『중문대사전』과의 비교를 통해 논하였다. 먼저 단자어 표제자와 복자어 표제자의 변별을 형태론적 기준과 통어론적 기준으로 논하였다. 다음에는 단자어와 복자어 이상으로 복잡한 구조를 가진 합성어의 통어론적 구성에 대해 살피고, 합성어를 표제어로 될 수 있는 단위, 표제어가 될 수 없는 단위, 표제어로서의 기준이 모호한 단위로 나누어 논하였다. 『한한대사전』의 표제어 선정은 『대한화사전』이나 『중문대사전』의 모호한 표제어 선정 기준에서 벗어나 보다 체계적인 선정 기준을 세워야 한다고 결론을 내렸다.

김동길의 「『한한대사전』에서의 자전적 분야에 대한 소고」는 1986년에서 1989년에 걸쳐 『동양학간보』 4~9호에 게재되었던 글이다. 이 글은 단어의 개념부터 정립하여 한한대사전편찬실에서 엮고 있는 『한한대사전』이 '자전+사전=한자어사전'으로 등식화되는 성격의 사전이며, 이를 다른 관점에서 본다면 '단자어자전+복자어사전=한자어사전'이란 등식으로도 그 성격을 규정지을 수 있다고 하였다. 이어서 자전(字典)의 성격을 고찰함에 한자의 개념, 문자의 주석방향, 문자의 배열방법을 서술하였다. 자형(字形)을 설명함에는 사적(史的)과 횡적(橫的) 측면에서 검토한 뒤 자형정리에 제기되는 문제들을 정리하였다. 끝으로 자음(字音)을 설명함에는 한자음의 특성, 한국한자음의 정착, 음운의 역사, 한자의 우리음을 고찰하였다.

정형도의 「『한한대사전』의 구건과 자형 정비」는 2012년 『동양학』 52집에 게재되었던 글이다. 이 글은 『통합디지털한한대사전』의 웹 서비스 사업의 일환인 웹 폰트 정비 · 개발과 관련해, 기존 인쇄용 서체를 웹 폰트로 전환하는 과정에서 발견된 자형상의 오류나 미비점을 검토하고 이를 수정 · 보완하려는 취지에서 작성되었다. 『한한대사전』 표제 한자 전체를 검토하고 IRG(국제한자특별위원회)에서 정리한 〈구건분석표〉를 참조하여 총 224개의 구건을 추출하였고, 추출된 구건별로 글꼴을 확정하였다. 그 과정에서 『강희자전』을 비롯한 전통 운서와 자서, 현재 통용되고 있는 한 · 중 · 일 삼국의 주요 사전 및 한국의 여러 기간 사전을 두루 참조함으로써 전통성과 보편성의 양대 축을 기준으로 종합적으로 판단하였다. 이는 추후 웹 기반에서 운용되어질 『통합디지털한한대사전』의 자형 표준화를 통해 광범위한 사용자들에게 한자 학습과 검자상의 편의를 제공할 뿐 아니라, 국가 차원의 표준 한자 제정 논의에 하나의 시안이 될 수도 있을 것으로 보인다.

박찬규의 「『한국한자어사전』에 수용된 이두 · 구결 · 차자어의 구성과 출전문헌」은 2012년 『동양학』 52집에 게재되었던 글이다. 이 글에서는 동양학연구소에서 펴낸 『한국한자어사전』에 수록된 이두·구결·차자어의 구성과 배열, 전거문헌에 대한 수록 종류나 범위를 고찰하였다. 이에 따르면 『한국한자어사전』에 실린 단어는 총 89,705개인데, 이 가운데 이두·구결·차자어는 4,475개로 전체의 약 5%를 차지하고, 각각의 구성비는 이두가 31.88%, 구결 7.79%, 차자 60.31%가 된다. 이들 어휘의 사전상 배열은 그 고유 발음에 따르지 않고 표기 한자의 기본 독음에 따라 배열하였는데, 이는 『한국한자어사전』이 일반 한자어까지 포함하여 수록하고 있어서 이들 어휘만을 고유음대로 배열한다면 사전 검색상 혼란이 오기 때문이라고 하였다. 『한국한자어사전』에서 이두·구결·차자어를 수록하기 위해 이용한 출전문헌의 종류는 227종이고, 이를 이용하여 총 4,475개의 단어에 대하여 모두 6,717건의 전거 자료를 채록하였다고 한다. 한편 『한국한자어사전』에서 이두·구결·차자어를 수록하기 위해 이용한 최초의 출전문헌은 8세기 대 「開寧葛項寺石塔記」이고, 227종의 출전문헌 가운데 단일 종으로는 14세기의 『大明律直解』가 641회로 가장 많은 이용 빈도를 보였다고 한다.

정재철의 「『한한대사전』의 편찬 방향과 사전사적 의미」는 2009년 『동양학』 46집에 게재되었던 글이다. 이 글은 2008년 완간한 『한한대사전』의 의미를 구체적 사례를 짚어가면서 살핀 글로, 『한한대사전』의 편찬 방향을 크게 자전적 분야와 사전적 분야로 나누어 설명하였다. 먼저 자전적 분야로 자형의 선정은 보수성과 편의성을 적절하게 취하였고, 자음은 통용성과 동음성을 고려하여 확정하였으며, 자의는 보존성과 보편성을 따져 분류하였다고 한다. 사전적 분야로서는 종합성과 독자성을 엄밀히 따져 어휘를 채록하였고, 주석과 예문은 정확성과 간결성을 원칙으로 삼았다고 하였다. 한편이 사전의 사전사적 의미에서는 『전운옥편』이나 『자전석요』 등의 고전 자서류를 거론하면서 이 뒤를 잇는 종합적인 자서로 『한한대사전』을 평가하였다. 또한 어휘사전으로서도 기존에 동양 삼국에서 간행된 『대한화사전』·『중문대사전』·『한어대사전』 등을 집성한 사전으로서 『한한대사전』의 사전사적 의미를 찾았다.

제2부에 수록된 윤승준의 「『한한대사전』의 편찬 과정과 향후 계획」은 2012년 『동양학』 52집에 게재되었던 글이다. 이 글은 30여 년에 걸친 『한한대사전』 편찬 과정과 향후 계획에 대하여 다루었다. 동양학연구소에서는 1977년 漢韓辭典의 필요성을 절감하고 있던 張忠植 전 총장의 요청에 따라 편찬계획안을 수립하고 '한한대사전편찬실'을 신설하였으며, 이듬해부터 본격적인 편찬 작업에 착수하였다. 사전 편찬 과정에서 본래 '전문 인력 20명에 14억 원의 예산으로 15년에 걸쳐 편찬한다.'는 계획안은 2차례 수정을 거쳤고, '한한대사전 편찬 특별대책위원회'까지 구성되어 사전 발간을 위한 각고의 노력을 기울인 끝에 2008년 『漢韓大辭典』 16책의 완간을 볼 수 있었다고 한다. 이보다 앞선 1996년 11월, 동양학연구소에서는 우리나라 고유의 한자와 한자어를 수록한 『한국한자어사전』 4책을 완간한 내용도 언급하였다. 또한 동양학연구소에서는 사전편찬 기간 동안 월례연구토의회, 『동양학간보』의 발간, 동양학연구소 도서실 운영 등 다양한 활동을 통해 『한한대사전』 편찬을 위한 토대를 구축하였다고 한다. 아울러 현재 '통합디지털한한대사전' 편찬 작업을 진행 중인 동양학연구원에서는 향후 '『한한대사전』의 웹 서비스를 통한 사회 기여', '학습용 및 전문 갈래 사전의 편찬', '사전학의 세계적 메카를 향한 학술 연구', 국사편찬위원회·한국고전번역원·한국학중앙연구원 등 '유관 기관과의 긴밀한 협력 사업' 등을

계획 추진 중에 있다고 한다.

서원남의 「중국 자서 편찬사에 대한 고찰」은 2003년 『동양학』 34집에 게재되었던 글이다. 이 글은 중국의 字書 편찬사를 통해 그 시대별 字書가 지닌 특성과 의의를 살폈다. 특히 字書의 탄생시기인 漢代에 역점을 두었다. 중국 고대 자서의 편찬은 시대적 요구에 맞게 지속적인 발전을 거듭해왔는데 선진시기와 서한의 문자교육용 기능을 지닌 식자과본 단계를 시작으로 편찬 체례와 원칙들이 세워졌고, 위진 및 당 · 송의 발전시기를 거쳐 명 · 청시기에 이르러 완전히 자리 매김을 하게 되었다고 한다. 兩漢의 자서편찬은 이러한 과정에서 매우 중요한 역할을 하였으며 『說文解字』가 좋은 예인데, 후대 중국 사전 편찬의 발전을 선도했다고 한다. 이렇듯 한대에는 사전이 독립적인 영역을 구축하여 『爾雅』 등 전문화된 성격을 띤 자서들이 편찬되었다고 한다. 이러한 것을 기초로 수 · 당 · 송 · 원을 거쳐 명 · 청시기에 괄목할 만한 발전을 이룩하였고, 이러한 과정 속에서 중국의 자서는 경학과 한자의 발전에 공구서로서의 주도적인 역할을 하였다고 한다. 또한 이전 시대의 문헌 해석을 위한 중요한 교량 역할과 문화의 계승 및 전달자로서의 역할도 담당했다고 한다.

金健人의 「『한어대사전』의 편찬 과정과 내용상의 특징」은 2009년 『동양학』 46집에 게재되었던 글이다. 이 글은 『漢語大詞典』의 편찬 제안부터 편찬 과정과 사전의 특징을 상세하게 소개하였다. 이에 따르면 『漢語大詞典』은 1964년 12월 20일, 제3기 전국인민대표대회 제1차 회의에서 安徽師大 장조화(張滌華) 교수의 ≪漢語大詞典≫ 편찬 제안을 시작으로, 주은래(周恩來) 총리와 등소평(鄧小平)의 지지 하에 1980년 1월 1일 ≪漢語大詞典≫ 편찬처가 정식으로 성립되었다고 한다. 이어 화동(華東) 5省 1市의 43개 편찬 단위의 72인의 학자들이 편집위원회를 구성하여 '共時性'과 '歷時性'을 고려하여 어휘를 수록하고, '古今兼收, 源流幷重'의 방침에 따라 편찬하였다고 한다. ≪漢語大詞典≫의 내용상의 특징은 최초 자료와 내재적인 연계, 전면적인 내용과 풍부한 자료, 정확한 석의와 의항, 풍부하고 믿을만한 문헌근거 등을 들어 설명하였다.

강용중의 「중국 역사언어사전의 현황과 과제」는 2011년 『동양학』 50집에 게재되었던 글이다. 이 글은 중국에서 수행한 역사언어연구와 그 사전화 작업의 맥락을 소개하고 나아가 우리나라에서 기획하고 있는 다양한 대형 사전 작업에 일조하고자 작성하였다고 한다. 그간 중국에서 진행된 역사언어연구와 사전화 작업 중 근대중국어 시기의 어휘는 연구사의 독특한 배경으로 말미암아 대형 언어사전에 전면적으로 반영되지 못하였는데, 이 근대중국어 시기의 언어성분을 대형사전에 체계적으로 반영하고 수록하는 것은 기존 사전의 한계를 극복할 수 있는 중요한 작업이 될 것이라고 한다. 이를 위하여 우선 중국 사전학계에서 사용하고 있는 여러 개념과 연구 성과를 소개하고, 지금까지 간행된 7종의 근대중국어 역사언어사전을 개략적으로 분석하였다. 결론에서는 근대중국어 역사언어사전의 한계적 상황을 극복할 수 있는 대안으로 다음의 두 가지 방안을 제시했다. 한 가지는 원문DB의 활용을 통한 표제어 의미체계의 재구성 및 정련화이고, 또 한 가지는 중고 및 근대중국어 시기의 상관 저작을 대상으로 다양한 장르의 대표성이 있는 언어연구 저작을 정리하고 이를 DB화하는 작업 등이다.

森博達의 「일본 한자사전의 역사」는 2009년 『동양학』 46집에 게재되었던 글이다. 이 글에서 필자는 일본 한자사전사를 다음과 같이 정리하고 있다. 일본 한자사전의 원시적 형태는 7세기의 목간 2점(滋賀県 북쪽 大津 '音義'목간, 奈良県 飛鳥池 '字書'목간)과 8세기말의 『新訳華厳経音義私記』이다. 현존 일본 最古의 字書는 『篆隷万象名義』, 義書는 『和名類聚抄』, 운서는 『東宮切韻』이다. 초기의 漢和字典은 헤이안시대의 字書 『新撰字鏡』에서 시작되었다. 가타카나(片仮名)와 한문훈독의 축적으로 헤이안 후기부터 院政期에 漢和字典인 『類聚名義抄』가 편찬되었다. 院政期에는 한문의 日本化에 대응한 『色葉字類抄』 등이 나오고, 무로마치시대에는 가타카나로 字音과 倭訓을 표기한 『倭玉篇』과 義書 『下學集』, 韻書 『聚分韻略』이 출현하였다. 에도시대 字書의 특징은 明나라 『字彙』의 영향을 받아 字書인 『增續大廣益会玉篇大全』처럼 표제글자의 배열에 획수를 도입한 것이다. 또한 당시 중국어의 白話語彙나 白話文을 수록한 唐話辭書類도 많이 편찬되었다. 메이지시대에는 字書도 근대화되어, 현대 漢和辭典의 구성은 字書 『漢和大辭典』(三省堂, '漢和'를 최초사용)에서 비롯되었다. 다이쇼시대에는 글자의 획, 총획, 음훈과 같은 3종의 검색법을 수록한 『大辭典』(啓成社)이 대표적이고, 쇼와시대의 대표적인 漢和辭典은 『大漢和辭典』(大修館書店)이다. 현재의 한화사전은 古漢語辭典과 일본어한자어사전이라는 두 가지 측면을 가지고 있다고 한다.

沈寶春의 「古今共構, 內外互補 - 대만 ≪중문대사전≫과 ≪이체자자전≫ 편찬을 예로 하여 -」는 2009년 『동양학』 46집에 게재되었던 글이다. 이 글은 대만에서 출판된 어문류(語文類) 사전의 현황을 소개한 글이다. 대만은 1988년 이후 종이 사전뿐만 아니라 인터넷 사전에서도 큰 성과를 거두었으므로, 이 글에서는 먼저 1988년 이후 대만에서 출판된 어문류 사전의 현황을 국어사전, 민남어(閩南

語) 사전, 원주민 언어사전, 인터넷 및 CD-ROM 전자사전의 분야로 나누어 소개하였다. 다음으로 대만의 자랑인 『중문대사전』과 『이체자자전』에 대해 소개하였다. 『중문대사전』에 대해서는 편찬과 취지, 자료의 출처, 특징과 결점 및 앞으로 수정할 점과 보완할 점에 대해 소개하였다. 『이체자자전』에 대해서는 편찬, 특징과 결점 및 앞으로 수정할 점과 보완할 점에 대해 소개하였다. 마지막으로 고금의 문헌을 모두 아우르고 있는 『중문대사전』, 대만의 한자뿐만 아니라 일본과 한국의 한자까지 범위를 확대한 『이체자자전』이 앞으로 더욱 발전하여 국제화 시대, 정보화 시대에 발맞추어 검색과 이해 등에 있어서 이용자에게 편의를 제공할 것이라 당부하였다.

이상으로 이 책에 수록된 12편 글의 내용을 간략히 개관하여 보았다. 모쪼록 이 책을 통하여 동아시아 한자문화권의 각국이 서로의 단점을 보완하고 보다 양질의 한자사전을 갖출 수 있도록 하는 계기가 되었으면 한다.

끝으로 '사전학총서' 제1집에 귀한 글을 게재하도록 허락해 주신 필자분들께 감사의 뜻을 전한다. 아울러 교내외의 어려운 여건 속에서도 『한한대사전』이 기획되고 완간될 수 있도록 격려와 지원을 아끼지 않으신 張忠植 단국대학교 전 총장님과 張淏星 총장님께 깊은 감사의 말씀을 드린다. 또한 어려운 내용의 책을 신세대 독자들도 쉽게 이해할 수 있도록 잘 만들어주신 단국대학교 출판부 관계자 여러분에게도 고마운 마음을 전한다.

2013년 1월 25일
단국대학교 동양학연구원 편찬실

동아시아 한자사전과 『한한대사전』

제1부

『한한대사전』 편찬의 기본 방향

『한한대사전』 편찬의 기본 방향과 체재

단국대학교 한한대사전편찬실

『한한대사전』은 고대로부터 지금까지 한자문화권에서 사용해 온 한자와 한자어를 광범위하게 수합하고 체계적으로 정리하여, 이해하기 쉬운 말로 주석하고 용례를 수록한 사전입니다.

본 사전은 오랜 기간 동안 축적된 우리의 문화를 이해하고 계승하는 길잡이 역할을 하며, 아울러 국학 및 동양학 연구의 필수적 도구를 제공한다는 데에 그 목적을 두었습니다.

기존에 간행된 운서 · 자서 · 사전 등을 총 망라하여 집대성하고, 중국의 고문헌과 우리 선조들의 한문 문헌에서 자료를 채록하여 한자문화권에서 사용된 모든 한자와 한자 어휘를 가능한 한 빠짐없이 수록하고자 하였습니다. 또한 일반 어휘뿐만 아니라, 제도어 · 종교어 등 전문어와 함께 지명 · 인명 · 서명 · 동식물명 · 광물명 등 고유명사도 수록하여, 백과사전적 면모도 갖추고자 하였습니다.

본 사전은 우리나라 이용자의 편의에 역점을 두었습니다. 문자의 배열은 부수별 배치 하에 한글음의 가나다순으로 배열하여 검색을 편리하도록 하였고, 어휘의 배열은 국어사전식 배열을 도입하여 누구나 쉽게 필요한 어휘를 찾을 수 있도록 하였습니다. 풀이말은 최대한 일반 독자들이 쉽게 이해할 수 있도록 현재 우리나라에서 사용되는 일상 언어를 적절하게 구사하였고, 전거를 밝히기 위해 예문을 가능한 한 풍부하게 실었습니다. (단, 우리나라에서 만들어진 한자와 선인들이 독특하게 변용하여 사용한 어휘는 이미 출간된 『한국한자어사전』에 수록하였음을 밝혀둡니다. 향후 『한한대사전』과 『한국한자어사전』의 통합 발간을 기대하고 있습니다.)

그 결과 『한한대사전』은 전 16권(색인 포함), 본권 20,464면, 표제자 53,667자, 어휘 약 450,000여 단어로 이루어져 지금까지 간행된 한자 사전 가운데 가장 방대한 저작물이 되었습니다. 이는 총 소요기간 31년에 원고 총 212만 매의 토대 위에 이루어진 성과입니다. 이 성과로 인하여 우리나라의 국학 연구자들이 소규모의 한문사전이나 중국과 일본의 한문 사전에 의존해 오던 불편을 어느 정도 해소할 수 있을 것이며, 나아가 인문 · 사회 · 교육 등 각종 분야에서 다양하게 활용되리라 기대합니다.

사전을 편찬하는 데 있어서 가장 어려운 문제 가운데 하나는 엄청난 양의 한자를 텍스트화하는 것이었습니다. 2000년도 이전까지만 하더라도 정부에서 지정한 4,880자 이외의 한자를 텍스트화하는 작업은 아주 초보적인 수준이었습니다. 이를 해결하기 위하여 사전 출간 초기부터 서울시스템(현 에듀패스)과 제휴하여 자체적으로 전산실을 운영하면서 매년 전산 전문가 3~6명을 상주시켜, 전산 폰트를 직접 제작하고 신출 서체를 개발하여 약 62,400여 자의 한자 폰트를 구축할 수 있었습니다. 또한 한자의 생성과 발전을 볼 수 있는 고문자를 갑골문 · 금문 · 소전의 순서로 이미지 파일로 제작하고 사전에 수록하여 향후 전산화 과정을 거친 뒤에 전자정보로서도 일목요연하게 이용될 수 있도록 하였습니다. 이러한 성과는 사전의 출간뿐만 아니라, 차세대의 전달 매체인 전산 정보 구축과 전자 출판의 토대를 마련한 것이라고 자부합니다. 다만, 사전을 편찬하는 중에 전산 기술의 발달로 인하여 초기에 간행된 4권은 구형 프로그램으로 입력된 활자라 다시 변환해야하는 것이 아쉬움으로 남습니다.

사전 편찬에 연인원 약 20만 명(상시 재직인원 15~20명)의 편찬원이 동원되었습니다. 또한 외부 주석자, 편찬보조원, 교정원 등 많은 인력이 참여하였습니다. 여기에는 한학자, 국문학자, 중문학자, 사학자 등 다양한 분야의 학자들이 포함되었습니다. 그러나 각기 다른 전공자끼리 서로 조화를 이루고 중진과 신진 사이의 괴리와 혼선을 극복하는 것은 큰 어려움 중의 하나였으며, 작업을 진행하면서 때로 토론이 논쟁으로, 논쟁이 언쟁으로 전개되기도 하였습니다. 결국 불모지에서 터전을 잡아 온 선배 편찬원들의 열정과, 목적지를 향해 끊임없이 달려 온 후배 편찬원들의 사명감이 조화되어 오늘 이 사전의 완간이라는 영광을 맞이하게 된 것입니다.

또한 앞선 성과물이 없었다면 『한한대사전』의 편찬은 결코 쉽지 않았을 것입니다. 우선 일본의 『대한화사전(大漢和辭典)』, 대만의 『중문대사전(中文大辭典)』, 중국의 『한어대자전(漢語大字典)』·『한어대사전(漢語大詞典)』 및 『중국역대인명대사전(中國歷代人名大辭典)』·『중국역사지명대사전(中國歷史地名大辭典)』에 큰 도움을 받았음을 밝힙니다. 그리고 고려대학교 『중한사전(中韓辭典)』은 중국 사전의 주석문을 독해하는 데에 도움을 주었으며, 국립국어연구원 『표준국어대사전』과 민중서림 『漢韓大字典』 및 교학사 『敎學大漢韓辭典』에서도 실질적인 도움을 받았습니다. 또한 전자판 ≪사고전서(四庫全書)≫, 대만중앙연구원 ≪한적전자문헌(漢籍電子文獻)≫, 대만교육부 ≪이체자자전(異體字字典)≫, ≪전자판 조선왕조실록≫, 한국고전번역원 ≪한국문집총간≫ 등의 전자 자료가 없었다면 짧은 시간에 필요한 자료를 검색하는 것이 불가능하였을 것입니다. 이 자리를 빌어 깊은 감사를 표합니다.

『한한대사전』의 편찬 지침과 체재 등을 요약·제시하여 독자 여러분의 이해를 돕고자 합니다.

1. 편찬의 기본 방향

1) 중국의 문헌과 이를 바탕으로 이루어진 기간의 운서·자서·사전 등의 문자와 한자어를 수합·정리하여 『한한대사전』의 체재에 맞게 배열·주석하였다.
2) 한자문화권에서 사용되며 한자의 제자 원리에 의하여 만들어진 문자는 빠짐없이 수록하는 것을 제일의 원칙으로 하였고, 그 근거 자료는 중국의 고문헌과 우리 선조들의 한문 문헌에서 채록하였다.
3) 우리 문헌에서 채록한, 우리 선조들에 의하여 만들어진 한자와 우리 선조들만이 독특하게 변용하여 사용한 한자어는 이미 출간된 『한국한자어사전』에 실려 있으므로 『한한대사전』에서는 일단 제외하였다.
4) 일본 사람들에 의하여 만들어진 한자와 한자어는 우리의 문헌과 밀접한 관계가 있는 것만을 선별하여 수록하였다. 다만 최남선 편찬의 『신자전(新字典)』 『일본속자부(日本俗字部)』

에 실린 일본 한자는 당시 우리 선인들도 썼다고 여겨 대체적으로 수록하였다.

5) 중국의 백화어(白話語)는 한문 고전 독해에 필요한 고백화(古白話 : 初期白話)만 싣고 현대 백화어는 싣지 않았다. 조선시대의 중국어교본인 『박통사언해(朴通事諺解)』·『역어유해(譯語類解)』·『노걸대언해(老乞大諺解)』 등의 당시 백화어도 신빙성이 있는 것만을 선별하여 수록하였다.

6) 한문 고전을 독해하는데 필요한 사전을 만든다는 기본 방향에 따라 각 한자어의 존재를 증명할 수 있는 출전과 예문이 확실한 어휘만을 수록하였다. 일반적으로 많이 쓰이고 국어사전에 수록된 한자어라도 출전과 예문이 없거나 근현대에 만들어진 어휘는 수록하지 않았다.

7) 『한한대사전』은 일반 어휘뿐만 아니라, 제도어·종교어 등 전문어와 함께 지명·인명·서명·동식물명 등 고유명사도 수록하여, 종합 사전의 면모를 갖추고자 하였다.

2. 수록 범위

1) 문자의 수록 범위

① 한자의 제자 원리에 의하여 만들어진 문자는 모두 싣는 것을 원칙으로 하였으나 우리 선조들이 만들어 쓴 한국한자는 기간의 『한국한자어사전』에 수록하였으므로 제외하였다.

② 자형(字形)에 있어서 이형동자(異形同字)가 여럿 있어도 그

각각의 글자를 독립된 문자로 인정하여 수록하였다.

③ 자체(字體)는 해서의 명조체를 표준자체로 삼고, 여러 자서(字書)나 운서(韻書)의 글자꼴이 다른 경우는 무영전판(武英殿版) 『강희자전(康熙字典)』의 글자꼴을 표준으로 하였다.

④ 현대 중국인이 특수한 목적으로 만들어 쓴 도량형이나 화학 명사 등의 문자도 수록하였으나 현재 백화어에서만 쓰이는 글자와 간화자(簡化字)는 표제자로 수록하지 않았다.

2) 어휘의 수록 범위

① 일반어 · 파생어 · 합성어 · 고사숙어 · 격언 · 속담 등은 모두 수록하였다.

② 시의 한 구절이나 산문격(散文格)의 긴 성구(成句)는 수록하지 않았다.

③ 파생어는 접사(接辭)의 유무가 기본어의 어의(語義)에 영향을 미치지 않는 것은 수록하지 않았다.

例 : 一般(수록함)　　一般的(수록안함)

④ 합성어는 단어 결합의 적합성, 사용 빈도, 구성 단어와 합성어의 의미상의 차이 등을 고려하여 수록하였다.

例 : 架屋疊牀(수록함)　　依違鶻突(수록안함)

⑤ 도치형 어휘나 동의어 · 이표기어(異表記語) · 약어(略語) 등은 모두 수록하였다.

例 : 放釋 ↔ 釋放,　　假告 ↔ 告假

矜閔 · 矜憫,　　凌礫 · 凌轢,　　科斗文字 · 蝌蚪文字

竹林七賢 ↔ 竹林,　　蠶績蟹匡 ↔ 蠶蟹

⑥ 백화어는 기간 사전에서의 수록 여부와 한문 고전 독해의 필요성 등을 고려하여 고백화어 위주로 실었다.

⑦ 인명 · 지명 · 서명 등의 고유명사와 제도어 · 종교어 등의 전문어는 모두 수록하는 것을 원칙으로 하되, 한문 고전의 독해에 필요하지 않다고 판단되는 것은 수록하지 않았다.

3. 문자와 어휘의 배열

1) 문자의 배열

① 『강희자전』의 214부수 분류법에 따라 배열하였다.

② 동일 부수에서는 먼저 획순으로, 동일 획수에서는 한글 음의 순서에 따라 가나다순으로 배열하였다. (※이것은 우리나라에서 출판 된 자전과 한문 사전 가운데에서 최초로 적용한 배열 방식이다.)

③ 음이 둘 이상이 있는 글자는, 쓰임의 빈도수가 많아 대중적인 음으로 인정되는 음순으로 배열하였다.

例 : 數 → ① 수 ② 삭 ③ 촉
樂 → ① 악 ② 락 ③ 요
湛 → ① 침 ② 담 ③ 점 ④ 음 ⑤ 임

④ 음 미상의 글자는 동일 부수, 동일 획수의 가나다순으로 배열한 글자의 끝에 배열하고, 이런 글자가 둘 이상일 때는 『강희자전』의 배열 순서에 따랐다.

⑤ 여러 자전이나 사전에서 부수를 다르게 적용한 글자는 『강희

자전』의 부수를 따랐다.

例 : 萬=艸部　　曼=曰部

2) 어휘의 배열

① 표제어의 둘째 이하의 자음(字音)에 따라 가나다순으로 배열하였고, 둘째 이하의 글자가 동음·동획일 때는 한자의 부수순으로 배열하였다.

② 어휘 첫머리 한자의 자음(字音)이 여럿인 경우라도 둘째 자음의 순서로 배열하였다.

③ 기본 어휘에 한 글자나 그 이상의 글자가 붙어서 된 어휘(파생어)는 그 기본 어휘와 의미상의 관련 여부를 고려하지 않고 그 기본 어휘 【 】(흑발) 밑에 모아 〖 〗(백발)로 묶고 가나다순으로 배열하였다.

例 : 【子孫 자손】 아들과 손자. 또는 후손.
〖子孫計 자손계〗 자손을 위한 계책.
〖子孫瑞 자손서〗 여자의 초경을 이르는 말.
〖子孫之謀 자손지모〗 = 子孫計.

4. 문자와 어휘의 주석

1) 문자의 주석

① 『설문해자(說文解字)』의 자원(字源)에 해당하는 내용을 해당 문자 밑에 제시하여 한자의 중요한 요소의 하나인 자원으로

참고하도록 하였다.

② 字形은 해서 명조체를 표준 자형으로 삼고 글자꼴은 무영전판 『강희자전』의 글자꼴을 표준으로 삼았다.

③ 『강희자전』의 표준 자형보다 그 속자가 후대에 와서 더욱 널리 통용되고 있는 글자는 그 속자를 표준 자형으로 삼았다.
例 : 腳(강희자전) → 脚(속자. 속자를 표준 자형으로 삼음)

④ 문자의 주석은 표준 자형에서만 하고 그 외의 본자(本字)·고자(古字)·주문(籀文)·속자(俗字)·동자(同字)·약자(略字)·와자(譌字) 등에는 표준 자형과의 관계만 밝혔다.

⑤ 『광운(廣韻)』·『집운(集韻)』 등의 운서에 의거하여 사성(四聲)·반절(反切)·직음(直音)·병음(拼音)을 제시하였다.

⑥ 자음(字音)은, 한국음은 한글로, 중국음은 로마자로 적시하되, 기간 사전이나 자전의 음이 일치하지 않을 경우에는 반절에 의거하여 음을 확정하거나 직음(直音)을 준용하여 음을 적시하였다.

⑦ 본음 관용음이 다를 경우에는 관용음을 먼저 적시하고 본음은 ( )안에 적시하였다.

⑨ 문자의 성음(聲音)은 운통(韻統)에 따라 ㊀㊁㊂㊃……로 나누어 제시하였다.

⑩ 고문자(古文字)를 갑골문(甲骨文)·금문(金文)·소전(小篆)의 순서로 일정한 체재에 따라 제시하여 한자의 생성과 발전을 볼 수 있게 하였다.

2) 어휘의 주석

① 어휘의 주석은 필수 요건으로서 표제어·독음·어의와 보조

요건으로서 보충 설명·관련어·참고어 및 출전과 예문으로 구성하였다.

② 표제어는 합성어나 성구(成句)와 같은 장문(長文)으로 되어 있더라도 떼지 않고 붙여 썼다. 단, 독음은 구두에 따라 떼어서 적시하였다.

例 : 【入吾室操吾矛 입오실 조오모】

【千日斫柴一日燒 천일작시 일일소】

③ 표제어의 개별 한자가 동자(同字)·통용자(通用字)·약자(略字) 등의 이체자(異體字)로도 쓰는 어휘는 해당 표제어 머리글자 다음 글자의 ( )안에 그 이체자를 넣어 제시하고 별도의 표제어를 만들지 않았다. 또한 표제어의 머리글자는 해당 글자의 자해(字解)에서 그 관계를 밝히고 표제어로 만들지 않았다.

例 : 【窮途(塗) 궁도】 【精熟(孰) 정숙】

④ 동일 표제어 안에서 한자의 음이 둘 이상으로 읽는 경우는 1 2 3으로 나누어 독음을 달았다.

例 : 【三見 1삼견 2삼현】 【三樂 1삼락 2삼요 3삼악】

⑤ 표제어의 독음은 한글 문법상의 제 규칙을 지켜 독음을 달되, 한자의 본음과 현실음이 다른 경우는 본음을 제시한 다음 보편화된 현실음을 제시하였다.

例 : 【十月 십월→시월】·【分數 분수→푼수】

⑥ 중국 변방 소수민족의 지명·인명 등의 고유명사는 표제어에는 한자음을 제시하고 주석문에서는 그 지역 고유의 발음을 밝혀 주석하였다.

例 : 【拉薩 납살】 티베트의 수도인 라싸(Lhasa)의 음역.

【成吉思汗 성길사한】 원 태조(元太祖) 칭기즈칸(Chingiz khan)의 한자식 이름.

⑦ 한 항목의 표제어에 여러 갈래의 뜻이 포함되어 있는 어휘의 주석 순서는, 일반어, 전문어, 고유명사 순으로 주석하였다. 또 일반어는 중국, 한국, 일본 어휘의 순서로, 전문어는 제도, 종교, 동식광물, 배화어휘의 순서로, 고유명사는 지명, 인명, 서명, 사건 어휘의 순서로 구별하여 주석하였다.

⑧ 동일 표제어에서 파생된 개별적 뜻갈래가 여럿 있는 어휘는 각각의 뜻갈래 앞에 ㊀㊁㊂의 기호를 붙여서 구별하고, 하위 분류는 ①②③, 그 아래 분류는 ㉮㉯㉰로 하였다.

⑨ 둘 이상의 표제어의 의미가 완전히 같은 동의어일 때는 표준이 되는 표제어에만 주석을 하고, 그 이외의 표제어에는 동의어 표시로 '='를 사용하여 그 관계만 나타내고 주석은 생략하였다.

⑩ 표제어의 머리글자가 서로 다른 동의어나 서로 연관된 의미가 있는 표제어는 간략한 주석을 한 다음 '⇨' 기호를 사용하여 그 관계를 맺어주었다.

⑪ 준말의 주석은, 표제자의 머리글자가 같은 어휘는 한자를 노출하여 "○○○의 준말"로 주석하고, 머리글자가 다른 어휘는 한글을 적고 한자를 ( )에 넣어 주석하였다.

例 : 【樞使 추사】 樞密使의 준말.

【沐冠 목관】 沐猴而冠의 준말.

⑫ 근·현대에 정의된 용어로 학파·문학론·역사·사상·풍속·민속 등에 관한 용어는 출전이나 예문이 없더라도 그 용어가 차지하는 비중에 따라 표제어로 실었다.

例 : 桐城派, 江西學派, 前七子, 公安派 등

⑬ 종교어와 백화어는 그 어휘의 성격을 쉽게 알 수 있도록 불교 용어는 佛, 도교 용어는 道, 백화어는 白의 약물(約物)을 넣어 구별하였다.

⑭ 동일 전문어에 여러 뜻갈래가 있는 어휘의 주석 순서는 제도어, 종교어, 의학용어, 동식물명, 학술용어 순으로 하였다.

⑮ 고유명사의 주석 순서는 지명, 인명, 서명, 사건명 순으로 하였다.

⑯ 지명은 지역의 비중이 크고 역사적 사실이 확실한 지명만을 선정하여 주석하였으며, 행정 구역을 설치한 왕조와 행정 소재지가 있었던 지역을 현재의 지명으로 밝혔다. 또한 동일 지명이 역대의 왕조에서 여러 행정 구역으로 바뀐 곳은 주(州) · 부(府) · 군(郡) · 현(縣) 등 행정 구역이 큰 순서로 주석하였다.

⑰ 인명의 수록 연대는 19세기(淸末)까지로 제한하였다. 단, 청말민국초(淸末民國初)의 인물이라도 역사적 문화적 영향이 크다고 인정되는 인물은 선별 수록하였다.

⑱ 성명 이외에 자(字) · 호(號) · 별호(別號) · 시호(諡號) · 봉호(封號) 등도 표제어로 수록하고 그 주석된 인물과 관련하여 볼 수 있게 하였다.

⑲ 신화 · 전설상의 인물이나 문학 작품 속의 인물이라도 고전 독해에 도움이 되는 인물은 수록하였다.

⑳ 서명(書名)은 경(經) · 사(史) · 자(子) · 집(集)의 옛 전적을 망라하여 수록하고 단행본의 편명(篇名)과 중요한 시가나 소설 등의 작품명도 표제어로 수록하였다.

5. 출전과 예문

1) 출전

① 사전의 출전과 예문은 표제어의 이해에 주석문 못지않은 지위를 차지하며, 아울러 색인 역할까지 겸하고 있기 때문에 매우 신중히 다루었다.

② 출전의 선정은 고문헌 중에서도 가장 보편화 된 전적으로 하되, 경전류(經傳類)·제자백가류(諸子百家類)·정사류(正史類)·역대 문인(文人)들의 시문 등을 가장 우선순위에 두었다.

③ 출전의 제시는, 조대(朝代)와 저자명은 출전 약호(≪ ≫) 앞에 제시하고, 서명, 권수, 편명, 제목 등의 순서로 약호 안에 넣어 제시하였다.

④ 출전 중 사서오경(四書五經)·제자백가(諸子百家)·이십오사(二十五史) 등과 같이 일반적으로 널리 알려진 전적은 조대와 저자명을 생략하였다.

⑤ 한 글자나 어휘에 둘 이상의 예문을 수록할 때에는 자서(字書)와 경전(經典)의 출전을 가장 앞에 싣고 나머지는 편찬 시대 순으로 실었다.

⑥ 시(詩)·사(詞)·곡(曲)·투곡(套曲) 등의 문학 작품은 제목에 '詩'나 '詞'자가 없더라도 제목의 끝에 '詩'나 '詞'를 붙여 제시하여 글의 성격을 알 수 있게 하였다.

⑦ 경전·제자서의 주소(注疏)는 해당 예문의 끝에 주소한 사람의 성(姓)이나 이름을 붙여 〈 〉안에 제시하였다.

例 : 【樛木 규목】 가지가 아래로 휘어진 나무. ≪詩, 周南, 樛木≫南有樛木, 葛藟纍之. 〈毛傳〉 木枝下曲曰樛.

【步武 보무】 매우 짧은 거리. ≪國語, 周語 下≫夫目之察度也, 不過步武尺寸之間. 〈韋昭注〉 六尺爲步.

【誾誾 은은】 온화하게 말하면서도 시비를 분명하게 밝히는 모양. ≪論語, 鄕黨≫與上大夫言, 誾誾如也. 〈朱熹集注〉 誾誾, 和悅而諍也. 〈劉寶楠正義〉 諍者辯論其是非也.

2) 예문

① 예문의 구두에 찍는 표점은 쉼표(,)와 마침표(.)만을 쓰되, 총집류(叢集類)에서 다른 전적의 예문을 인용한 경우는 출전 약호(≪ ≫)의 밖에 그 인용 원전의 서명이나 편명을 제시하고 쌍점(:)을 썼다.

例 : 【福草 복초】 주초(朱草)의 별명. ≪太平御覽 873≫禮緯斗威儀 : 君乘木而王, 其政昇平, 則福草生廟中.

② 편찬자가 이용자의 편의를 위하여 예문의 원문 앞에 보충한 글자는 [ ]로 묶고, 원문의 뒤에 오탈자를 바로잡거나 참고로 보충한 글자는 해당 글자 다음에 ( )로 묶었다.

例 : ○ [ ]를 앞에 한 예 ; ≪左傳, 哀公11年≫ [子胥]諫曰, 越在我, 心腹之疾也, 壤地同, 而有欲於我.

○ ( )를 뒤에 한 예 ; /宋, 曾鞏≪金山寺水陸堂記≫蓋新(瑞新)者, 余嘗與之從容, 彼其材且辨, 有以動人者, 故成此不難也.

③ 인용한 원전의 예문은 속자나 약자로 썼더라도 정자(正字 : 표준자)로 고치지 않았다. 단, 표제어와 출전은 정자나 표준자로 쓰는 것을 원칙으로 하였다.

(『漢韓大辭典刊行記』, 2008 수록)

표제어의 선정기준에 대하여(Ⅰ)

- 토박이말을 대상으로 -

李 江 魯*

Ⅰ. 머리에

사전이 체계가 잡히어 있고 내용이 충실하며, 짜임새가 균형 있게 편찬되었는지, 그렇지 않은지의 평가는 여러 측면에서 조사 검토하여야 하겠지만, 이러한 여러 문제 중에서 표제어 선정의 기준이나 원칙도 중요한 문제 중에 하나로 지적할 수 있다. 표제어는 그 나라의 말의 목록이다. 이 목록에 들어야 할 것이 빠지거나 제외 되어야 할 것이 선정되었다면 그 파급되는 영향은 과소평가할 수 없다. 본고에서는 이런 의미에서 표제어에 대한 기본적인 문제를 제기하고 이에 대한 여러 문제를 논하여 보기로 한다.

한한대사전의 표제어는 한자와 이것들이 어울린 복자어(複字語)이다. 한자는 뜻글자이므로 그 구조에 있어서나 잣수에 있어서나

* 동양학연구소 한한대사전편찬실장

너무 복잡하다. 이러한 복잡한 것을 대상으로 하여서는 일반에게는 이해하기가 지극히 어렵다. 이런 점을 감안하여 본고에서는 구조에 있어서나 운용에 있어서 우리가 친근하게 대할 수 있는 토박이말을 대상으로 문제를 풀어 나가기로 한다.

우선 표제어의 개념부터 명백히 이해하여야 한다. 표제어는 표제가 되는 낱말이요, 표제는 표제(標題), 표제(表題)들로 표기되는 한자어로서 서책의 겉에 쓰는 그 책의 이름이란 뜻으로 쓰이기도 하고, 연설, 담화 등의 작품 제목 또는 간판의 뜻으로 쓰이기도 한다. 이 뜻갈래에 따르면 사전의 표제어는 앞의 세 가지 뜻갈래 중에 둘째에 딸린 내용을 사전에 올린 것이라고 하겠다. 이 표제어라는 낱말은 그 이음동의어로서 등록어 또는 올림말이라고도 한다.

다음에는 어떠한 말이 표제어로서 선택되어야 할 것인가? 사전을 이용하는 독자의 측면에서는 사전을 그 사전에서 지시한 배열 순서에 따라 필요한 낱말을 찾아 보아, 있으면 그 주석을 자기 소용에 따라 이용하는 동시에 별 군말이 없다. 그러나 필요로 하는 낱말이 사전에 실리어 있지 않으면 사전에 실리어 있지 않다는 사실 그 하나만 가지고 그 사전의 전체를 평가하여 버린다. 이런 관계로 사전 편찬에 있어서 표제어의 선택 기준에 비추어 표제어로서 부적당하다고 판단하여 일부러 사전에서 제외된 말까지도 독자측에서는 이를 용납하지 않는다. 이런 현상을 전제로 하고 보면 표제어의 엄격한 선정 기준 밑에서 체계적으로 편찬한 사전이 그렇지 않는 사전에 견주어 억울하게 혹독한 비평을 받는 수도 있다. 양화가 악화에 밀리어 구축 당하는 경우가 흔히 있다. 그렇다고 해도 사전 편찬에서 표제어 선택의 엄격한 기준은 마땅히 지켜져야 하고 그래야만 사전다운 사전이라고 할 수 있다.

Ⅱ. 표제어의 단위

일반 사전이든 전문 사전이든 표제어는 대단히 중요한 항목 중의 하나이니만큼 표제어의 선정은 엄격한 기준에 의하여야 한다. 특히 수십만의 어휘를 다루어야 하는 규모가 큰 사전에 있어서는 그 중요도는 엄격하고도 치밀하여야 한다. 다음의 글에서 표제어를 가리어 내는 실지의 작업을 시험하여 보기로 하자.

젊은포수가사냥나가서집채만한멧돼지를화승총한방으로쏘아잡아넘어뜨리었다.

우리나라 맞춤법에서는 그 총론 규정에서 "낱말은 띄어 쓰되 토는 그 윗말에 붙이어 적는다."고 규정하여 놓았다. 이 규정에 따르면 띄어 쓰는 단위가 낱말이 된다는 뜻이다. 앞의 월은 몇 개의 낱말로 이루어진 것인지를 검토하여 보기로 한다. 띄어쓰기 즉 낱말 단위로 나누기 전에 몇 가지 선행 조건을 이행하지 않으면 안된다.

첫째 : 이 월에 토씨는 몇 개 있는가?

둘째 : "사냥나가서, 집채만한, 멧돼지, 한방, 쏘아 잡아, 넘어뜨리다."는 몇 개의 낱말로 이루어졌는지를 판단하여야 한다.

이 작업이 선행하지 않으면 표제어의 대상을 이끌어 낼 수 없기 때문이다.

앞의 글에는 -가(포수가) -를(멧돼지를) -으로(한 방으로)들의 세

개의 토씨 [助詞]가 있다. 즉, 토씨로 된 낱말이 세 개가 있다.

둘째의 "사냥나가서"는 두 낱말로 보아야 한다. 그 이유는 「사냥」이란 낱말은, 「나가서」 이외의 다른 낱말과 어울리는 특성이 있고, 이런 특성이 있다는 것은 곧 "나가서"와는 별개의 낱말임을 간접적으로 증명하는 것이 되기 때문이다.

① 사 냥
건강법에는 사냥이 제일이다.
사냥을 생활 수단으로 삼았다.
그는 산에서 사냥으로 세월을 보냈다.
운동의 참맛은 사냥에서 맛볼 수 있다.
사냥도 좋다, 그러나 사냥만 하면 되는가?

앞의 보기에서 보면 "사냥"이라는 한 낱말 아래에, -이, -을, -으로, -에서, -도, -만 따위의 토씨가 붙었다. 이런 점에서 보면 "사냥"과 "나가서"는 별개의 두 낱말이다. 두 개의 표제어로 채택되어야 한다.

다음에 "집채만한"은 더욱 복잡하다. 우선 "-만한"의 쓰임을 조사하여 보자.

② 집 채
일이 왕산만하게 벌어졌다.
허리 굵기가 절구통만하다.
잘기가 담배씨만 하다.
콩이 크기가 밤알만하다.

"-만하다"에는 똑같은 형태이면서도 그 쓰임이나 의미가 전혀 다른 유형이 있다. "그럴만하다. 갈 만하다. 먹을 만하다. 살 만한 곳, 들을 만한데" 따위의 "만하다"는 매김꼴 아래에 쓰이는 도움그림씨이다. 이것은 한 낱말이다. 그러나 앞의 "집채만한"의 "만하다"는 제 혼자는 독립하여 쓰이지 못한다는 점에서 뒷가지(接尾辭, suffix)이다. 뒷가지는 낱말이 될 수 없다. 그러므로 표제어의 기준을 낱말에 둔다면 이러한 말은 표제어의 이하 단위 즉 형태소로서 낱말과는 별도로 다루어야 한다. 그러므로 낱말 단위와 형태소 단위로 구별된다.

"집채"는 버젓한 한 낱말이다. 그러나 엄격히 따지면 이 말도 언어 환경(environment)에 제한을 받고 있다. 즉 "집채가, 집채를, 집채로, 집채에서, 집채만, 집채도, 집채까지"와 같이 보편성 있게 사용하는 것 같지 않다. 그러나, 낱말의 자격은 구비하였으므로 표제어로 선정될 수는 있다.

③ 멧돼지

이 말은 "메"와 "돼지"의 합성어이고, ㅅ은 이 두 낱말 사이에서 된소리가 나므로 이것을 표시하기 위하여 붙인 부호이다. (맞춤법 된소리 표기조 참조). 이럴 경우 이 낱말을 합성어(合成語, compoundword)로 볼 것이냐, 통어론적 짜임새(syntactic construction)로 볼 것이냐 하는 문제는 언어학의 더 높은 차원에서 결정하여야 할 것이나 돼지의 특별한 한 종류를 말하는 것이므로 한 낱말이고, 따라서 하나의 표제어로 채택되어야 할 것이다.

④ 한 방

두 낱말이다. "한"은 "하나"의 매김꼴(셈씨로 보기도 함)이고, "방"

은 放의 한자어로서 총이나 대포 따위를 쏜다는 뜻의 이름씨이다. 그러므로 표제어로서는 "한"과 "방"의 둘로 갈라서 올리어야 한다.

⑤ 쏘아 잡아

"쏘아"와 "잡아"는 전혀 별개의 두 낱말이다. 그리고 둘 다 움직씨이다. 움직씨, 그림씨, 잡음씨 따위와 같은 풀이씨 [用言]를 표제어로 다루는 데 있어서는 여러 가지 언어학적인 문제가 밑바탕이 되고 이것을 토대로 표제어를 선정하여야 한다.

우리 말의 특성으로서, 풀이씨는 뜻의 중심부가 되는 줄기 [語幹, stem]와, 문법적 기능을 맡은 씨끝 [語尾, ending]과의 두 부분으로 이루어졌다. 따라서 두 형태소가 어울리어 한 낱말을 이루었다. 그런데 씨끝은 두 기능으로 작용하는 것, 한 기능으로 작용하는 것이 있고, 매김꼴을 나타내는 씨끝, 이음꼴을 나타내는 것, 마침꼴을 나타내는 것 등 수십 종류가 된다. 이론상으로는 이렇게 많은 씨끝이 붙어 한 단위가 된 것은 모두를 수록하여야 한다. 그러나 이렇게 되면 낱말의 수가 엄청나게 불어나서 감당할 수 없는 지경에 이르게 된다.

아래의 표는 풀이씨의 줄기에 -다, -ㅂ니다…… 따위 17개의 씨끝이 붙어서 끝바꿈된 활용표이다. 씨끝의 수가 50개 가량 된다고 하면, 그 숫자만큼 끝바꿈도 많아질 것이다. 한 낱말에 이렇게 많은 씨끝이 붙어 쓰이는 우리 말의 특질에 있어서는 이 씨끝이 붙은 단위 하나하나가 모두 한 낱말이 된다. 이렇게 보면 앞의 표에는 가다, 막다, 묵다, 먹다, 접다, 얽다.…… 따위 한낱말이 17번 되풀이되는 17개씩의 낱말이 있다는 결론이 된다. 그러면 이러한 특징을 가진 풀이씨를 사전의 표제어로 올리려면 세 가지 방법이 있을

	"먹다"를 보기로 보인다.	반대로 이 씨끝은 어떠한 줄기에도 붙는다.
먹-	……-다	가-는
	……-(으)ㅂ니는	막-(으)ㅂ니다
	……-(으)ㅂ시다	묵-(으)ㅂ시다
	……-(으)ㅂ디다	얽-(으)ㅂ디다
	……-어린	빚-어린
	……-는가	신-는가
	……-(으)ㄹ까	오-ㄹ까
	……-고	지-고
	……-지	갈-지
	……-면	울-면
	……-게	크-게
	……-(으)ㄹ지	작-(으)ㄹ지
	……-(으)ㄹ쑤록	입-(으)ㄹ쑤록
	……-(으)ㄹ지언정	죽-(으)로지언정
	……-는	접-는
	……(으)ㄴ	웃-(으)ㄴ
	……(으)ㄹ	젖-(으)ㄹ

수 있다. 첫째는 그 풀이씨가 끝바꿈한 낱말, 즉 가는, 갑니다, 갑시다, 갑디다, 가거라…… 따위를 모두 수록하는 방법, 둘째는 이 여러 끝바꿈꼴 중 어느 하나를 지정하여 이것만을 표제어로 올리고, 나머지는 씨끝만을 표제어로 채택하는 방법, 셋째는 형태소를 한 단위로 채택하는 방법, 즉 가-, 주-, 차- 따위 줄기를 표제어로 내세우고, 다시 이에 붙는 -다, -고, -지, -면…… 따위를 표제어로 내세우는 방법이다. 이 세 가지 방법에는 모두 장단점이 있다. 첫

째 방법에서는 어휘의 수가 엄청나게 불어난다. 둘째 방법이면, "가다"(이것을 대표적인 낱말로 삼았을 경우)하나만 표제어로 올리면 된다. 그러나 나머지 끝바꿈의 낱말은 이러한 끝바꿈의 원리를 알고서 모두 "-다"가 붙는 쪽을 가서 찾아가야 하는 불편이 있다. 표제어로 첫째 방법에서는 이 표대로 한다면 17번 되풀이 올리게 되는 결과가 된다. 그러면서도 가다의 가(行·去)가 지니고 있는 의미는 일정불변하다.

그러므로 첫째 방법은 이론상으로는 성립될 수 있으나 실지에 있어서는 불가능하다. 둘째 방법이 현재 널리 사용하고 있는 방법으로 가장 이상적이다. 그러나 이 경우에는 어느 끝바꿈을 대표로 선정할 것인가 하는 선택에 따르는 여러 문제를 세밀히 검토하여야 한다. 셋째 방법은 낱말의 형태를 파괴하여 형태소 단위로 표제어를 선정하는 결과가 된다. 그러므로 표제어 단위를 낱말로 정하여 놓으면 형태소를 표제어로 올릴 근거가 없게 된다. 그뿐 아니라 필요로 하는 어휘를 찾기가 힘들고, 동음이의적 형태소가 너무 많아서 비능률적인 방법이므로 기준 삼기 어려운 방법이다.

⑥ 넘어뜨리었다

이 낱말은 형태소로는 5개(넘-, -어, -뜨리-, -었, -다)가 합하여 이루어졌다. 이럴 경우에는 낱말의 단위로서는 "넘어뜨리다"가 하나의 표제어로 되는 동시에 -어, -뜨리-, -었- 들은 형태소 단위로 표제어가 되어야 한다.

결론적으로 앞의 보기를 든 글은, 젊다, 포수(砲手), 가, 사냥, 나가다, 집채, 만하다, 멧돼지, 를, 화승총(火繩銃), 한, 방(放), -으로, 쏘다, 잡다, -아, 넘어뜨리다, 넘다, -어, -뜨리-, -었- 따위 21개의 표제어로 등록되는 것이다. 이러한 원리를 충분히 이해하더라도, 실지의 편찬 업무에 있어서는 표제어의 선택 기준은 한 마디로 결론 내리기 힘든 많은 과제가 남아 있다는 점을 알아야 할 것이다.

Ⅲ. 언어학적 단위

사전의 표제어의 단위와 언어학적인 단위와는 긴밀히 연관되어 있다. 언어학적인 단위를 모르고 사전의 표제어를 다룬다는 것은 위험하기 짝이 없는 사고방식이다. 이 글에서는 언어학의 여러 문제 중 표제어를 다루려는 데에 필요한 정도의 언어학적 단위에 대하여 간단히 논술하고자 한다. 언어학적인 단위는 하위 단위로서, 형태소의 단위와 이것들의 결합체인 낱말단위가 있다.

1. 형태소 단위

〈월〉말은 실처럼 한 줄로 이어진 소리의 이음이 아니라, 그것은 뜻의 뒷받침을 가지고서, 그에 따라 마디가 생기도록 되어 있는데, 그 마디 가운데 가장 큰 것이 월(文章, sentence)이다. 글을 쓸 때에 「·」이나, 「!」, 「?」 따위가 놓이는 자리는 한 월이 끝남을 뜻한다.

〈월의 쪼개기〉 월도 실처럼 한 줄로 이어진 소리의 이음이 아니라, 여기에도 그 뜻의 뒷받침으로 마디가 생겨 난다. 다음 보기에서 마디를 찾도록 한다.

봄비가 옷을 적신다.

란 월은 여러 겹으로 쪼개어진다. 먼저 말의 주체를 나타내는 "봄비가"와, 그에 대해 풀이를 해 주는 나머지 부분으로 나뉘고, 풀이를 해 주는 부분은 "적신다"와 그 대상인 "옷을"로 나뉜다.

봄비가//옷을/적신다.

〈형태소〉 그러면 이런 절차로서 말쪼개기가 끝났느냐 하면, 그런 것은 아니다. "봄비가"는 "봄비"와 "-가"로 나뉘고, "옷을"은 "옷"과 "-을"로, "적신다"는 "적시"와 "-ㄴ다"로 나뉜다. 이렇게 나누어 놓은 말들에는 모두 뜻의 뒷받침이 있다. 그런데 「봄비」는 다시 그 뜻을 부수지 않고 "봄"과 "비"로 나뉜다.

이렇게 나누어 놓은 말의 조각들 ___봄, -비, -가, 옷, -을, 적시, -ㄴ다, ___은 더 쪼개어지지 않는다. 만일 더 쪼개면, 이 월에서 가지고 있는 그 뜻은 부수어지고 만다.

이러한 말의 낱덩이 ___더 쪼갤 수 없는, 뜻을 가진 말의 낱덩이 ___를 '형태소'(morpheme)라 한다. 이 형태소의 단위는 언어를 처리하는 데에 있어서 가장 과학적이고 논리적인 단위이다. 그러나 이 형태소가 곧바로 표제어가 될 수 있는가 하는 데에는 많은 문젯점이 있다.

1) 변이형태의 변이 과정

변이형태 이전의 형태소에 대하여 확인하기로 한다.

앞의 표로 보인 보기에서 낱말을 표제어의 단위로 삼는다고 가정한다면, 낱말 이하 단위인 형태소는 어떻게 다루어야 할 것인가? 앞의 풀이씨의 보기에서는 형태소들이 합하여 낱말 단위가 된 "가다, 먹다, 던지다"들을 표제어의 단위로 하였고, 다음에는 굴곡 범주의 씨끝(가다의 -다, 가고의 -고 따위 형태소)은 또 그것대로 표제어로 삼았다. 그러나, 줄기 "가다"의 가-, "먹다"의 먹- 따위 형태소는 겹쳐 싣지 않았다. 이 까닭은 씨끝은 숫적으로도 몇 십개밖에 되지 않을뿐더러 그 기능이 일률성, 공통성, 보편성 ___씨끝 "-다"는 모든 풀이씨에 공통적으로 일률적으로 붙는다 ___이 있지만, 줄기는 오직 그것만이 독립하여 일률성 공통성이 없을뿐더러 숫적으로도 엄청나게 많다. 그러므로 풀이씨의 줄기만은 변이형태를 제하고는 표제어로 삼지 않았다.

아버님께서는 벌써 떠나셨겠다고 말씀하시더라

앞의 보기의 낱말을 표제어의 단위로 하여 사전에 올리는 데에는, 뿌리(語根, root)와 뒷가지(接尾辭, suffix), 풀이씨의 줄기와 씨끝, 이 둘이 합한 풀이씨의 형태(앞에서 보인 바와 같은 끝바꿈 일람표), 여러 형태 중에서 풀이씨의 으뜸꼴(基本形, basic form)들의 개념만 어느 정도 파악하고 있으면 큰 어려움 없이 처리할 수가 있다. 낱말을 단위로 하여 앞의 보기를 분석하면,

낱말로서 : 아버님, 께서, 는, 벌써, 떠나다, 말씀, 말씀하다.

뒷가지로서 : -님, -시-("셨"의 본디의 형태소), -었-, -겠-, -다, -고, -하-, -더-,-라.

와 같이 낱말에 7개, 뒷가지나 도움줄기, 씨끝에서 9개만 사전의 표제어로 선정하면 된다. 그러나 형태소를 표제어의 단위로 삼을 경우에는 형태소 이상 단위의 처리 문제는 표제어로 선정할 이론적 근거가 없다. 그러므로 현재의, 사전 처리에서의 "표제어의 단위는 낱말을 단위로 하여 결정하고 낱말 이하의 형태소는 다시 그것을 한 단위로 하여 표제어를 삼는다"라고 규정하면 큰 문제 없이 해결될 것이다. 그러나 여기에도 모든 문제가 완전히 해결된 것은 아니다. 사실상 문젯점이 하나도 드러나지 아니할 만큼 완벽한 기준 위에서 표제어를 결정한다는 것은 거의 불가능하다. 다만 형태소를 단위로 하는 것보다는 문젯점이 많이 해결되었을 뿐이다.

앞의 보기에서 "아버-"는 어원적으로는 "아버지"의 "지"가 생략된 형태이지만, 형태론적으로는 님 위에 쓰이는 특수한 형태소다. 이런 형태소로는 이밖에 아주머-, 어머-, 할아버-, 할머-가 있고, 아드님이나 따님, 며느님의 준형태인 아드-, 따-, 며느-가 있으며, 말씀의 뒷가지 "-씀"이 있다. 앞의 형태는, 할아버지, 할머니, 아버지, 아주머니, 어머니, 딸, 아들, 며느리의 변이형태이다. 이런 것들을 사전에 올려야 할 것인지, 제외하여야 할 것인지는 미해결문제로 남아 있다. 그러나 엄격히 따져서 이런 변이형태도 표제어로 채택되어야 할 것은 물론이다. 이들 변이형태의 등록 여부를 큰 사전(한글 학회 지은, 6권, 설명의 편의상 1로 표시하겠다), 새 우리말 큰 사전(편의상 2로 표시), 국어 대사전(3으로 표시)들의 3개 사전의 표제어처리 실태에 의하여 조사하여 본다.

따님, 며느님, 아드님, 아버님, 아주머님, 어머님, 할아버님, 할머님 따위와 같은 파생어는 3개 사전에 모두 올리었다. -님은 높임을 나타내는 뒷가지로서, 이것도 3개 사전에 실리어 있다. 그러나, 뿌리(語根, root)가 되는 따-, 며느-, 아드-, 아버-, 아주머-, 어머-, 할아버-, 할머- 따위 만은 3개 사전에 모두 올리어 있지 않다. 문제는 바로 여기에 있다. 어원적으로야 어떻든 파생어를 만들 경우에, 본디 낱말이 줄어든 형태는 그것대로 본디말에 대한 변이 형태인 것이다. 표제어 선정의 대 원칙으로서 변이 형태를 모두 올린다는 원칙을 전제로 한다면, 이러한 말도 마땅히 올리어야 할 것이다. 다른 경우의 변이형태는 올림말로 처리하면서 오직 이러한 변이형태를 제외한다는 것은 논리적으로 모순된다. 표제의 선정에 있어서는 이러한 유형의 말도 고려하여야 할 것이다.

변이형태의 유형은 정말 다양하기 때문에 외곬으로 일정불변한 형태를 유지하고 있는 것이 아니라, 시대에 따라 변하고 지역에 따라 바뀌어서 갈피를 잡을 수가 없다. 이렇게 바뀌고 덧붙고, 줄어지고 한 말을 사전에서 어떻게 처리할 것이냐 하는 문제는 사전 편찬에서 해결하여야 할 과제이면서도, 실질적으로 해결이 어렵거나 불가능한 것이 사실이다. 다음 몇 가지 실례를 들어 보인다.

① 임자씨의 변이형태

나는 간다. 너는 잘 있거라.

나만 가면 되나, 너도 가야지.

나를 못 알아 보다니, 너까지 그러긴가?

저더러 그런 말 하랬는가?

저야 어디 그럴 수 있습니까?

앞의 보기에서 "나(我), 너(汝), 저(彼)"는 널리 또 자주 쓰는 말이니까 표제어로 채택되어야 할 것은 너무도 당연하다. 그러나,

네가 뭘 안다고 하느냐?
내가 너에게 그렇게 타이르지 않았는가?
제가 그런 말을 할 수 있나?

위의 보기에서 보면 나에서 "내"로, 너에서 "네"로, 저에서 "제"로 바뀌었다. 따지고 보면 쓰이는 범위가 제한되어 있을 뿐 말로서 자격을 가지기는 나:내, 너:네, 저:제가 모두 같다. "나, 너, 저"가 표제어가 될 수 있다면 "내, 네, 제"도 표제어가 될 수 있는 것이다. 현재의 3개 사전에서 이 말의 선정 여부를 살펴 본다면, 현행 3개 사전에 모두 표제어로 채택되었다. 그러나, 이 3개 변이형태의 짜임새는 또 다르다. 내가, 네가, 제가와 같이 이유 없이 딴 이가 덧붙은 형태도 있고, 나의 너의 저의의 줄어진 것도 있다.

이 말도 앞의 내와 함께 사전에 예외 없이 올리었다.

② 쓰임에 따라 달라진 변이형태

첫 : 처음/첫사람. 처음 본다니까

옛 : 예/옛말. 예나 이제나

하나 : 한/하나도 없다. 한 사람 있다.

둘 : 두/둘이 있다. 두 사람.

셋 : 세 : 서 : 석/셋이 있다. 서 말(三斗) 세 사람. 석 섬(三石)

넷 : 네 : 너 : 넉/넷이 있다. 너 말(四斗) 네 사람. 넉 섬(四石)

다섯 : 닷/다섯이 있다. 닷 말(五斗)

여섯 : 엿/여섯이 있다. 엿 말(六斗)

열 : 여-/열이 있다. 여 남은 사람.

× × ×

이틀 : 이튿/이틀이 되었다. 이튿날

사흘 : 사흗/사흘이 되었다. 사흗날

나흘 : 나흗/나흘이 되었다. 나흗날

술 : 숟/한술밥. 숟가락

이상의 낱말에서 왼쪽의 낱말이 표제어가 될 수 있는 것이면, 오른쪽의 낱말도 표제어가 될 자격이 있는 것이다. 그러나, 현행 사전에서 보면 이 기준이 모호하다. 올린 낱말이 있는가 하면 올리지 않는 낱말도 있다. 다음에 실례를 보인다.

앞의 여러 변이형태 중 3개 사전에 모두 올리어 있지 않은 형태소로는 나흗-날, 사흗-날, 이튿-날, 숟-가락의 네 낱말의 "나흗-, 사흗-, 이튿-, 숟-"은 어느 사전에도 실리어 있지 않다. 이 말들은 사흣날, 나흣날, 이틋날, 숫가락 들과 같이 표기할 것을 주장하는 분도 있다. 그러나 이런 주장이 있기 때문에 올리지 않았다고 말할 수는 없는 것이다. 왜냐하면 합성어의 형태를 나흗날, 사흗날, 이튿날, 숟가락의 형태로 사전에 올린 이상은, 이 형태가 옳다는 판단이 내려졌기 때문이다. 이 형태가 옳다고 판단한 이상은 그 변이형태를 실어야 할 것은 당연한 것이다. 표제어의 선택에 있어서는 특히 이러한 잔단 문제에까지도 세밀한 주의를 기울이지 않으면, 표제어 선정에 무원칙하다는 비평을 받아도 변명할 여지가 없게 된다. 이와 동형이거나 유사한 형태는 모두 이 원칙으로 처리해야 한다.

③ 줄기나 씨끝의 변이형태

우리나라의 풀이씨는 줄기(語幹, stem)와 씨끝(語尾, ending)으로 이루어져, 이것이 한 낱말을 이루고 있다. 이것을 표제어로 다루는 요령에 대하여서는 앞에서 이미 논하였으므로 되풀이하지 않겠다. 그런데 줄기나 씨끝은 본디의 형태대로 정상적인 상태로 활용하는 것이 원칙이지만 더러는 줄기의 일부가 바뀌기도 하고, 일부가 어느 환경에서 줄어 들기도 한다.

2) 변이형태의 유형

우리말에는 줄기에서 일어나는 변이형태가 여덟 유형, 씨끝에서의 변이형태가 세 유형, 줄기와 씨끝 양쪽에서 일어나는 변이형태가 한 유형 모두 열 두 가지 변이형태가 있다.

ㄱ) ㄷ 변이형태 ※ →의 왼쪽은 기본변이형태, 오른쪽은 변이형태

① 때가 묻다 → 때가 묻어

② 나무를 땅에 묻다 →…땅에 묻어

③ 모르는 것을 묻다 →…것을 물어

ㄷ → ㄹ

ㄴ) ㄹ 변이형태

ㄹ 변이형태는 하나도 예외 없이 모두 변이형태를 갖는다.

① 끈이 길다 → 끈이 기니

② 물결이 일다 → 물결이 이니
③ 옷이 줄다 → 옷이 주니

ㄷ) ㅂ 변이형태

이 유형은 변이형태를 가지는 것도 있고 그렇지 않은 것도 있다.

① 옷을 입다 → 옷을 입어
② 아기를 업다 → 아기를 업어
③ 부채를 접다 → 부채를 접어
④ 하는 행동이 밉다 → 하는 행동이 미워
(←우어, 「-우」는 줄기의 일부분 「-어」는 씨끝)
⑤ 말씨가 곱다 → 말씨가 고오아 → 고와
(←오아) 위와 같음.
⑥ 날씨가 덥다 → 날씨가 더우어 → 더워
(←우어) 위와 같음.

ㄹ) ㅅ 변이형태

ㅅ 받침을 가진 말에는 변이형태를 가지는 말도 있고 그렇지 않은 것들이 있다.

① 남을 비웃다 → 남을 비웃어
② 땀을 씻다 → 땀을 씻어
③ 줄을 긋다 → 줄을 그어
④ 집을 짓다 → 집을 지어

ㅁ) 르 변이형태

르 변이형태는 예외없이 변이형태를 가지는데 변이형태에 다시 두 가지 유형이 있다.

㉠ 줄기에 변이형태를 가지는 유형

① 물이 흐르다 → 물이 흘러

② 술을 거르다 → 술을 걸러

③ 소리를 지르다 → 소리를 질러

④ 발을 구르다 → 발을 굴러

⑤ 책을 누르다 → 책을 눌러

㉡ 씨끝에 변이형태를 가지는 유형

⑥ 벼이삭이 누르다 → 벼이삭이 누르러

⑦ 온 산이 푸르다 → 온 산이 푸르러

⑧ 잘못을 타이르다 → 잘못을 타일러

ㅂ) 으 변이형태

줄기의 끝소리의 홀소리가 "으"로 끝나는 말은 모두 이 유형에 속한다.

① 몸집이 크다 → 몸집이 크어 → 커

② 장을 담그다 → 장을 담그어 → 담가

③ 문을 잠그다 → 문을 잠그어 → 잠가

이 유형은 줄기의 "ㅡ"가 줄기 때문에 씨끝의 「-아, -어」가 줄기의 홀소리로 된 것이다.

ㅅ) ㅎ 변이형태

줄기의 끝소리의 받침에 ㅎ을 가진 말은 변이형태를 가지기도 하고, 가지지 않기도 한다.

〈안 가지는 경우〉

① 주춧돌을 놓다 → 주춧돌을 놓아

② 방을 놓다 → 방을 놓아

〈변이형태를 가지는 경우〉

③ 빛이 까맣다 → 빛이 까마니

④ 빛이 하얗다 → 빛이 하야니

ㅇ) 여 변이형태

다른 낱말은 줄기에 「-아/어」가 붙을 자리에 「-여」가 붙는다.

① 길을 막다 → 길을 막아

② 밥을 먹다 → 밥을 먹어

③ 짐을 싣다 → 짐을 실어

④ 일을 하다 → 일을 하여

⑤ 말을 하다 → 말을 하여

⑥ 운동을 하다 → 운동을 하여

⑦ 밥을 하다 → 밥을 하여

ㅈ) -우 변이형태

아직까지는 이 말은 「푸다」 하나뿐인 것으로 알고 있다.

① 밥을 푸다 → 밥을 ㅍㅓ → 퍼

② 죽을 푸다 → 죽을 ㅍㅓ → 퍼

ㅊ) -거- 변이형태

이 말은 「가라」나 「가다」가 아래에 연결된 모든 낱말에 예외 없이 변이형태를 가진다. (명령형에서)

① 밥을 먹다 → 밥을 먹어라
② 옷을 입다 → 옷을 입어라
③ 집으로 가다 → 집으로 가거라
④ 이리로 돌아가라 → 이리로 돌아가거라
⑤ 안으로 들어가다 → 안으로 들어가거라

ㅋ) 너 변이형태

「오다」나 「오다」가 아래에 붙은 합성어에는 예외 없이 쓰인다. (명령형에서)

① 이리로 오다 → 이리로 오너라
② 이리로 들어오다 → 이리로 들어오너라
③ 저리로 돌아오다 → 저리로 돌아오너라

앞에서 보기로 제시한 변이형태를 정리하면 다음과 같다.

ㄷ변이형태 : ㄷ → ㄹ ※ →은 바뀐 표시
　다만 변이형태를 취하지 않는 낱말도 있다.
ㄹ변이형태 : ㄹ → ø ※ ø은 없어짐.
ㅂ변이형태 : ㅂ → 우-
　변이형태를 취하지 않는 말도 있다.
ㅅ변이형태 : ㅅ → ø
　변이형태를 취하지 않는 말도 있다.
르변이형태 : ① 르 → ㄹㄹ
　　씨끝 "어" 위서 "ㅡ"가 줆
　② 르 → 르
　　씨끝 -러를 취함

으변이형태 : ㅡ → ø

ㅎ변이형태 : ㅎ → ø

변이형태를 취하지 않는 말도 있다.

여변이형태 : 「-어/아」 → -여

하의 아래에서만 바뀐다.

우변이형태 : 우 → ø

푸다 하나뿐이다.

-거-변이형태 : 시킴꼴 「-어/아-」 → -거-

-너-변이형태 : 시킴꼴 「-어/아-」 → -너-

이상은 줄기의 일부가 어느 환경에서는 다른 소리로 바뀌는 것들인데, 바뀌는 과정에서 아무렇게나 바뀌는 것이 아니라 일사 불란한 음운법칙이 있다. 이를테면, 덥다(暑), 밉다(惡), 가깝다(近) 들의 말이 울림소리 위에서는 예외없이 더우-어, 미우-어, 가까우-어 → 가까워로 된다.

3) 변이형태의 표제어 처리

앞에서 11개의 변이형태의 보기를 들어 그 유형과 쓰임을 보았다. 그러면 이러한 변이형태를 표제어로 처리하는 측면에서 어떻게 다루어야 할 것인가? 처리 문제를 결정하기 전에 이들을 기간 사전에서 어떻게 처리하였는지를 살펴보기로 한다. 표제어로 선정하는 데도 두 가지 방법이 있다. 줄기와 어우른 형태를 단위로 하는 방법, 형태소만을 단위로 하는 방법이다.

이 표는 국내 3개 사전에서 변이형태의 표제어 처리 상황을 조사

3개 사전의 표제어 일람표

	기본 변이형태	사전 구분 / 변이형태	(1)	(2)	(3)	참고
ㄷ변이	묻 다(問)	물-	×	×	×	
	싣 다(載)	실-	×	×	×	
ㄹ변이	길 다(長)	기-	○	○	○	
	일 다(起)	이-	×	×	×	
	줄 다(縮)	주-	○	○	○	
ㅂ변이	가볍다(輕)	가벼우-(이)	○	○	○	(2), (1), (3)에는 가벼이 수록 고오-는 모두 미수록
	곱 다(好)	고우(오)-	○	○	○	
	무겁다(重)	무거우-	×	×	×	
	밉 다(惡)	미우-	○	○	○	
	덥 다(暑)	더우-	×	×	×	
ㅅ변이	긋 다(劃)	그-	×	×	×	
	짓 다(作)	지-	×	×	×	
르변이	거르다(濾)	걸-, 러	×	×	×	
	구르다(轉)	글-, 러	×	×	×	
	지르다(唱)	질-, 러	×	×	×	
	이르다(謂)	일-, 러	×	×	×	
	이르다(到)	— -러	○	○	○	
	누르다(壓)	눌-, 러	×	×	×	
	누르다(黃)	— -러	○	○	○	
	푸르다(靑)	— -러	○	○	○	
으변이	담그다(沈)	담ㄱ-	×	×	×	
	잠그다(潛)	잠ㄱ-	×	×	×	
ㅎ변이	까맣다(黑)	까마-	○	○	○	
	하얗다(白)	하야-	×	×	×	
우변이	푸다(客人)	고	×	×	×	

한 것이다. 여기의 처리 상황은, ㄷ변이형태, ㅅ변이형태, 르변이형태 중, 씨끝의 변이형태는 표제어로 올리고, 줄기는 전혀 올리지 않았고, 으변이형태, ㅜ변이형태는 표제어로 다루지 않았고, ㄹ변이형태, ㅂ변이형태, ㅎ변이형태는 일부는 올리고, 더러는 올리지 않았다. 규칙적으로 바뀌는 것이 변이형태인 이상 일관성이 있어야 한다. 올리기도 하고 빼놓기도 한다는 것은 원칙이 없는 것이다. 여기에서, 변이형태의 표제어 처리는 사전 편찬에 있어서, 가장 중요한 과제 중의 하나이니만큼 변이형태의 본질 특성 등과 아울러 그 선정의 기준에 역점을 두고 풀이하여야 할 것이다.

ㅂ변이형태를 대상으로 풀이하겠다.

줄기의 끝소리마디에 ㅂ소리(글말에서는 받침)를 가진 말은 씨끝바꿈을 할 경우에 두 가지 유형으로 나타난다. (앞의 ㉢ ㅂ변이형태 참조) 하나의 유형은 어떠한 씨끝 위에서나 그 으뜸형태가 일정불변한 것이다. (더 깊이 들어가면 그렇지도 않지만) 보기를 들어 보인다.

(1) 입다(被) - 입다 입고 입지 입으니 입어서
(2) 잡다(捕) - 잡다 잡고 잡지 잡으니 잡아서
(3) 접다(摺) - 접다 접고 접지 접으니 접어서

그러나 다음 말들은 그렇지 않다.

(4) 가볍다(輕) - 가볍다 가볍고 가볍지 가벼우니 가벼우어서
(5) 무겁다(重) - 무겁다 무겁고 무겁지 무거우니 무거우어서 → 무거워서

(6) 가깝다(近) - 가깝다 가깝고 가깝지 가까우니 가까오아서 → 가까와서

(7) 곱다(姸) - 곱다 곱고 곱지, 고우면 고우니 → 고와서

(8) 밉다(惡) - 밉다 밉고 밉지, 미우니 미우어서 → 미워서

(9) 덥다(暑) - 덥다 덥고 덥지, 더우면 더우니 더우어서 → 더워서

이 표에서 보면 입다 잡다 접다 들은 어느 씨끝 위에서나 그 원형이 바뀌지 않았다. 줄기의 끝소리마디에 본디 있던 ㅂ은 어느 씨끝 위에서나 유지하고 있다. 그러나 (4)~(9)까지의 낱말은 씨끝 -니, -면, -어서 앞에서는 모두 '우'로 바뀌었다. 한 낱말이 끝바꿈을 하는데 있어서, 본디의 형태가 달라졌다 하더라도, 형태가 바뀌었을 뿐, 본디의 그 낱말의 가치에 변동이 있는 것은 아니다. 바뀐 형태나 안 바뀐 형태나 동일한 자격을 갖는다. 그렇다면 기본 변이형태를 표제어로 선택하였다면 변이형태도 당연히 표제어로 선정되어야 한다. 그런데, 변이형태가 수천 개나 될 것이고 보면, 이런 낱말 중에는 요행히 표제어로 올리어진 것도 있을 것이나 대부분은 올리지 않은 것들이다. 이러한 보기를 기간 사전의 표제어의 처리 중, ㄹ변이형태에서 쉽게 찾아 볼 수 있다.

앞의 표는 여러 개의 변이형태를 가진 말 중 손에 집히는 대로(random sampling) 골라 잡은 것이다. 그런 가운데에도 표제어로 선정된 것과 안 된 것이 있다. 이 사실을 증명하기 위하여 ㄹ변이형태를 ㄴ자 줄에서 몇 가지 보기를 들어 보기로 한다. 이것도 앞의 3개 사전을 대상으로 조사한 결과, 표제어로 선정된 어휘보다 선정되지 않은 낱말이 약간 많았다. 표제어에 올리려면 일정한 원칙이 있어야 한다. 따라서 원칙에 표제어로 채택되기로 된 낱말이

선정되지 않았다면, 이것은 사전 편찬에 종사하는 사람으로서는 크게 경계하여야 할 것이다. 줄기의 변이형태 처리는 무원칙하다고 하겠다.

① 입음 시킴 때매김 들에 쓰인 도움줄기의 처리

한국말 중에서 가장 다루기 어려운 것이 입음 시킴 때매김 들이다. 이런 말은 대체로 풀이씨의 줄기와 씨끝에 끼어 들어서 그 기능을 발휘한다. 이런 문법 범주를 맡은 형태소로서 -이-, -히, -기-, -리, -구-, -우-, -추-, -어나-, -으키-, -어지-, -었-, 겠……들이 있다. 이중 일률적으로 쓰이는 때매김 형태소가 붙어서 된 말을 제하고는 모두 사전에 표제어로 선정되어야 한다.

앞에 보기로 든 형태소가 붙어 파생한 낱말은 모두 표제어가 될 수 있는 말들이고, 실제로 대부분이 표제어로 선정되었다. 그러나

파생어의 표제어

형태소	파생된 낱말	참 고
-이-	먹이다 죽이다 모이다	
-히-	박히다 먹히다 넓히다	
-기-	웃기다 맡기다 앗기다	
-리-	울리다 널리다 걸리다	
-구-	솟구다	이 밖에도 여럿이
-우-	돋우다 메우다	있으나 편의상 줄이
-추-	맞추다 늦추다	기로 한다.
-어나-	일어나라 솟아나라	
-으키-	일으키다	
-어지-	떨어지다 넘어지다 뚫어지다	
-어뜨리-	넘어뜨리다 자빠뜨리다 무너뜨리다	

필자가 조사한 바로는 앞의 변이형태에서와 같이 많지는 않으나 역시 상당수가 누락되어 있었다. 어쨌든 사전에는 들어갈 수 없는 말을 표제어로 선정하여도 체계가 서지 않고, 표제어로 선정하여야 할 말을 빠뜨리어도 정세하지 못한 처리가 되는 것이다.

② 낱말 단위

낱말은 “아버지, 어머니, 아들, 딸”들과 같이 단순한 것도 있지만 “곁방, 국그릇, 밥솥, 꽃철” 따위와 같이 뿌리가 둘이 모여 된 말도 있고, “선술집”, “위아래물”들과 같이 복잡하게 짜여진 낱말도 있다. 뿌리 둘이 모여 낱말을 만드는 방법을 합성법이라고 하고 그렇게 된 말을 합성어라 한다. 합성어를 표제어로 처리하는 데에 가장 큰 문제가 낱말의 결정이다. 이를테면, 물오리, 밥물, 속옷, 팥알, 칼날, 밤낮, 마되, 마소… 따위의 말들은 두 낱말이 모여서 된 것이다. 이 때에 이것들을 한 낱말이라고 결정을 내린다면 이대로가 표제어가 된다. 그러나 ‘밥’이 한 낱말, ‘물’이 한 낱말이라면 그 해당 위치에 표제어로 삼아 올리면 그만이지, 다시 이 둘을 합하여 올릴 필요가 없다는 이론이 된다.

합성어의 보기

보기
○ 합성어가 될 수 있는 말
△ 합성어가 될법도 하고 그렇지도 않은 말
× 합성어가 되지 못하는 말

낱말 / 철	가물	갈이	걷이	날	낳이	내	냉면	놀이	눈	달	떡	맞이	바람	밤	볕	보리	가을	비	아욱	일	장마	철	추위	살이
봄	○	○	×	○	○	○	×	○	○	×	×	△	○	×	△	○	○	○	×	×	○	○	○	×
여름	×	×	×	○	△	○	×	×	×	×	×	△	△	×	○	×	△	○	×	△	○	○	×	△
가을	×	○	○	○	○	○	×	△	×	○	○	△	○	○	△	○	○	○	○	○	○	○	×	×
겨울	△	△	×	○	△	○	○	×	×	×	×	△	△	○	○	×	△	○	×	×	△	○	×	○

두 낱말이 어울려 한 낱말이 되면, 두 낱말이 본디 가지지 않았던 뜻이 덧나게 되는데, 그것은 두 낱말이 가지고 있는 뜻바탕에 의해 결정 되는 것 같으나, 아직은 그에 대한 원칙을 세우기가 어렵다.

합성어의 경우에는, 이것이 통어론적 짜임새(syntactical structure)인지 합성어인지를 분명히 가름할 수 있는 기준은 아직 없는 듯하다. 혹은 두 낱말이 본디 가지고 있던 뜻과는 달리 전혀 딴뜻으로 바뀌었으면 한 낱말이고 그렇지 않으면 두 낱말이며, 두 요소 사이에 다른 요소가 끼여 들 수 없으면 한 낱말이고 그렇지 않으면 두 낱말이라고 주장하기도 하나, 반드시 그렇게 규칙적으로 되는 것 같지도 않다. 전자의 보기로

(1) <u>밤낮</u> 일만 한다.
(2) <u>물불을</u> 헤아리지 않는다.

의 경우에는 앞의 주장에 어느 정도 일치한다. "밤낮 일만 한다"의 「밤낮」은 정말 밤에도 일을 하고 낮에도 일을 한다는 뜻이 아니며, "물불을 헤아리지 않는다"에서는 정말 물이나 불이 아니다. 전자는 쉴 줄도 모르고 일만 하는 사실을 과장적으로 표현한 것이요, 후자는 어떠한 어려운 일도 피하지 않는 사실을 나타낸 것이다. 이 밖에 한결같은 법칙으로 쓰이지 않는 몇 가지 보기를 들어 표제어 선정의 어려움을 알아보기로 한다.

합성어 중에는 임자씨와 임자씨가 어울린 합성어, 임자씨와 풀이씨가 어울린 합성어, 풀이씨와 임자씨가 어울린 합성어, 풀이씨와 풀이씨가 어울린 합성어들이 있다.

1) 임자씨와 임자씨가 어울린 합성어

이 말들은 통어론적 짜임새인지 합성어인지가 문제가 되는 것들이다. 그러므로 띄어 놓으면 두 낱말이 된다. 몇 개의 낱말을 골라 표로 보인다.

임자씨끼리 어울린 표제어 일람표 보기 { ○ 실림 / × 실리지 않음 / △ 다른 유사한 어휘가 실림 }

표제어 \ 사전	큰사전	새우리말 큰 사 전	국 어 대사전	참 고
가을소리	×	×	×	
겨울소리	×	×	×	
기침소리	×	×	×	
말 소 리	○	○	○	
목 소 리	○	○	○	
물 소 리	×	○	○	
바람소리	×	○	○	
벌렛소리	×	×	×	
봄 소 리	×	×	×	
빗 소 리	○	○	○	
새 소 리	○	○	○	
쇳 소 리	×	○	○	
신음소리	×	×	×	
울음소리	×	○	○	
웃음소리	×	△	△○	△ - 웃음엣소리
이야깃소리	×	×	×	
잔 소 리	○	○	○	
장긋소리	×	×	×	
징 소 리	×	×	×	
천둥소리	×	×	×	
허튼소리	○	○	○	
계	6	10	11	

앞의 보기에서 '봄'이란 낱말에 붙어 쓰인 합성어 중 쓰이지 않는 말을 골라 다른 말과 비교하여 보자. "가을걷이"란 말은 "가을 곡식을 거두어 들인다"는 뜻이므로 가을철 이외에는 쓰지 않는다. 따라서 봄걷이란 합성어는 성립되지 않는다. '겨울냉면'은, 냉면은 차게 하여 먹는 음식인데도 추운 겨울철에 먹는 것이 운치가 있으므로 이 특징을 나타낸 것이다. 그러므로 '겨울' 이외의 다른 말에 붙을 까닭이 없다. 봄달, 여름달, 겨울달은 별 매력이 없으므로 인상깊게 쓰이지 않는다. 그러므로 가을달 이외에는 낱말이 되기 어렵다. '가을떡'은 추수 감사의 고사떡이므로 가을에나 해당한다. '봄밤'은 '봄달'과 특징이 비슷하다. "가을아욱국은 문 닫아 걸고 먹는다"는 속담이 있다. 그만큼 '가을아욱'은 별미의 자료이지만 다른 철에는 이런 매력을 지니지 못하였다. "가을일"은 추수와 동일하다. 그러므로 다른 철에 쓰이기는 어렵다. 낱말 하나하나에도 모두 그것이 가지고 있는 특징과 고유한 뜻을 지니고 있다. 그러므로 한결같이 기계적으로 말하기는 어려운 것이다. △으로 표시한 것은 어휘로서 성립하는 것 같기도 하고, 그렇지 않은 것 같기도 하다. 이런 어휘는 표제어로 올리기에 약간 위험한 어휘들이다. 다음에 아래에 '소리'가 붙은 말이 합성어로서 표제어가 될 것인지 여부를 살피기로 한다.

앞의 표는 '소리'의 앞에 다른 낱말이 붙어서 합성어가 된 보기이다. 이런 짜임새의 낱말은 통어적 짜임새로 본다면 별개의 두 낱말이므로 합성어의 표제어로 될 수 없다. '가을 소리'에서 가을은 매김말 성분으로, 소리는 임자말 성분으로 쓰이므로 두 낱말이다. 그러므로 합성어가 될 수 없고, 두 낱말이므로 표제어가 될 수 없다는 이론에서 표제어에서 제외된 것이다. 그러나 물소리, 바람소리, 쇳소리, 울음소리, 웃음소리(웃음엣소리) 들은 표제어로 선정되기도 하고, 제외되기도 하였다. 이것은 곧 표제어 선정의 기준을 달리하였다는 증거로 볼 수 있다. 표제어 선정의 기준이 다르다는 것은 그만큼 선정 기준이 모호하다는 것을 의미한다. 사실상 이러한 낱말에서 합성어인지, 두 낱말인지를 가려내기는 정말로 어렵다. 거의 불가능에 가깝다고 하겠다. 그러므로 이런 유형의 낱말은 표제어로 선정하여 사전에 올렸다고 하여, 이것을 탓할 수도 없고, 안 올렸다고 비난할 수도 없다. 사전 편찬에서는 주관의 개입은 일체 금물이다. 그러나, 이와 같이 원칙을 작정하기 어려운 문제에 한하여는 어느 정도까지의 주관적 판단을 허용하지 않을 수 없는 것이 현실이다. 표제어 선정에서 이 점이 가장 어려운 점이 되는 것이다. 또 주의를 기울이어야 할 점이기도 하다.

2) 임자씨와 풀이씨로 된 합성어

임자씨와 풀이씨가 합하여 된 합성어는 다시 둘로 갈라 볼 수 있다. 하나는 임자씨가 임자말의 성분을 가지고 풀이씨와 연결한 것이고, 다른 하나는 임자씨가 부림말의 성분으로 남움직씨의 풀이말에 연결한 것이다.

① 임자말과 풀이말이 어울린 관계

임자씨가 임자말 성분으로, 풀이씨가 풀이말 성분으로 서로 연결하게 되면 완전한 하나의 월이 된다. 그런데, 이 월이 널리 자주 쓰이며 임자자리토씨 「-이」나 「-가」가 빠지면서, 이 두 성분이 긴밀히 밀착하여 하나의 낱말이 되는 수가 있다. 이것이 합성어이다. 이럴 경우 임자자리토씨가 들어 있는 데에 기준을 두면 한 월이 되므로 표제어로 다룰 여지는 전혀 없게 된다. 그러나 임자자리토씨가 숨어 버리고 두 낱말이 불가분리의 관계로 밀착하였다고 본다면 이때에는 한 낱말이 되므로 표제어로 다루지 않으면 안 된다. 이 두 쓰임의 판단은 쉽게 결정할 수 없는 것이기 때문에 기간 사전에도 표제어로 다루고 안 다루고의 사이에 많은 차이가 있다.

그런 짜임새의 합성어는 객관적으로 선을 그어 구별할 만한 기준은 거의 없다. 일상 언어 생활에서의 이 말을 대하는 언중의 인식이 구별하는 기준이 되겠는데, 이런 구별은 극히 추상적인 것이다.

이러한 유형의 낱말들을 보기를 들어 표제어 선정의 기준에 비추어 풀이하기로 한다.

(1) 임자씨+「나다」의 낱말
병-나다, 신-나다, 신명-나다.

(2) 임자씨+「들다」의 유형
바람-들다, 병-들다, 가물-들다.

(3) 임자씨+「지다」의 유형
값-지다, 그늘-지다, 양달-지다, 여울-지다, 응달-지다, 장마-지다.

(4) 임자씨+기타의 유형
배-고프다, 배-부르다, 똥-마렵다, 오줌-마렵다.

앞의 말은 모두 임자씨 다음에 다른 말이 연결된 것들이다. 이것들을 표제어로 선정하는 기준으로는 대체로 3개 방법을 생각할 수 있다.

첫째, 합성어로 보지 않고, 하나의 월로 처리하는 방법이 방법에서는 임자씨와 풀이씨가 분리한 위치에서 표제어가 선정되므로 단순어의 범주에 들어간다. 즉 「그늘-지다」에서 「그늘」과 「지다」가 따로따로 표제어로 되는 데에 그친다.

둘째, 합성어로 처리하는 방법

이 방법은 임자씨 풀이씨의 관계가 하나로 밀착되어 한 낱말이 되었다고 보는 주장으로 표제어 처리는 합성어의 범주에 넣어 처리한다.

셋째, 합성어로 처리하고 각개 낱말은 또 단순어로 처리하는 방법이다.

이 세 방법은 모두 일장일단이 있다. 다만 합성어로서 표제어로 올리고, 다시 각개 낱말을 단순어로 처리하여 표제어로 삼는 방법은, 단순 낱말의 어느 한 낱말이나 두 낱말 모두를 중복하여 표제어로 선정한 결과가 되므로 바람직한 처리 방법이라고 하기는 어려운 것이다. 그러나 이 유형이라도 낱말의 성질에 따라 꼭 그렇게 하지 않으면 안 될 것들이 있다. 「그늘지다, 장마지다」 따위가 이런 유형이다. 이 유형의 표제어 선정기준은 3개 사전의 처리방법이 거의 일치한다. 다만 "응달지다"가 1에는 없는데, 2, 3사전에는 표제어로 다루었고, 「똥마렵다」가 2에는 누락되어 있다. 그러나 이보다 더 중요한 문제는 표제어 선정의 기준을 어떻게 정하느냐 하는 문제다. 앞에서 보면, "-지다"와 어울린 말의 「값-지다」를 제외하고, 그늘지다, 양달지다, 여울지다, 응달지다, 장마지다 들이 있는데 이 때의 「-지다」는 (무엇이)<u>생겼다</u>, 또는 (무엇이)<u>일어나다</u>의 뜻이다. 그러므로 같은 성질의 낱말이다. 표제어 선정의 기준은 같은 성질의 낱말은 같은 위치에 놓고 결정하여야 할 것이다. 그런데 실지는 그렇지 않다. 표제어로 실린 것도 있고 그렇지 않은 것도 있다. 여기에서는 집히는 대로(random sampling)한 것이나, 이 밖에 도 이런 유형의 말이 표제어로 선정된 것과 선정되지 않은 것이 적지 않을 것이다. 이렇게 되면 표제어의 처리가 무원칙할 것은 너무나도 명백하다.

② 부림말과 풀이말로 된 합성어

앞에서 보면 임자말과 풀이말이 합하여 합성어가 된 유형과 비슷한 합성어에 부림말과 풀이말이 합하여 된 것도 있다. 이것은 통어론적 단위이므로 하나의 이은말(phrase)이다. 이것이 부림자리토씨 「-을/를」이 빠지면서 두 성분의 말이 긴밀히 연결하여 한 낱말이 된 것이다. 이런 유형은 한 낱말로 처리할 것인지 두 낱말로 다룰 것인지가 정말 모호하다. 이 기준이 모호하기 때문에 합성어로 본다면 당연히 표제어로 선정되어야 할 것이요, 그렇지 않으면, 표제어의 대상에서 제외되는 결과를 낳게 된다. 합성어로 볼 것인지, 이은말로 볼 것인지를 판단할 정확한 기준은 현재로서는 있는 것 같지 않다. 이러한 낱말의 본질과 그 쓰임을 알아 보기로 한다.

겁을 먹다 → 겁먹다.	똥을 누다 → 똥누다.
뒤를 보다 → 뒤보다.	말을 하다 → 말하다.
물을 대다 → 물대다.	손을 대다 → 손대다.
손을 보다 → 손보다.	일을 하다 → 일하다.
장을 보다 → 장보다.	절을 받다 → 절받다.
죽을 쑤다 → 죽쑤다.	몸을 풀다 → 몸풀다.
목을 조르다 → 목조르다.	
소리를 지르다 → 소리지르다.	

이야기를 하다 → 이야기하다.

왼쪽에 있는 말은 월의 성분을 이루는 독립된 낱말이고, 오른쪽은 왼쪽의 월 성분에서 부림자리토씨가 줄어진 다음 풀이말과 밀착하여 이루어진 것이다. 이런 낱말을 합성어로 볼 것인지, 두 낱말이 편의상 줄어진 것인지는 오로지 우리의 언어 생활의 습관에 달려 있다. 언중(言衆)의 개념이 널리 흔히 사용하는 낱말이기 때문에 한 낱말처럼 인식하고 받아 들인다면 한 합성이요, 그렇지 않으면 두 낱말이다. 이럴 경우의 결정은 정말 어려운 것이다. 객관적으로 분명히 판단할 수 있는 자료는 어디에도 누구에게도 없다. 그러므로 이런 낱말의 표제어 선정은 자로 잴 수 있는 기준이 없어서, 편찬자의 재량에 맡기는 도리밖에 없다. 그러나 아무 제한도 없이 주관적 재량에 맡길 수는 없다. 객관적으로 분명히 선을 그어 구별할 수 있는 기준은 없다 할지라도 관습이나 쓰임에서 어느 정도의 결정은 민중이 이미 판단하고 있는 것이다. 편찬자의 주관적 재량이 이 선을 넘으면 독단적이라는 비난을 받게 되는 것이다.

둘째로 문제되는 점은 중복이나 누락이 없어야 한다는 점이다. 앞에 보기로 든 낱말들은 보편성이 있고, 널리 자주 쓰이는 말이, 특수하면서도 보편성을 가지지 않는 말과 연결하여 한 낱말처럼 인식되는 언어 습관에 문제가 있다. 앞에 보기로 든 낱말 중 앞왼쪽에 있는 임자씨는 모두 보편성이 있고 널리 사용되는 낱말이다. 그러나 왼쪽의 풀이씨는 아주 특수하면서 보편성이 없는 말들이다. 앞 말의 보기에서, "똥 누다"의 누다, "뒤보다"의 보다, "소리 지르다"의 지르다, "장보다, 손보다"의 보다, "죽쑤다"의 쑤다, "몸풀다"의 풀다들은 아주 보편성이 적고 널리 자주 쓰이지 않는 말들이다.

"누다"는 주체가 똥 오줌 이외의 낱말에는 쓰이지 않고, "쑤다"도 풀이나 죽 이외의 주체에는 쓰이지 않는다. 이런 유형의 낱말을 표제어로 선택하려면 조심성있게 처리하지 않으면 안 된다. 앞에 제시한 낱말들은 표제어 선택에 확고한 기준이 있어야 한다. 이를테면, 겁먹다, 똥누다, 뒤보다, 손보다, 장보다, 죽쑤다, 몸풀다 따위가 합성어로서 표제어로 선택되었으면, 그 합성어의 표제어 처리는 그것으로 끝내야 한다. 그런데, 누다, 보다, 쑤다, 풀다 따위가 또다시 표제어로 선택 되었다면 이것은 잘못이다. 표제어 선정의 기준이 모호하다는 비난을 받아도 변명할 여지가 없을 것이다.

그러나 현행 사전에서는 이런 과오를 많이 범하고 있다. 장(場)-보다를 보기로 들어 보인다. 현행 모든 사전에 이 말이 합성어로 실리어 있다. 그리고 그 뜻은 "장에 가서 물건을 사고 팔다"로 되어 있다. 그런데, "보다"의 표제어의 뜻갈래로 또 이와 같은 뜻이 나와 있다. "장보다"라는 합성어를 표제어로 하여 주석을 하였으면 "보다"에는 이 낱말의 뜻갈래는 생략되어야할 것이고, 이와 반대로 "보다"에 뜻갈래의 하나로 "장보다"의 뜻이 나와 있다면, "장보다"의 표제어는 올리지 말아야 한다. 한 낱말을 두 표제어로 싣는다는 것은 사전의 체계로 보나 표제어 선정의 중요성으로 보나 경계하여야 할 것이다. 이와 같은 유형이 수천 개 된다면 문제는 간단하지 않다.

③ 풀이씨의 매김꼴과 임자씨

풀이씨의 매김꼴 아래 임자씨가 이어지면, 본디는 전혀 다른 성분의 말조각이므로 문제 삼을 거리도 되지 않는다. 그러나 이것들이 언중에 의하여 자주 널리 사용되면서 두 낱말이 긴밀히 융합되면 마치 한 낱말처럼 인식되는 일이 흔히 있다. 궂은일은 "궂다"의 매김꼴 "궂은"에 "일"이 어울린 말인데, 이 말이 널리 사용되는 가운데 두 성분이라는 개념은 사라지고 "좋지 않은 일", 즉 초상이 난 일로 되고 말았다. 이렇게 되면, 완전히 딴말로 된다. 궂은고기, 궂은비, 궂은살, 궂은쌀, 궂은일 들은 한 낱말로 처리하지 않을 수 없을 만큼 융합되었다. 이런 유형의 낱말은 표제어로서 당연히 올리어져야 한다. 이것을 두 낱말로 보는 측면에서는 "궂은"은 "궂다"의 끝바꿈꼴이므로 표제어가 될 수 없다고 주장한다. 이 이론은 "나쁘다"에서 끝바꿈한 "나쁜"과 좋다에서 끝바꿈한 좋은을 비교하면

나쁜 고기 : 궂은 고기 : 좋은 고기
나쁜 비 : 궂은 비 : 좋은 비
나쁜 쌀 : 궂은 쌀 : 좋은 쌀
나쁜 일 : 궂은 일 : 좋은 일

과 같이 된다. "궂은"이 "궂다"의 끝바꿈한 것과 마찬가지로 "나쁜, 좋은"은 "나쁘다, 좋다"의 끝바꿈한 것이다. 이런 측면에서 보면 이 세 개의 낱말은 모두 같은 원리로 처리해야 된다는 결론을 얻을 수 있다. 그러나 나쁜 일, 좋은 일, 나쁜 쌀, 좋은 쌀들은 두 낱말로 처리하여 표제어에서 제외된다. 그러나, 궂은 일, 궂은 쌀은 한 낱말로 처리하여 표제어로 다루었다. 이 원리는 언어생활에서 그 낱말을 받아들이는 정도의 친밀감으로 측정할 수 밖에 없다. 그러므로 이런 낱말도 앞의 여러 보기에서 말한 바와 같이 주관의 개입을 배제하여야 할 처지인 데도 주관적으로 처리하지 않을 수 없는 부득이한 모순된 처사인 것이다. 동일한 낱말인데도 동음이의어적인 것

인, 어느 것은 사전에 올리어야 하고, 어느 것은 올릴 수 없는 것도 상당수 있다. 가령 "크다"의 매김꼴은 "큰"이요, 이 아래 "집"이 이어지면 큰집이 되는데, "큰집"이란 어휘는 두 가지 뜻이 있다.

저 산 아래 큰 집이 보인다.
큰집에 제사 지내러 갔다.

앞의 큰 집은, 집의 규모를 바탕으로 하여 이르는 말이고, 뒤의 큰집은 맏할아버지 계통의 친족집이란 말로서 종가(宗家)에 해당한다. 그러므로 규모를 바탕으로 "크다, 적다"하는 뜻에서 벗어나서 독자적인 낱말을 형성한 것이다. 이런 측면에서 전자는 표제어로 될 수 없으나 후자는 표제어로서 처리하여야 한다. 이런 말 중에는 큰집, 큰아버지, 큰아들, 큰며느리…들이 작은집, 작은아버지, 작은아들, 작은며느리들과 대를 이루어 한 떼로 처리할 낱말들이다.

여기에 한 가지 더 추가하면, "식은땀", "식은죽 먹기"들은 어원적으로는 "식다"에서 파생하였다. 그러나 땀에 식은 땀, 식지 않은 땀이 있을 리 없다. 병적으로 흐르지 않을 위치에 흐르는 땀이므로 실지의 뜻은 "식다"와 아무 관계가 없다. "식은 죽 먹기"는 하나의 이은말이다. 아주 쉬운 일의 비유로는 이 이은말 전체가 표제어로 될 수도 있다.

Ⅳ. 마무리

사전의 표제어는 말이 대상이 된다. 우리말에 쓰이는 한자나 한자말을 제하고 토박이말에 대하여, 사전에 표제어로 선정되어야 할 말을, 형태소의 단위와 낱말 단위로 나누고, 형태소에서는 기본형태소와 변이형태를 표제어 선정의 위치에서 어떠한 방법으로 어떻게 처리할 것인지를 항목을 나누어 설명하였다. 다음에는 낱말 단위에서 파생어가 성립되는 과정, 합성어를 만드는 과정 들을 설명하고, 이런 말들을 표제어로 선정할 경우에는 어떠한 방법으로 어떠한 기준 밑에서 선정할 것인지를 논하였다. 단위별로는 형태소는 기본변이형태이든 변이형태이든 누락 없이 표제어가 되고, 파생어나 합성어는, 어학적으로 조건이 갖춘 것이면 모두를 표제어로 올려야 한다는 요지로 결론을 내리었다.

[『東洋學簡報』 1집(1984), 2집(1985) 수록]

표제어의 선정기준에 대하여(Ⅱ)
- 한자어를 중심으로 -

李 江 魯*

Ⅰ. 머리에

전호(前號)까지는 주로 토박이말을 대상으로 하여 그 선정 기준에 대하여 논하였다. 이번 호부터는 한한 대사전에서 실지로 처리하고 있는 한자어에 대한 표제어에 대하여 논하려 한다.

표제어는 사전의 생명이다. 더구나 대사전(大辭典)의 규모에서는 표제어로 등록되어야 할 단어가 누락되어서도 아니 되고, 표제어로 처리될 수 없는 어휘가 등록되어서도 안 된다. 이만큼 중요한 것이 표제어 처리이므로, 이런 어려운 문제가 내포되어 있는 선정 기준을 처음부터 난삽한 한자어를 대상으로 하여서는 이해가 어려울 듯하므로 쉬운 토박이말을 대상으로 하였다. 본호(本號)에서는

* 동양학연구소 한한대사전편찬실장

이제까지의 토박이말에서 이해한 어학적 또는 사전학적 기준에 의하여 이해된 바를 바탕으로, 한자어의 표제어 처리에 언급하여 편찬업무에 참고로 제공하고자 한다.

본론에 들어가기 전에 술어 문제에 대하여 밝혀 두고자 한다.

본고에서는, 문자와 어휘로 구별하는 방법을 지양하고 단자어(單字語)와 복자어(複字語)로 대치하였다. 사전은 말이 대상이 되고, 문자는 말을 적는 수단에 불과하다. 언어라는 위치에서 볼 때에는 한 문자로 되었거나 두 문자 이상으로 되었거나, 모두 단어(word)이다. 그러므로 언어라는 위치에서 보면, 한 문자의 단어나 두 문자 이상으로 구성된 단어나 모두 어휘이고, 문자의 위치에서 보면 한 문자 단어도 문자라는 기호로 나타내고, 두 문자 이상의 단어도 문자로 나타낸다. 따라서 문자와 어휘로 구별하는 논리적 모순을 제거하기 위하여 한 문자로 된 단어를 단자어, 두 문자 이상의 단어를 복자어라고 구별하였다. 한한 대사전 편찬 지침에도 이 방법에 따랐음을 덧붙여 둔다.

Ⅱ. 통어론적(統語論的) 구성과 단어의 변별

어떠한 문헌에서 사전의 표제어가 될 단어를 선정하려 할 때, 실지로 문제되는 것이 어디까지를 한 단락으로 보아 단어를 가려 내느냐 하는 문제이다.

1. 단자어와 복자어의 변별

단자어로 판단되면 단자어가 표제어가 되고, 복자어로 판단되면, 복자어의 표제어의 범주에 든다. 이 두 갈래를 구별하는 방법은 첫째는 형태론적 변별이요, 둘째는 통어론적 변별이다. 이 두 갈래 빙법으로서 구별이 되지 않을 경우에는 그 언이사회에서의 관용도(慣用度)에 의존하여야 한다.

1) 형태론적 변별

이 방법은 문장의 구성체를 통어론적 또는 형태론적 기준에 의하여 선별하는 방법이다. 먼저 예문을 제시하고 그 변별 방법을 논하겠다.

① 子曰視其所以觀其所由察其所安人焉庾哉人焉庾哉〈論語, 爲政〉

위의 예문에서 단자어로 처리할 대상은 子, 曰, 視, 其, 觀, 察, 人, 焉, 庾, 哉 들이다. 이것들을 단자어로 처리하는 데에 이의가 없을 것이다. 그러나 所以, 所由, 所安 들은 단자어로 처리할 근거도 있는 동시에 복자어로 처리할 근거도 있다.

이러한 구성체의 예문을 보충하여 그 통어론적 구성을 살피고 아울러 대한화사전(大漢和辭典)과 중문대사전(中文大辭典)의 처리 실태를 조사하여 본다.

② ①을 도표로 만든 것

{ ○는 있는 표시
  ×는 없는 표시

構		文	漢和	中文	參　考
觀	其	所 由	○	○	
聞	其	所 爲	○	○	
視	其	所 以	○	○	
愼	其	所 言	×	×	漢和와 中文이 다름
言	其	所 行	○	×	
察	其	所 安	×	×	
行	其	所 知	○	○	
任	其	所 之	×	×	
處	其	所 止	○	○	

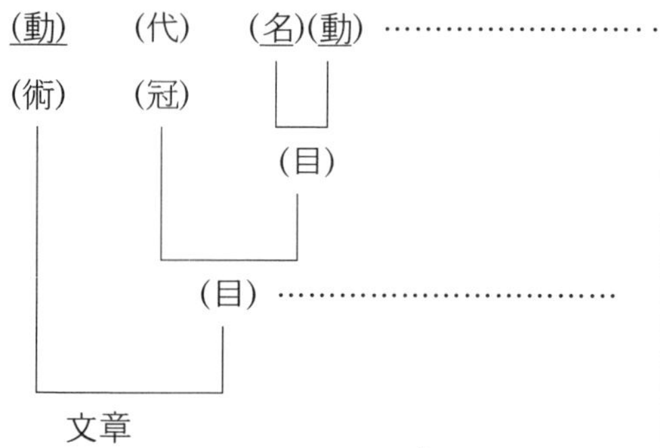

形態論的 單位

統語論的 單位

이 문장은 주어가 없는 무주구(無主句)로서, 통어론적 성분은 술어성분과 관형어성분과 목적어성분으로 대분(大分)된다. 이 3개 성분 중 술어 성분과 관형어 성분은 단자어로 이루어졌으므로 문제(問題)가 생길 여지가 없다. 그러나 목적어성분은 다시 명사인, '所'와 동사인 '由~止'까지의 단자어로된 형태론적 구성이다. 따라서

명사와 동사를 분리하여 각각 단자어로 표제어를 삼을 수도 있고, 합하여 하나의 복자어로 표제어를 삼을 수도 있다. 이런 경우에는 다시 두 단자어의 의미적 융합도(融合度)로 변별할 수 밖에 없다. 이러자면 하나하나, 즉 所由, 所爲, 所以들이 다른 문장에서 어느 정도의 의미적 융합도로 쓰이었는지를 조사 검토하여야 한다. 대체적으로 所由, 所爲, 所以는 의미적으로 밀착하여 있으므로 복자어로 처리하는데 큰 저항을 받지 않을 것이다. 그러나 所言, 所行, 所安, 所知, 所之, 所止 들은 의미적으로 복자어를 이룰 만큼 밀착되어 있지 않다. 이럴 경우에는 마지막으로 관용도에 의하여 변별하여야 한다. 所行, 所知 들은 관용도가 상당히 높아서 복자어가 될 수 있는 범주에 든다고 볼 수 있으나, 나머지 所言, 所安, 所之, 所止 들은 복자어로 표제어를 삼기에는 문제가 있지 않을가 한다. 이상의 세 갈래 측면을 종합적으로 검토하면 所言, 所安, 所之, 所止 들은 단자어로밖에 처리할 수 없지 않을가 한다. 기간(旣刊)의 두 사전의 처리의 실례도 이와 비슷하여 所言, 所安, 所之 들은 복자어로 보지 않아서 표제어로 처리하지 않고, 所行은 대한화(大漢和)에서는 복자어로 중문(中文)에서는 단자어로 처리하고 있다.

이와 같은 기준은 어느 면에서는 객관성이 결여했다고 평할 수도 있겠으나, 무형(無形)한 언어를 처리하는 위치에서는 다소의 주관의 개입은 불가피할 것이다.

2) 통어론적 변별

동일한 단자어끼리의 연결이라도 통어론적 성분이 다르면 선별의 기준이 달라지게 된다. 앞의 예문의 '所以'를 예로 들어 그 구성의 차이를 살펴보기로 한다.

所以에 대한 예문 〈原本備旨大學集註九章引用〉

番號	構		文			漢和	中文	參考
(1)	孝 者	所	以	事 君	也	有	有	
(2)	弟 者	所	以	事 長	也			
(3)	慈 者	所	以	使 衆	也			

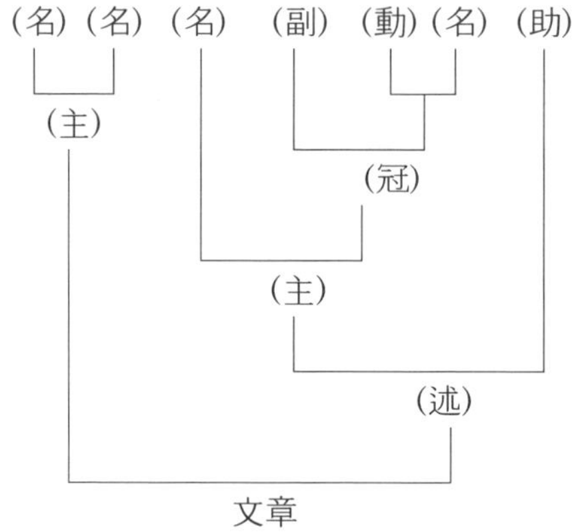

諺解 : (1) 孝는 써 君을 섬기는 바이요
(2) 弟는 써 長을 섬기는 바이요
(3) 慈는 써 衆을 부리는 바이니라
※ 현재 맞춤법으로 고치었음

이 예문은 통어론적 구성으로 주어, 소주어(小主語), 부사어, 관형어, 어조사의 5개 성분으로 되었고, 주어 성분과 관형어 성분은 다시 두 단자어로 구성되었는데 관형어 성분은 하나의 복자어로 처리하는 것이 통례이다. '所以'는 서로 긴밀히 연결되어 있어도, 문법적 구성은 두 성분으로 갈라져 있고 언해도 두 성분을 전제로 하고 있다. 그러므로 이런 것은 복자어로 될 수가 없다. 앞의 視其所以의 '所以'와는 전혀 다른 구조이다. 그러나 대한화(大漢和)나 중문(中文)에서는 이것들까지도 모두 표제어로 다루고 있다(예문 중 2개 문장은 예문은 다르나 구조는 같다). 여기에서 한한 대사전 편찬의 자세로서는 그 취사선별에 기준을 정하기가 매우 난처한 위치에 처해 있다. 이런 것은 몇 개 예로써 제시하는 데 그쳤으나 이와 유사한 문제는 이루 헤아릴 수 없을 정도로 많다. 여기에서 표제어 선정의 반성과 연구가 요구된다.

2. 합성어의 통어론적 구성

단자어와 복자어 이상으로 복잡하고, 한계가 모호한 구조는 통어론적 구성과 합성어의 한계이다. 특히 한자어는 표의 문자이므로 글자마다 모두 독립된 의미를 가지고 있다. 표의문자의 연결체가 단어이고, 이 단어의 연결체가 합성어이므로 어디까지가 통어론적 구성단위이고 어디까지를 합성어로 볼 것인지는 그 구별이 매우 모호하다. 단락처를 띄어쓰지도 않고, 구독점도 없는 문헌에서 단순어, 파생어, 합성어 따위를 가리어 내어 표제어의 단위로 확정시키는 작업은 여간 어려운 것이 아니다.

다음에 대한화사전과 중문대사전의 표제어 처리 상황을 제시하고 필자의 소견을 진술하고자 한다.

예 1) 一角을 기어(基語)로 한 표제어 상황

이 표제어 처리 상황에서 보면 양개사전(兩個辭典)에 공통으로 처리된 어휘수는, 총어휘수 12개 중에서 오직 4개뿐이고, 중문대사전에만 등록되어 있는 어휘수는 8개이다. 이 두 사전은 중국의 고전어 즉 문어(文語)를 대상으로 한 점이나, 기타의 사전적 특성이 일치한다. 그런데 표제어 처리상에 이러한 큰 차이를 나타낸다는 것은 상식으로도 생각 할 수 없는 문제이다.

표제어에 대한 기본개념을 확립하기 위하여 不可를 기어로 한 파생어 또는 합성어의 처리실태를 참고하기로 한다.

一角을 基語로 한 표제어 처리 비교표 (1)

語　彙	大漢和	中文大	參　考
一　角	○	○	○ 標題語로 등록된 단어
一角公文	×	○	× 標題語로 등록되지 않은 단어
一角龜	×	○	
一角鹿	×	○	
一角螭	×	○	
一角鯉	×	○	
一角麟	×	○	
一角文書	×	○	
一角蛇	×	○	
一角獸	○	○	
一角羊	○	○	
一角魚	○	○	

總語彙數 12
兩辭典에 共通된 어휘 4
大漢和에만 등록된 어휘 0
中文에만 등록된 어휘 8

이 비교에서는 총 어휘수 26개 중 두 사전에 공통으로 처리한 어휘수가 9개이고, 대한화(大漢和)에만 등록된 어휘수가 8개, 중문대사전에만 등록된 어휘수가 9개로서, 대체로 30%씩의 비율로 처리되었다. 이것은 한 마디로 표제어 선정에 확고한 어학적 지식이나 이것을 사전에 등록할 기준이 확립되어 있지 않다는 것을 시사하는 산증거라 할 것이다. 적어도 대사전(大辭典)의 규모의 사전 편찬에 있어서는 표제어로 될 수 있는 단위와 그렇지 못한 단위를 선별해야 한다.

1) 표제어로 될 수 있는 단위

① 통어론적 측면에서

앞의 비교표(1)에는 一角公文과 一角文書를 합성어로 규정하고 표제어로 다루었고, 표(2)에서는 不可勝道 不可勝數 不可勝言 不可勝用들을 한 단어로 보아 표제어로 처리하였다. 그러나 표의 두 단어는 그 사이에 다른 단어가 끼이어 들어 一角之公文, 一角之文書, 一角之公用文書, 一角之下達公文 따위와 같이 쓰일 수 있으면서 순서를 바꾸어 公文一角, 文書一角들로도 사용할 수 있다. 이것은 이 두 단어는 얼마든지 분리사용(分離使用)할 수 있는 한편, 문장성분을 달리 구성할 수 있다. 이렇게 되면, 통어론적 성분을 달리하는 별개의 단어인 것이고, 합성어는 아니며, 따라서 표제어로 될 수 없는 것이다.

不可를 基語로 한 計成語의 標題語處理 比較表(2)

番號	語 彙	大漢和	中文大	參考
1	不可	○	○	
2	不可救藥	○	○	
3	不可屈之志	○	×	
4	不可窮之辯	○	○	
5	不可及	×	○	
6	不可能	○	×	
7	不可無一不可有二	×	○	熟語
8	不可分	○	×	
9	不可分給付	○	×	
10	不可分債務	○	×	
11	不可思議	○	○	
12	不可說	○	○	
13	不可勝道	×	○	
14	不可勝數	×	○	
15	不可勝言	×	○	
16	不可勝用	×	○	
17	不可逆反應	○	×	
18	不可移轉之義務	○	×	
19	不可入性	○	○	
20	不可知論	○	○	
21	不可避性	○	×	
22	不可限重	×	○	
23	不可赶盡殺絶	○	×	
24	不可抗力	○	○	
25	不可解	○	×	
26	不可諱	○	○	

總語彙數 26
兩辭典에 모두 표제어로 처리한 수 9
大漢和에만 등록된 어휘 8 中文에만 등록된 수 9

〈~可勝~의 구조〉 표(2)의 不可勝道, ~數, ~言, ~用 따위의 구조는 문장의 술어성분이고 단어는 아니다.

不違農時穀不可勝食也 數罟不入洿池 魚鼈不可勝食也 斧斤以時入山林材木不可勝用也
〈孟子 梁惠王章〉

不可勝食, 不可勝用 따위는 그 앞의 성분 가정법의 술어성분이고 단어는 아니다. 또 이 말은 百穀可勝食哉 材木可勝用哉 따위 감탄종지법(感歎終止法)으로도 쓸 수 있다. 이 밖에 어휘번호 9, 10, 17, 18, 19 따위는 현대의 과학이나 법률용어로서 취사의 기준을 정하기가 정말 어렵다.

② 의미론적 기준

통어론적 성분인지 합성어인지의 변별을 의미론적 위치에서도 어느 정도까지는 그 기준을 세울 수가 있다. 두 단어가 각각 그 고유의 의미를 상실하고 전혀 다른 의미로 전의되었다면 이것은 합성어의 범주에 들 것이요, 고유의 의미 그대로를 지니고 있다면 이것은 통어론적 성분이고 단어는 아니다.

〈두 단어의 뜻이 다른 뜻으로 전의됨〉

합성어는 두 개의 단어가 모이어 통어론적으로 한 성분을 이루면서, 의미에 있어서도 두 단어에 지시된 고유한 의미가 서로 융합되어 전혀 별개의 의미로 인신(引伸)된 단어를 말한다. 몇 개의 어례(語例)를 들어 그 어군의 의미적 인신상(引伸象)을 살피기로 한다.

단어의 본디의 뜻은 생략하고 합성어의 뜻만을 보이겠다.

咸興差使…심부름꾼이나 아랫사람이 간 뒤에 전혀 소식이 없음을 비유한 말.
五日京兆…오래 지속하지 못하는 일의 비유.
吾鼻三尺…내 사정이 급해서 남을 돌볼 겨를이 없다는 말.
係風捕景…불가능하거나 헛된 행동을 비유하여 이르는 말.

이러한 말들은 통어론적 측면에서나 의미론적 측면에서 합성어로 될 수 있는 어학적 조건을 갖추었으므로 표제어로 채택하는 데에 이의가 없을 것이다.

〈상호의존 관계에 있는 두 단어〉

합성어 중에는 앞뒤의 두 단어 중 어느 한 쪽을 제외하면 그 지시하는 의미가 온전하게 드러나지 않는 것들이 있다. 즉 두 말이 상호의존하여 긴밀히 연결되어 있으므로 만약 이것을 분리하면 어느 것도 제 구실을 하지 못한다. 두 사전에 등록된 표제어 중에서 예를 들어 보이겠다.

三注三唱　三科九旨
五飯二米　低三下四
入城治喪　使者躡履
便宜施行　依例闕請
主辱臣死　三魂七魄

2) 표제어가 될 수 없는 단위

두 단어가 통어론적 측면에서나 의미적 측면에서 한 단어로 처리할 어학적 조건을 갖추지 못한 것들로서 표제어로 채택될 수 없는 어휘이다.

〈加持~〉 加持는 불교용어로서 그 자체에 독특한 뜻이 있다. 이 말에 祈禱나 香水가 연결되더라도 본디의 뜻에는 아무 다름이 없다.

〈그 밖의 구조〉 이 밖에 몇 개 예를 들면

勒買廛人　利害不計
利子所得　到着價格
僕僕道途　僕僕風塵
到門叱辱　所向無敵

들도 모두 이 유형에 속하는 어휘로서 합성어로 처리하기에는 많은 문제점이 있다. 加味四七湯, 加味溫膽湯 따위도 加味에 이미 원방문(元方文)에 다른 약재를 더 넣는다는 뜻이 있으므로 원방문에 다시 이 말을 연결시킨 것을 표제어로 처리할 이유가 없다.

3) 표제어로서의 기준이 모호한 단위

복자어 중 특히 합성어의 구조로 된 말은 통어론적인 한 단위로 보아 표제어에서 제외되어야 할 것인지, 합성어로 보아 표제어의 범주에 들것인지를 가려 내는 기준이 아주 모호한 말이 너무나 많다. 가령 중국의 사천성(四川省)의 동북에 石牛道라는 길이 있다. 돌로 만든 소로 인연하여 뚫린 길이라 하여 붙여진 이름으로 劍閣道, 金牛道 등의 동의어가 있다. 이 말 이외에 石牛開道란 합성어가 다시 표제어로 대한화(大漢和)와 중문(中文)에 모두 등록되어 있다. 예문 중에서, 문장 전체의 뜻을 요약하여 보면 石牛開道 〈돌소가 길을 열었다〉로 된다. 예문에 직접 이 말이 있는 것도 아닌 하나의 문장을 표제어로 등록할 기준은 찾기 어렵다. 또 이강(李康)의 운명론(運命論)에 張良受黃石之符誦三略之說以游於群雄其言也如以水投石莫之受也及其遭漢祖也其言也如以石投水莫之逆也란 구절이 있는데, 이 중 특수한 사항을 강조한 以石投水가 표제어로 등록되어 있다. 以水石投이나 以石投水는 아무리 그 전의의 정도가 심하다 하더라도 과연 표제어의 단위로 될 수 있을가 의심스럽다. 이 밖에도 이러한 유형은 너무나 많아서 하나하나 예를 들 겨를도 없다. 합성어에 대한 기본개념을 굳히기 위하여 "~之~"의 구조를 예로 들어 거듭 검토하기로 한다.

語　　彙	大漢	中文	語　　彙	大漢	中文
不死	○	○	不羈	○	○
不死之鄉	○	○	不羈之民	○	○
不死之師	○	○	不羈之士	○	○
不死之道	○	○	不羈之才	○	○
不死之藥	○	○	不虞	○	○
不世	○	○	不虞之道	○	○
不世之功	○	○	不虞之難	○	×
不世之臣	○	○	不虞之變	○	○
不世之姿	○	○	不虞之譽	○	○
不世之材	○	○	不義	○	○
不世之勳	○	○	不義之財	○	○
不言	○	○	不訾		
不言之教	○	○	不訾之軀	○	○
不言之辯	○	○	不訾之器	○	○

語　彙	大漢	中文	語　彙	大漢	中文
不言之言	○	○	不訾之賞	○	○
不言之聽	○	○	不訾之損	○	○
不言之化	○	○	不訾之祿	○	○
不言之花	○	○	不測	○	○
不易	○	○	不測之深	○	○
不易之敎	○	○	不測之淵	○	○
不易之道	○	○	不測之罪	○	○
不易之法	○	×	不測之誅	○	○
不易之分	○	○	不測之智	○	○
不易之論	×	○	不孝	○	○
不易之典	○	○	不孝之刑	○	○
不易之地	○	○	不諱	○	○
不刊	○		不諱之門	○	○
不刊之法	○	○	不諱之變	○	○
不刊之書	○	○	不諱之朝	○	○
不居	○	○	不諱之路	×	○
不居之宮	○	○	三五	○	○
不居之室	○	○	三五之位	○	○
不居之地	○	○	三五之隆	○	○
不敎	○	○	三五之化	○	○
不敎之敎	○	○	三五之運	○	○
不軌	○	○	三五之人	○	○
不軌之道	○	○	三五之天下	○	○
不軌之臣	○	○	三寸舌	○	○
不及	○	○	三寸之舌	○	○
不及之法	○	○	休明	○	○
不器	○	○	休明之策	○	○
不器之器	○	○			

이 비교표에서 보면, 대한화(大漢和)와 중문(中文)과의 표제어 채택에도 다소의 차이가 있다. 그러나 이러한 구조를 표제어로 선택한다면 이 밖에도 수백, 수천을 헤아릴 정도로 많다. 앞의 표를 엄밀히 검토하면 표제어로 될 수 있는 말과 없는 말이 뒤섞이어 있고 不死草나 不死樹는 표제어로 되어 있는데, 不死藥은 없고 不死之藥으로 등록되어 있는가 하면 三寸舌은 등록되어 있는데, 三寸之舌은 없으면서 三寸舌의 예문은 三寸之舌을 인용하였다. 이러한 구조에서 표제어를 가려내려면 형태론이나 통어론 의미론 이외에 그 단어의 특수성에 더 한층 유의하여야 할 것이다.

한한대사전(漢韓大辭典)의 표제어 선정에서는, 한국 한자어만은 하나하나의 기본원전에서 채록하였다. 그러나 동양삼국에서 공통으로 사용하는 어휘는 대한화(大漢和)나 중문(中文)에 의존하여야 하고 누락된 것만을 보충하고 있다. 이 두 사전의 표제어를 무시하고, 백지에서 출발하기에는 여건이 허락지 않고, 표제어 선정의 기준이 모호한 두 사전에 맹목적으로 의존하기도 어려운 위치에 있다. 여기에서 기존의 사전을 바탕으로 새로운 기준을 정하여 체계적이고 질서 정연한 표제어 처리가 되기 위하여는 많은 연구와 깊은 지식이 필요할 것이다.

[『東洋學簡報』 3집(1985) 수록]

『한한대사전』에서의 자전적 분야에 대한 소고

金 東 吉*

Ⅰ. 서언(序言)

지금 편찬실에서 엮고 있는 『한한대사전』은 사전(辭典) 또는 사전(詞典) 등으로 표기되는 한자어에 대한 사전이다.

오늘날 우리들이 일반적으로 쓰고 있는 사전(辭典)이란 말은 '어떤 언어의 단어들을 모아서 일정한 순서로 배열하고, 거기에 풀이를 해놓은 책'이란 뜻으로 쓰고 있다.

그러면, 한문에서의 단어란 어떤 개념으로 쓰고 있는가? 여기서 한번 그 개념을 좀더 구체적으로 음미해 보기로 한다.

단어란 문장에서 자유롭게 운용될 수 있는 말의 최소단위를 뜻하기 때문에, 단어가 되려면 최소한 다음의 두 요건을 갖추어야 한다.

* 동양학연구소 한한대사전편찬부장

첫째, 일정한 형태를 갖추어야 한다.

둘째, 일정한 완결된 의미를 가져야 한다.

이같은 개념의 단어가 실제의 한문문장에서는 어떻게 쓰이고 있는가를 『論語』와 『孟子』의 모두(冒頭) 대문에서 살펴보자.

子	曰,	學	而	時
孔子가	가로되,	배우고	그리고서	때로

習	之,	不	亦	說	乎.
익히면 /	이를	아니하	또한 →	기쁘지	ㄴ가?

이 대문은 한자 11자로 이루어진 『論語』의 모두 글인데, 한자 1자 1자가 각각 하나의 단어로서의 자격을 갖추어 쓰이고 있다. 한자 1자가 하나의 단어이기에, 흔히 이를 단자어(單字語)라 부르고, 이에서 한자를 표어문자(表語文字)라고도 이른다.

孟子	見	梁	惠王.
孟子가	만나보다 /	梁의 →	惠王을

이 대문은 한자 6자로 이루어진 『孟子』의 모두 글인데, 이 중 '맹자'와 '혜왕'은 한자 2자로써 하나의 단어로서의 자격을 취득한다. 이같이 2자 이상으로 이루어진 단어를 흔히 복자어(複字語)라고 하여 앞의 단자어와 구분하여 생각하는 것이 통념으로 되어 있다.

이상에서 살펴본 바에서, 단자어, 곧 한자 1자에 대한 설명은 자전의 영역에 관한 문제이고, 복자어에 대한 설명은 사전의 영역에 관한 문제이다.

본고의 모두에서 '한자어에 대한 사전'이라고 한 '한자어'란 곧 이 단자어와 복자어를 병칭하는 개념이다.

그렇다면, 한자어사전을 협의의 의미, 곧 단자어에 국한하여 따진다면, 한자의 글자 하나하나를 설명하여 일정한 순서로 모아 놓은 책, 곧 지금까지 흔히 자전이라든가 운서라고 불러온 책들이라고 할 수 있다.

그런데, 지금까지의 통념상으로는 이들에 관한 책들은 字典 · 字書 · 字彙 · 玉篇 · 韻書 등등의 말로 불리어왔을 뿐, 그들 책에 '辭典' 또는 '詞典'이란 제명을 붙인 적은 없었다.

그래서, 지금까지는 한자어사전의 구실은 자전이 전담해 왔고, 중국의 『辭海』나 일본의 『大漢和辭典』, 대만의 『中文大辭典』과 같은 한자어사전은 근세에 와서 관심의 대상으로 떠오르게 되었다.

그 이유는 무엇이었겠느냐? 사실 한자문화권에서 우선 다급하게 필요했던 것은 한자 1자 1자에 대하여 설명해 놓은 자전이었고, 오늘날 우리들이 머리에 떠올리는 사전, 곧 '자전+사전=한자어사전'은 아니었다.

여기서, 우리는 자전-혹은 자서라고도 한다-에 대해 잠시 살펴보기로 한다.

자전을 흔히 훈고(訓詁)의 자전, 음운(音韻)의 자전, 자형(字形)의 자전 등 세 부류로 나누어 고찰하는데, 이들에 대해 눈을 돌리는 일은 자전을 이해하는 데도 도움이 된다.

① 훈고의 자전이라 함은 문자의 뜻에 주안을 두고 한자를 배열한 책으로, 이에 속하는 것에는 『爾雅』를 비롯하여, 한대의 공부(孔鮒)가 엮은 『小爾雅』, 양웅(揚雄)의 『方言』, 유희(劉熙)의 『釋名』과 위(魏)의 장읍(張揖)의 『廣雅』 등을 그 대표적인 것으로 들 수 있다.

② 음운의 자전이라 함은 음운에 주안점을 두어 배열한 자전으로서, 이에 속하는 것에는 수대(隋代) 육방언(陸方言)의 『切韻』, 양(梁)나라 심약(沈約)의 『四聲譜』, 당(唐)의 손면(孫愐)의 『唐韻』과 구중정(句中正)의 『廣韻』-이상의 것은 현전하지 아니한다-, 송(宋)의 진팽년(陳彭年) 등이 엮는 『大宋重修廣韻』-이것을 흔히 『廣韻』으로 약칭하고 있다-과, 정도(丁度) 등의 『集韻』 및 『禮部韻略』, 류연(劉淵)의 『壬子新刻禮部韻略』, 금(金)의 한도소(韓道昭)의 『五音集韻』, 원(元)의 황공소(黃公紹)의 『古今韻會』와 태충(態忠)의 『古今韻會擧要』, 명대(明代)에 내려와서 악소봉(樂韶鳳) 등의 『洪武正韻』, 능치릉(淩稚隆)의 『五車韻瑞』, 청대(淸代)의 소장형(邵長衡)의 『古今韻略』, 성조(聖祖) 칙찬(勅撰)의 『佩文韻府』 등을 그 대표적인 것으로 손꼽을 수 있다.

③ 자형의 자전이라 함은 문자의 모양을 기준으로 하여 배열한 책으로, 이에 속하는 것에서는 주선왕(周宣王)의 태사(太史)가 엮었다고 하는 『史籀篇』, 진(秦)의 이사(李斯)의 『蒼頡篇』, 한의 양웅의 『訓纂』-이상은 망일(亡佚)-, 허신(許愼)의 『說文解字』, 양(梁)의 고야왕(顧野王)의 『玉篇』, 당(唐)의 안원손(顔元孫)의 『干祿字書』, 요(遼)의 행균(行均)의 『龍龕手鑑』, 명(明)의 매응조(梅膺祚)의 『字彙』와 오임신(吳任臣)의 『字彙補』, 장자열(長自烈)의 『正字通』, 청(淸) 성조 칙찬의 『康熙字典』 등을 손꼽을 수 있다.

이상에서 말한 세 부류의 책들은 모두 한자 1자 1자에 대한 설명서인 자전이었고, 오늘날 우리들이 말하는 사전은 아니었다.

이것은 한자가 표어문자라는 특수성에서 귀결되는, 너무도 당연한 추세이었고, 그러기 때문에 자전이 아닌 복자어사전은 원대에 이르기까지에는 관심의 대상에서 소외되어 왔었다.

그러던 것을, 원나라의 음시부(陰時夫) 형제가 이 자전에다 경사자집에 나오는 한자숙어와 선어(禪語) - 이것들은 곧 복자어에 속한다 - 들을 채록하여 곁들인 『韻府羣玉』을 엮었는데, 이것이 한자어사전의 효시가 되었다. 그 뒤를 이어 명나라의 능치륭이 『韻府群玉』을 증보하여, 경사자집부(經史子集賦)의 오부(五部)로 된 『五車韻瑞』를 편찬하였으며, 청대에 와서는 청 성조의 칙명으로, 『康熙字典』을 엮기 위한 정리작업으로, 『韻府群玉』과 『五車韻瑞』의 미비점을 보완하여 『佩文韻府』를 엮기에 이르렀다. 그러나 이들은 아직 우리들이 그리는 사전과는 거리가 다소 멀었고, 오직 1936年에 발간된 『辭海』에 이르러 비로소 현대적 의미에서의 한자어사전을 대할 수 있게 되었다.

우리나라의 실정도 중국과 다르지 않았다. 선초부터 『東國正韻』·『洪武正韻譯訓』 등 자전의 편찬이 이루어졌고, 조선중기에 와서도 『三韻聲彙』·『奎章全韻』·『全韻玉篇』 등이 편찬되었는데, 이들도 역시 자전이었으며, 근세에 내려와서도 『字典釋要』·『新字典』·『六書尋源』 등 자전은 편찬되었으나, 한자어사전의 편찬은 최근세에 이르기까지도 불모지로 남아 있었다.

그런데, 사전의 고유 영역은 역시 단어이었다. 그러나, 인류문화의 진전에 따른 언어문화의 복잡화 경향이 필연적으로 숙어·속담·명구 등을 사전에서 다루지 않을 수 없게 만들자, 사전은 그 고유 영역에다 이들을 가미하는 추세로 흘러가게 되었다.

이 추세는 한자어사전이라 하여 예외로 남겨두지 않았다. 사실,

한문의 독해에 있어 그 문의 파악을 어렵게 만들고 있는 요인의 하나가, 그 글에 번다하게 쓰이고 있는 고유명사와 고사성어 등의 복자어의 난해성 때문이고 보면, 오늘 우리가 엮는 『漢韓大辭典』이 다루어야 할 영역은 자명해진다.

그래서, 우리가 엮고 있는 『漢韓大辭典』은 '자전+사전=한자어사전'으로 등식화되는 성격의 사전이며, 이를 다른 관점에서 본다면 '단자어자전+복자어사전=한자어사전'이란 등식으로도 그 성격을 규정지을 수 있다. 그리하여, 이 양자의 영역은 상호보완적이요 의존적인 균형성이 유지되어야 한다.

본고에서는 이 양자의 영역 중에서 우선 먼저 단자어자전, 곧 자전적분야에 대하여, 그 성격과 내용, 그리고 이를 집필하는 과정에서 제기되는 문제점 등에 대하여 살펴보기로 한다.

Ⅱ. 자전의 성격

자전이라 함은 '한자 1자 1자를 설명하여 이를 일정한 순서로 배열해 놓은 책'을 이르는 말이다. 따라서, 자전의 개념을 바르게 파악하려면,

① 한자의 개념은 무엇인가?
② 그 한자에 대해 무엇을 설명할 것인가?
③ 그 배열은 어떻게 할 것인가?

에 대해, 개괄적으로 살펴 볼 필요성이 있다.

1. 한자의 개념

우리들이 쓰고 있는 한자란 말은 협의로는 '한민족(漢民族)의 지혜에 의하여 만들어 쓴 문자'를 지칭하는 말이다. 그러나, 통념적으로는 '협의의 한자를 바탕으로 하여, 이 한자의 제자원리에 의하여 만들어진 외방민족(外邦民族)의 문자'도 포함하여 지칭하는 말로 쓰고 있다.

따라서, 한자의 광의적인 개념을 다음과 같이 말할 수 있다.

첫째, 한자는 인간의 사상 · 감정을 기록하는 기호의 하나이다.

둘째, 한민족(漢民族)의 지혜에 의하여 만들어 쓴 문자이다. - 이를 협의의 한자라 부르기로 한다.

셋째, 한민족(韓民族)을 비롯한, 일본 · 몽고 · 안남 등 외방민족이, 협의의 한자를 바탕으로 하여 그 제자원리를 원용하여 만든 문자도 있다.

1) 한자는 사상 · 감정을 기록하는 부호다.

인간의 사상 · 감정을 표기하는 수단으로서의 부호에는, 크게 표음문자와 표의문자의 둘이 있다. 이 중 한자는 후자에 속한다.

한자는 인류가 사용하고 있는 문자 중에서는 그 류를 다시 더 찾아볼 수 없는 문자로서, 그 특색은 글자마다 형(形) · 음(音) · 의(義)의 3요소를 갖추고 있다는 점이다. 환언하면, 한자는 말소리를 적기 위하여 만든 문자가 아니라, 어떤 개념을 나타내기 위하여 만든, 1자 1자가 독립하여 어떤 뜻과 음을 가진 문자이다.

한자의 이같은 특성은 그 제자원리를 살펴보면 곧 이해할 수 있다.

한자를 만든 원리는 상형(象形)과 지사(指事), 형성(形聲)과 회의(會意)의 넷이다. 이 중 가장 원초적인 것이 상형과 지사이고, 이들에 의하여 만들어진 글자를 둘 이상 결합하여, 이들 구성문자와는 별개의 형 · 음 · 의를 갖추도록 만든 것이 형성자요 회의자다.

상형이라 함은 유형물체의 형상을 본떠 그린 일종의 그림이 그 유형물체를 뜻하는 부호로 쓴 것이고, 지사라 함은 이같은 상형으로서는 나타낼 수 없는 추상적 개념을 나타내기 위하여 고안해 낸 부호이다. 따라서, 이들 부호에는 애당초부터 그 부호가 나타내려고 하는 개념이 따라붙어 다녔다.

그래서, 한자의 기원설을, 중국 고대 황제 때의 사관이었던 창힐(蒼頡)이, 조수(鳥獸)의 발자국에서 착안하여 만들었다고 하는데서 찾아보려고 하는 것도 이 때문이다.

또, 우리들은 이들 부호를 흔히 문자라고 하는데, 이 문자라는 표현에서도 한자가 표음문자와는 다른 면모를 갖추고 있음을 알 수 있다.

문자라는 말을 쓰기 시작한 것은 진대(秦代) 이후의 일이다. 주대(周代)까지는 이를 '명(名)'이라 일러왔고, 춘추전국시대에는 이를 '문(文)' 또는 '서(書)'라고 일렀다.

이들에 관한 옛 기록을 들추어 보면,『周禮』「秋官」에,

"諭書名. [注] 書名, 書之字也, 古曰名."

이라 하였다. 여기서 흥미로운 것은, 고대에는 이들 부호, 곧 협의의 한자를 '명'이라고 하였다는 사실이다. 이것은 곧 그들이 만들어 쓴 부호 하나하나가 하나의 사물의 이름을 나타내고 있다는 생각에서 붙여진 '명'이며, 이는 곧 상형자나 지사자가 한자의 원조라는 방증으로도 충분하다.

又, 『周禮』 「春官」에는,

> "古曰名, 今曰字. [疏] 古者之文字少, 直曰名, 後代文字多, 則曰字, 字者, 滋也, 滋益而名, 故更稱曰字."

라고 하였으며, 『說文解字』 「序」에는,

> "蒼頡之初作書, 蓋依類象形, 故謂之文, 其後形聲相益, 卽謂之字, 字者, 言孳乳而浸多也."

라 하였다.

이들의 기록에 따르면, 산(山) · 천(川) · 조(鳥)와 같이 상형의 원리나, 상(上) · 하(下)와 같이 지사의 원리에 의하여 만들어진 것은 2자 이상으로 파자(破字)할 수 없는 것으로 이를 '문(文)'이라 하고, 이 '문'을 둘 이상 결합하여, 형성이나 회의의 원리에 의하여 만들어진 것을 '자(字)'라 하였다.

그래서, 이들 '문'과 '자'가 표어문자로서 쓰이게 되어, 이를 합칭하여 문자라 부르게 된 것이다.

그러니, 엄격히 말하면 독체(獨體)의 한자가 문, 합체(合體)의 한자가 자이며, 이를 다른 각도에서 말하면 상형 · 지사의 원리에 의하여 만들어진 것은 문, 형성 · 회의의 원리에 의하여 만들어진 것은 자라고 할 수 있고, 문자는 이를 총칭하는 개념으로 쓰여 왔다.

이상의 개관을 통해 알 수 있는 점은 한자가 중국인의 사상 · 감정을 기록하기 위한 수단으로 만들어진 기호라는 점과, 그 기호는 다른 여타의 문자와는 달리 그 1자 1자가 각각 고유의 형 · 음 · 의를 갖추고 있다는 점이다. 이 때문에, 한자가 문자의 하나이기는 하나 여타(餘他)의 문자에서는 그 류를 찾아볼 수 없는 독특한 문자라고 할 수 있다.

2) 한민족(漢民族)의 지혜로 만든 문자다.

한자로서 가장 오래 된 것이 갑골문(甲骨文)이다. 여기서의 '문'이란, 우리들이 말하는 '글'이란 뜻이 아니고, 앞에서 말한 '문자' 할 때의 '문'의 뜻이니, 곧 상형 · 지사의 원리에 의하여 만들어진 독체의 한자란 뜻이며, 그러기에 한자 중에서도 가장 오래된 문자이다.

은왕조(殷王朝)는, 탕왕(湯王)이 왕조를 연 것이 B.C. 1600년이고, 그 300년 뒤인 B.C. 1300년에 제20대왕인 반경(盤庚)이 하남성 안양현 소둔촌(河南省安陽縣小屯村)의 은허(殷墟)로 천도하여, 이로부터 273년간 이 곳에서 나라를 지탱하다가 멸망한 한민족의 국가였다.

갑골문이란 바로 이 은허시대의 은왕조에 대한 점괘를 기록한 부호로서, 이것인 귀갑(龜甲)이나 수골(獸骨)에 새겨진 것으로 발굴되었기 때문에 붙여진 이름이다.

이 갑골문 다음의 것이 금문(金文)이다. 금문이란 청동기에 새겨진 문자라는 뜻이다. 물론 청동기 그 자체는 이미 은왕조의 중기부터 만들어졌으나, 여기에 명문(銘文)을 새겨 넣은 것이 발굴된 것은 주무왕(周武王) 이후의 서주시대(西周時代)의 일이다.

B.C. 770년에 서주가 망하고, 평왕(平王)이 낙양(洛陽)에서 즉위하면서부터 동주시대(東周時代)가 열리는데, 이 해로부터를 춘추시대라 하고, B.C. 403년부터 진시황(秦始皇)이 천하를 통일할 때까지를 전국시대라 하는데, 이 춘추전국시대에 동방육국(東方六國)에서 사용한 것을 고문(古文)이라 한다.

이에 대해 동방육국의 서쪽에 자리잡고 있었던 진(秦)나라가 은·주(殷周)의 계통을 이어 자국에서 쓰던 것을 주문(籒文)이라 한다. 전해 오는 말에 따르면 주문은 주선왕(周宣王)의 사관이었던 사주(史籒)가 만든 것이라고 하며, 이를 흔히 소전(小篆)에 상대하여 대전(大篆)이라 부른다.

그러던 것을, 진나라가 천하를 통일하자, 문자를 통일해야겠다는 필요성을 느껴, 그들이 써오던 주문을, 쓰기에 편하도록 간략화하여 소전이란 자체를 만들어 통용하도록 하고, 주문과 고문을 못 쓰게 하였다.

그런데, 이 주문과 고문은 춘추전국시대에 있어서의 동서로 나누어진 두 지역에서 사용되었던 자형의 차이에 불과하고, 그 연원은 은·주시대로 거슬러 올라가 찾을 수 있다. 다시 말하면 그 명칭이야 어떻든, 한자는 한민족의 지혜로 만들어 쓴 문자로서, 그 계보는 하나뿐이고 둘이 아니었다.

3) 한민족을 둘러싼 외방민족이, 한자의 제자원리를 원용하여 만든 문자도 있다.

한인들이 한자를 만들어 쓰기 시작하였을 때 동양의 여러 민족들 중에서 문자를 만들어 썼다는 기록은 없다.

외방부족들은 문화가 앞선 한인(漢人)들과의 교섭을 통해, 선진 문화를 수용하는 과정에서 한자도 수용하였을 것으로 추측된다. 그러다가, 그들 자신의 문화가 어느 정도의 발달을 하게 되면서부터, 수용한 한자의 부족한 부분을 메우기 위하여 한자를 만든 원리를 원용하여 그들에게 필요한, 그들 나름의 문자를 만들어도 썼고, 나아가서는 그들의 고유한 문자도 만들기까지에 이르게 되었을 것이다.

그래서, 우리 겨레만 보더라도, 신라때의 이두(吏讀)와 향찰(鄕札)은 한자의 소화(消化)를 위한 소극적(消極的)인 몸부림이었고, 한글 창제는 한자의 굴레에서 벗어나보려는 적극적인 몸부림이었으며, 이 밖에 한자의 창제원리를 원용하여 한국한자(韓國漢字)도 만들어 썼다. 이와 똑같이 일본인들은 일본한자, 안남인들은 안남한자를 만들어 내어, 이를 협의의 한자와 아울러 써 왔다.

따라서, 우리가 엮는 『한한대사전』에는 이들 한자들도 협의의 한자와 함께 다루어야만 한자문화권의 나라들에서 사용하고 있는 광의의 한자를 골고루 알 수 있게 된다.

2. 문자의 주석방향

앞에서 살펴본 바와 같이, 한자는 말소리를 적기 위한 표음문자가 아니라, 어떤 개념을 적기 위한 표어문자이기 때문에, 한자는 각각 독립해서 형·음·의를 갖추고 있는 문자이다.

이같은 특색을 가진 한자이기에 한자 주석의 기본방향은 자연 다음의 세 관점에서 살펴보아야 한다.

첫째, 자형 문제이다. 뒤에서 상론하겠지만 시간의 흐름에 따른 자형의 변천현상과 사용공간의 광역화에서 오는 이형화현상(異形化現象) 때문에 동일자의 자형이 시공에 따라 달라서 복잡하기 이를데 없다.

이를 우리 사전에서는, 우리나름의 기준을 세워, 그 기준에 따라 표준지형을 정하고, 여타의 자형은 이 표준자형의 이형으로 다루어서, 자형의 계통적인 정리작업이 선행되어야 할 것으로 여겨진다.

만약, 이 작업이 선행되지 않을 경우에는 계통적인 통일성과 체계적인 연계성을 결여하게 되어, 5만여자에 이르는 한자는 뿔뿔이 우왕좌왕, 마치 교통질서가 마비된 서울 중심가의 혼잡상을 연상하게 하는 혼란에 빠지고 말 것이다.

둘째, 자음 문제이다. 한자의 음은 한자를 만든 사람들의 음을 우리 겨레가 어떻게 받아들여 발음해 왔는가의 문제이다.

그런데, 이를 구명하는 과정에서 전제되는 문제점은, 다음 두 가지에 있다.

① 한자의 발상지인 중국이 공간적으로는 광모(廣邈)하고, 시간적으로는 구원(久遠)하기 때문에 한자의 자음은 중국 안에서도 종과 횡의 좌표에 따라 차이가 있었다.
② 이같은 여건의 자음을 수용하는 우리쪽 사정, 곧 시대와 지연(地緣) 등에 따라 또 차이가 생겼다.

여기에다, 수용한 자음을 정착시킬 만한 문자나 기호를 가지지 못했던 우리로서는 이를 구전(口傳)이나 구수(口授)에 의존할 수밖에 딴 도리가 없었다. 이같은 실정은 앞의 두 조건과 상승작용을 거듭하는 가운데에서 한자음의 혼란이 있었던 것으로 여겨진다.

그러다가, 다행하게도 한글의 창제를 보게되어 한자음이 정착하기에 이르렀다. 각종 자전의 간행과 언해사업의 적극적인 추진에도 불구하고 한글에 의해 자음이 정착된 한자는, 우리들이 『한한대사전』에 수재(收載)하는 총자수(總字數) - 동일자(同一字)가 여러 운통(韻統)으로 갈리어 한자 1자의 자음이 둘 이상으로 된 것을 계산에 넣었을 경우 - 의 약 3분의 1에 불과하다 보니, 이들 미정착음에 대한 추정음을 정립해야 하며, 또 정착음이 있다 하더라도 그 정착음이 현재 우리가 쓰고 있는 현실음과 다를 때, 그 괴리를 어떻게 조정할 것인가가 문제로 제기된다.

이 밖에도, 우리 겨레가 우리 나름대로 읽어온 국음이 있다. 어떤 字에 어떤 국음이 있었는가를, 확실한 전거를 통해 구명해야 할 터인데, 이도 또한 그리 간단하게 구명될 수 있는 문제는 결코 아니다.

셋째, 자의 문제이다. 자의는 기간자전에서 이미 그 골격만은 어느 정도 체계적으로 정리해 놓았으나, 이를 우리 것으로 주석하는데 있어 유념해야 할 일은,

① 기간자전에서 미비한 뜻 갈래를 어떻게 보완하느냐?
② 한어(漢語)나 일본어 등으로 표현되어 있는 자의를, 출전을 통해 간명하고도 적절한 우리말로 소화함에 있어, 그 정확성을 얼마나 기대할 수 있겠느냐?
③ 국음과 마찬가지로, 한자를 수용하는 과정에서, 수용한 뜻 이외의 뜻으로, 우리 겨레만이 써 온 자의가 있는데, 이를 빠짐없이 채록하여 수재하는 일도 용이하지 않다.

는 등의 문제들이다.

또, 한자의 자의는 자원과 밀접한 관계에 있으므로, 자전으로서의 사명을 다하자면 자원에 대한 구명도 빠뜨려서는 안될 문제라 하겠다.

3. 문자의 배열방법

수합 · 채록한 한자를 어떤 기준에 의하여 배열하는 것이, 사전의 성격에 부합되면서도 이용자의 편의에 기여할 수 있겠는가의 문제이다.

이에 대해서는 먼저 기간의 자전이나 사전에서 어떻게 처리하고 있는가를 살펴볼 필요성이 있다.

앞에서, 자전을 훈고의 자전, 음운의 자전, 자형의 자전 등 세 부류로 나누어 살펴보았는데, 이는 한자를 어떤 기준에서 분류 · 배열하였는가에 따른 분류 방법의 차이를 기준으로 한 분류이었다.

이 중 훈고와 음운에 따른 배열은 한자에 대한 기본 지식이 없는 현대인에게는, 그 이용의 효용면에서 재고의 여지조차 없기 때문에, 근자에 와서는 자전과 사전의 거의 전부가 자형을 기준으로 한 배열 방법을 택하고 있는데, 이에도 부수의 식별에는 한자에 대한 어느 정도의 지식이 필요하며, 그것이 비록 있다 하더라도,

相 { 木의 부수에 있을 것 같은데,
目의 부수에 들어 있다.

와 같은 혼란을 면하기 어렵다 하여, 사각호마법(四角號碼法)이란

색인 방법을 고안하여 이용자의 편의에 기여해 보려고 애쓰고 있다.

그러나, 사각호마법은 한자만을 전용하는 중국에서조차도, 그들이 이 방법을 고안하여 사용한 지 어언 반세기가 넘었는데도 여러 가지 어려움이 뒤따라 아직 일반화되지 못하고 있다는 실정을 감안할 때, 이를 『한한대사전』의 배열 기준으로 채택하는 데에는 망설여짐이 한두 가지가 아니다.

따라서, 우리로서는 사각호마법은 앞으로의 연구과제로 남겨 두고, 자형의 자전에서 채택하고 있는 배열의 기준에 따른다는 것을 전제로 하여, 이에 대해 좀더 구체적으로 살펴보기로 한다.

먼저 중국의 자전으로서는 『康熙字典』·『辭海』·『中文大辭典』, 우리 것으로는 『全韻玉篇』·『字典釋要』·『新字典』, 日本 것으로는 『大漢和辭典』을 선정하여 그 배열 순서를 살펴보기로 한다.

첫째, 부수별로 배열했다.-부수의 배열 순서는 모든 자전이나 사전이 한결같이 『康熙字典』의 것을 그대로 따르고 있다.

둘째, 동일부수 안에서는 부수를 제외한 나머지 부분의 획수에 따라 배열하였다.

셋째, 동일부수, 동일획수 안에서의 배열은 크게 『康熙字典』, 『中文大辭典』, 『全韻玉篇』의 세 유형으로 대별된다.

이를 일부(一部)의 1,2획에 딸린 한자 중 우리들이 일상의 문자생활에서 많이 쓰는 자를 가려, 그 배열 순서를 살펴보면 다음 표와 같다.

康熙字典	丁	七	万	丈	三	上	下
辭　　海	위와 같다						
大漢和辭典	위와 같다						

中文大辭典	丁	七	三	下	万	丈	上
全韻玉篇	七	丁	万	下	丈	上	三
字典釋要	위와 같다						
新字典	위와 같다						

이 세 유형 중 『한한대사전』에서 택할 수 있는 유형은 어느 것이겠는가?

우리의 현대적 감각으로서는 그 어느 하나의 유형에서도 합리적인 논거를 찾기가 어렵다.

그래서, 우리는 동일부수, 동일획수 안에서의 배열은 자음을 기준하여 가·나·다 순으로 배열하는 방법을 택하고 싶다.

Ⅲ. 자형(字形)

자형이라 함은 한자의 삼요소인 형·음·의 중의 형, 곧 점·선으로 나타난 문자의 외형적 모양을 뜻한다.

이에 대하여, 자체(字體)란 말에는 문자의 서체(書體)란 뜻과, 문자의 모양이란 뜻의 두 뜻이 있는데, 후자는 자형과 동의어로 쓴다.

자형은 시대의 추이에 따라, 서체가 발전하는 과정에 발맞추어 변형되어 왔으며, 새로운 자체는 낡은 자체를 몰아내고, 널리 보급되어 정착하는 방법으로 그 개변이 이루어지면서 오늘에 이르고 있다. 따라서, 자형에 대한 고찰은 자연 서체의 연혁사(沿革史) 위에서 구명하지 않을 수 없다.

자체에 대해서는, 한대에 이미 허신(許愼)의 진(秦)의 팔체론(八體論), 왕망(王莽)의 신(新)의 육서론(六書論) 등이 있었고, 진대(晋代)에는 위항(衞恒)이 『四體書勢』란 책을 지어 사체론(四體論)을 주장하였으며, 당대(唐代)에는 장회관(張懷瓘)이 그의 저서 『書斷』에서 고문(古文)·대전(大篆)·주문(籒文)·소전(小篆)·팔분(八分)·예서(隷書)·초서(草章)·행서(行書)·비백(飛白)·초서(草書)로 나눈 십체론(十體論)을 펴는 등 여러 설이 있어 왔다.

이같이 여러 자체가 유행해 오던 것을, 통일된 자형으로 정리해 보려던 노력은, 이미 진(秦)나라가 천하를 통일하고 나서 소전으로 문자를 통일한 데서 엿볼 수 있다. 그 뒤 당나라 때에 내려와서는 자체의 정리 작업에 착수하여, 교서랑정자(校書郎正字)란 벼슬을 두어, 전적의 문자를 고문·대전·소전·팔분·예서 등 오체(五體)로서 교간(校刊)하기에 이르렀다.

그러면, 이같은 여러 가지의 자체 중 『한한대사전』에 어느 것을 표준자형으로 택하여 실을 것인가에 대한 결단을 내리기에 앞서, 이들 자체를 사적·횡적 측면에서 개관해 보기로 한다.

자형의 발생과 그 변천에 대한 관계를 도식화하면 다음과 같다.

史的側面 : 篆書→隷書 → 楷書 / 草書 → 行書

橫的側面 : 正字 — 俗字 — 略字 — 譌字

1. 사적(史的) 측면에서 본 자형

1) 전서(篆書)

전서라 함은 진(秦)나라 이전의 고문자, 곧 갑골문·고문·대전·소전의 네 자체를 총칭하는 말이나, 일반적으로 전서라 할 경우에는 소전을 가리켜 하는 말로 쓰고 있다.

① 갑골문(甲骨文)

갑골문은 한자 최고(最古)의 자형으로, 앞에서 살펴보았듯이, 은왕(殷王)의 거동과 그 왕실의 대사(大事)에 대해 점친 것을, 귀갑(龜甲)이나 수골(獸骨)에 새겨 놓은 문자이다. 은허에서 계속 발견되고는 있으나, 그 수는 극히 적다.

② 고문(古文)

은대(殷代)에서 서주(西周)에 이르는 동안에 만들어진 여러 가지의 종정이기(鐘鼎彜器)에 새겨진 명문(銘文)으로, 금문(金文) 또는 종정문(鐘鼎文)이라고도 한다. 사람에 따라서는 이 고문을, 지방색이 짙은 것을 육국고문(六國古文), 은·주(殷周)의 계통이 이어진 것을 상주고문(商周古文), 노공왕(魯恭王)이 공자의 고택을 헐었을 때 발견한 것을 설문고문(說文古文)이라 하여, 각각의 특색을 찾아보려는 노력을 기울이고는 있으나, 이도 또한 그 수가 얼마 되지 아니 한다.

③ 대전(大篆)

대전은 진(秦)의 팔체(八體)의 하나인데, 『漢書』「藝文志」에 의하면, 주대(周代)에, 학동에게 문자를 가르치기 위하여 엮는 교과서의 이름이 『史籒篇』 또는 『史籒』이었는데, 여기에 쓰여진 자체가 하나의 서체의 이름으로 쓰여지면서, 주문(籒文)이란 이름을 얻게 되었다고 하며, 또 이 자체의 뒤를 잇는 자체(字體)자체가 소전(小篆)이기 때문에, 이에 상대하여 부른 이름으로 대전이란 이름을 얻게 되어, 대전과 주문은 동의어로 쓰이게 되었다 한다. 『說文解字』에서 주문이라 하여 실은 자수는 불과 300자 미만이다.

④ 소전(小篆)

소전은 전서(篆書)의 대표적 자형으로서, 진의 시황제가 천하통일을 이룬 여세를 몰아 문화정책의 일환으로, 이사(李斯) 등으로 하여금 만들게 한 자체이다. 이는 서주(西周) 이래의 전통적 표준자체이었던 주문을 기준 삼아, 그 획을 생략하거나 개변하는 방법으로 만든 자체이기 때문에 일반성이 있었으며, 또 대전보다는 그 자획이 한층 더 정리된 것이라 할 수 있다. 이 자형은 『說文解字』에 실린 9.353자의 자형이 그 표준임은 천하공지의 사실이다.

2) 예서(隷書)

예서라 함은 고예(古隷)·팔분(八分)·초예(草隷) 등 세 자체를 총칭하는 말이나, 일반적으로 예서라 하면 팔분을 가리켜 하는 말로 쓰고 있다.

예서란 명칭을 얻게 된 연원을 『說文解字』「敍」에서 찾아보면,

소전에 의해 문자통일의 사업을 이루기는 했으나, 그 뒤 차츰 관옥(官獄)의 사무가 번다해지자, 이에 수응(酬應)하기 위하여서는 대전의 자체를 좀더 간략하게 만들어, 그 업무에 종사하는 하급관리 - 이를 도예(徒隷)라고 하였다 - 도 사용할 수 있게 만들었다 하여 붙여진 이름이라고도 하고, 혹은 전서에 예속된 자체라는 뜻에서 붙여진 이름이라고도 한다.

① 고예(古隷)

고예라 함은 전국시대로부터 진(秦)나라를 거쳐 한초(漢初)에 이르기까지의, 예서로서의 초기의 서체를 이른다. 이에 대한 자료로서는 한대의 도량형기(度量衡器)의 명문(銘文)에서 보는 한정된 자수만이 있었으나, 1970년대에 들어와서 호남(湖南)과 호북(湖北)의 양성(兩省)에서 많이 발굴되었다고 하는데, 우리로서는 그 구체적 자료를 대해 본 적이 없어 무어라 말할 수는 없으나, 사적(史的)으로는 소전에서 한 걸음 더 나아간 것임에는 틀림없으리라 여겨진다.

② 팔분(八分)

팔분이라 함은 팔(八)의 자형과 같이 왼쪽으로 삐치고, 오른쪽으로는 파임하는, 좌우로 분산시키는 서법이 강조된 예서를 이른다. 따라서, 이 서체는 일점일획에 파동적(波動的)인 리듬이 있으며, 중후감도 나타나 있다. 후한 때에 가장 성행하였으며, 이는 당대(唐代)의 예서라고도 불리는 해서(楷書)의 모태가 되었다. 이에 대한 자료는 후한의 비갈(碑碣)에서 찾아볼 수 있고, 그 장엄화려한 서법은 한왕조의 위풍을 상징하는 것이기도 하다.

③ 초예(草隷)

초예라 함은 팔분에서 해서와 초서로 개변되는 과정에서의 과도기에 있었던 서체이다.

3) 해서(楷書)

해서는 전·예에 이어 제삼의 전형이 된 자체로서, 초당(初唐) 때에 완성을 본 이후 오늘에 이르기까지 1,500여년에 걸쳐 표준자체로서 쓰이고 있다. 오늘날 읽기 위한 모든 서적은 이 해서체로 출판되며, 한자문화권에서는 해서를 공식의 표준 자체로 쓰고 있다.

4) 초서(草書)

초서는 공식서체로서의 전·예서에 대하여, 보다 간편한 통용체로서 생겨나 지식인 사이에 크게 유행한 서체이다. 『說文解字』「敍」에 따르면, 한(漢)나라가 일어나면서 초서가 생겨났다 하였으며, 사체서세(四體書勢)에는 후한의 장제(章帝) 때에 초서의 명필(名筆)이 배출 되었다고 한 것으로 보아 초서는 이미 한대에 하나의 서체로서 정착하였고, 수·당(隋唐) 때에 그 전형이 완성된 것으로 보여진다. 그러나, 이 초서는 행서와 더불어, 해서의 보조적인 통용체로서 오늘에 이르기까지 쓰이고 있다.

5) 행서(行書)

행서는 해서보다 쓰기가 편하고, 읽는 데에도 초서와 같은 어려움이 뒤따르지 않아, 보조적 서체로서는 가장 무난하기 때문에 오늘날 가장 실용적인 서체로서 일반화된 자체이다. 이도 당대(唐代)에 그 완성을 보았으며, 왕희지(王羲之)·구양순(歐陽詢)·안진경(顔眞卿) 등의 명필은 모두 이 자체로서 그 이름을 떨쳤다.

이상에서 사적 측면에서 본 자체의 변천과정을 개관해 보았다. 이 개관을 통해,『漢韓大辭典』의 표준자형으로서 택해야 할 자체가 해서임은 두말할 나위조차 없다.

2. 횡적(橫的) 측면에서 본 자형

자체(字體)로서는 다 같은 해서라 해도 쓰는 사람의 성향에 따라 정자(正字)·속자(俗字)·약자(略字)·와자(譌字) 등의 구별이 생겼고, 최근에 와서는 많은 획수를 가진 한자를 간이화(簡易化)해 보려는 노력이 중국대륙에서 일어나, 이른바 간체자를 의도적으로 만들어 쓰기에 이르렀으며, 일본에서도 당용한자체(當用漢字體)를 만들어, 교과서·신문·잡지 들에서 이 자체를 통용 하고 있다.

우리 겨레 가운데에도, 뜻 있는 사람들 사이에서 자체의 표준화와 간략화에 대한 논의가 없는 것은 아니나, 한글 전용이란 문교정책에 밀려 싹도 트지 못하고 있을 뿐 아니라, 중·고등학교 한문교과서에 쓰는 자체마저도 일정의 표준자체없이, 문교부에서는 막연하게『康熙字典』의 자체를 따라야 한다고만 하고 있으니 문자정책에 대한 불성실성은 짐작하고도 남음이 있을 정도이다.

1) 정자(正字)

정자라 함은 자획이 바른, 본래의 문자를 뜻하며, 이를 흔히 본자(本字)라고도 한다.

이 정자라고 할 때의 '正'은 속자 · 약자 · 와자 할 때의 '속 · 약 · 와'에 대한 상대적 개념으로 쓴 말이다.

2) 속자(俗字)

속자라 함은 정자, 곧 규범적 글자가 아니고, 통속적으로 쓰이는, 획이 좀 간단하거나 조금 다른 문자를 이르는 말이다.

예를 들면, 回를 囬로, 恥를 耻로, 卻을 却으로 쓰는 따위다.

여기서 우리는 '卻 - 却'을 한 예로 삼아 그 통용성에 대해 살펴보고자 한다. 오늘날 우리 사회에서의 통용성을 따질 때, 속자인 '却'을 쓰고 있는 사람이 100인일 때, '卻'이 그 정자임을 아는 사람은 그 100분의 1에도 미치지 못한다. 이럴 때, 자전이나 사전을 엮는 사람이 그 중 어느 것을 표준자형으로 삼는가에 따라, 卻을 표준자형으로 잡으면 却은 卻의 속자로만 다루어지고, 却을 표준 자형으로 잡으면 卻은 却의 본자로 밀려 난다는 큰 차이가 노정(露呈)된다.

따라서, 자전의 보수성과 통용성의 갈등에서 제기되는 문제들에 대한 신중한 대처 없이는 문자생활의 혼란을 가중시킬 염려가 매우 높다.

3) 약자(略字)

약자라 함은 정자의 자획을 생략한 문자를 이른다. 예를 들면, 巖을 岩으로, 黨을 党으로 쓰는 따위이며, 앞에서 언급한 중공(中共)의 간체자도 이에 속한다.

한자의 간체화는 우주시대로 접어든 오늘날에 있어서는 시급한 과제일 수밖에 없는 중국 사람들이지만, 그것이 너무 급진적일 때 초래되는 문자생활의 혼란 때문에, 중공에서도 급진적 간체화에 대한 반발이 있다는 것을, 얼마 전 지상(紙上)을 통해 읽은 적이 있다.

그러나, 앞의 보기에서 본 '巖 – 岩'의 관계에서는 '岩'이 통용자로 굳어진 지가 이미 오래다.

따라서, 통용성과 보수성의 균형 있는 조화를 생각해 낸다는 것은, 자전편찬인(字典編纂人)의 책무가 아닐 수 없다.

4) 와자(譌字)

와자라 함은 거짓 글자란 뜻이다. 잘못 쓴 글자란 뜻의 오자(誤字)와는 그 개념에 다소의 차이가 있다.

예를 들면, '古家'라고 써야 할 말을 '古可'라고 썼을 때, 이 '可'는 '家'의 오자이지만, '諡號'를 '謚號'로 썼을 때의 '謚'는 오자가 아니고 와자이다.

후자의 경우는, 謚를 諡나 諡의 동자(同字)로 알고 쓴 데서 연유한다. 謚가 諡의 와자로 등장한 연원은 확실하지 않지만, 와자로 굳어지기까지에는 적어도 오랜 동안 諡 대신에 謚를 같은 자로서 통용해 왔다는, 대중에 의한 오인된 통용성이 전제되어야 한다. 따라서, 諡號를 謚號로 써도, 누구든 오자라고 말할 수는 없지만, 자원적으로 따지자면, 謚자는 諡의 고자도 아니요 그렇다고 약자도 속자도 아닌 와자인 것이다.

다만, 와자는 시간의 흐름과 대중의 통용증대성 여하에 따라, 후일 속자의 지위로 자리바꿈을 할 가능성을 가지고 있다.

이상에서 횡적 측면에서 본 자형에 대해 개관해 보았다. 이 개관을 통해, 『漢韓大辭典』에 수재(收載)할 표준자형은 원칙적으로는 정자이어야 함을 짐작할 수 있다.

따라서, 양 측면을 볼 때, 정자인 해서를 표준자형으로 정하고, 여타의 자형은 이 표준자형과의 연계관계(連繫關係)를 밝혀서, 자형에 관한 체계적인 질서를 확립하여야 할 책무가 자전편찬인에게 지워져 있다 해도 과언은 아니다.

그러나, 막상 질서정리작업의 집필에 대들고 보면, 어디까지가 해서이고, 어느 자가 정자인가에 대한 의문은 쉽게 풀리지 않는다. 또 '眾－衆', '妝－粧' 등에서 보는 바와 같이, '眾'과 '妝'이 비록 정자이기는 하지만, 이들 자형은 이미 사자화(死字化)되어 버려, 일반문중(一般文衆)이 그 자형을 알고 있는 수는 극히 적다. 이럴 때, 꼭 정자라는 이유 때문에 이 자형을 표준자형으로 삼아야 할 것인가의 문제 등등, 참으로 해결에 용단(勇斷)을 내리기 어려운 점들이 많다.

3. 자형정리에 제기되는 제문제

자형을 다루는데 있어 제기되는 난제(難題)들에 대한 대표적 사례를 유형별로 몇 가지 들어 보기로 한다.

1) 부수(部首)와 자형(字形)

부수라 함은 한자를 자형상으로 파자(破字)하였을 때 그 대표가 되는 기본자를 이른다.

그런데, 이 부수가 자형의 자전에서 한자를 배열하는 기준으로 활용되게 되면서, 부수에 대한 이 본의(本義)는 망각돼 버린채 그 전의적(轉義的) 어의(語義)인 자전에서 문자를 찾기 위한 색인 구실을 하는 글자로만 인식되어 쓰이고 있다.

부수를 몇 부로 잡느냐는 고금이 같지 않았다. 『說文解字』는 540부, 『五經文字』는 160부, 『六書本義』는 360부, 『類纂古文字考』는 314부 등으로 나누던 것을 매정조(梅鼎祚)가 『字彙』를 엮으면서 214부로 나누었는데, 그 뒤 『正字通』·『康熙字典』 등이 모두 부수의 배열순서와 그 수를, 이 『字彙』의 것을 그대로 따랐고, 이후 모든 자전들이 다 이것을 그대로 답습하게 되었다.

부수가 자형상으로 파자하였을 때의 그 대표가 되는 기본자라고 정의하였을 때의 '대표가 되는 기본자'라는 말은 무엇을 뜻하느냐?

5만자를 헤아리는 한자 중에서 형성자가 차지하는 자수는 그 중의 9할이나 된다고 하는데, 이 형성자에서의 부수와 성부(聲符)의 구실에 대해 살펴보면, 한자에서의 부수가 차지하고 있는 무게를 짐작할 수 있다.

가령, 味의 자는 형성자인데, 이는 口와 未로 파자할 수 있고, 파자한 것 중 未가 성부(聲符)의 역할을 맡고, 口는 이 味 자를 대표하는 기본자로서 부수가 된다. 味가 '맛'을 뜻하고, 맛은 입을 통해 감지할 수 있기 때문이다. 따라서, 그 많은 형성자에서 그 자의 뜻과 관계가 깊은 것은 부수이다.

또 하나의 예로서 酒자를 살펴보자. 『說文解字』에 따르면,

> 酒, 就也. 所以就人性之善惡, 从水·酉, 酉亦聲.

이라고 하여, 회의·형성자로 보고, 酉가 성부를 겸하고 있다 하였으나, 근대에 와서는 酉를 성부로 하는 형성자로 보는 설이 통설로 굳어져 가고 있다.

酉가 성부라면 위의 味의 예에서 보듯, 酒를 파자하였을 때의 氵와 酉 중에서 酉가 酒를 대표하는 기본자가 될 수 없기 때문에 酒의 부수는 氵이어야 한다.

그러나, 酒는 味와는 그 자원(字源)을 달리하는 형성자이다. 『說文解字』에 따르면,

酉, 就也. 八月黍成, 可爲酎酒, 象古文酉之形也.

라 하여, 酉는 古代의 술단지의 모양을 본뜬 상형자로서, 酒의 초문(初文), 곧 酒 자를 만들어 쓰기 이전까지는 술, 또는 술통의 뜻으로 써먹은 자이다.

후세에 내려오면서 술은 익은 기장 [黍]으로 만들되, 거기에 물 [氵]을 섞어 빚는다는 생각으로, 酉 자에다 氵를 더하여, 酒 자를 만들어 술을 뜻하는 문자로 전용(專用)하면서, 酉 자에는 그 자가 가졌던 본의인 술·술통이란 뜻이 바래기 시작하였다.

이와 같이 만들어진 酒 자이기 때문에, 酒가 형성자라 하더라도 酒를 대표하는 기본자는 酉이고 氵가 아니며, 따라서, 氵가 부수가 아니고 酉가 부수인 것이다. 오늘날 酒 자를 자전에서 찾으려고 할 때, 흔히 氵[水]부에서 찾게 되는 것은 酒 자에 대한 이 같은 자원을 확실히 알지 못하는 데에서 연유한다.

이상의 예에서 알 수 있는 점은, 부수라는 것은,

① 오늘날은 자전의 색인 구실을 하지만 본래는 그 한자를 대표하는 기본자이고,
② 따라서 부수는 그 한자의 뜻과 가장 밀접한 관계를 가진다.

는 것이다.

앞에서, 필자는 부수의 식별이 곤란한 자의 예로서 '相'자를 들었는데, 이 자의 부수가 目인 까닭을 살펴보면, 한자의 뜻과 부수와의 관계는 더 명백해진다.

『說文解字』에 따르면, "相, 省視也. 从目·木, 易曰, 地可觀者, 莫可觀於木."이라 하였다. 곧, 相 자는 目과 木으로 이루어진 회의자인데, 그 본의는 '성시(省視)하다'이다. 자세히 보려면 높은 곳에 올라야 하고, 지상(地上)에서 높은 곳이라면 나무에 오르는 일이 가장 현명하다는 생각에서, 目에다 木 자를 더하여 '자세히 보다'란 뜻을 나타내게 만든 회의자가 相이다. 그러니, 이 문자를 대표하는 기본자는 木이 아닌 目이며, 그래서, 相자의 부수는 木이 아닌 目인 것이다.

이와 같기 때문에, 木의 부수에 배열된 문자는 그 뜻이 '나무'와 관련이 있고, 目의 부수에 딸린 한자의 뜻은 '눈'과 관련이 있다. 그러기 때문에, '보다'의 훈(訓)을 가진 '視' 자의 부수는 '示'가 아니고 '見'이다.

그런데, 이같은 대전제에서 어긋나게 부수를 잡은 문자가 있을 때, 이의 처리를 어떻게 해야 할 것인가의 문제가 제기된다.

그 실례를 다음의 표에서 살펴보기로 한다.

구 분	曼	擧·舉	萬
字 彙	曰, 7획	(擧)手, 14획	艸, 9획
		(舉)臼, 10획	
康熙字典	〃	(擧)手, 14획	〃
		(舉)臼, 11획	
大漢和辭典	〃	〃	〃
中文大辭典	又, 9획	〃	禸, 8획
全韻玉篇	曰, 7획	(舉)臼, 11획	艸, 9획
字典釋要	〃	〃	〃

① 曼 자에 대하여

『說文解字』에 따르면, "曼, 引也. 从又冒聲"이라 하여, 曼은 冒와 又의 결합자로서 冒가 성부라 하였다.

앞에서 지적하였듯이, 만일 冒가 성부라면 위의 표에서 보는 바와 같이 冒의 파자 冃·目 중의 冃가 부수가 될 수 없고, '又'를 부수로 잡아야 사전의 처리 태도가 바르다.

또, '曼'은 네 갈래의 운통(韻統)으로 나누어지는데 그 음은 다 '만'이며, '冒'는 세 갈래의 운통으로 나누어지는데, 그 음은 '모·묵·매'의 셋이다. 그러니, 冒를 曼의 성부라고 하기에는 그 음이 맞아떨어지지 않는다. 그래서, 이 자를 冒와 又의 결합으로 된 회의자라는 설도 나오게 되었다.

『說文解字』에 따르면, "冒, 冡而前也. 从冃·目."이라 하였고, 단주(段注)에는 "冡者, 覆也. 冒目者, 若無所見也."라 하였다. 곧 冒는 면의(面衣)로 눈을 가린다는 뜻이다.

회의설(會意說)은 눈을 가린 이 면의를 손 [又]으로 끌어당겨 눈이 드러난 모양을 나타내는 문자가 曼이라고 한다. 이를 뒷받침하기 위하여, 『楚辭』「招魂」에 나오는 '娥目曼睩'이란 대목을 예로 들어, 이 말은 '婦人의 아름다운 눈언저리'를 뜻하는 말이라고 한다.

그러나, 冒를 파자한 冃·罒 중의 冃는 曰과는 딴 자이며, 따라서 曰의 부수에 曼 자를 소속시킨다는 데에는 모순이 있는 것 같다. 『說文解字』에서 曼의 본의를 '引也'라 한 점으로 볼 때에는, 이 자의 부수는 『中文大辭典』과 같이 '又'로 보는 것이 타당하다.

② 擧 자에 대하여

擧 자에는 舉·擧의 이형동자(異形同字)가 있어, 舉는 擧와 동자이고, 擧는 擧의 속자라 한다.

이럴 때, 모든 자전은 擧는 手, 舉·擧는 臼를 부수로 잡고 있다.

여기서 문제가 되는 것은 『說文解字』의 표준 자형의 표기태도이다. 『說文解字』를 보면, "擧, 對擧也. 从手與聲."이라 하였고, 단주(段注)를 보면, "對擧, 謂以兩手擧之."라 하였으며, 『廣韻』을 보면, "擧說文, 本作擧."라 하였다.

위에서 '以手與聲'이란 점과, '本作擧'라고 한 점으로 보아, 『說文解字』나 그 단주(段注)에서는 마땅히 '擧'로 표기해야만 그 자형과 주석내용이 맞아 떨어질 터인데도, 하나같이 '擧'자는 쓰지 않고 '擧'자를 표준 자형으로서 쓰고 있는데, 그 이유는 확실히 알 수 없으나, 어찌되었든 앞뒤가 맞아떨어지지 않는 것만은 틀림없는 사실이다.

그래서, 『康熙字典』은 擧와 擧의 두 자에 다 문자주석(文字注釋)을 하였고, 이와는 대조적으로 『全韻玉篇』과 『字典釋要』에서는 擧만 다루고 아예 擧는 다루지 않았다.

여기서 우리는 표준자형과 부수와의 관계를 좀더 구체적으로 느낄 수 있었으리라 믿는다.

③ 萬 자에 대하여

『說文解字』에는 "萬, 蟲也. 从厹, 象形."이라 하였고, 단주(段注)에는 "萬, 謂蟲名也. 叚借爲十千數名, 而十千無正字, 遂久叚不歸, 學者昧其本義矣."라 하였고, 다시 또 "與虫部蠆同, 象形."이라 하였다.

이에 따르면, 萬 자의 본의는 벌레의 한 가지인 전갈(全蠍)을 뜻하는 문자이다. 그렇다면, 이 자를 대표하는 기본자는 마땅히 厹-厹는 禸와 同字-이고, 따라서 부수는 禸이어야 하는데 『中文大辭典』 이외에는 艸부에 萬 자를 소속시키고 있다.

艸부에 딸린 문자는 풀과 관련이 있고, 虫부나 禸부에 딸린 문자는 벌레나 짐승과 관계가 있어야 한다. 그렇다면, 萬 자는 마땅히 禸부에 소속시켜야 할 것이다.

이상에서 든 3자의 비근한 예를 통하여, 새로운 자전을 엮을 때에는 맹마수령식(盲馬隨鈴式) 편찬 태도를 지양하고, 아무리 권위 있는 자전이라 하더라도 그것의 타당성 여부에 대한 검토 과정을 거쳐야만 할 것으로 생각된다.

지금까지 출간된 한자어사전으로서는 그 양과 내용면에서 가장 훌륭하다는 평가를 받고 있는 『大漢和辭典』에서, 똑같은 자형의 동일자를 두 부수에 소속시켜 놓은 자가 50여자에 달한다는 사실은, 앞에서 상론(詳論)한 부수의 확정과 그 정리과정에서 범한 뜻하지 않은 실수인 것이다.

그 예를 몇 가지만 보이면, 다음의 동일자들을 각각 다음과 같이 두 부수에 소속시키고 있다.

[冫+靚]	靑부 9획		[幺+几]	幺부 5획
	冫부 15획			几부 6획
[几+貝]	几부 8획		[亠+几 …]	几부 8획
	貝부 3획			亠부 8획
[亻+刂 …]	人부 10획		[勹+車]	勹부 7획
	刀부 10획			車부 2획

여기서 『大漢和辭典』을 엮은이들이, 이는 부수 찾기가 지난(至難)한 문자는 독자의 사전이용의 편의를 위해 그렇게 했노라라는 강변(强辯)을 할 수도 있다. 만일 그렇다면, 앞에서 예로 든 相은 木부와 目부에, 酒는 水부와 酉부에, 次는 二부와 欠부에 각각 찾으면 다 나와야 할 터인데 그렇지 않으니, 그 강변은 통할 수 없다. 오직 일관성을 잃은 사전 편찬 태도를 통하여 우리에게 부수를 정하는데 따르는 어려움이 어떤 것인가를 단적으로 보여주는 좋은 예가 아닐 수 없다. 재언(再言)하면, 부수는 그 문자의 외형적 자형의 일부분에 그치는 것이 아니라, 그 문자를 대표하는 기본자로서, 그 문자의 자의(字義)와 깊은 관계를 맺고 있다.

2) 획수와 자형(字形)

획이란 한자를 쓰기 위하여 한 번에 찍거나 긋는 점이나 선을 뜻하고, 획수란 그 자의 점이나 선을 찍거나 긋기 위하여 몇 번 붓을 댔다 떼느냐의 번수를 뜻한다.

획수는, 세는 기준자체(基準字體)를 전·예서에 두느냐, 해서에 두드냐에 따라 한두 획의 차이가 생기게 마련인데, 이 두 자체의 구분이 명확하지 않아서 오는 혼란이 각종 자서에 드러나 있는데,

이 같은 차이의 노정(露呈)은 자전을 이용하는 사람에게는 큰 불편을 주고 있다.

그래서, 자원적(字源的)인 측면을 중시한, 종래의 자서들에서 인정한 획수를 그대로 인습(因襲)하는 것에 대한 반성이 필요하지 않을까? 더구나 『漢韓大辭典』의 편찬 목적이 새로운 한자문화의 창작에 있지 아니하고, 옛 한자문화의 소화에 기여하는데 있다고 한다면, 독자를 위한 편의성에 보다 많은 관심을 기울여 현재 실용의 획수에 따른 문자의 배열도 고려해 보지 않을 수 없다.

부수 중에서 臣 자를 예로 들어보자. 그 해서의 자체(字體)는 왼쪽의 세로획이 맨 밑의 가로획과는 독립해 있는 것이 확실한데, 이 자의 소전의 자형은 이 두획이 한글의 'ㄴ'자처럼 되어 있다 하여, 이를

와 같이 쓰는 것으로 하여 6획으로 잡고 있다. 그러나, 오늘날 臣 자를 6획으로 쓰는 사람은 거의 없고, 실제의 문자생활에서는 거의 모든 사람들이 7획으로 쓰고 있다.

이와 같은 경우에, 자전의 인습성에 얽매여 6획으로 하자니 독자에게 미안하고, 독자의 편의성을 위해 7획으로 하자니, 머리에 굳어진 인습성 때문에, 어느 쪽을 택해야 할 것인가라는 망설여짐이 뒤따른다.

또, 부수 중에서 龜 자를 살펴보자. 어느 자서이든 이 자를 16획의 부수에 넣어 놓고 있다. 왜냐 하면,

와 같기 때문이다.

그런데, 『廣韻』·『集韻』·『字彙』·『校正康熙字典』 등의 제자서(諸字書)의 자체(字體)는 龜가 아니라, 18획인 龜로 쓰여져 있다. 자형에 신경을 많이 쓴 『大漢和辭典』에서도 부수에는 18획의 자를, 본문에서는 16획의 자를 써서 앞뒤를 맞추지 못하고 있다.

또 부수 중에서 鼎자를 살펴보자.

와 같이 쓰기 때문에, 이 자는 12획이 아닌 13획에 속해 있다. 이 자에서의 ㅏ획을 2획이 아닌 3획으로 쓰는 원칙에 따른다면,

> 淵은 氵(水)부 9획(8획)
> 肅은 聿부 8획(7획)
> 虛는 虍부 6획(6획)
> 並은 一부 8획(7획)

과 같이 다루어야 할 터인데도, 모든 자전들은 ( ) 안의 획수로 처리하여 虛자 이외에서는 일관성을 잃고 있다. ㅓ의 획을 1획으로 치

든, 2획으로 치든 그것은 별개 문제로 차치해 두더라도, 적어도 같은 자전 안에서의 획수계산에는 그 자전 나름의 체계성이 유지되어야 할 것으로 생각된다.

이상의 세 유형과는 또 다른 유형으로 政 자의 예를 들 수 있다. 『說文解字』에 보면, "政, 正也, 从攴·正, 正亦聲." 이라 하였다. 政 자는 매질을 하여 바르게 한다는 뜻으로 만든 회의·형성자다. '正'자는 止부 1획으로, 총획수는 5획이다. 正 자를 회의의 한 부분으로서 성부(聲符)를 겸한 자로 썼다면, '政' 자는 마땅히 攴부 5획에 딸려야 할 것 같은데, 모든 자전들이 『字彙』를 좇아 攴부 4획에 딸린 자로 처리하고 있다.

이런 예로서는 露의 足, 紫의 此 등의 획수 계산에서도 드러난다. 물론, 이상에서 든 사례들은 모두 소전과 해서 사이의 자체의 혼돈 상태에서 연유된 것이기는 하나, 해서자의 서법이 소전의 영향력에서 완전히 벗어난 이 시점에서도 옛날부터 내려오는 획수계산을 그대로 좇아야 할 것인가는 깊이 생각해 보아야 할 문제가 아닐 수 없다.

어쨌든, 자형과 획수와의 저어(齟齬)에서 오는 이같은 난맥상(亂脈相)은 일관성 있는 처리에로 지양되어야 할 문제가 아닐 수 없다.

3) 자형의 수재(收載)범위

문자로서 쓰여진 자는 자전에 모두 다 수재(收載)하는 것이 원칙이다. 그러나, 실제의 문자생활에서는 쓰는 사람의 성향에 따라 한두 획의 가감이나, 획의 변형이 있기 때문에, 이를 다 거두어 싣는다는 것은 사실상 불가능에 가깝다.

그래서, 다음과 같은 삼대원칙을 설정하여 놓고, 편찬 과정에서 취사선택의 묘를 살릴 수밖에 딴 도리가 없다.

첫째, 정자(正字), 곧 본자(本字)는 한 자도 빠뜨리지 않고 다 싣는다.

둘째, 속자 · 약자 · 와자 등은 관찬(官撰)과 저명한 금석문(金石文)에 사용된 것은 다 싣고, 사찬(私撰)에 쓰인 문자는 그 문적(文籍)의 권위성을 고려하되, 가급적이면 수재하는 것을 원칙으로 한다.

셋째, 기간(旣刊)의 자서류에서 수재한 문자는 시비(是非)를 가리지 않고 다 싣는다.

그러나, 막상 이 원칙에 따를 때, 기간의 자서류 등에서 드러나는 무체계적인 처리 태도를 시정해야 할 많은 문제점에 부닥치게 된다.

그 한 보기로서 '疐'자에 대한 처리 태도를, 『校正康熙字典』과 『大漢和辭典』을 대비해 가면서 살펴보기로 한다. 우선 '疐'자에 대한 이형동자(異形同字)를 찾아보면 다음과 같은 4자가 있다.

① 疐 : 이 자형은 說文의 자형이다. 『說文解字』에 따르면, "疐, 礙不行也. 从叀. 引而止之也. 叀者, 如叀馬之鼻, 从口, 此與牽同意."라 하였다.

② 疐 : 『正字通』에 "疐, 疐字之譌."라 하여, 譌字로서 수재하였다.

③ 疐 : 『康熙字典』에서 "疐, 正字通, 之侍切, 音至. 跲也. 俗省作疐, 非是."라 하여, 이 자형 또한 잘못된 약자라고 하면서 正字通에서 채록한 것을, 『康熙字典』이 그대로 받아들였다.

④ 疐 : 이 자형은, 『篇韻』에 "疐, 同疐"라 하여 채록한 것을, 『大漢和辭典』이 그대로 받아들였다.

이상의 이형동자 4자 중에서 『康熙字典』은 ①, ②, ③을, 『大漢和辭典』은 ①, ②, ④를 收載하고 ③은 『大漢和辭典』이, ④는 『康熙字典』이 수재하지 않았다.

그런데, 이 자를 성부(聲符)로 하는 문자를 다루는 데 있어 양대사전(兩大辭典)의 처리 태도가 사뭇 다르니, 이를 표로 보이면 다음과 같다.

구　분	口部		心部		手部		足部		鼻部	
	嚏	嚔	懥	懥	⿰扌疐	⿰扌疐	⿰𧾷疐	⿰𧾷疐	⿰鼻疐	⿰鼻疐
康熙字典	○	×	×	○	○	×	○	○	○	×
大漢和辭典	○	○	○	×	×	○	○	○	×	○

※ 위의 표에서 ○은 收載, ×는 收載하지 않은 자형임을 나타낸다.

위의 표를 통해 다음과 같은 사실들을 확인할 수 있다.

① 口부와 足부 이외의 부수에서는 양대서(兩大書)의 채록 자형이 상이(相異)하다.

② 『康熙字典』은 鼻부, 『大漢和辭典』은 手부의 성부(聲符)가 疐나 疐가 아닌 새 자형이다.

③ 성부(聲符)로 疐나 疐 중 어느 하나를 표준 자형으로 택하기로 한다면, 『康熙字典』은 懥는 懥로, 『大漢和辭典』은 懥를 懥로 택해야 사전의 체계적인 일관성을 유지할 수 있다.

따라서, 필자의 관견(管見) 같아서는 足부와 같이 양서(兩書)는 각각 두 자를 다 수재하는 것이 사전 편찬의 올바른 태도요, 한 질(帙)의 자전을 체계적으로 집성·정리했다고 할 수 있지 않을까?

물론 자형을 임의로 변개하는 것은 절대금물이지만, 합리적인 근거에 따라 정리하는 일은 편찬인의 책무요 의무라고 단언(斷言)해도 좋으리라 여겨진다.

4) 자형의 통용성

언어의 대중성 내지 현실성을 국어 사전에서 무시할 수 없는 것과 같이, 한한사전에서는 기준자형을 문중(文衆)의 호흡에 맞추기 위한 그 통용성을 고려하지 않을 수 없다.

자전을 보면, 본자라든가 고자라는 레테르를 붙여서 기준자형의 대열에서 몰아낸 자형을 많이 대하게 된다. 이것은 그 자형이 언제부터인가 문중(文衆)에 의해 잘 쓰여지지 않는 자형으로 굳어져 버렸기 때문에, 바꾸어 말하면, 문중(文衆)의 일치된 호흡으로 사자화(死字化)시켜 버렸기 때문에, 자전은 그 통용성을 중시하여 기준자형으로 선택하지 않은 것이다.

이런 현상은 어느 때라고 못 박을 수 있는 획시기적(劃時期的) 현상이 아니고, 문중(文衆)의 무언(無言)의 습관성 속에서 싹이 터 자라나서는 낡은 자형을 몰아내고 새 자형이 그 자리를 대신하는 과정을 통해 이루어진다. 따라서, 이같은 현상은 과거에만 있었던 일이 아니고, 현재에도 진행되어 가고 있는 일이다.

가령, 更 자의 예를 들어보자. 오늘날의 우리들의 상식으로는 曰의 부수에서 이 字를 찾아보려고 하는데, 『全韻玉篇』의 경우 曰의 부수를 다 뒤져도 찾을 수 없고, 혹시나 하여 一의 부수나 日의 부수를 다 뒤져도 찾을 길이 없다. 그러면, 『全韻玉篇』에서는 更 자를 채록하지 않은 것으로 속단(速斷)해 버려도 좋겠는가? 그러나,

알고 보면 更 자는 攴부 4획에 叓을 기준자형으로 삼아 싣고 있다. 叓이 更과 동자임을 알지 못한다면, 更 자는 끝내 찾지 못하고 말 것이다. 이같은 혼란은 叓과 更 중 어느 자를 기준 자형으로 삼는가에 따라 야기된 결과이므로, 기준자형과 통용성의 문제는 간단한 일이 아니다.

그러면, 이같이 진행되어 가고 있는 현재의 시점에서 그 기준을 어떻게 마련할 것인가?

『字彙』 이후 『康熙字典』을 통해 기준자형으로 굳어진 문자들은, 오늘의 모든 자전이나 사전들에서도 기준자형으로서의 자리에서 쫓겨나지 않고 있다. 예로서 다음의 표에 보인 문자들은 일상의 문자생활에서 번다(繁多)히 쓰이되, 그 기준자형은 문중(文衆)에 의해 잊혀진 지가 이미 오래 전의 일인데도, 사전 편찬의 보수성 때문에 그대로 그 자리를 지켜가고 있을 뿐이다. 그보다 오늘의 문중(文衆) 중의 태반 이상은, 그 기준자형에 대해 저런 문자도 있었던가 하고 의아해 할 정도로 낯선 자형이 돼버렸다.

旣刊字典의 基準字形	現在의 文衆의 通用字
致	致
冰	氷
祕	秘
畱	留
妝	粧
眾	衆
腳	脚

위의 표에 적시한 문자들은 우리들이 굉장히 자주 쓰고 있기 때문에, 문교부에서 제정한 한문교육용기초한자 1,800자 중에 들어 있는 글자 들이다.

문교부가 이들 문자에 한문교육용기초한자라는 명목을 붙여, 중고등학교에서 반드시 가르치도록 교육과정을 정해 놓고는, 정작 그 자형에 대해서는 일언반구의 지침시달도 없다.

그 결과, 중고등학교의 한문교과서를 뒤져 보면, 저자나 출판사에 따라 제멋대로 자형을 선택하고 있다. 문교부의 지시대로라면 마땅히 '致·粧·衆'을 제쳐놓고 '致·妝·眾' 자를 써야 할 터인데도, 심한 경우에는 그런 자도 있었던가 하는 정도로, 문교부나 저자가 다 같이 자형에 대해서는 무관심이다. 여기에 웃지 못할 일화 한 토막이 있다. 한문 교과서 편수(編修) 중, 편집자가 '祕密'로 된 원고를 '祕密'로 잡아 두었더니, 저자가 '秘'로 해야지, '祕'로 함은 잘못이라고 하더라는 이야기를 들었다. 한문교과서를 엮는 저자까지도 秘와 祕의 관계를 모르고 있을 정도라면, 기간자전(旣刊字典)의 기준자형은 이미 사자화(死字化) 돼버린 것으로 단정해도 좋지 않겠느냐?

속자가 정자를 몰아내고 있는 위의 예와는 정반대 현상도 있다. 곧 자전들에서 고자로 다룬 것이 오늘날에 와서 그 통용성이 높아져 부활해가는 현상이다.

線은 綫의 고자다. 대만에서는 백화어(白話語)에 綫자의 통용성이 높지만, 우리나라나 일본에서는 고자인 線 자를 주로 쓰고 있다. 만일 '西部戰綫'이란 말을 신문에서 썼다면, 독자 중 이를 '西部戰線'으로 대번 알아보는 사람이 과연 몇이나 될까를 상상해 보면, 綫 자의 사자화(死字化)는 기정사실처럼 받아들여진다.

이상의 몇 예를 통해서 볼 때, 통용성이 높은 자를 기준자형으로 선택할 필요성을 느낀다. 그러나, 그 결단은 신중해야 한다. 각종 권위 있는 신문·잡지·서적 등을 통해, 그 통용성이 객관적으로 인정된, 그런 뒤에 용단을 내려야 할 것이다.

5) 활자(活字)와 기사간(記寫間)의 자형차이

활자의 자형과 기사(記寫)의 자형은 일치하는 것이 원칙이며, 그렇게 되어야만 정상적인 문자생활을 위해 편리하다. 이는 물론 서체를 같이하는 해서를 전제해서의 이야기이다.

그러나, 실제에 있어서는 활자체(活字體)와 필기체(筆記體) 사이에 거리가 먼 것이 꽤 많이 있다. 그래서, 한자에 익숙하지 못한 현대인-특히 한자교육을 전혀 받지 못한 세대-에게는 큰 부담이 되는 경우가 허다하다.

가장 비근한 예로서 '靑-青'과 '黑-黒'을 들어보자. 『康熙字典』과 그 이후의 모든 자전들에서 '青-黒'의 자형을 수재(收載)하고 있는 책은 하나도 없다. 다만, 『大漢和辭典』은 그들의 당용한자체(當用漢字體)를 무시할 수 없는 처지에서 가로늦게 채록하여 보충했을 뿐이다.

그러나, '青-黒'이 기사체(記寫體)의 자형으로 쓰인 역사는 이미 한대(漢代)로 거슬러 올라간다. 그리고, 현대인의 문자생활에서 '靑-黑'을 쓰는 경우는 활자나 의도적인 기사(記寫) 이외에서는 찾아 보기 힘든다. 가령, 이들을 부수로 하는 한자 중 우리들이 많이 쓰고 있는 자 중에서, 靑을 부수로 하는 '靖·靜'이나 '靑'을 성부로 하는 '淸·晴' 등도 '靑'을 쓰지 않고 '青'을 쓰며, '默·點·黨'이나

'墨' 등도 '黑'을 쓰지 않고 '黒'을 쓰고 있으나, 『大漢和辭典』－그들의 당용한자체이기 때문에 추가로 수재했다－이외에서는 어느 자전에서도 이들 자형을 찾아볼 길이 없다.

미세한 자형의 차이이기는 하나, 月 [달 월]과 ⺼ [육달월]은 이론상으로는 엄격히 구별되어야 하겠지만, 그 자형의 차이를 아는 이는 거의 없으며, 辵의 활자체 辶과 필기체 ⻌의 자리바꿈도 고려의 대상이 아닐 수 없고, '開－間'의 양자관계 또한 현시점에서는 그냥 기간자서들의 답습에 끝날 문제가 아니리라는 생각이 든다.

이같은 결과는, 『康熙字典』이란 권위에 눌려, 그 이후의 자전편찬인들이 그 권위에서 벗어나기가 너무도 힘겨운 일이라는 데서 연유한다. 하나의 문화적 금자탑을 세우기 위해서는 획기적인 용단이 필요하며, 『한한대사전』을 엮고 있는 우리는 바로 그 시점에 서 있다고 여겨진다.

이와 관련되는 문제로서, 성명이나 관직명에서만은 특수한 자형만을 쓰고 있는 관례가 있다.

우리나라에서 '曹'씨가 '曺'씨로만 쓰여져, '曺'자를 국자(國字)로 다루어야 하는 것은 공지(共知)의 사실이지만, 동본(同本)의 성씨 중에서도 종파(宗派)에 따라서는 邊을 邉으로, 高를 髙로만 쓰고 있는 사실에도 눈을 돌릴 필요성이 있다. 이들은 앞의 曺와는 달리, 본자－속자의 관계에 있는 자이다.

또, 관직명에서도 참판(叅判)·참의(叅議)·참봉(叅奉) 등으로 쓰는 것이 관용이어서, 참판(參判)·참의(參議)·참봉(參奉) 등으로 쓴 것은 눈에 설다. 이 두자의 관계도 역시 본자－속자의 관계다.

이럴 경우, 邉·髙·叅 등을 하나의 속자로만 다루어주고, 이같은 관용에 대해 언급하지 않는다면, 그 시대의 문자생활의 현실을 정확히 반영하지 않았다는 문중(文衆)의 항변(抗辯)을 면하기 어렵지 않겠는가?

象-象, 像-像, 彥-彦, 顏-顔, 麻-麻, 述-述, 術-術

등 매거(枚擧)하기 힘들 정도로 허다한 변이자형(變異字形)들을 정리한다는 것은 결코 용이한 일은 아니다. 靑의 부수에 딸린 자만도 21자-黑의 부수에 딸린 자는 200자가 넘는다-인데, 이들을 어떻게 정리할 것인가를 생각해 보면 짐작이 갈 것이다.

그러나, 힘들다는 핑계로 내버려 둘 수는 없는 일이다. 변전(變轉)해 가는 문자를, 문중(文衆)의 실용성과 통용성을 고려하여, 그 실상이 자전에 투영되지 않으면 살아 있는 자전이라고는 말할 수 없지 않겠느냐?

6) 기간자전(旣刊字典)의 오류

자전은 사람이 엮는다. 사람이 엮었기 때문에 오류가 있게 마련이다.

기간자전(旣刊字典)이 저질러놓은 오류가, 좀처럼 해서는 눈에 잘 뜨이지 않기 때문에, 후인들이 그 오류를 바른 것으로 받아들여 바로잡지 못하고 넘어가는 데에 문제가 있다.

가령, 奠·弇·尊의 3자의 관계를 살펴보자.

① 『字彙』에는 "弇, 奠本字."라 하였다.

② 『康熙字典』에서는 "弇, 玉篇, 同尊. 按, 字彙, 以弇爲奠本字, 非."라 하여, 『字彙』의 잘못을 바로 잡았다.

③ 『大漢和辭典』에서는 奠자의 풀이에서 "㊀㊀物を供へて祭る. 弇(4-9633)に同じ."

라고 하여, 『字彙』의 잘못으로 되돌아갔다. 그러나, 弇자를 찾아보면 이는 奠 자의 주석과는 달리 "尊(4-7445)に同じ."라고 하여, 『康熙字典』을 따랐다.

이상에서 보듯, 『大漢和辭典』이 범하고 있는 잘못은,

첫째는 弇과 奠의 문자 주석이 상치(相値)되어 있다.

둘째는 자형에 대한 깊은 연구를 소홀히 했다는 점이다.

이같은 잘못을 저지른 근원적인 이유는 '丌－廾'의 자형을 혼동한 데서 연유한다.

이 두 자를 『說文解字』에서 찾아보면, 丌는 "丌, 下基也. 荐物之丌, 象形. 讀若箕同."이라 하여 물건을 얹는 臺라 하였고, 廾은 "廾, 收, 竦手也, 从𠂇・又."라 한 것을, 단주(段注)에서 "謂竦其兩手以有所奉也."라 하여, 두 손으로 물건을 받들어 올리다의 뜻이라 했다.

이 구별은 두 자의 소전의 자형을 보면 더 뚜렷해진다. 丌는 丌, 廾은 𠬞으로 되어 있다.

그래서, 奠의 소전의 자형은 弇이고, 弇의 소전의 자형은 𢍏이다. 奠의 소전의 자형을 弇자로 속단(速斷)해 버린 데서 위와 같은 실수를 범한 것이다.

또 하나의 例로서 呯과 啐의 이형동자(異形同字)에 대한 각자서(各字書)들의 처리 태도를 살펴보기로 한다.

먼저 이 자의 이형동자의 채록 여부를 알아보면 다음과 같다.

구　　분	呯	𠯌	舌	㖕	啈	𡨁
康熙字典	○	×	○	○	○	×
漢和大辭典	×	○	○	○	○	×

※ ○는 採錄, ×는 非採錄字임.
※『中文大辭典』은『大漢和辭典』을 따랐다.

이들 문자들을 채록하는 데 전거(典據)가 된『玉篇』·『廣韻』·『集韻』과『說文解字』등을 통해, 이들 문자의 자형에 대해 살펴보기로 한다.

① 옥편(玉篇) : 吽, 魚葛切. 言相呵岠也.
② 광운(廣韻) : 吽, 五割切, 吽吽喈喈, 戒也. 說文曰, 語相詞距也.
③ 집운(集韻) : 𡨁·舌, 牙葛切. 說文, 語相詞距也. 口岠卒. 辛, 惡聲也. 或作舌, 亦書作㖕.
④ 설문해자주(說文解字注) : 啇, 語相詞距也. [注 : 岠, 今之拒字. 詞岠者, 詞而拒之.] 从口辛. [注 : 辛, 音愆.] 辛, 惡聲也. [注 : 口辛, 以口拒惡聲也.

이상에서,『康熙字典』과『大漢和辭典』의 기준자형 선정에 있어서의 차이를 대하게 된다.

그러면, 어째서 이같은 결과를 가져왔는가를 알아보기 위하여, 먼저 양대서(兩大書)가 그 전거로 제시한 내용을 음미해 보기로 한다.

첫째,『康熙字典』은『廣韻』과『集韻』의 내용을 따랐다.

吽 : 廣韻, 五割切. 集韻, 牙葛切. 並音辥. 玉篇, 言相詞岠也. 廣韻, 吽吽喈喈, 戒也. 與㖕同. 或作舌.

둘째, 『大漢和辭典』은 자형은 『說文解字』를 따르면서, 그 전거로서는 『說文解字』의 內容으로써 주석하지 않고, 자형이 다른 『玉篇』과 『廣韻』을 引用하여 주석하고 있다.

[⿰口辛] ㊀ 叱りこばむ. 又, いましめる. [玉篇] ⿰口辛, 語相訶距也. [廣韻] ⿰口辛, ⿰口辛⿰口辛嗰嗰, 戒也. 說文曰, 語相訶距也. ㊁ ⿱辛口(2-3604)に同じ. [說文解字詁林] ⿱辛口, 玉篇作⿰口辛, 訓言相呵岠也.

[參考] 康熙字典には呯(1-3451) に作る. 今, 玉篇に從ふ.

여기서 우리는 『大漢和辭典』이 범한 다음과 같은 잘못을 엿볼 수 있다.

A. 『玉篇』과 『廣韻』을 인용하면서 그 자형은 그대로 인용하지 않고, 『說文解字』의 내용에 준거하여 그들대로의 자형을 추정하고 있다.

B. 참고에서 제시한 『康熙字典』의 字形呯은, 『康熙字典』에 "集韻, 蒲兵切, 音平. 五音集韻, 呯呯, 聲也."로 주석되어 있어, ⿰口𢆉과는 동자가 아닌 딴자이며, ⿰口𢆉의 字形은 口부 6획에 따로 채록하고 있다.

又, "今, 玉篇に從ふ."라고 하였는데, 『玉篇』의 자형은 ⿰口辛이 아니고 ⿰口𢆉이다.

C. 辛과 辛 – 辛과는 자형이 다르다. 辛은 立의 밑획이 윗획보다 길고, 辛은 밑획이 윗획보다 짧다 – 은 동자이고, 그래서 ⿱辛口과 ⿰口𢆉을 이형동자(異形同字)로서 양대서(兩大書)가 채록하고 있다는 점과, 『說文解字』의 내용으로 보아 ⿰口辛의 자형이 충분히 있을 수 있다.

이상과 같은 이유 때문에, 필자가 보기에는 양대서가 다 같이 문자채록에서 실수를 범하고 있다. 곧 『康熙字典』에서는 啐의 자형을 채록했어야 하고, 『大漢和辭典』에서는 啐의 자형을 채록해 주었어야 하리라 생각된다. 더구나, 이미 『康熙字典』은 300여 년간 그 권위를 독점해 온 자전이란 점을 감안하였을 때 더욱 그러하다.

또, 『全韻玉篇』이 자형에 대해 범한 잘못의 단적인 예를 들어보자.

① 羹 자에 대하여

羹은 정자이고, 羮은 속자이다. 속자인 羮은 羊부의 9획이다. 그런데, 『全韻玉篇』은 羹의 자형으로 羊부 9획에 실어 놓았다. 정자인 羹이나 속자인 羮을 표준 자형으로 잡지 않은데도 문제가 있지만, 만약 羹자를 택했다면 마땅히 羊부 11획에라도 배열했어야 할 것이 아닌가?

② 椴 · 椵에 대하여

이 2자는 다 형성자로서 段 · 叚가 각각 그 자의 성부이다. 그래서,

椴 : 피나무, 또는 무궁화나무 단

椵 : 나무 이름(유자나무의 일종) 가

자이다. 그런데, 이를 『全韻玉篇』에서는

椵 : 단 椛也, 木槿.

椵 : 가 柚屬. 櫾一木, 可作几.

라 하여, 그 성부의 자형을 잘못 써서 똑같은 자형의 자를 동형이자(同形異字)로 다루었다.

위의 예만으로서도 자형에 대한 우리 선인들의 무관심을 엿보고도 남음이 있다.

이상에서 자형에 관한 여러 가지 문제들에 대한 유형별로 든 단편적인 예를 통해서도 자전을 엮는데 있어 뒤따르는 난제(難題)가 얼마나 많은가를 추상(推想)할 수 있으리라 생각된다.

Ⅳ. 자음(字音)

자음이라 함은 문자가 지닌 음이다. 한자의 자음은 한자를 만들어 쓴 한족(漢族)의 자음을, 우리 겨레가 어떻게 받아들였으며, 그것이 어떤 자음으로 정착되어 발음되고 있는가에 대한 구명의 문제다.

그러나, 단순히 한자의 자음이라 하더라도 다음과 같은 이유 때문에 얽히고설키어 복잡하기 이를 데 없다.

첫째, 한자를 만들어 쓴 중국대륙이 서(西)로는 곤륜산맥(崑崙山脈), 북(北)으로는 만리장성(萬里長城)과 흥안령(興安嶺), 남(南)으로는 인도지나반도(印度支那半島)를 경계로 삼은 광막(廣邈)한 지역에 걸쳐 있어, 중국어 자체에도 관화(官話)－관화에도 북방관화(北方官話)·서북관화(西北官話)·서남관화(西南官話)·하강관화(下江官話) 등의 구별이 있다－를 비롯하여, 오어(吳語)·월어(粵語)·민어(閩語)·상어(湘語) 등의 차이가 있는데다, 문자를 만들어 쓴 역사 또한 삼천 오백 여년을 헤아리게 되었으니, 그 구원(久遠)한 역사 속에서 전변(轉變)을 거듭하여 왔기 때문에, 한자의 중국음 자체가, 그 종(縱)과 횡(橫)의 좌표에 따라 차이를 노정(露呈)하고 있다.

둘째, 이 같은 여건에 놓여 있는 한자의 중국음을 수용하여 소화하는 우리 쪽 여건, 곧 수용의 시기, 수용자의 신분, 수용의 경로와 지연(地緣) 등에 따라 상이(相異)하게 받아 들인데다, 이같이 수용한 한자음을 곧바로 정착시킬 우리의 문자를 가지지 못하였다는 사실은, 자음을 문자로써 정착시키지 못하고 구수(口授)의 수단에 의존하였다는 이유 때문에, 한국한자음(韓國漢字音)도 그 종과 횡의 좌표에 따라 다소의 차이를 드러낼 수밖에 없었다.

따라서, 이 시점에서 한국한자음을 정립한다는 것은 그리 쉬운 일이 아니다. 그래서, 한한대사전에 정착시킬 표준이 되는, 실용적인 한국한자음의 정립을 위해 알아두어야 할 점과, 그 정립과정에서 제기되는 몇 가지 문제점에 대하여 살펴보기로 한다.

1. 한자음의 특성

한자음은 성음(聲音)과 성조(聲調)의 두 요소로 구성되어 있다.

성음이라 함은 한국 한자음에서는 초성·중성·종성의 세 음소(音素)로 분석되는 음가(音價)이고, 성조라함은 그 음절단위의 고저장단(高低長短)으로 나타난다.

이 중 성음은 모든 문자가 다 가지고 있지만, 성조를 가진 문자는 한자 이외에서는 찾아볼 수 없다. 이 점이 바로 한자음이 지니고 있는 특성이며, 따라서 한자음의 구명에서는 성음은 물론, 이 성조도 구명하지 않을 수 없는 과제의 하나가 된다.

1) 성음(聲音)

성음이라 함은 한자를 무슨 소리로 읽는가의 음가의 문제이다.

한민족(漢民族)이 한자를 만들어 쓰면서, 그 한자를 무슨 소리로 읽는가에 대한 자음표기(字音表記)의 방법으로서는 대체로 성훈식(聲訓式), 직음식(直音式), 반절식(反切式)의 세 가지가 쓰여 왔다.

성훈식이라 함은 어음(語音)이 같거나 닮은 것으로써 그 음-중국어는 음운론적 측면에서는 단음절어(單音節語)가 그 본성이다-을 설명하는 방식이다. 『論語』 안연편(顏淵篇)에 나오는 "季康子問政於孔子. 孔子對曰, 政者正也."에서 '政者正也'라고 대답한 따위가 그것이다. 곧 政과 正의 어음(語音)의 상사성(相似性)을 통해 正으로써 政을 설명하고 있다. 이 같은 방법은 후한말(後漢末)의 유희(劉熙)로 하여금 『釋名』이란 책을 엮게 만들었다. 아직 깊이 천착해 보지는 않았지만, 중국한자음을 한글로 역음(譯音)하면서, 그 서명을 '洪武正音譯訓'이라 하여, '역음'이란 말을 피하고 '역훈(譯訓)'이라 한 것도, 이 '성훈(聲訓)'이란 말과 같은 맥락에서 그 이유를 찾아보아야 할 것 같다.

직음식이라 함은 성훈식의 난점(難點)을 극복하기 위하여, 동음의 한자라면 두 자 사이에 아무런 관계가 없는 자로써도 그 음을 표시하는 방법이다. 『孟子』를 읽다 보면, 樂을 '락 · 악 · 요' 등의 어느 음으로 읽어야 한다는 것을 명시하기 위하여 '樂, 音洛'과 같이 주를 내놓은 것이 많은데, 이것이 직음식이다.

이 직음식은 후대에 내려와서 자전의 편찬 작업에서도 활용된 예가 수없이 많다. 예를 들면, 『字彙補』에서 '歪'의 자음(字音)을 찾아보면,

歪. 烏乖切, 外平聲. 不正也.

로 되어 있는데, 이 '外平聲'도 이에 속한다.('歪'의 字音에 대해서는 본 '簡報 2'에 발표한 졸고, "'歪'字音考" 참조.)

여기서의 '外平聲'이란 "'歪'의 자음은 '外'와 같은 성음으로 소리내되, 성조에 있어서는 '外'는 거성이지만 '歪'는 평성으로 소리낸다."의 뜻이다. 이와는 역으로 『康熙字典』에서 '外'의 자음을 찾으면,

外. [廣韻]·[集韻] 五會切. [韻會] 漁會切. 竝歪去聲.

으로 되어 있다. 여기의 '歪去聲'도 직음식의 한 방법이며, 『康熙字典』의

夕. [唐韻]·[集韻]·[韻會]·[正韻] 竝祥易切. 音席.

이란 주석에서 '音席'도 바로 직음식임은 두말할 나위가 없다.

그러나, 이 직음식에도 한계가 있다. 『廣韻』에서 예를 들면, 상성 '養'의 운통(韻統)에서 '長'의 동음자는 없고, '廣'의 동음자는 '鄺' 1자뿐이다. 이럴 때, '長, 音長'이라든가, '廣, 音鄺'이라는 주를 낸다고 하였을 때, 그 자의 음을 이해하는데 이 직음식이 어떤 도움을 주겠느냐? 이 같은 한계를 극복해 보려고 반절법(反切法)이 등장하였다.

반절식이라 함은 1자의 한자음을 2자의 한자로써 나타내는 방법이다. 예를 『廣韻』에서 들면 다음과 같다.

馬 ; 莫下切　　　　長 ; 知丈切
龜 ; 居追切　　　　廣 ; 古晃切

여기서 윗 반절자(反切字)인 '莫 · 居 · 知 · 古' 등을 성모(聲母)라 부르고, 아랫 반절자인 '下 · 追 · 丈 · 晃' 등을 운모(韻母)라 부른다.

성모는 두자음(頭子音)을 나타내는데, 한국 한자음에서는 초성에 해당한다. 곧

馬 ; '마'의 'ㅁ'　　　　長 ; '장'의 'ㅈ'
龜 ; '구'의 'ㄱ'　　　　廣 ; '광'의 'ㄱ'

이 각각 이들 한자의 성모가 된다.

운모는 개음(介音) · 주모음(主母音) · 운미(韻尾)와 성조(聲調)로 이루어진다.

개음과 주모음은 한국 한자음에서의 중성(中聲)인데 이 중 개음은 중성이 복모음(複母音)일 때 단모음(單母音)에 끼어드는 모음(母音)이라는 뜻이며, 운미는 한국 한자음에서의 종성(終聲)에 해당한다.

馬 ; '마'의 'ㅏ'　　　　長 ; '장'의 'ㅏㅇ'
龜 ; '구'의 'ㅜ'　　　　廣 ; '광'의 'ㅘㅇ'

이 각각 이들 한자의 운모인데, 이 중 '馬 · 龜'는 운미가 없는, 한국 한자음에서는 종성이 없는 자이고, '長 · 廣'은 운미가 있는, 한국 한자음에서는 종성이 있는 자이다.

위에서 본 바와 같이, 중국한자음과 한국한자음은 그 음절구성이

같기 때문에, 한한대사전에 실을 자음 중 정착음(定着音)이 없는 자음을 추정음(推定音)으로써 실을 수 있는 근거는 바로 이 반절이 있기 때문이다.

이를 좀더 알기쉽게 도식화해 보면,

李→良以切(운미가 없는 자)

[良]	liang	l		량	ㄹ	
[以]	i		i	이		ㅣ
		li			리	

東→德紅切(운미가 있는 자)

[德]	te	t		덕	ㄷ	
[紅]	hu-ng		u-ng	홍		ㅎ
		tung			동	

와 같다.

음절구성의 이 같은 동일성에서 온 재미있는 사례가 『東國正韻』에서의 한국한자음의 표기방법이다. 곧 운미가 없는 자음도 그 표기형식에서는 그 음절구성을 초·중·종성의 세 음소(音素)를 구비하도록 하기 위하여,

李 ; :링　　　　九 ; :궇

와 같이 음가 없는 'ㅇ'이나 순경음(脣輕音) 'ㅱ'을 종성 자리에 붙여 놓고 있다.

어찌 되었든, 반절은 한국한자음의 정착이나 추정에 있어서 그 본향(本鄕)이 되고 있음은 부인할 수 없다.

2) 성조(聲調)

성조라 함은 매개음절음(媒介音節音), 우리 한자음에서의 중성의 장단(長短)·고저(高低)·강약(强弱)·속도(速度)·경중(輕重) 등에 따라 특징지어지는 발음현상으로서 평성·상성·거성·입성의 사성으로 분류하여 나타내는 소리의 가락이다. 이 성조는 반절식에서는 운모자(韻母字)에 의하여 결정되며, 한국 한자음에서는 주로 중성의 장단으로 나타난다.

이를 알기 위하여 우리의 생활주변에서 그 구체적인 예를 찾아보면 다음과 같다.

우리에게 가장 피부에 와닿는 예는 지명과 성씨에서 쉽게 찾을 수 있다. 지명으로서는 '光州－廣州', 성씨로서는 '丁－鄭'을 그 예로 들어 살펴보기로 한다.

{ 光 ; 姑黃切, 平聲 陽의 韻統群字
  廣 ; 古晃切, 上聲 養의 韻統群字

光은 평성이고, 廣은 상성이다. 그래서, 성음으로서는 다 같은 '광'이지만, 그 성조는

{ 光 ; 과⌒ㅇ, 짧게
  廣 ; 과～ㅇ, 길게

와 같기 때문에,

{ 光州 ; 과⌒ㅇ주
  廣州 ; 과～ㅇ주

로 말해야 한다. 우리가 일상의 언어생활에서 '光州'와 '廣州'의 두 지명을 확연히 구분하여 쓰고 있고, 듣는 사람도 구분하여 들을 수 있는 것은 이 성조 때문이다.

{ 丁 ; 當經切, 平聲 靑의 韻統群字
  鄭 ; 直正切, 去聲 敬의 韻統群字

丁은 평성이고, 鄭은 거성이다. 그래서, 다같이 聲音은 '정'이지만, 그 성조에 있어서는,

{ 丁 ; 저⌒ㅇ, 짧게
  鄭 ; 저～ㅇ, 길게

발음하고 있다. 우리가 일상의 언어생활에서 정약용(丁若鏞)과 정도전(鄭道傳) 두 분의 성을 구분하여 부르고 있는 것도 이 성조 때문임은 두말할 나위가 없다. '丁'이나 '鄭'의 성씨를 가진 분이, 남과의 첫 대면에서 통성명을 할 때, 이 같은 성조를 무시한 자기성명 소개를 하면, 흔히 상대방으로부터 '丁氏냐?' '鄭氏냐?'의 반문을 받게 되는 일이 있는데, 이는 모두 성조에 따른 정확한 발음을 하지 않았는 데에 기인하고 있다.

이상의 예와는 달리, 동일한자인데도 그 자의(字義)에 따라 운통(韻統)을 달리하기 때문에, 같은 자, 같은 성음이면서 그 성조는 다른 경우가 있다. 한글학회에서 펴낸 우리말 '큰 사전'을 보면,

{ 강국(强國) ; ……
  $\overline{\text{강}}$탈(强奪) ; ……

로 다루어, '强國'의 '强'은 짧게, '强奪'의 '强'은 길게 소리 내어 읽도록 되어 있다.

그 이유는 '强'자에는 다음과 같은 운통의 갈래가 있기 때문이다.

{ 平聲 陽 ; 힘이 세다
  上聲 養 ; 억지로

위의 예에서 '强國'의 '强'은 '힘이 세다'의 뜻으로 쓰여서 평성의 운통에 듦으로 짧게 발음해야 하며, '强奪'의 '强'은 '억지로'의 뜻으로 쓰여서 상성의 운통에 듦으로 길게 발음해야 하기 때문이다. '强壯'은 짧게, '强要'는 길게 발음하여, 두 '强'자의 성조를 달리함도 같은 이유에서이다.

성조의 이야기가 나온 김에 강조해 두고 싶은 것은 초·중·고등학교에서의 국어교육 문제이다. 다음과 같은 비근한 예를 들어 보자.

{ 사기(詐欺)를 당했다.
  사기(士氣)를 드높인다.

{ 사정(私情)을 두다.
  사정(事情)이 있다.

이럴 때, 이들을 정확하게 발음하는 교육이 실시되고 있는가는 극히 의문스럽고, 이에 대한 반성도 깊이 해야 할 것으로 여겨진다. 특히 국어에서는

{ 私話·私和·詞華
  士禍·史話·史禍·史畫·死貨·賜花

와 같이 한글로서는 똑같이 '사화'로 표기해야 할 한자말이 9단어나 되는데, 국어사전에서는 '사'음의 장단에 따라 다시 위와 같이 이군(二群)으로 나누어야 한다는 점을 고려해 넣는다면, 우리 국어의 바른 교육을 위해서도 이 성조 문제는 매우 비중 있게 다루어져야 할 것으로 여겨진다.

2. 한국한자음(韓國漢字音)의 정착

한국 한자음이 한글로 맨 처음 정착한 곳은 『東國正韻』이다.

동국정운에 한국 한자음이 정착된 이후 오늘에 이르기까지, 한국 한자음의 자전적(字典的) 정리는 18세기말과 20세기초의 두 번에 걸쳐 이루어졌다.

18세기 말에 이루어진 것은 영 · 정조 때의 『三韻聲彙』와 『奎章全韻』 · 『全韻玉篇』이고, 20세기 초에 이루어진 것은 1909년의 『字典釋要』, 1915년의 『新字典』인데, 자전은 아니지만 관용음의 구명을 위해 이에 1920年의 『朝鮮語辭典』을 꼽지 않을 수 없다.

세종(世宗)이 한글을 창제할 때, 그 실용성은 『東國正韻』의 편찬 작업을 통해 시험해 본 것으로 추측된다.

『동국정운』의 편찬을 언제부터 착수하였다는 기록이 없으니 단언하기는 어렵지만, 『東國正韻』의 완성이 훈민정음 반포의 만 1년 뒤인 30년 11월이라는 기록으로 미루어 볼 때, 『동국정운』과 같은 책을 1년 동안에 편찬했으리라고는 생각할 수 없다. 다른 각도에서 본다면, 한글 창제의 저의(底意)에는 한국한자음을 우리 문자에 의하여 정착시켜야 한다는 시급한 요청에 대한 수응(酬應)이란 측면도 있었으리라는 짐작도 할 수 있다. 그래서, 한글을 다 만들어 놓은 뒤에 동국정운의 편찬에 손을 댄 것이 아니라, 한글의 창제를 동국정운의 편찬과 병행해서 추진해 왔다고 보는 것이 사리에 더 합당할 것도 같다.

『東國正韻』은 이와 같이 편찬된 음운의 자전이기 때문에, 애당초 보수성이 강했고, 그 자음 또한 중국음의 영향권에서 완전히 벗어날 수 없는 것이었다. 그러나, 그 뒤를 이어서 편찬된 각종의 언해류(諺解類)와 훈몽용교본(訓蒙用敎本)들은 실용에의 지향성 때문에, 『東國正韻』과는 달리 그 시대 그 시대의 현실음이 이들 문헌에 반영되기에 이르렀다.

이 필요성에 따라 이루어진 책이 영조(英祖) 때 홍계희(洪啓禧)가 엮은 『三韻聲彙』이다. 『삼운성휘』는 『東國正韻』 이후 약 300년 사이에 걸쳐 변전(變轉)된 한국 한자음을 체계적으로 집성한, 당시의 시용음(時用音)을 밝히고 있는 음운의 자전이다.

이 『삼운성휘』는 사성별(四聲別)로 엮되, 『東國正韻』의 독창적인 체재인 91운목(韻目)을 버리고, 106운목에 따라서 자음을 정리한, 한국 한자음 구명에 있어 빼놓을 수 없는 자전의 하나이다.

그러나, 이 『三韻聲彙』는 아쉽게도 사찬(私撰)에 지나지 않았다. 과거(科擧)에 명맥(命脈)을 걸고 있었던 당시의 유생들에게는 절대의 권위가 부여되는 관찬(官撰)의 자전에 대한 바램이 없을 수 없었다. 이런 요구 때문에, 『삼운성휘』가 간행된 지 얼마 되지 아니한 정조 때에 음운의 자전으로서는 『奎章全韻』, 자형의 자전으로서는 『全韻玉篇』을 관찬으로 간행하기에 이르렀다. 물론, 이 양서(兩書)도 106운목을 좇고 있다. 그래서, 18세기말에 이루어진 삼대서(三大書) 중 한국 한자음의 구명에서는 『全韻玉篇』을 그 대표서로 꼽지 않을 수 없다.

이 같은 경위를 염두에 두고, 『東國正韻』과 『全韻玉篇』의 양서를 문자학적인 측면에서 대비해 보면, 중세 한국 한자음의 변천상과 『東國正韻』이 지니는 문자학적인 진가를 파악할 수 있다.

다음에 양서의 문자학적인 측면에서의 차이를 살펴보기로 한다.

① 사성(四聲)에 따른 성조의 구분은 양서가 같으나, 『東國正韻』은 한국 한자음의 특성을 살리기 위하여 독창적으로 91운목을 창출하여 이를 체계화한데 반하여, 『全韻玉篇』은 이를 버리고 평수운(平水韻)인 106운목으로 되돌아갔다.

② 초성에 있어서의 차이점

첫째, 『東國正韻』에서는 'ㄲ·ㄸ·ㅃ·ㅆ·ㅉ·ㆅ' 등의 전탁음(全濁音)을 자유로이 구사하고 있는데 반하여, 『全韻玉篇』에서는 '쌍(雙)' 1자만을, 그것도 속음으로서 인정하고 있을 뿐이다. 이는 『東國正韻』이 중국운서의 영향권에서 완전히 벗어나지 못하였음을 입증하는 것이라 하겠다.

둘째, 『東國正韻』에서는 'ㆁ(業)·ㆆ(挹)·ㅇ(欲)'의 세 성모(聲母)를 분리하여 다루었으나, 『全韻玉篇』에서는 이를 'ㆁ'하나로 통합했다. 이 세 성모에 대한 구별은 이미 훈민정음 반포 당시에도 거의 불가능했던 것인데, 이를 『東國正韻』에서도 굳이 구별한 것은, 앞에서 언급한 바와 같이 『東國正韻』의 편찬 작업이 훈민정음의 창제 작업에 따른 실험적 과업으로서 동시에 추진되었다는 사실 때문에 그리되었을 것으로 짐작된다.

③ 중성에서는, 『東國正韻』은 훈민정음에 나타나 있는 29개 중에서 'ㅒ · ㆉ · ㆇ · ㆈ'의 넷을 뺀 25개만을 활용하였고, 『全韻玉篇』은 그 25개 중에서 다시 'ㆊ · ㆋ'의 둘을 뺀 23개만을 활용하고 있다.

그러면, 『東國正韻』에서 쓴 이들 두 중성이 『全韻玉篇』에서는 어떤 중성으로 변하였는가를 살펴보기로 하자.

耿(ᄀᆑᇰ→경), 傾(ᄏᆑᇰ→경) 瓊(ᄁᆑᇰ→경), 永(ᄋᆑᇰ→영)
兄(ᄒᆑᇰ→형), 營(ᄋᆑᇰ→영), 洫(ᄒᆑᆨ→혁), 役(ᄋᆑᆨ→역)

과 같이 'ㆊ'는 'ㅕ'로 변하였고,

圭(ᄀᆒᇰ→규), 桂(ᄀᆒᇰ→계) 奎(ᄏᆒᇰ→규), 稅(ᄉᆒᇰ→세)
贅(ᄉᆒᇰ→췌), 喙(ᄒᆒᇰ→영), 携(ᅘᆒᇰ→휴)

와 같이 'ㆋ'는 'ㅠ · ㅖ · ㅞ · ㅟ'의 넷으로 변하였는데, 이는 모두 그 자가 어느 운목에 딸리어 있는가에 따라 결정 지어졌다. 곧

圭 · 奎 · 携는 '齊'의 韻統
桂 · 稅는 '霽'의 운통
贅도 '霽'의 운통
喙는 '隊'의 운통

에 각각 딸리어 있다. 다시 말하면, 이 같은 중성의 정리는 규칙적으로 이루어졌다. 다만, 『東國正韻』의 'ㅘ'는 『全韻玉篇』에서는 'ㅏ'와 'ㅘ'의 둘로 나누어졌는데, 그 보기를 들면 다음과 같다.

亂(롼→란), 卵(롼→란)
團(똰→단), 脫(톼ᇙ→탈)

官(관→관), 活(ᅘᅪᇙ→활)
歡(환→환), 換(ᅘᅪᆫ→환)

④ 종성에 있어서의 차이점

첫째, 『東國正韻』에는 訖(긇)·骨(곯)·葛(갏)과 같이 이영보래(以影補來)의 이론에 따른, 입성에 대한 'ㆆ'종성표기가 활용되었으나, 『全韻玉篇』에서는 이를 사용하지 않았다.

둘째, 운미(韻尾) 곧 종성이 없는 한국 한자음에, 『東國正韻』에서는 '高(고ᇢ)·鳩(구ᇢ)'나 '歌(강)·拘(궁)'와 같이, 순경음 'ㅱ'이나 음가 없는 'ㆁ'을 첨기하여, 그 한자음이 초성·중성·종성의 세 음소를 구비하도록 애썼으나, 『全韻玉篇』에서는 이를 사용하지 않았다.

⑤ 『全韻玉篇』에서는 『東國正韻』에 정착된 한국 한자음 중, 위에서 열기(列記)한 ②, ③, ④항에 대한 정리에서 오는 이외의 사유, 곧 300년간에 걸쳐서 일어났던 한국 한자음의 변이(變異)를 '속(俗)' 또는 '정(正)'이란 표식 다음에 그 변이한 시용음(時用音)을 밝히고 있는데, 그 예를 표로 보이면 다음과 같다.

漢 字	東國正韻	全韻玉篇	反 切
仡	ᅌᅳᆶ	을(俗)흘	[廣韻] 魚迄切 [集韻] 魚乙切 [廣韻·集韻] 許訖切 [韻會·正韻] 魚乞切
伉	강	강(俗)항	[廣韻] 苦浪切 [集韻·韻會] 口浪切
倅	쵱	최(正)쉬	[廣韻] 七內切 [集韻·韻會] 取內切
儡	룅	뤼(正)뢰	[廣韻] 落猥切 [集韻·韻會·正韻] 魯猥切
偪	벽	벽 (正)픽 (俗)핍	[廣韻] 彼側切 [集韻] 筆力切 [正韻] 必歷切

위의 다섯 유형에 대한 필자의 관견(管見)은 다음과 같다.

仡 : 反切에 따르면 '흘'도 規範音이다. 따라서, '흘'을 '俗'으로 다룬 데에는 의문이 있다.

伉 : 『전운옥편』의 처리가 옳다.

倅 : 伉과 같이 '쉬' 음은 '俗'으로 다루어야 할 것 같다.

儡 : 『전운옥편』의 規範音 '뤼'의 출처가 애매하다. 『東國正韻』의 음이 '뢰'이고, 이는 반절과도 일치하니, '뢰'를 규범음으로 하여야 할 듯하다.

偪 : '(正)핍'은 『廣韻』의 반절에 의한 규범음의 정립이다.

어쨌든, 『全韻玉篇』의 서문이나 범례를 아직껏 보지 못한 필자로서는, 이 '정(正) · 속(俗)'의 명확한 개념 구분을 하지 못하고 있는 처지이지만, '정(正)'은 규범음에의 접근이고, '속(俗)'은 시용음(時用音)에의 접근이면서, 두 음이 다 같이 실용음인 것만은 틀림없는 것 같다.

이상의 고찰을 통해 필자는, 한국 한자음의 본향은 반절이고, 그 시조는 『東國正韻』이라고 단언하는 바이다.

국어학계에서는 『東國正韻』의 한자음은 현실음이 아닌 이상음(理想音)이니 가상음(假想音)이니 하여, 그를 하나의 허상으로 치부해 버리는 경향이 있는 듯하다. 그것이 어학적 측면에서는 그런 평가를 받아야 할 것인지는 모르지만, 『東國正韻』은 음운의 자전이다라는 신분을 고려에 넣어서 문자학적인 측면에서 이를 평가한다면, 『東國正韻』의 한자음은 한국 한자음의 허상이 아니라, 그 어엿한 시조의 실상이라고 말하지 않을 수 없다.

그 첫째의 이유로서는, 모화(慕華)와 사대(事大)의 사상이 팽배해 있던 그 당시에, 한국 한자음의 정립을 위해 평수운을 버리고 독창적인 91운목을 창출해 냈다는 용단성(勇斷性)을 꼽지 않을 수 없다. 이 용단은 평수운의 운목 - 이는 곧 반절에서의 운모와 직접 관계된다 - 과 한국 한자음에서의 중성과의 저어(齟齬)를 해소하기 위한 용단이었고, 이는 곧 한국한자음에서의 중성의 정립이었다. 복모음의 단모음화(單母音化)라는 우리말에서의 변전상(變轉相)을 언어의 시대적 발전이라고 보아 넘긴다면, 『東國正韻』에 정착한 중성은 곧바로 현대 한국 한자음의 중성과 일치한다. 이 사실 하나만으로도 『東國正韻』이 문자학적 측면에서 차지하는 비중이 지중(至重)함을 알 수 있다.

그 둘째의 이유로서는, 국어학계에서 운위(云謂)하는 가상음(假想音)이란 논거에 대한 필자의 의문이다. 전탁음(全濁音)의 자유로운 구사나 'ㆁ · ㆆ · ㅇ'의 구별, 이영보래(以影補來)의 이론이나 음가 없는 'ㅱ · ㅇ'의 사용 등이 그 논거가 될 수 없음은, 한자음도 그 시대의 언어의 변전과 보조를 같이하고 있기 때문이다. 국어학자들이 용비어천가(龍飛御天歌) 등을 귀중한 고전으로 연구하는 것과, 문자학자들이 『東國正韻』을 한국한자음의 시조라 하여 연구하는 것과에 어떤 차이가 있단 말인가?

그 셋째의 이유로서는, 우리의 다른 어느 문헌에서도 찾아볼 수 없는 자음이 『東國正韻』에는 약 6천여음이 실려 있다는 사실이다. 『東國正韻』에 수재한 자수는 18,775자, 『全韻玉篇』은 10,966자, 『字典釋要』는 16,295자, 『新字典』은 13,081자이다.

이 차이를 人부 11획을 예로 들어 도표로 보이면 다음과 같다.

字典別	총수록자수	4字典共載字數	3字典共載字數	單獨收載字
동국정운	32	20		夎傜傐㑩㑴
전운옥편	23	20	23	
자전석요	(30)29	20	23	㔎(働)
신 자 전	29(28)	20	23	傠僒偲(働)

※ ( )안의 숫자는 『동국정운』과 『전운옥편』은 '備'의 표준 자형을 '備'로 삼아 人部 11획에, 『자전석요』와 『신자전』은 '備'로 잡아 人부 10획에서 다루고 있음을 나타낸 것이고, '働'은 일본한자임을 나타낸다.

위의 통계 중 『東國正韻』과 『字典釋要』의 두 자서에서만 다룬 자는 '僥 · 從 · 僞 · 傜 · 偹'의 5자이고, 『東國正韻』과 『新字典』의 두 자서에서만 다룬 자는 '㑳 · 儞'의 2자이다.

이같이 『東國正韻』에는 다른 어느 자서보다도 자수가 많이 실려 있을 뿐 아니라, 동일자 안에서의 운통에 따른 자음의 세분화도 여느 자서보다도 더 정세(精細)하게 되어 있다. 이를 표로 보이면 다음과 같다.

한자	反切	동국정운	전운옥편	자전석요	신자전
	逆角切	·악	악	악	악
	歷名切	·락	락	락	락
樂	力照切	·료ᇢ	×	×	×
	魚數切	·ᅌᅭᇢ	요	요	요
	力角切	×	×	×	×
	思留切	슈ᇢ	슈	슈	슈
	以九切	유ᇢ · :유ᇢ	×	×	×
脩	他彫切	×	×	×	×
	思邀切	쇼ᇢ	×	×	×
	滌通用	·떡	×	×	×

위의 표에서 먼저 '脩'의 '以九切'의 운통에 평성과 상성의 두 성조가 있는 까닭은, 이를 『廣韻』이나 『集韻』에서는 상성인 것을 『洪武正韻』에서는 평성으로 다루었기 때문에 『東國正韻』에서는 둘 다 제시한 것이며, '脩'의 '척'음은 『說文通訓定聲』에 '脩, 叚借爲滌'이란 주석에 따라, '脩'의 '滌·條'과의 통용을 인정하여 설정한 자음이다.

후자와 같은 예를 또 하나 든다면, 『中庸』에 나오는 '旣稟稱事'란 대문의 주에 '旣, 讀爲餼'로 나와 있고, 언해에도 '旣'의 音을 '희'로 내놓았다. 그러나, 기간(旣刊)의 어느 자전에서도 '旣'자에서 이 '희' 음을 내세운 자전은 없다. 다만, 위에서 본 『中庸』의 주와 '古文, 旣爲餼'라는 『儀禮』의 주에서 '달마다 내주는 급미(給米)'란 뜻일 때에는 '旣'와 '餼'가 통용되어 '旣'를 '희'로 읽어야 하는데, 이를 명백히 『東國正韻』에서는 보여주고 있다. 이 같은 실례는 이 외에도 상당수가 있다.

이같이, 다른 어느 자서에서도 찾아볼 수 없는 6천여의 한국 한자음이 『東國正韻』에만 실려 있다는 사실은, 우리가 한국 한자음을 구명함에 있어서는 『東國正韻』을 외면할 수 없다는, 문자학적 측면에서의 평가를 내리지 않을 수 없는 논거이기도 하다.

뿐만 아니라, 어떤 字音에서는 『東國正韻』의 것이 현실음과 일치하는 경우도 수다하다. 앞에서 보인 '儡'의 자음을 보더라도 그 후의 자전에서는 '뤄'음으로 다룬 것을 『東國正韻』에서만 '뢰'로 다루고 있으며, '女'자가 '너'의 뜻으로 쓰일 때에는 '忍與切'로서 '汝'와 통용하는데, 이 자음을 『全韻玉篇』·『字典釋要』·『新字典』 등은 모두 '녀'로 잡고 있는데 반하여 『동국정운』에서만 '여'로 자음을 잡고 있다.

이상의 여러 사유(事由)들을 통해 볼 때, 『東國正韻』은 적어도 자학적 측면에서는 재평가되어야 하고 한국한자음의 정립에서는 그를 시조의 실상(實像)으로서 연구하여야 할 소중한 고전임을 강조해 두고 싶다.

다음으로, 20세기초에 간행된 『字典釋要』·『新字典』·『朝鮮語辭典』에 대하여 살펴보기로 한다.

먼저 수재한 자수에 있어서 『字典釋要』가 『新字典』에 앞서고, 자음의 정립에서도 뒤에 간행된 『新字典』이 시용음(時用音)의 반영에서는 『字典釋要』에 뒤진다.

따라서, 20세기 초에 이루어진 자전으로서는 『字典釋要』를 그 대표작으로 손꼽지 않을 수 없다.

다만, 여기서 필자가 자전류에 들지도 않는 『朝鮮語辭典』을 삼대서의 하나로 든 것은 현용관용음의 자전적 근거는 그 태반을 이 『朝鮮語辭典』에서 찾아야 하기 때문이다. 그 실례를 '母·刷·惱·牢'의 4자를 예로 들어, 자음 처리의 차이점을 보이면 다음과 같다.

	母	刷	惱	牢
反　切	莫厚免	數滑切	奴皓切	郎刀切
東國正韻	:뭏	·솷	:놓	롷
全韻玉篇	무	솰	노	로
字典釋要	무	솰	노	로
新字典	무	솰	노	로
朝鮮語辭典	모	쇄	뇌	뢰

이상의 사실들에 근거하여, 한국 한자음의 구명이나 정립에 있어서 우리들이 눈을 돌려야 할 필수의 자서류로서는 중세음은 『東國

正韻』, 근세음은 『全韻玉篇』, 현용음(現用音)은 『朝鮮語辭典』을 꼽지 않을 수 없다.

3. 음운(音韻)의 약사(略史)

한자의 음운을 연구하는 학문 분야를 운학(韻學)이라고 한다.

이 운학은 중국에서는 일찍부터 발달하여, 소학(小學)의 한 분야로서 중시되어 왔다. 그 이유는 대체로 다음 두 요인으로 집약할 수 있다.

그 첫째는, 한자란 다른 문자와는 달리 1자 1자가 고유의 성조를 가지고 있을 뿐 아니라, 동일자라도 성조의 차이에 따라 그 자의도 달라지는 문자이기 때문이다. 따라서, 한문의 바른 음독(音讀)이나 정확한 독해(讀解)를 위해서는 이 운학에 관한 어느 정도의 식견은 반드시 갖추지 않으면 안된다.

그 둘째는, 한문은 일찍부터 운문과 산문으로 나뉘어져 발달하였는데, 사부(辭賦)·애뢰(哀誄)·제문(祭文)·잠명(箴銘)·점요(占繇)·고체시(古體詩)·금체시(今體詩)·사곡(詞曲) 등은 모두 운문이며, 이들은 한문 문학의 정수(精粹)이면서 그 대종(大宗)을 이루는 장르들이다. 이 같은 장르의 한문은 운학에 관한 식견 없이는 지을 수도 없고 감상할 수도 없다.

물론, 고대에도 오늘날과 같은 사성(四聲)의 구별이 뚜렷이 확립되어 있었던 것은 아니었다. 그러나 시가 등을 음영(吟詠)하는 과정에서 음운의 화협(和協)의 필요성을 느끼게 되었고, 이 필요성이 제·양대(齊梁代)에 이르러서 음운학으로서의 자리를 잡으면서 세상에서 널리 성행하게 되었다.

이 같은 추세에 따라서 운서의 간행도 보게 되었다. 가장 최초의 것으로서는 삼국시대(三國時代) 위(魏)의 이등(李登)의 『聲類』와 진대(晋代) 여정(呂靜)의 『韻集』이 있었다고 하는데, 지금은 전하여지지 않고, 다만 제서(諸書)들에 인용한 것을 부분적으로 산견(散見)할 수 있을 뿐이다.

이보다 뒤인 육조(六朝) 때에는 양(梁)나라 심약(沈約)이 『四聲譜』를 지었다고 한다. 이도 또한 홍법대사(弘法大師)가 엮은 『文鏡秘府論』에 인용한 것만을 엿볼 수 있을 뿐 현전하지는 않는다.

그러나, 이 『四聲譜』는 성조를 운의 구성요소로서 맨처음 다루었다는 점과, 수조(隋朝)가 천하통일을 한 뒤, 그 문화사업의 일환으로서 이룩한 『切韻』-이는 육법언(陸法言)이 엮어서 인수원년(仁壽元年), 곧 601년에 간행하였다-에로 발전하였다는 점에서 운학에서의 중요한 의미를 갖는다.

『切韻』의 서문에 따르면, 개황(開皇) 년간(年間)이 열리던 581년에 안지추(顔之推) 등 8사람이 육법언의 집에 모여 벌인 술자리에서 음운에 대한 이야기를 나누다가 서로의 의견의 차를 감지하고서, 그들 각자의 생각을 말한 것을 안지추가 정리하여 기록한 것이 곧 『切韻』이라고 하는 운서로 되었다고 하였다.

이같이 이루어진 『切韻』은 당대(唐代)에 내려와서는 여러 사람에 의해, 여러 번의 증정(增訂)이 가해졌다. 곧 장손눌언(長孫訥言)의 『切韻』을 비롯하여, 706년에는 왕인구(王仁昫)의 『刊謬補缺切韻』, 751년에는 손면(孫愐)의 『唐韻』과 이주(李舟)의 『切韻』 등이 간행되었는데 이들이 모두 그것이다. 이 같은 증정(增訂)이 거듭되다가 북송(北宋)의 진종(眞宗) 때인 1008년에 마침내 『大宋重修廣韻』-

이를 흔히 『廣韻』이라 약칭한다 - 의 간행을 보게 되었다.

육법언의 『切韻』에서 『廣韻』에 이르기까지 증정(增訂)된 이들 운서들을 절운계 운서(切韻系韻書)라고 범칭한다.

『廣韻』이 나온 지 30년 뒤인 1037년에는 『體部韻略』, 그 2년 뒤인 1039년에는 『集韻』이 정도(丁度) 등의 손을 빌어 관찬운서(官撰韻書)로서 간행되었다.

이들은 일견하면 『廣韻』의 체재를 그대로 따라 206운목으로 엮어져 있어 절운계 운서로 봄직하나, 반절에 있어서 근본적인 개혁을 가하고 있기 때문에, 절운계 운서에 넣지 않고, 이에 대치하는 운서로 다루는 것이 보통이다.

이와 같이 송대(宋代) 이전까지의 모든 운서는 206운목 체계를 유지해 왔다. 그러나, 실제의 문자생활에서는 당대(唐代)부터 이미 206운의 체계는 사실상 무너지고, 『廣韻』의 동용(同用)과 『集韻』의 통용은 그 동용, 통용에로 합쳐져 하나의 운통으로 행세하여 실제로는 106韻 체계로 굳어져 있었는데도, 이에 대한 운서적(韻書的) 정리만이 뒤따르지 않고 있었을 뿐이었다.

그 실증으로서 당시(唐詩) 중 유명한 이백(李白)의 「山中對酌」이란 칠언절구를 감상해 보기로 한다.

兩人對酌山花開
一盃一盃復一盃
我醉欲眠君且去
明朝有意抱琴來

압운법(押韻法)에 따라 기 · 승 · 결구의 '開 · 盃 · 來'가 운자이다.

韻 字	韻 目			
	廣 韻	集 韻	平 水 韻	洪武正韻
開	哈	哈	灰	皆
盃	灰	灰	灰	灰
來	哈	哈	灰	皆

이 세 운자에 대한 각 운서의 운목은 위에서 보는 바와 같다. 『廣韻』에 따르면 哈第十六은 灰第十五와 동용(同用)이고, 『集韻』에 따르면 哈第十六은 灰第十五와 통용한다고 되어 있다.

따라서 106운 체계가 확립되어 있지 않았던 시대의 당시(唐詩)를, 시운(詩韻)으로써 감상할 수 있는 까닭은 이 동용과 통용이 실제의 문자생활에서는 하나의, 같은 운통으로 행세해 왔기 때문이다.

이 같은 추세에 따른 운통의 통폐합을 운서적(韻書的)으로 맨 처음 정리한 이가 송(宋)나라의 왕문욱(王文郁)이었다. 그는 1229년에 106운으로 된 『新刊韻略』을 간행하였으며, 그 2년 뒤인 1231년에는 장천석(張天錫)이 『草書韻會』를 106운 체계로 간행하였고, 그 21년 뒤에는 남송(南宋)의 평수(平水) 사람인 유연(劉淵)이 107운 체계로 된 『壬子新刊禮部韻略』을 세상에 내놓기에 이르렀다.

이들은 모두 독창적으로 새로운 운통을 창안한 것이 아니고, 앞에서 말하였듯이 실용되어 내려오는 206운에서의 동용과 통용을 같은 운통으로 통폐합한 운서적 정리에 불과한 것이었다. 이들 중 가장 널리 유포된 것이 유연의 것이었고, 유연이 평수 사람이었기에 이들 운서군(韻書群)을, 앞에서 말한 절운계(切韻系)와 집운계(集韻系)에 상대하여 평수운(平水韻)이라 부르게 되었다.

이 평수운은 그 이전부터 문인들에 의하여 압운에 이용되어 온 체계이어서 문학적인 측면에서는 매우 중시되어 온 것이나, 음운학자들은 이를 경시해 온 것이 사실이다.

106운 체계와는 달리, 평수운보다 앞서 1212년에 금(金)나라의 한도소(韓道昭)가 엮은 『五音集韻』이 있는데, 36자모(子母)로써 평·상·거·입의 4등으로 나누되, 160운 체계를 주장해서 빛을 보지 못하였다. 그 뒤 1297년에 원(元)나라의 웅충(熊忠)이 107운 체계로 『古今韻會擧要』를 펴냈는데, 일견해서는 평수운을 따르는 듯이 보이나, 실제로는 원대의 입성음(入聲音)의 혼동과 소멸 등 어음계통(語音系統)에 중점을 두고 있기에 시운(詩韻)과는 달리 다루지 않을 수 없다. 또, 1324년에 원곡(元曲)을 위한 실용적인 운서로서 원나라 주덕청(周德淸)이 『中原音韻』을 펴냈으나, 이 또한 평수운 계통에는 넣을 수 없다.

이와 같은 흐름 가운데에서, 평수운의 107운을 106운으로 확고히 정립하여 오늘날까지 한자문화권에서 통용하는 106운통 체계로 굳히는데 결정적 역할을 한 것이 원나라 음시부(陰時夫) 형제가 엮은 『韻府羣玉』이다.

이 평수운과 『韻府羣玉』에 의하여 정립된 106운 체계는 운문학, 특히 그 중에서도 시학에서 중시하지 않을 수 없는 것이라 하여, 이를 시운(詩韻)이라고도 부르게 되었다. 따라서, 시운과 평수운은 별개의 것이 아니라, 같은 106운 체계를 시각을 달리하여 이르는 말에 불과하다.

이같이 확립된 운통 체계는 오음(吳音)을 중심으로 한 것이었다. 그래서 명태조(明太祖)가 중원(中原)을 차지하자 지금까지의 오음(吳音) 중심의 이들 운서를, 중원의 음운을 중심으로 갱정(更正)한다는 야심적인 명분을 내세워 악소봉(樂韶鳳) 등으로 하여금 새로운 운서를 간행하게 하였는데, 그것이 바로 1375년에 간행된 『洪武正韻』이었다.

이 운서는 칙찬(勅撰)일뿐 아니라 중원음운(中原音韻)의 반영이란 점에서, 『洪武正韻』의 간행으로 당시까지 널리 유행하던 역대의 운통 체계가 일변(一變)하게 되지나 않을까 라고도 여겨졌으나, 그리될 경우 당·송대의 그 현란했던 문화와의 단절을 뜻하는 것이기에, 『洪武正韻』의 76운통 체계가 실제 문자생활에서는 먹혀들지 않아, 그 당시는 물론, 명말(明末)까지 명나라에서조차도 널리 통용되지 않았다.

『洪武正韻』의 간행 시기는 우리나라에서는 여말(麗末)이었다. 이성계(李成桂)의 조선왕조 개창(開創)은 존명사상(尊明思想)을 그 기저에 깔고 있었기 때문에, 한글을 창제한 세종은 『東國正韻』을 엮음과 동시에 명태조의 칙찬인 『洪武正韻』을, 한글로써 번역한 『洪武正韻譯訓』이란 책까지 간행하기에 이르렀다.

그러나, 우리나라에서도 명나라에서와 같이 이 『洪武正韻』의 76운통 체계는 먹혀들지 않았다. 곧 『東國正韻』은 앞에서 언급하였듯이 91운체계이었으며, 실제의 문자생활에서도 『洪武正韻』의 운통체계가 아닌 시운체계(詩韻體系)에 의하여 시문이 지어졌을 뿐 아니라, 그 뒤 영·정대(英正代)의 관찬인 『奎章全韻』과 『全韻玉篇』 등도 모두 106운 체계를 따르고 있다는 사실들은 이를 증명하고 있다.

이로써 미루어 볼 때, 우리의 『漢韓大辭典』에서 취할 운통 체계도 106운 체계이어야 함은 두말할 나위가 없을 듯하다.

그러면, 『廣韻』과 『集韻』의 양대운서(兩大韻書)와 『詩韻』과의 관계를 비교할 수 있도록 다음에 열기(列記)하면서, 시운의 각운통(各韻統)에 쓰인 한국한자음의 중성은 어떻게 정착하였는가 살펴보기로 한다.

※ 다음의 대비표에서 쓴 약호는 아래와 같다.

① 韻目字 우측에 한 '·'표는 독용(獨用)의 운목자임을 나타낸다.
② '}' 표는, 『廣韻』은 동용(同用), 『集韻』은 통용의 운목임을 나타내고, 시운에서는 통합된 운목임을 나타낸다.
③ 『集韻』欄에서의 '〃'표는 『廣韻』의 운목과 같음을 나타낸다.

上 平 聲			
廣 韻	集 韻	詩 韻	韓國漢字音에서의 中聲
1東 ·	〃 ·	1東	ㅗㅛㅜㅠ
2冬 3鍾 }	〃	2冬	ㅗㅛㅠ
4江 ·	〃 ·	3江	ㅏ
5支 6脂 7之 }	〃	4支	ㅠㅣㅏㅚㅟㅢ
8微 ·	〃 ·	5微	ㅜㅟㅢ
9魚 ·	〃 ·	6魚	ㅓㅕㅗ
10虞 11模 }	〃	7虞	ㅗㅜㅠ
12齊 ·	〃 ·	8齊	ㅕㅠㅣㅖㅢ
13佳 14皆 }	〃	9佳	ㅐㅚㅙ
15灰 16咍 }	〃	10灰	ㅐㅚ
17眞 18諄 19臻 }	〃	11眞	ㅜㅠㅡㅣ

上平聲			
廣韻	集韻	詩韻	韓國漢字音에서의 中聲
20文 21欣	〃	12文	ㅗㅜㅡ
22元 23魂 24痕	〃	13元	ㅓㅗㅜㅡㅏㅝ
25寒 26桓	〃	14寒	ㅏㅘ
27刪 28山	〃	15刪	ㅏㅘ

下平聲			
廣韻	集韻	詩韻	韓國漢字音에서의 中聲
1先 2仙	〃	1先	ㅓㅕㅝ
3蕭 4宵	〃	2蕭	ㅛ
5肴 ·	5爻 ·	3肴	ㅗㅛ
6豪 ·	〃 ·	4豪	ㅗ
7歌 8戈	〃	5歌	ㅏㅘ
9麻 ·	〃 ·	6麻	ㅏㅑㅘ
10陽 11唐	〃	7陽	ㅏㅑㅘ
12庚 13耕 14淸	〃	8庚	ㅐㅕㅚ

下平聲			
廣韻	集韻	詩韻	韓國漢字音에서의 中聲
15青 ·	〃 ·	9青	ㅕㅣ
16蒸 17登	〃	10蒸	ㅏㅚㅜㅡㅣ
18尤 19侯 20幽	〃	11尤	ㅜㅠ
21侵 ·	〃 ·	12侵	ㅏㅡㅣ
22覃 23談	〃	13覃	ㅏ
24鹽 25添 26咸	〃 25沾 26嚴	14鹽	ㅓㅕ
27銜 28嚴 29凡	27咸 〃 〃	15咸	ㅏㅓ

上聲			
廣韻	集韻	詩韻	韓國漢字音에서의 中聲
1董 ·	〃 ·	1董	ㅗㅛ
2腫 ·	〃 ·	2腫	ㅗㅛㅠ
3講 ·	〃 ·	3講	ㅏ
4紙 5旨 6止	〃	4紙	ㅠㅣㅏㅖㅚㅟㅞㅢ
7尾 ·	〃 ·	5尾	ㅣㅟㅢ
8語 ·	〃 ·	6語	ㅓㅕㅗ

上		聲	
廣 韻	集 韻	詩 韻	韓國漢字音에서의 中聲
9麌 10姥	〃	7虞	ㅗㅜㅠ
11薺 ·	〃 ·	8薺	ㅕㅣㅖ
12蟹 13駭	〃	9蟹	ㅐㅙ
14賄 15海	〃	10賄	ㅐㅚ
16軫 17準	〃	11軫	ㅜㅠㅣ
18吻 19隱	〃	12吻	ㅗㅜㅡ
20阮 21混 22很	〃	13阮	ㅏㅓㅗㅜㅝ
23旱 24緩	〃	14旱	ㅏㅘ
25潸 26産	〃	15潸	ㅏㅘ
27銑 28獮	〃	16銑	ㅓㅕㅝ
29篠 30小	29筱 〃	17篠	ㅛ
31巧 ·	〃 ·	18巧	ㅗㅛ
32晧 ·	〃 ·	19晧	ㅗ
33哿 34果	〃	20哿	ㅏㅘ
35馬 ·	〃 ·	21馬	ㅏㅑㅘ

上		聲	
廣　韻	集　韻	詩　韻	韓國漢字音에서의 中聲
36養 37蕩	〃	22養	ㅏㅑㅘ
38梗 39耿 40靜	〃	23梗	ㅕㅣㅙㅐ
41迥 ·	〃 ·	24迥	ㅕㅡㅐ
42拯 43等	42抍 〃		
44有 45厚 46黝	〃	25有	ㅜㅠ
47寢 ·	〃 ·	26寢	ㅡㅣㅏ
48感 49敢	〃	27感	ㅏ
50琰 51忝 52儼	〃	28琰	ㅓㅕ
53豏 54檻 55范	〃	29豏	ㅏㅓ

去		聲	
廣　韻	集　韻	詩　韻	韓國漢字音에서의 中聲
1送 ·	〃 ·	1送	ㅗㅜㅠ
2宋 3用	〃	2宋	ㅗㅛㅠ
4絳 ·	〃 ·	3絳	ㅏ

去		聲	
廣 韻	集 韻	詩 韻	韓國漢字音에서의 中聲
5寘 6至 7志	〃	4寘	ㅠㅣㅏㅖㅚㅟㅢㅞ
8未 ·	〃 ·	5未	ㅣㅟㅢ
9御 ·	〃 ·	6御	ㅓㅕㅗ
10遇 11暮	〃	7遇	ㅗㅜㅠ
12霽 13祭	〃	8霽	ㅕㅣㅔㅖㅟㅞ
14泰 ·	〃 ·	9泰	ㅐㅚㅙ
15卦 16怪 17夬	〃	10卦	ㅐㅖㅚㅙ
18隊 19代 20廢 ·	〃	11隊	ㅐㅖㅚㅙㅞ
21震 22稕	〃	12震	ㅠㅡㅣ
23問 · 24焮 ·	〃	13問	ㅗㅜㅡ
25願 26慁 27恨	〃 26圂 〃	14願	ㅏㅓㅗㅜㅝ
28翰 29換	〃	15翰	ㅏㅘ
30諫 31襉	〃	16諫	ㅏㅘ
32霰 33線	〃	17霰	ㅓㅕㅝ

去聲			
廣韻	集韻	詩韻	韓國漢字音에서의 中聲
34嘯	〃	18嘯	ㅛ
35笑			
36效 ·	〃 ·	19效	ㅗㅛ
37號 ·	〃 ·	20號	ㅗ
38箇	〃	21箇	ㅏㅘ
39過			
40禡 ·	〃 ·	22禡	ㅏㅑㅘ
41漾	〃	23漾	ㅏㅑㅘ
42宕			
43映	〃	24敬	ㅕㅡㅣㅐ
44諍			
45勁			
46徑 ·	〃 ·	25徑	ㅕㅡㅣㅐ
47證	〃		
48嶝	48隥		
49宥	〃	26宥	ㅜㅠ
50候	50候		
51幼	〃		
52沁 ·	〃 ·	27沁	ㅡㅣㅏ
53勘	〃	28勘	ㅏ
54闞			
55豔	〃	29豔	ㅓㅕ
56㮇	56栝		
57釅	57驗		
58陷	〃	30陷	ㅏㅓ
59鑑	59覽		
60梵	〃		

入		聲	
廣 韻	集 韻	詩 韻	韓國漢字音에서의 中聲
1屋 ·	〃 ·	1屋	ㅗㅜㅠ
2沃	〃	2沃	ㅗㅛㅜ
3燭			
4覺 ·	〃 ·	3覺	ㅏ
5質	〃	4質	ㅜㅠㅡㅣ
6術			
7櫛			
8物 ·	8勿 ·	5物	ㅜㅡ
9迄 ·	〃 ·		
10月	〃	6月	ㅏㅓㅗㅜㅡㅝ
11沒			
12曷	〃	7曷	ㅏㅘ
13末			
14黠	〃	8黠	ㅏㅘ
15鎋			
16屑	〃	9屑	ㅓㅕ
17薛			
18藥	〃	10藥	ㅏㅑㅘ
19鐸			
20陌	〃	11陌	ㅕㅣㅚㅐ
21麥			
22昔			
23錫 ·	〃 ·	12錫	ㅕㅣ
24職	〃	13職	ㅓㅕㅗㅜㅡㅣㅐ
25德			
26緝 ·	〃 ·	14緝	ㅡㅣㅏ
27合	〃	15合	ㅏ
28盍			
29葉	〃	16葉	ㅓㅕ
30帖	〃		
31洽	31業		
32狎	32洽	17洽	ㅏㅓㅕ
33業	33狎		
34乏	〃		

필자는 앞에서 운목(韻目)·운통(韻統)·운통군(韻統群) 등의 용어를 써 왔는데, 이들 용어는 어떤 전거가 있어서 쓴 것은 아니다. 실제로 이 글을 쓰다 보니 이런 말을 쓰지 않고서는 필자가 말하려는 개념을 정확히 표현할 수 없었기 때문에 할 수 없이 쓴데 불과하다.

운학에 관한 학문적 연구를 좀 더 체계적으로 전개하려면 우선 이들 개념을 좀 더 적확하게 나타낼 수 있는 용어가 있어야 할 것이다. 그러나 운학에 관한 용어는 각종 운서를 뒤져 보아도 좀처럼 눈에 뜨이지 않는다.

그래서, 좀 두려운 생각이 들기는 하나 필자가 이 글에서 써 온 용어에 대해 필자 나름의 관견(管見)을 적어두기로 한다.

1) 운목(韻目)

이 말이 나오는 곳은 『大漢和辭典』인데, '韻符'라는 표제어(標題語)를 설명하는 가운데에서 '평수운목(平水韻目)'이란 말을 쓰고 있을 뿐이고, 표제어로 다룬 것은 아니다.

이 말을 표제어로 수재하여 다룬 예를 보면,

① 『**中文大辭典**』

類聚疊韻之字, 取一字以爲標目, 是爲韻目. 如廣韻二百零六韻之以東·冬·鐘·江等標目是也.

② 『**最新增訂本 辭海**』

類聚疊韻之字, 取一字以爲標目, 是爲韻目. 廣韻分爲二百零六目. 今通行之韻書分爲一百零六, 凡上平聲十五, 下平聲十五, 上聲二十九, 去聲三十, 入聲十七. 蓋沿用已久. 入民國後, 編有中華韻,惟詞章家狃於故習, 未見廣泛應用.

③『**增修 辭源**』

『中文大辭典』과 주석이 같다.

와 같다.

이 세 사전에서 공통되는 점은 이 용어가 쓰인 전거나 출전에 따른 예문인용이 없다는 사실이다. 이는 곧 운목이란 용어는, 필자와 같은 절실한 필요욕구에 의해서 근년에 와서 만들어 쓴 용어임을 입증하는 것이라 하겠다.

일본에서도『大漢和辭典』에는 수재하지 않았던 '운목'이란 말을,『大漢和辭典』의, 현대인을 위한 개정축약판(改定縮約版)인『廣漢和辭典』에는 이 말을 수재하면서,

> 同じ韻に屬する文字の中から, その韻の名稱として選び出された韻の代表字. 切韻では百九十三, 廣韻・集韻では二百六の韻目を設けている. のちの平水韻(詩韻)では百六韻にまとめられた.

라고 주석을 해두었다.

이들에 의거하여 '운목'이란 용어의 개념을 정의한다면,

> 같은 운에 속하는 문자를 모아놓은 가운데에서, 그 운통을 대표하여 그 명칭으로 쓰기 위하여 그 운통군자(韻統群字)에서 골라놓은 문자.

라고 말할 수 있다.

다시 말하면, 『廣韻』은 206개의 운통으로 갈라놓았는데, 그 각각의 운통을 대표하여 그 운통의 명칭으로 쓰이고 있는 동(東)·동(冬)·종(鍾)·강(江)·지(支)·지(脂)……등의 206자가 운목이고, 평수운에서는 東(동)·冬(동)·江(강)·支(지)·微(미)……등의 106자가 운목이란 뜻이다.

이에 대해 우리 선인들은 『奎章全韻』에서 그럴 만한 용어를 쓰고 있음을 발견하게 된다.

곧, 『奎章全韻』은 그 체재를 다음과 같이

御定奎章全韻義例
御定奎章全韻部目
御定奎章全韻上
御定奎章全韻下

의 4개의 편차(編次)로 나누어 엮었는데, 여기에서의 '부목(部目)'이란 용어이다.

어정규장전운부목(御定奎章全韻部目)에서 다룬 내용을 보면, 모든 한자를 평·상·거·입의 사성으로 나누어 놓고 이를 다시 106개의 운통으로 분류해 놓았는데, 그 각 운통에서의 대표자인 東(동)·冬(동)·江(강)·支(지)……등의 목록을 수록한 것을 부목이라 하였다.

따라서, 이 '부목'이란 말은 앞에서 말한 '운목'과 같은 뜻의 용어로 쓰인 말임은 두말할 나위가 없다. 이로써 미루어보아도 운목이란 말은 요즈음에 와서 쓰이게 된 용어임에 틀림없는 것 같다.

그러나, 현대인의 감각에서 볼 때, 부목보다는 운목이, 그 개념연상에 있어 보다 더 감각적인 듯하다. 그래서, 필자는 우리 선인들이 쓴 용어인 부목이란 말을 피하고 운목이란 말을 써 왔다.

2) 운통(韻統)과 운통군(韻統群)

이 용어는 필자가 어렸을 때 부조(父祖)들께서 쓰시는 것을 들은 적이 있었는데, 이 글을 쓰다 보니 이 용어를 쓰지 않고서는 다른 알맞은 용어가 도무지 떠오르지 않았기 때문에 할 수 없이 써 왔다. 한 예로서 지금까지 필자가 써 온 글에서 '운통'으로 쓴 문맥(文脈)에 '운목'을 대입시켜 놓고 읽어 보면 아무래도 어색한 점이 있어서 용기를 내어 쓴 말이다.

필자가 쓴 '운통'이란 곧 '운을 같이하는 문자끼리 분류해 놓은 계통'이란 개념으로 썼다. 따라서, 평수운에서는 106의 운통으로 갈라지고 그 각운통(各韻統)에는 그 운통을 대표하여 그 명칭으로 쓰이는 운목이 106자 있다.

이를 좀 더 부연해 설명한다면, 『三韻聲彙』에 의거하면 公(공)·工(공)·東(동)·同(동)…… 등 203자를 같은 운의 한자라 하여 하나의 계통으로 묶어놓았는데, 이 때의 이 203자가 같은 운에 속하는 같은 계통의 문자이기에 이를 하나의 운통으로 보는 것이다. 이 때, 이 운통을 대표하는 명칭으로서 쓰이는 '東'은 운목에 불과하며, 따라서 운목과 운통은 구별하여 써야 할 용어이다.

또, 운통군이란 말은 같은 운통으로 분류되어 있는 모든 문자를 하나의 군집(群集)으로서 보고 이른 말이다. 『廣韻』에서 예를 들면, 冬의 운목 속에 소속시킨 문자는 모두 66자인데, 이 66자를 반절의 차이에 따라 다시 10개의 갈래로 나누어 놓았다. 이 때 10개로 분류된, 반절에 의한 갈래를 하나의 포괄적인 군집으로 보고 쓴 말이므로 운통과는 좀더 다른 개념으로 쓰였다.

이상에서 본 바와 같이 필자는 필자 나름대로의 생각이 있어서 운목 · 운통 · 운통군이라는 말을 구별하여 썼는데, 이는 어디까지나 필자의 주관(主觀)에 의거한 것에 불과하다.

4. 한자의 우리 음

우리가 엮고자 하는 『漢韓大辭典』에는 『康熙字典』의 49,030자, 『大漢和辭典』의 49,964자 – 번호가 붙은 자도 있어서 실제로는 이 자수(字數)보다 몇 자 더 불어난다 – 『中文大辭典』의 49,905자 등보다 약 3,000자가 더 많은 53,000자 정도가 수재될 것으로 추정하고 있다.

이 3천 자의 증가는 우리 조상들이 한자제자(漢字製字)의 원리를 활용하여 만든 한국한자 – 이를 이하에서 국자로 약칭한다 – 가 그 주맥(主脈)을 이루고 우리 겨레만이 쓰는 속자 등도 이에 든다.

이같이 엄청나게 많은 자수의 한자에 달 한국한자음은 그 성격상 대개 다음의 세 유형으로 구분해서 살필 수 있다.

첫째는 정착음(定着音)이다. 여기서 정착음이라 함은 우리 문헌에 그 자음이 한글로 표기되어 있는 한국한자음을 뜻한다. 『東國正韻』과 용비어천가(龍飛御天歌)를 비롯하여, 그 뒤에 간인된 각종의 언해본(諺解本), 그리고 『訓蒙字會』 · 『千字文』 등 각종의 훈몽용도서(訓蒙用圖書), 『三韻聲彙』 · 『全韻玉篇』 등의 여러 운서와 자전들에 한글로 명시되어 있는 한자의 우리 음이다.

이들 정착음은, 역사적인 측면에서 보면 고대음과 현대음, 통용성의 측면에서 보면 본음과 속음-이를 관용음(慣用音)이란 말로도 써 왔다-으로 구별하여 살펴볼 수 있는데, 이 정착음은 한자의 우리 음을 사정(査定)하는데 있어서 가장 소중한 문헌적 자료가 된다.

그러나, 이 고대음과 현대음, 본음과 속음의 관계는 한국 한자음에서는 주로 시간적 차이에 의하여 그 변천의 흐름이 확인되기 때문에, 현대음과 속음을 인정하는 규준(規準)은 사람에 따라 다를 수 있어서 일률적으로 이렇다 할 논거를 제시한다는 것은 쉬운 일이 아니다.

그러면, 우리의 정착음에서의 속음을 어떻게 다루었는가의 한 예를 '靸' 자를 통해 살펴보기로 하자.

'靸'의 자음(字音)은 다음의 두 운통으로 나누어지고, 각 운통에 따른 반절은

① '合'의 운통
唐韻 : 蘇合切
集韻 · 韻會 · 正韻 : 悉合切
※ 『康熙字典』에는 『集韻』의 반절을 '息合切'로 적시(摘示)하고 있으나 필자가 본 판본에는 '悉合切'로 되어 있다.

② '緝'의 운통
集韻 : 息入切

과 같다.

이를 『東國正韻』과 『全韻玉篇』에서는 '合'의 운통만을 취택하여 '삽' 음만을 정착음으로 다루었다.

이 '靸'자가 든 한자어 '靸鞋'란 말은 '풀로써 삼은 신'이란 뜻으로 이미 중국에서는 일찍부터 쓰여 왔으며, 우리 문헌에서도 『高麗史』를 비롯하여 『經國大典』·『典律通補』·『度支準折』·『六典條例』 등 허다한 문헌에서 '靸鞋'란 용어를 찾아볼 수 있다.

그러나, 우리 문헌에서 쓰고 있는 이 '靸鞋'란 말은 중국에서 쓰고 있는 '풀로써 삼은 신'이란 뜻이 아니고, 궁중(宮中), 궁중에서도 특히 대전(大殿) 곧 '임금이 신는 신'에 국한하여 쓰고 있다. 그러면서 이를 '삽혜'로 읽지 아니하고 '급혜'로 읽어온 것도 부인할 수 없는 듯하다.

그러면, 이 '靸鞋'를 정착음대로 '삽혜'로 읽어야 할 것인가, 그렇지 않으면 '급혜'로 읽을 것인가, 이도저도 아닌 어의(語義)의 상이(相異)에 따라 '삽혜'로도 읽고 '급혜'로도 읽어야 할 것인가가 문제된다.

이 자에 대한 자전적 처리는 육당(六堂)의 『新字典』에서 처음으로 다루고 있는데, 그는 이 '靸'을

① 革부 4획에
[삽] 小兒履, 썩둑이. [譚子化書序] 杖一而去. (合)
② 朝鮮俗字部 13획에서
[급] 祭鞋, 제사신. 經國大典有一匠.

과 같이, 비록 자형은 같지만 ①은 한자로, ②는 국자로 다루어 별자(別字)임을 명확히 해 놓았다.

또, 일본인으로서 우리의 국자와 속자에 대하여 깊은 연구를 한 점패방지진(鮎貝房之進)도, '靸'의 자음(字音) '삽'과 '급'의 다름과,

'靸鞋'의 중국어의(中國語義)와 한국어의(韓國語義)의 다른 점 등을 논거로 하여 자음이 '급'인 '靸'자는 조선속자가 아니겠느냐의 학설을 제시하였으며, 오늘날의 우리 학계에서도 국음·국의자(國義字)라 하기도 하고, 국의자(國意字)라고도 하여, 대체로 육당이나 점패씨의 견해를 그대로 따르고 있는 것 같다.

이 같은 견해에 대하여 필자는 다소의 이견을 제기하고 싶다.

그 이유는 한국한자음의 정착에 있어서 두드러지게 나타나고 있는 속음화(俗音化) 현상을 고려하지 않았거나, 가벼이 보아 넘긴 데서 온 결과가 아닌가 싶어서이다.

한자의 중국음을 우리 겨레가 수용하여 우리음으로 소화함에 있어서 고려하여야 할 두 가지 측면이 있는데,

하나는 한족(漢族)과 우리 겨레의 언어학적 연관 관계에서 오는 호상작용(互相作用)

다른 하나는, 총한자(總漢字)의 9할 이상을 차지하고 있는 형성자에서의 속음화 현상이 바로 그것이다.

중국음에서 형성자의 자음이, 그 문자를 구성하고 있는 성부의 음에 좌우되고 있다는 것은 한자의 제자 원리상 당연한 일이지만, 이런 현상은 한국한자음의 정착에 있어서도 우리들이 가시적으로 확인할 수 있을 정도로 뚜렷이 나타나고 있다.

이를 확인하기 위해, '亥'를 성부로 하는 형성자를, 『全韻玉篇』에서는 그 자음을 어떻게 다루고 있는가를 살펴보기로 한다.

漢　字	反切의 初聲字	全韻玉篇의 字音
亥	胡・下	ᄒᆡ
侅	苦・柯	ᄀᆡ(俗)ᄒᆡ
咳	苦・柯 戶・何	ᄀᆡ(俗)ᄒᆡ
垓	古・柯	ᄀᆡ(俗)ᄒᆡ
峐	古・柯	ᄀᆡ(俗)ᄒᆡ
晐	古・柯	ᄀᆡ(俗)ᄒᆡ
欬	苦・口	ᄀᆡ(俗)ᄒᆡ
畡	柯	ᄀᆡ(俗)ᄒᆡ
痎	古・居	ᄀᆡ(俗)ᄒᆡ
絯	古・柯	ᄀᆡ(正)ᄒᆡ
胲	古・柯	ᄀᆡ(俗)ᄒᆡ
荄	古・柯	ᄀᆡ(俗)ᄒᆡ
該	古・柯	ᄀᆡ(俗)ᄒᆡ
賅	古・柯	ᄀᆡ(俗)ᄒᆡ
陔	古・柯	ᄀᆡ(俗)ᄒᆡ
孩	戶・何	ᄒᆡ
豥	戶・何	ᄒᆡ
頦	戶・何	ᄒᆡ
駭	侯・下	ᄒᆡ
骸	戶/雄/柯	ᄒᆡ
硋	牛・五	애
閡	五・牛	애

위의 도표에서 보는 바와 같이 '亥'를 성부로 하는 형성자의 자음은 하나는 그 반절의 초성이 '古・柯'와 같은 'ㄱ'인 자는 예외도 없이 모두 본음 'ᄀᆡ'를 적시한 다음 '亥'의 자음인 'ᄒᆡ'를 속음으로 다

루고 있다.

다른 하나는 반절의 초성이 '戶 · 何'와 같이 'ㅎ'인 자는 '亥'의 자음 그대로 '히'를 그 자음으로 잡았다는 사실을 확인할 수 있다.

이런 현상을 필자는 '형성자의 한국한자음 정착에 있어서의 속음화 현상'이라고 부르고 있다.

다만 이 현상의 예외인 듯이 보이는 위의 표 중의 '硋 · 閡'의 '애'음에 대해서는 좀 더 천착을 해볼 여지가 있다.

硋

集韻 : 去聲 '隊'의 韻統, 牛代切
韻會 : 去聲 '泰'의 韻統, 五蓋切

로서, 그 반절의 초성이 'ㅇ'인데, 이 자는 '礙'와 동자(同字)로 쓰고 있기 때문에 '礙'와의 동자성(同字性) 보장조건을 확실히 하고자 'ㅎ'에로의 속음화 현상이 기휘(忌諱)되고 있다.

閡

① 去聲 隊 ─ ㉠ 五溉切 · 牛代切 · 牛蓋切
　　　　　 ─ ㉡ 古代切/戶代切
② 上聲 賄 ─ ㉠ 下改切
　　　　　 ─ ㉡ 苦亥切
③ 入聲 職 ─ 紇則切

의 세 운통으로 나누어진다. 이를 『校正康熙字典』에서는 ①의 운통인 경우

㉠ 義 : 止也, 音 : ai
㉡ 義 : 藏塞也, 音 : kai

로 적시하여 그 자의(字義)에 따라 자음(字音)이 달라짐을 명시하고 있다.

또, 『正字通』이나 『後漢書』의 주 등에서는 위의 ①의 ㉠의 자의일 경우에는 '閡'가 '礙·硋'와 同字로 쓰이고 있음을 밝히고 있다.

『全韻玉篇』에서는 '閡'의 세 운통 중에서 '礙·硋'와의 동자관계인 ①의 ㉠만을 취하여 '애'음만을 다루었다.

그런가 하면, 『東國正韻』은

①의 ㉠ 音으로서 '애'
②의 ㉡ 音으로서 '개'
※ 평성인 '개'

의 세 가지 음을 다루었다.

이상에서 살펴본 바에 따를 때 '閡'의 ①의 ㉠의 자음이 반절 그대로 '애'를 유지한 것은, '硋'의 자음과 같이 이 자가 '礙·硋'와의 동자성 보장조건 때문에 속음화 현상이 기휘되고 반절음이 고수(固守)되어 온 것이다.

이로 볼 때, 이 속음화 현상이 일어나는 한계조건이 있음을 알 수 있다.

다만, 이 속음화 현상과는 무관하지만, 『東國正韻』에서 한국한자음을 정착시킬 때 얼마나 세심한 검토를 하였는가를 보여주는 좋은 예로서 閡의 자음으로서 다룬

평성 '개'

에 대하여 살펴보고 넘어가기로 한다.

위에서 보았듯이 중국의 운서나 자전에서는 '閡'의 자음으로서 상·거·입의 세 운통만을 다루고 있는데도, 『東國正韻』은 어떤 문헌을 전거로 삼았는지 평성인 '개' 음을 인정하고 있다는 사실이다. 이는 아마도

[漢書 : 禮樂志] 專精厲意逝九閡.
〈注〉 如淳曰, 閡, 亦陔也.

라는 데에서 나온 듯하다.

이 주 때문에 '閡·陔'는 통용성 동자로 되었으며, '陔'는 평성인 '灰'의 운통에 딸린 자이며, 그 자음은 위의 표에서 보인 바와 같이 '기 - 東國正韻에서는 속음을 인정하지 않았으므로 『全韻玉篇』에서와 같은 '(俗)히'의 자음은 인정될 수 없다 - 이므로 통용성 동자의 보장조건을 확립하고자 중국의 운서에서는 찾아볼 수 없는 평성의 운통을 새로이 설정하여 다룬 자음이 아닌가 여겨진다.

이와 똑같은 예를 하나 더 들어보자. '餟'자는 중국의 운서나 자전에는 입성 '屑'의 운통군자(韻統群字)로서 그 반절은 '知劣切'이다. 그런데도 『東國正韻』에서는 그의 추정음인 '철'의 자음은 아예 다루지 아니하고, 이 '餟'자를 '骼·骪'와 동자라 하여 거성인 '가'의 자음만을 다루고 있다. 앞의 처리 태도로 미루어 볼 때, 이 자음을 그냥 잘못되었다고 속단해버리기보다는 그 전거를 찾는 노력이 필요할 것 같다.

또 이들 예와는 반대의 경우가 있다. 한자의 통용성 때문에 어떤 한자의 자음에 속음이 생긴 것이 있다. 예를 들면, '串'자에는 거성인 '관 · 완 · 천'의 세 음과 '곶'이란 국음이 있다는 것은 공지(共知)의 사실이지만, 『正字通』에

'串, 又與券通.'

로 되어 있어서 '어음 · 증빙의 표'의 뜻일 때에는 중국에서는 'quàn'으로 읽고 있다. 그러나 『中文大辭典』이나 『大漢和辭典』 등에서는 '천'의 운통 아래에 '券'의 통용자로 쓰인다는 사실만 밝히고 '권'의 자음에 대해서는 눈을 감고 있다. 이런 경우 '串'의 '券'에의 통용성에서 오는 동음화(同音化) 현상 때문에 '천→권'으로 변음(變音)되었으므로 당연히 '권'이란 자음의 한 갈래를 인정해 주어야 할 것이다.

이런 사례들은 전무후무의 한한사전을 엮어보겠다고 자부하고 있는 우리들에게는 시사하는 바가 많은 경종(警鐘)이 아닐 수 없다. 종래의 것을 그대로 답습해서는 한 걸음도 전진하지 못하기 때문이다.

본론으로 되돌아가서 '及'을 성부로 하는 한자 중에서도 '圾 · 岌'은 반절음(『東國正韻』에서의 定着音)이 '읍'인데도 『全韻玉篇』부터는 이미 이 '읍' 음은 어디로 갔는지 자취를 감추고 '급' 음으로 속음화 되어 버젓이 본음으로서 행세하고 있으며, 이와는 좀 달리 '扱'은 『字典釋要』를 펴낼 때까지만 해도 반절음 그대로인 '흡, 삽'이던 자음이 언제부터서인지는 모르지만 '급'이란 속음만으로 굳어져 버렸다.

부연한다면, '及'을 성부로 하는 형성자도 예외가 아니어서, 성부인 '及'의 음 때문에 하나둘씩 속음화되어 가고 있다는 사실을 확인할 수 있으며, 따라서 '靸'의 자음 '급'도 이 범주 안에서 고찰해 보아야 할 것이다.

더구나, 『說文通訓定聲』에 따르면,

> 靸, 叚借爲彶

으로 되이 있고, '彶'자의 자음은

> 1) 『康熙字典』에는
> 廣韻 : 居立切, 集韻 : 訖立切. 並音急.
> 2) 우리의 정착음으로서는
> 字典釋要 : 급

으로 되어 있으니 -『東國正韻』이나 『全韻玉篇』은 '彶'자를 다루지 않았다 -'靸'의 자음이 '급'으로 속음화할 확률은 매우 높다.

더구나, '靸鞋'의 어의(語義)가 중국과 우리나라 사이에 다소의 차이가 있기는 하나, 다 같이 이 '靸'자를 '신'이란 뜻으로 쓰고 있다는 점을 고려하면, 육당이나 점패씨처럼 같은 자형의 완전한 별자(別字)로 다룬다는 것은 속음화 현상을 간과해 버린 속단이란 생각이 든다.

필자의 관견으로는 이도저도 아니고, '革+及'으로 파자되는 형성자인 '靸'의 자음에 속음화현상이 일어난 것으로 보고 싶다.

이같은 견해의 차이는 곧 사전 편찬의 체재면에서도 그 차이를 드러낼 수 밖에 없다. 사전이란 정확하고 정세한 주석이 가장 소중한 일이지만, 독자들이 그 사전을 이용하는데 편리한 체계적인 체재도 매우 중요한 일이기 때문이다.

1) 육당이나 점패씨의 견해에 따르면
[靸] 1 신 삽
2 ㊖신 급
[靸鞋 1 삽혜 2 ㊖급혜] 1 풀로써 삼은 신.
2 임금이 신는 신.

와 같이 다루어야 하며,

2) 필자의 관견에 따르면
[靸] 신 급㊍삽
[靸鞋 급혜] ㊀ 풀로써 삼은 신. ㊁ ㊖ 임금이 신는 신.

와 같이 다루어야 한다.

이와 관련하여, 한국한자음의 바른 정착을 위해, 앞에서 스쳐지난 '扱'의 자음에 대해서도 좀더 상세히 들여다 보기로 한다.

'扱'의 정착음은

① 東國正韻 : 흡, 찹
② 全韻玉篇 : 흡, 잡(正)삽
③ 字典釋要 : 흡, 삽

과 같다.

그런데 이 자음이 이상의 정착음과는 관계없이 '급'으로 속음화되었는데, 이는 '取り扱う=とりあつかう'란 말의 일본식 한자어인 '取扱'을 한글학회에서 펴낸 우리말 〈큰사전〉에서 이 말을 국어로 수재하면서 그 어음(語音)을 '취급'으로 다룬데서 비롯된 것 같다.

다만, 당시의 〈큰사전〉 편찬진들이 '扱→手+及'이란 형성원리(形聲原理)에서 오는 속음화 현상을 인정하고 다룬 자음인지, 그렇지 않고 속단에서 온 착각인지는 알 길이 없으나 '扱'자에는 위에 보인 정착음 외에,

1) 『康熙字典』에는 "又扱, 集韻, 訖立切. 音急. 亦引也."
2) 『說文通訓定聲』에는 "扱, 叚借爲及."

이란 풀이들이 있고 보면 '扱'의 자음이 '급'으로 속음화될 가능성은 충분히 가지고 있다는 사실을 확인할 수 있다.

이러한 사례들을 개관할 때 우리음의 사정(査定)에 있어 이 속음화 현상은 무시할 수 없는 규준(規準)의 하나가 아닐 수 없다.

이같은 자세는 정착음이 있을 경우뿐만 아니라, 다음에서 말할 추정음의 추정에서도 늘 견지되어야 할 자세라고 여겨진다. 더구나, 이 속음화현상은 그 문자가 벽자(僻字)일수록 일어날 가능성이 더 높다는 것은 통계상의 수치로써도 증명 할 수 있다.

이상에서 살펴본 속음화 현상, 곧 형성자의 한국한자음 정착에 있어서의 속음화현상과 통용성의 보장조건 때문에 생기는 속음화 현상 이외에 중국음에로의 회귀성(回歸性) 때문에 생기는 속음화 현상도 있다.

『集韻』에 따르면, '刷'는

入聲 黠의 운통 : 數滑切
入聲 屑의 운통 : 所劣切

의 두 반절이 있는데, 우리의 정착음으로서는

東國正韻 : 솨ᇙ, 숴ᇙ
訓蒙字會 : 솨, /
三韻聲彙 : 솰, /
全韻玉篇 : 솰, /
字典釋要 : 솰, /

와 같다. 그런데, '刷'의 중국음은 'shuā'이고 우리의 현대음은 '쇄'이다.

『東國正韻』은 반절에 따른 음이요, 『訓蒙字會』 – 'shuā→솨' – 는 중국음에 따른 음인데, 그것이 『三韻聲彙』부터 다시 『東國正韻』의 자음에로 되돌아갔다가 현대에 이르러서는 '솨+ㅣ→쇄'로 다시 『訓蒙字會』의 음에로 회귀하고 있다.

그 이유는 계몽용교본(啓蒙用教本)인 『訓蒙字會』와는 달리, 『東國正韻』·『三韻聲彙』·『全韻玉篇』·『字典釋要』 등은 字典의 하나이기 때문에, 그 자의 운통과 반절에 충실하지 않을 수 없는 제약에 얽매인 결과라고 필자는 생각하고 있다.

속음에는 이 외에도 그 자의 다른 운통의 자음에 동화되어 일어나는 속음화현상이 있다.

예를 들어 보이면 다음과 같다.

乾 ① 하늘 건
　 ② 마를 간

이 '乾'의 우리음이다. 그런데, ②의 '마르다'의 뜻일 때에도

乾魚 : 간어→건어
乾燥 : 간조→건조

와 같이, ①의 음에 동화되어 '건'으로 바뀌어져 가고 있다. 물론 '乾木水生'과 같은 말은 '건목수생'으로 읽지 않고 본음 그대로 '간목수생'으로 읽고 있는 말도 아직 남아 있기는 하다.

暴 { ① 사나울 포
　　② 쬘 폭

이 '暴'의 우리음인데, ①의 '사납다'의 뜻으로 쓰인

暴君 : 포군→폭군
暴雨 : 포우→폭우

의 경우와 같이, ②의 음에 동화되어 '폭'으로 읽히는 경향이 있다. 물론 이 예에서도

暴 { 포악………○
　　폭악………×

과 같이, 아직 동화되지 않고 본음 그대로 읽히고 있는 말도 남아 있다.

이들은 일시에 이행(移行)되는 것이 아니라 시간을 두고 서서히 동화되어 가고 있음을 보여주는 예라 하겠다.

둘째는 추정음이다. 여기서 추정음이라 함은 정착음이 없는 한자－약 2만자 정도로 추정된다－의 자음을, 중국의 각종 운서들에 적시하고 있는 그 자의 반절을 통해 추정하여 얻은 그 한자의 우리음을 뜻한다.

이 추정음을 사정(查定)한다는 일은 지난(至難)한 일이며, 잘못 추정하는 날이면 후대에까지 누(累)를 끼칠 터이라서 조심스럽기 짝이 없는 일이다.

필자는 이 추정음의 사정에 있어서 다음의 두 측면에 주목할 필요가 있다고 여긴다.

하나는, 반절 외에 어떤 자전이나 문헌에든 성훈식(聲訓式)이나 직음식(直音式)－이에 대해서는 '簡報 7'에 실은 졸고 중 '1. 漢字音의 特性'에서 간략히 언급한 바가 있다－에 의한 자음의 표시가 있느냐 없느냐를 확인하여, 있으면 이를 반절과 대비하여 보고 사정하는 것이 좋다.

다른 하나는, 같은 운통, 같은 반절에 속해 있는 자 중에서 정착음이 있는 자를 찾아 그 자가 어떤 자음으로 정착하였는가를 확인한 다음에 사정하는 것이 사정의 잘못을 극소화할 수 있다고 본다.

예를 『廣韻』에서 들어보자. 평성 '冬'의 운통에는 10갈래의 반절이 있는데, 이 중 '都宗切'의 반절에 속해 있는 자는 모두 7자인데, 이 중 '冬'자의 고문이 1자 있으므로, 이를 뺀 나머지 6자에는 정착음이든 추정음이든 간에 자음을 달아야 한다.

이를 위해 『東國正韻』·『全韻玉篇』·『字典釋要』 등에서는 그 자음을 어떻게 다루었는가를 살펴 보기로 한다.

漢 字	東國正韻	全韻玉篇	字典釋要	推定音
冬	동	동	동	×
苳	×	×	동	×
鴤	×	×	×	동
笗	×	×	×	동
零	동	동	동	×
豵	×	×	×	동

위의 표에서 보는 바와 같이, 정착음이 있는 자가 3자, 없는 자가 3자이다. 정착음이 있는 3자는 재론의 여지가 없지만, 정착음이 없는 3자에는 추정한 한국한자음을 달아야 한다.

그런데, 추정음을 추정해야 할 이 3자는

① 정착음이 있는 3자와 그 반절이 같다.

② 鴤→冬(聲符)+鳥(部首)

笗→竹(部首)+冬(聲符)

豵→豸(部首)+冬(聲符)

로 파자되며, 모두 '冬'이 성부라는 조건 때문에 이들 3자의 자음을 '동'으로 추정하여도 아무런 무리가 뒤따르지 않으며, 속음화 현상에 대한 염려를 할 필요도 없다.

셋째는 국음이다. 여기서 국음이라 함은 한자-이 개념에는 국자(國字)는 포함되지 아니한다-의 본래의 자음과는 아무런 연관성도 없이, 다시 말하면 아무런 음운학적 제휴조건(提携條件)이 없이, 반절을 통해서는 추정할 수 없는 특수한 음으로 읽히고 있는 자음이며, 이는 우리만이 쓰는 자음이다.

이 국음도 그 성격에 따라 다음의 두 유형으로 나누어서 살펴보는 것이 국음을 이해하는데 도움이 된다.

1) 우리나라의 지명인 '長山串'을 '장산곶'으로 읽을 때의 '곶' 음이 국음이다.

한자로서의 '串' 자에는

去聲인 古患切의 '관'
去聲인 五患切의 '완'
去聲인 樞絹切의 '천'

의 세 음이 있는데, 이 '長山串'은 이들 음과는 아무런 제휴조건 없이 '장산곶/장산곳'으로 표기되어 읽히고 있으며, 그 뜻도 '串'의 한자로서의 자의(字義)에서는 유추할 수 없는 '(長山이란 이름의) 곶[岬]'이란 뜻으로 쓰이고 있다.

이 때의 '串'의 '곶 [字義] 곳 [字音]'의 '곳'이 국음이다.

그러면, 앞에서 논급(論及)한 속음과 이 국음은 그 성격상 어떻게 다른가?

앞에서 보았듯이, '靸'은 '革+及'으로 파자되는, '及'을 성부로 하는 형성자이어서 '靸'의 자음은 그 본음이 어떠하든 '급'으로 속음화할 수 있는 가능성이 전제되어 있기 때문에, 자의에는 전혀 영향을 미치지 아니하면서 자음만이 달라진 것이 속음이다.

이에 반하여, 국음이라 함은 국의에 수반하여 생긴 자음으로, 이 자음은 음운학적으로는 도저히 설명할 수 없는 특수한 음으로 읽히는 자음이다.

이같이 개념상의 차이가 있는 속음과 국음과의 관계를 표로 정리해 보면 다음과 같다.

	俗 音	國 音
字音	本音이 있고, 그 本音에서 변한 音	本音이 없이 새로 만든 音
字義	字義에 영향을 미치지 않고, 字音만이 변하였다.	國義에 수반하는 우리 특유의 字音이다.
韻文	本音의 韻統 그대로 쓰인다.	韻統이 없이 쓸 수 없다.

또, '串'의 자음이 '곶'이냐 '곶'이냐의 논란이 있기에 이에 대해 살펴보기로 하자.

먼저 기간(旣刊)의 자서(字書)들에서는 '串'의 국음을 어떻게 다루었는가 알아보자.

①『全韻玉篇』: 다루지 않았다
②『字典釋要』: 싸일홈 곳
③『新字典』 : 꼬지 곳

이뿐만 아니라「行用吏文」등 여러 문헌에서도 자음을 '곶'으로 밝히고 있는데도 근자에 와서 '곶'이라고 주장하는 이가 늘어나고 있는 것 같다.

이는 아마도 이희승(李熙昇) 편저의『국어대사전』에

장산-곶 [長山串]…

으로 표제어를 내세운 데서 온 영향이 아닐까 여겨진다.

앞에서 보았듯이 ‘串’자는 ‘곶 [訓] 곳 [音]’자이다. 이 훈(訓)의 ‘곶’과 음(音)의 ‘곳’은 의미상으로는 확연히 구분이 지지만, 발음상으로는 구별이 되지 않는다. 더구나, 우리의 한자어 중 차자표기(借字表記)에 의한 한자어에는 음차(音借)도 있고 훈차(訓借)도 있다. 따라서, ‘長山串’을 ‘장산곳’으로 표기한 것은 자음에 따른 것이고, ‘장산곶’으로 표기한 것은 자훈(字訓)에 따른 표기라고 보는 것이 합리적이라 여겨진다.

그러니, ‘장산곶’이라야 한다든가, ‘장산곳’만이 맞는 표기라든가 하는 흑백논리로서는 이자의 자음에 대한 합리적인 결론은 도출하기가 어렵다.

이를 뒷받침하기 위해 다음의 점에 유의할 필요가 있다.

하나는, 한자의 우리음에는 ‘ㅈ’이나 ‘ㅅ’을 종성으로 하는 자음은 없으나, 국자의 경우에는 ‘㐎 : 욋, 旕 : 엇, 廤 : 곳’과 같이 ‘ㅅ’을 종성으로 하는 자음이 있다. 그러나, 국자에서도 ‘ㅈ’을 종성으로 하는 자음은 없다.

다른 하나는, 국음에서는 일자일음(一字一音)의 원칙이 엄격히 지켜진다는 시각에서 볼 때 ‘장산곶/장산곳’의 두 가지 표기에서 ‘곶’도 자음이라는 논리는 성립될 수 없다는 사실이다. ‘串’의 ‘곶/곳’의 혼동은 읽을 때의 그 음가가 같다는데서 더욱 가중된다는 점에 유의할 필요가 있다.

『度支準折』에

‘朴串一介’

라는, 물명(物名)으로서의 '朴串'이 나오는데, 이는 송곳의 일종인 '바곳'의 차자표기이다.

또, 「行用吏文」에는

> [串] 곳. ○輿地勝覽, 皆作串. 今吏文或作廛. 卽處之方言也.

라고 설명해 놓았다. 여기서 '串/廛'은 통용자 내지는 동자로 인정하였으니, '廛'의 자음이 '곳'이고 보면 '串'의 자음도 '곳'이어야 함은 당연하다.

물론 輿地勝覽에 쓰인 '串'은 '處之方言'으로 쓰인 예는 찾아볼 수 없고, 거의 모두 '곶 [岬]의 뜻으로만 쓰이고 있어서 「行用吏文」의 설명에는 다소의 의문점이 남기는 한다.

또, 『進宴儀軌(高宗壬寅年條)』에는

> '各色花陽炙五百五十串.'

이란 기록이 있다. 이 때의 '五百五十串'은 '550곳'으로는 읽지 아니하고, '550꾲이'로 훈독(訓讀)하였을 가능성이 매우 높다. '꾲이'는 '꾲다'의 명사형으로서 지금은 '꼬치'의 방언(方言)으로 다루는 말이다. 그렇더라도,

> '串 : 貫物竹釘. 꼿창이 꼿'

이란 『字典釋要』의 '串'자의 주석을 신인(信認)하였을 경우에는 '550곳'으로 음독(音讀)하였을 가능성도 없지는 않다.

뿐만 아니라, 이 경우에는 한자음에 따라 '550천'으로 음독하였을 가능성도 전적으로 배제할 수는 없을 것 같다. 왜냐 하면, '串'의 '꿸 [訓] 천 [音]'에서 '꿰다 [用言]'의 자의에서 '꿰미 [名詞形]'란 파생의(派生義)가 생겨나는 것은 당연하며, 이 '꿰미→꽂이'의 상응(相應)은 조금도 어색하지 않기 때문이다.

어쨌든, 이상의 사실들을 종합적으로 판단해 볼 때, '串'의 국음은 '곶'이 아니고 '곳'이어야 한다는 결론을 내릴 수 있다.

2) 앞에서 본 '국의에 수반하는 국음'과는 다르게 특정의 자의(字義)에 따라 국음이 형성된 것도 있다.

하나는

丑 ⎧ ㉠ 公孫丑→공손추
　 ⎩ ㉡ 乙丑→을축

과 같이, ㉠, ㉡은 다같이 '丑'의 본래의 자의인데도, ㉡과 같이 십이지(十二支)의 하나를 뜻하는 자의일 때에는 반절과 사성의 한계를 뛰어넘은 '축'이란 음으로 굳어져 버렸다.

'丑'에서의 이 '축' 음은 앞에서 말한 속음과는 그 성질이 전혀 다른 것이며, 따라서 이는 속음이 아니고 국음이다.

다른 하나는

赤 ⎧ ㉠ 赤色→적색
　 ⎩ ㉡ 吹螺赤→취라치

와 같이, '赤'의 본래의 자의에는 없는 '사람'이란 국의로 쓰일 때에는 그 자음은 반절음에 따른 중국음인 'chì→치'에로 회귀해 버린 것이 있다.

이는 앞에서 말한 '중국음에로의 회귀성 때문에 생기는 속음화 현상'과는 그 성질이 다르다. 이 속음은 자의에는 아무런 영향을 미치지 아니하면서 일어나는 변음(變音)이요, 이 국음은 특정의 국의에 따른 회귀음(回歸音)이다.

[『東洋學簡報』 4집(1986), 5집(1986), 6집(1987), 7집(1987), 8집(1988), 9집(1989) 수록]

『한한대사전』의 구건(構件)과 자형 정비

鄭 亨 道*

Ⅰ. 머리말

본고는 『통합디지털 한한대사전』의 웹 서비스 사업의 일환인 웹 폰트 정비·개발과 관련해, 기존 인쇄용 서체를 웹 폰트로 전환하는 과정에서 발견된 자형상의 오류나 미비점을 검토하고 이를 수정·보완하려는 취지에서 마련되었다.

체제와 형식의 일관성은 통일성을 중시하는 사전의 특성상 필수불가결한 요소인데 한자 사전의 경우는 특별히 자형의 일관성이 요구된다. 이는 사전의 체제 내부적 측면에서 그러할 뿐 아니라 사전 이용자의 혼란을 최소화한다는 실용적 측면에서도 반드시 필요하다. 특히 동일 구건[1]이 각 글자에 따라 획수가 달라지는 경우,[2] 서

* 단국대학교 동양학연구원 편찬실 전임연구원

1) 구건(構件)이란 현대한자학의 한 분야인 구형학(構形學)에서 사용하는 용어로, 한자의 구성요소 중 하나를 일컫는 말이다. 소배성(蘇培成)(2002: 108, 121)은 한자의 구성요소를 필획(筆劃), 부건(部件)(혹은 자근(字根),

로 다른 각각의 사전에 존재하는 획수 차이는 어쩔 수 없더라도 최소한 동일 사전 내에서의 구건의 통일을 통한 검자의 효율성, 정확성이 반드시 보장되어야 한다.

그런데 표음문자를 다루는 여타 이중어(二重語) 사전과 달리 한자는 방대한 숫자의 표의문자로 구성되어 있으므로 표제 자형을 통일시키는 문제가 그리 간단치 않다. 5만 여자에 이르는 글자를 구건별로 일관되게 글꼴 및 획수를 일치시키는 작업은, 우선 2개 이상의 글꼴이 존재하는 부수나 구건을 추출하는 작업이 선행되어야 하고, 그를 대상으로 하나의 글꼴을 선택·확정하는 작업이 이루어져야 한다.

근래 몇몇 학자들을 중심으로 자형표준화 논의가 진행되고 있긴 하나 방법상의 논의에 국한된다든지, 구건을 다루더라도 부분적인 범주에 그친다거나 하는 한계가 있다. 비교적 전면적인 연구로는 Extension B 영역을 대상으로 한 이재훈(2001)의 〈국제 문자 코드계의 한자 표준화에 대한 연구〉가 있으나, 자형 선정 기준에 대한 별도의 분석이나 설명이 없어 축적된 연구방법론을 파악하기 어려운 아쉬움이 있다.

이에 따라, 1차적으로 『한한대사전』 표제 한자 전체를 일일이 검토한 이후, 2차적으로 IRG(Ideographic Rapporteur Group : 국제한자특별위원회)에서 정리한 〈구건분석표〉를 참조하여 1차 과정에서 누락된 구건을 추가적으로 반영하는 과정을 거쳐, 최종 224개의 구건[3]을 추출하였다. 추출된 구건별로 글꼴을 확정하는 단계에서

자원(字元), 자소(字素)), 정자(整字) 세 단계로 분류하였는데, 부건이란 필획보다는 크고 정자보다는 작은 개념이다. 1990년대 들어 구형학 이론을 최초로 정립한 왕녕(王寧)은 이를 구건이라 하였는데(朴秋鉉(2004:323)에서 재인용), 본고에서는 구형학 자체를 논한 글은 아니지만 논의의 편의상 구건이란 용어를 빌려 쓴다.

2) 예를 들면, "++"와 "艹", "呂"와 "吕" 같은 것을 말한다.

는, 현대 동아시아 여러나라의 한자 자형에 막대한 영향을 끼친『강희자전』을 비롯한 전통 운서와 자서, 현재 통용되고 있는 한·중·일 삼국의 주요 사전 및 한국의 여러 기간 사전을 두루 참조함으로써 전통성과 보편성의 양대 축을 기준으로 종합적으로 판단하였다.

이러한 연구는 좁게는 추후 웹 기반에서 운용되어질『통합디지털 한한대사전』의 자형표준화를 통해 광범위한 사용자들에게 한자 학습과 검자상의 편의를 제공할 뿐 아니라, 넓게는 국가 차원의 표준 한자 제정 논의에 하나의 시안이 될 수도 있다. 한국의 표준 한자폰트가 제정된다면 현재 한문 교과서를 비롯한 한자 학습교재, 각종 서적과 신문, 출판물, 컴퓨터 폰트 등에 존재하는 혼란스러운 서체 난립 현상을 해결하는 데 도움이 될 수 있을 것이다.

Ⅱ.『한한대사전』구건 선정의 기준과 유형

1. 구건 선정의 기준

1) 전통성

한자는 한자문화권이라는 광대한 지역에서 수천 년의 시간을 지

3) 224개 구건은 5만여 한자 전체에 존재하는 모든 구건은 아니다.『한한대사전』 자형의 일관성을 검토하는 과정에서 일관성이 결여된 구건만을 모아 수정·보완의 대상으로 삼은 것이지, 한자를 구성하는 모든 구건을 분석한 것이 아니다. 가령 "大", "口", "目", "金" 등과 같은 구건은 수정 대상으로 삼을 만한 대응 글꼴이 존재치 않기 때문에 본고의 구건목록에서 제외된 것이다.

나오면서 수많은 사람들의 서사습관만큼이나 많은 이체자형을 가지고 있다. 현존 운서나 자서에 수록되어 있는 이체자는 어떻게 보면 그중 일부에 지나지 않는다 해도 과언이 아니다. 현재 전해지고 있는 이체자 중 어느 것 하나 과거 어느 시기, 어느 지역에서 한 번이라도 쓰이지 않았던 글자는 없다. 그런 점에서 본다면 '모든 이체자는 전통성이 있다'고 할 수 있을 것이다. 하지만 본고에서 전통성이라 함은 그중 권위를 갖고 가장 광범위하게 널리 쓰인 자형을 일컫는다.[4] 자형의 권위는 아무래도 자서를 기반으로 할 수밖에 없는데 그 중심에는 『강희자전』이 있다.

『강희자전』은 청대(淸代) 황제의 칙명으로 만들어져, 이후 한·중·일 삼국의 문자생활에 가장 큰 영향을 미친 자서이다. 『자휘(字彙)』·『정자통(正字通)』 등 전대 자서를 계승하되 그중 가장 전범이 되는 자형을 엄선하여 수록함으로써 청대 이후 한자 자형의 규범이 되었다. 그런 점에서 『강희자전』는 청대 이후뿐 아니라 청대 이전을 아울러 가장 보편적이고 규범적인 자형을 집대성했다고 할 수 있다.

이러한 이유로 자형 표준화를 논하는 대부분의 학자들은 『강희자전』을 근간으로 삼아야 함을 주장하고 있다. 민병준(閔丙俊) (1985: 99)은 "필자의 표준자체 선정의 원칙……이체자는 『강희자전』에서의 정자(正字)를 우선으로 했다."라고 했고, 남광우(南廣祐) (1997:

4) 본고에서 말하는 '전통성'이란 '자원(字源)'과 다르다. 역대 운서나 자서에서 많이 쓰였다 해서 반드시 고문자학적 측면에서 자원에 부합하는 글자는 아니며, 둘은 일치할 수도, 일치하지 않을 수도 있다. 즉 '전통성'이란 '과거의 보편성'이라 할 수 있으며, 거꾸로 '보편성'이란 '미래 어느 시점에서의 전통성'이 될 수 있는 것이다. 이에 대해서는 '2. 구건 선정의 유형' 조항에서 다룰 것이다.

30)는 "한·중·일 삼국에서 역사적으로 약자(간자) 사용 예가 없는 것은 강희자전체를 표준자체로 하는 데 이의가 없을 것이다."라고 했고, 이재훈(1999:73)은 "표준화 방안의 제시에 있어서 가장 중요한 원칙……(1)중국의 『강희자전』, 한국의 『신자전(新字典)』을 비롯한 자전류를 참고한다."라고 했고, 이응백(李應百)(2001:200)은 "한자 문제를 논의할 때 역시 기본을 강희자전체에 두는 것이 가장 타당성이 있을 것"이라고 했다. 우리나라 교육부 〈한문 교육용 기초 한자 1,800자 조정 백서〉(2000)에서도 자형표기 원칙을 "『강희자전』의 자형을 기본으로 하되 현재 널리 통용되는 자형을 고려한다"라고 밝혔으며, 『한한대사전』 역시 자형을 비롯해 부수체계, 글자배열, 필획에 이르기까지 기본적으로 『강희자전』 체제를 준수하고 있다.

따라서 본고에서는 전통성의 측면에서 『강희자전』을 주요 근간으로 하되, 필요할 경우 『옥편(玉篇)』, 『광운(廣韻)』, 『집운(集韻)』, 『자휘(字彙)』, 『정자통(正字通)』, 『전운옥편(全韻玉篇)』, 『신자전(新字典)』, 『자전석요(字典釋要)』 등 다양한 운서와 자서를 참고하였다.

2) 보편성

자형의 전통성과 함께 고려되어야 할 것은 현재의 보편성이다. 아무리 전통 자형을 강조한다 하더라도 그것이 현대인의 문자습관과 감각에 비추어 크게 생소하다면 신중히 고려해 볼 필요가 있다. 물론 양자가 그리 동떨어져 있는 것은 아니다. 전통성을 완전히 벗어난 보편성은 있을 수 없으며 현재의 글자란 크건 작건 전통성을 계승하고 있다. 현대 중국의 간화자가 유일한 예외가 될 수 있겠으나 그 역시 대부분은 전통 이체자에서 선별적으로 취한 글자들이다. 실제 많은 경우 보편적 자형은 전통 자형과 일치한다. 다만, 현재의 통용 자형이 전통성을 크게 벗어났을 때는 그 이유를 살펴 수용 여부를 판단할 필요가 있다.

본고에서는 현재 통용되고 있는 한·중·일 주요 사전의 자형을 폭넓게 참고하여 그중 가장 널리 쓰이는 자형을 보편성의 근거로 삼았다. 주요 사전으로는 중국의 『한어대자전(漢語大字典)』과 『한어대사전(漢語大詞典)』, 일본의 『대한화사전(大漢和辭典)』(이하 『대한화』)과 『학연(學研) 한화대자전(漢和大字典)』(이하 『학연』), 대만의 『중문대사전(中文大辭典)』(이하 『중문』), 한국의 『한자사전(漢字辭典) - 민중서림(民衆書林)』(이하 『민중』)과 『대한한사전(大漢韓辭典) - 교학사(敎學社)』(이하 『교학사』) 등이 있다.

2. 구건 선정의 유형

전통성이 통시적 측면에서 자형의 역사성을 강조한 것이라면, 보편성은 공시적 측면에서 자형의 통용성·사회성을 중시한 관점이다. 양자는 구건마다, 글자마다, 그때그때 판단 기준으로 작용하며 어느 일방이 늘 우세하거나 늘 배제되거나 하지는 않는다. 양자가 일치할 때는 구건 결정이 비교적 쉽지만, 양자가 불일치할 때는 어느 쪽에 더 큰 비중을 둘 것인지를 판단해야 한다. 이 경우 여러 각도에서 접근하여 문제 해결을 도모할 필요가 있다. 가령 자원(字源)을 검토한다든지, 부수체계의 일관성을 확립한다든지, 유사한 구건과의 형평성을 고려한다든지, 현대인의 필사습관을 반영한다든지, 필획의 정확성을 기한다든지 하는 것인데, 경우에 따라 양자가 일치할 때도 이러한 점을 고려해야 하기도 한다.

다음으로 여러 가지 구건 선정의 양상을 살펴보기에 앞서, "言(언)", "辶(착)", "龜(구)" 세 글자의 자서, 운서 분포상황을 통해 특정 구건이 어떻게 '전통적 자형', 혹은 '보편적 자형'으로 판단될 수 있는지 살펴보겠다.

아래 표에서『옥편』,『광운』,『집운』,『자휘』,『정자통』,『전운옥편』,『신자전』은 역대 중국과 한국의 운서, 자서로서 전통 자형의 자료가 되고,『대한화』,『중문』,『학연』,『한어대자전』,『한어대사전』,『민중』,『교학사』는 현대 한 · 중 · 일 삼국의 주요 통용 자전으로 보편적 자형의 자료가 된다. 제일 좌측의 '글꼴'은 해당 구건에 존재하는 상이한 여러 글꼴을 말하는데, "龜"자의 경우는 이체자형이 워낙 복잡하고 다양해 2가지 대표 글꼴만 제시하고 나머지는 '기타'로 분류하였다. 선별 글자는 상용자 위주로 하여 주로 공통영역(BMP, Ext.A)에서 취하였는데, 대체적인 분포상황을 보여주기 위한 의도이므로 많은 글자를 예시로 들지는 않았다. 예로 든 글자수는 적으나 전체적인 경향성은 여기서 벗어나지 않으므로 구건 결정의 기준을 살피기에는 큰 무리가 없다고 하겠다. 다만 잘 쓰이지 않는 글자도 포함시키기 위해 "言"자에서는 "䛛(괴)", "諣(화)", "䛠(두)", "謑(혜)"자를 골랐고, "辶"자에서는 "迂(우)"자를 골랐다. "龜"자는 공통영역 글자가 많지 않아 공통영역 글자 전체를 대상으로 조사하였다.

〈표 1〉

글꼴	옥편	광운	집운	자휘	정자통	강희자전	전운옥편	신자전
① 言	言詩 謉	言詩 謉	言詩 謉	言詩 謉	言詩 謉	言詩 謉		言計 詩
② 言	記計 謁						言計 詩	
글꼴	대한화	중문	학연	한어대자전	한어대사전	민중	교학사	
① 言	言詩 謉	言詩 謉	言詩 謑			言詩 謉	言詩 謉	
② 言				言詩 謉	言詩 詅			

『옥편』에는 두 가지 글꼴이 혼재하고, 『전운옥편』에는 ②가 쓰였다. 하지만 『강희자전』을 비롯, 대부분의 운서, 자서를 보면 ①이 전통 자형의 주류임을 확인할 수 있다. 현대 사전을 보면 중국에서만 ②를 채택하였고 다른 국가에서는 ①을 선호하고 있다. 따라서 현대의 보편적 자형은 ①로 판단할 수 있다. 이에 따라 본고에서는 ①을 『한한대사전』의 구건으로 선정하였다.

〈표 2〉

글꼴	옥편	광운	집운	자휘	정자통	강희자전	전운옥편	신자전
① 辶				迎近 返迬		迎近 返迬	迎近 返	迎近 返
② ⻍								
③ ⻎	迎近 返迬	迎近 返迬	迎近 返迬		迎近 返迬			

글꼴	대한화	중문	학연	힌어대자전	힌어대사전	민중	교학사	
① 辶	迎近 返迬	迎近 返迬	迋	迬		迎近 返迬	迎近 返迬	
② ⻍			近返 迎	迎近 返	迎近 返迬			
③ ⻎								

전통 운서, 자서에서 ①과 ③이 대립되고 있는데, 주요 자서인 『강희자전』의 자형을 근거로 ①을 전통 자형으로 간주한다. 『옥편』, 『광운』, 『집운』의 자형이 필사체여서 "辶"자를 정확히 ①과 같이 쓰기가 어려웠을 것이라는 점도 감안해야 할 것이다. 현대 자형은 한국과 대만에서 ①을 쓰고 있고, 중국과 일본에서 ②를 위주로 하되 ①을 겸용하고 있다. 관점의 차이가 있긴 하겠으나 본고에서는 ①을 보편적 자형으로 판단하며, 이에 따라 ①을 『한한대사전』의 구건으로 결정하였다.

〈표 3〉

글꼴	옥편	광운	집운	자휘	정자통	강희자전	전운옥편	신자전
① [illegible]						[illegible]	[illegible]	[illegible]
② [illegible]				[illegible]	[illegible]			
기타	[illegible]	[illegible]	[illegible]					
글꼴	대한화	중문	학연	한어대자전	한어대사전	민중	교학사	
① [illegible]	[illegible]	[illegible]	[illegible]			[illegible]	[illegible]	
② [illegible]				[illegible]	[illegible]		[illegible]	
기타								

우선 '기타'에 해당하는 이체자형은 군소 자형이므로 제외한다. 『자휘』, 『정자통』에서 ②, 『강희자전』, 『전운옥편』, 『신자전』에서 ①이 수록되어 있어 대립 양상을 보이지만, 『강희자전』을 근거로 전통 자형을 ①로 판별한다. 현대 자전을 보면, 중국을 제외하고 모두 ①을 선호하고 있으므로 보편성 역시 ①로 판별할 수 있다. 따라서 본고에서는 ①을 『한한대사전』의 구건으로 결정하였다.

1) 전통성과 보편성의 일치

전통적 자형과 보편적 자형이 일치할 때 본고에서는 원칙적으로 해당 자형을 그대로 수용하였다. 위에서 예로 든 "言", "辶", "龜" 세 글자가 여기에 속하므로 더 이상의 예는 들지 않는다.

전통성과 보편성이 일치하면 자원과도 부합하는 것이 일반적이지만, 자원과 어긋나더라도 전통성과 보편성을 따르는 경우가 있다. "朮(출)"을 구건으로 하는 "殺(살)"과 "刹(찰)", "冃(모)"를 구건으로 하는 "最(최)"와 "曼(만)"이 그것이다.

"朮"은 차조를 본뜬 글자로 고자형이 '[illegible](갑골문)→[illegible](소전)'인데, "殺"의 소전이 '[illegible]', "刹"의 소전이 '[illegible]'임을 볼 때 두 글자 모두 "朮"을 구건으로 하고 있음이 분명하다. 그럼에도『광운』,『집운』을 비롯『강희자전』,『전운옥편』,『신자전』,『자전석요』에 모두 '朩' 모양으로 되어 있고,『대한화』,『중문』,『학연』,『교학사』,『민중』에도 '朩' 모양으로 되어 있다. "木"은 나무를 본뜬 글자로 고자형이 '[illegible](갑골문)→[illegible](금문)→[illegible](소전)'이므로 "朮"과는 무관한 글자이다.

또한 "冃"는 머리쓰개를 본뜬 글자로 소전 자형이 '[illegible]'인데, "最"의 소전이 '[illegible]', "曼"의 소전이 '[illegible]'임을 볼 때 두 글자 역시 "冃"를 구건으로 하고 있다. 그럼에도『집운』,『강희자전』,『전운옥편』,『신자전』,『자전석요』를 비롯『대한화』,『중문』,『학연』,『한어대자전』,『한어대사전』,『교학사』,『민중』에 모두 '曰'로 되어 있으며, 심지어는『강희자전』이래 부수체계 역시 모두 "曰(왈)"부에 귀속시키고 있다. "曰"은 입에서 입김이 나오는 모양을 본뜬 글자로 고자형이 '[illegible](갑골문)→[illegible](금문)→[illegible](소전)'이므로 "冃"와는 엄연히 다른 글자이다. 본고에서는 글자의 원형보다는 전통성과 보편성을 중시하는 입장에서 이들 자형을 그대로 채택하였다.

하지만 전통성과 보편성이 일치한다 하더라도 이를 그대로 따르지 않는 경우도 있는데 다음의 두 가지가 있다.

① 부수체계의 일관성 유지를 위해 부수자를 엄격하게 적용시키는 경우이다.

가령 "匚(방)"과 "匸(혜)", "夂(치)"와 "夊(쇠)"가 있다. 전통 운자서인 『옥편』, 『광운』, 『집운』, 『정자통』, 『강희자전』, 『신자전』, 『자전석요』에서는 "匚"을 구건으로 하는 글자와 "匸"를 구건으로 하는 글자는 모두 '匚(방)'으로, "夂"를 구건으로 하는 글자와 "夊"를 구건으로 하는 글자는 모두 '夂'로 통일되어 있다. 단지 『자휘』에서만 '匸(혜)'로 통일되어 있고, 『전운옥편』에서는 '夂'와 '夊'가 일부 구분되어 있을 뿐이다. 전체적으로 본다면 '匚(방)'과 '夂'가 전통 자형임을 판단할 수 있다.

현대 자전을 보면, 『대한화』, 『중문』에서는 '夂'와 '夊'가 비교적 엄격하게 구분되어 있으나 '匚'과 '匸'는 경계를 넘나들고 있고, 이외 『학연』, 『교학사』, 『민중』에서는 약간의 출입은 있으나 대체로 '匚(방)'과 '夂'가 주류를 이루고 있다. 『한어대자전』과 『한어대사전』에서는 근본적으로 "匸(혜)"부와 "夊"부를 없애고, 모든 글자를 "匚(방)"부와 "夂"부에 귀속시키고 있다. 따라서 전체적으로 본다면 '匚(방)'과 '夂'가 보편적 자형이라 할 수 있으며, 결론적으로 '匚(방)'과 '夂'는 전통성과 보편성을 공히 획득한 자형이라 할 수 있겠다.

'匚', '匸', '夂', '夊'가 육안으로 구분하기 힘든 미세한 필획의 차이여서 편의상 일괄 통일하는 것도 고려할 수 있겠으나, 본고에서는 이것들이 모두 부수자임을 감안, 이를 명확히 구분함으로써 부수체계의 일관성을 유지하였다. 이에 따라 "夋(준)", "夌(릉)", "复(복)", "夏(하)", "愛(애)", "憂(우)", "慶(경)" 등 "夂" 계열의 글자는 모두 '夂'로, "匹(필)", "區(구)", "匽(언)", "匿(닉)", "医(의)" 등 "匸(혜)" 계열의 글자는 모두 '匸(혜)'로 통일하였다.

② 다른 유사 구건과의 형평성을 고려한 경우이다.

예를 들면 "華(화)"자가 있다. 고자형은 '𠌶(금문)→𦻏(소전)'으로, "華"자의 "艹" 아래 "十"자 획이 분리된 형태이다. 실제 『한어대자전』, 『한어대사전』, 『학연』을 제외한 『집운』, 『자휘』, 『정자통』, 『강희자전』, 『전운옥편』, 『신자전』, 『자전석요』, 『대한화』, 『중문』, 『교학사』, 『민중』에 이르기까지 모두 양쪽 획이 분리된 모양인 '華'자 형태이며 획수로는 "艹"부 8획에 배치되어 있다. 하지만 본고에서는 "垂(수)", "畢(필)", "賁(분)", "異(이)"와 같이, "十"자 형태가 병렬된 구건의 경우 모두 획을 이어 주었으므로 '華' 역시 획이 연결된 모양을 취하였다. "艹"가 4획에 해당하므로 총 11획이 된다.

2) 전통성과 보편성의 불일치

'전통성과 보편성의 일치'를 제외하면 여러 다양한 양상이 있다. 현존하는 각종 서체의 혼란은 이러한 원인에서 기인한 바 크다. 이는 사전편찬자의 주관에 따라 구건이 결정되는 부분으로서, 자원의 중시, 부수체계의 일관성 확립, 유사 구건과의 형평성 고려, 현대인의 필사습관, 필획의 정확성 등 다양한 각도에서 접근하여 선택의 근거를 발견할 필요가 있다.

우선 전통성과 보편성이라 부를 만한 대표자형이 각각 존재하면서 양자가 대립하는 경우가 있다. 이것을 '전통성과 보편성의 불일치'라 부른다.

예를 들면 "忝(첨)"자가 있다. "忝"자는 『옥편』, 『광운』, 『집운』, 『자휘』, 『정자통』, 『강희자전』, 『전운옥편』, 『자전석요』까지 '忝', 『신자전』, 『대한화』, 『중문』, 『학연』, 『교학사』, 『민중』까지 '忝'의 형태를 하고 있다. 『한어대사전』과 『한어대자전』에서 '忝' 자형인 것을 제외한다면 전통 자형은 '忝', 보편적 자형은 '忝'으로 대별된다. 발음요소가 "天"인 점을 고려하면 자원상 '忝'이 타당할 수 있겠으나, 본고에서는 현대인의 필사습관을 고려, 후자의 자형을 선택하였다.

3) 보편성 대 여러 글꼴

다음으로, 보편적 자형이라 부를 만한 대표자형은 존재하나 전통 자형이라 부를 말한 대표자형은 존재하지 않는 경우이다. 즉 역대로 난립해 오던 여러 글꼴과 현대의 보편적 자형과의 대립 양상으로, 이 경우 주로 보편성을 따르게 된다. 그런데 보편적 자형이 결국은 『강희자전』의 자형과 같아지는 예가 많은데, 이는 전통 시대 여러 서체가 난립해 오다 『강희자전』을 기점으로 정자가 확립된 후 후대 보편화되는 과정을 거친 것으로 추측할 수 있다.

대표적인 예로 "兪(유)"자가 있다. "兪"자는 『옥편』에 '兪', 『광운』에 '兪', 『집운』에 '兪', 『자휘』, 『전운옥편』, 『자전석요』에 '兪', 『정자통』에 '兪', 『강희자전』, 『신자전』에 '兪'로 되어 있는 등 전통 운자서에서 매우 다양한 형태를 보이고 있다. 따라서 전통 자형이라

부를 만한 대표자형이 뚜렷이 부각되지 않는다. 이에 반해 현대 자전을 보면, 『한어대자전』과 『한어대사전』은 『옥편』과 같지만, 『대한화』, 『중문』, 『학연』, 『교학사』, 『민중』은 모두 『강희자전』과 같다. 그러므로 현대의 보편적 자형은 역시 『강희자전』의 자형인 '兪'라 할 수 있다. 본고에서는 보편성의 관점에서 기본적으로 『강희자전』의 자형을 취하되, 다만 "月"이 글자의 하변에 오면 '⺝'로 변한다는 원칙 하에, 결과적으로 『자휘』, 『전운옥편』, 『자전석요』와 같은 글꼴인 '兪'를 구건으로 채택하였다.

같은 예로, "戶(호)"자가 있다. "戶"자는 『옥편』에 '户', 『광운』, 『자휘』에 '戸', 『집운』, 『정자통』에 '戶', 『강희자전』, 『전운옥편』, 『신자전』, 『자전석요』에 '戶'로 되어 있는 등 네 가지 형태가 존재한다. 현대 자전을 보면, 『한어대자전』과 『한어대사전』이 『옥편』과 같은 것을 제외하면 『대한화』, 『중문』, 『학연』, 『교학사』, 『민중』이 모두 『강희자전』과 같은 자형이다. 본고에서는 보편성을 따라 '戶'를 구건으로 취하였다.

4) 시대 구분 없이 둘 이상 글꼴의 대립

전통성과 보편성의 대립이 아닌, 시대를 넘나들며 둘 이상의 글꼴이 대립되는 예가 있다.

가령 "瓜(과)"자와 "要(요)"자가 대표적이다. "瓜"자는 『강희자전』, 『전운옥편』, 『신자전』, 『자전석요』, 『교학사』, 『민중』은 '瓜', 『자휘』, 『정자통』, 『대한화』, 『중문』, 『한어대자전』, 『한어대사전』은 '瓜'로 되어 있다. 본고에서는 5획의 부수임을 감안, 필획의 정확성을 위해 후자의 자형으로 결정하였다.

“要”자는 『옥편』, 『광운』, 『집운』, 『자휘』, 『전운옥편』, 『신자전』, 『자전석요』, 『한어대자전』, 『한어대사전』, 『학연』에 ‘要’, 『정자통』, 『강희자전』, 『대한화』, 『중문』, 『교학사』, 『민중』에 ‘要’로 되어 있어 두 가지 자형으로 대별된다. 본고에서는 부수자가 “襾(아)”이므로 부수체계의 일관성을 위해 ‘要’를 구건으로 확정하였다. 이는 “要”자뿐 아니라 “襾”부에 속한 모든 글자에 적용된다.

5) 여러 글꼴의 난립

고금을 통틀어 여러 운자서에서 매우 다양한 글꼴이 혼재하는 경우로, “丰(봉)”자가 전형적인 예이다. “丰”자가 구건으로 들어가는 주요 글자인 “契(계)”, “慧(혜)”, “邦(방)”, “蚌(방)”, “害(해)” 등을 중심으로 살펴보면, 어느 것 하나 통일된 모양으로 쓰인 글자가 없다. 적게는 2개, 많게는 6개까지 다양한 글꼴이 각 글자에 쓰이고 있는데, 이것을 모두 합치면 대략 15개에 이른다. 이들을 하나의 모양으로 통일하기에는 워낙 다양한 형태로 오랜 시간 쓰여 왔기 때문에 본고에서는 그 특수성을 인정하여 위치에 따라 ‘丯’, ‘丰’, ‘龵’, ‘丰’, ‘圭’ 등 5가지 글꼴로 결정하였다.

이외, 구건의 일관성을 적용하기 어려운 예외적인 글자도 있다. 하나의 구건이 일관되게 원칙을 유지해야 한다는 대원칙에도 불구하고 개별 글자가 매우 강한 통용성을 획득하였을 때는 예외를 인정하였다. 가령 “爫” 구건의 글자 중 “受(수)”와 “愛(애)”와 “舜(순)”, “麥(맥)” 구건의 글자 중 “麯(국)”, “麴(국)”, “麵(면)”, “勺(작)” 구건의 글자 중 “的(적)”, “袁(원)” 구건의 글자 중 “遠(원)” 등이다.

Ⅲ.『한한대사전』 구건 목록

본고에서 추출한 총 224개 구건은 아래 〈표 4〉와 같다. 각 구건별로 '수정 대상 구건'과 '선정 구건'을 표기하였고, 아울러 관계되는 유형끼리 묶어 구건을 범주화 하였다. 획수, 일부 별개글자, 위치변화, 점과 획, 점 방향, 획 방향, 획 연결, 획 모양, 시작점, 돌출, 기울기, 갈고리, 곡두(曲頭), 굴곡, 기필강세(起筆强勢), 길이 등 총 16개 유형이 노출되었는데, 관련 유형이 둘 이상이면 모두 표기해 주되, 유형별 분류시에는 보다 중요한 유형으로 귀속시켰다.

구건에 따라 세부구건으로 다시 나뉘는 경우는 다음 두 가지이다. 첫째는 '위치변화'에 속한 유형의 경우, 위치에 따라 글꼴이 변하기 때문에 세부 항목이 필요한 경우이다. 가령 "月(월)"은 위치에 따라 '月', '⺼', '⺝'로 되고, "丰(봉)"은 '丰', '丯', '⺖', '丰', '龶'로, "示(시)"는 '礻'과 '示'로, "穴(혈)"은 '⺳'과 '穴'로, "食(식)"은 '飠'과 '食'로 글꼴이 변하게 된다. "丰"은 좌측에 올 때만도 글꼴이 2개이므로 이해의 편의를 위해 '좌1'에 해당하는 모양인 '㓞'와 '丯'를 특별히 명시하였다. 둘째는 이와 상반되게, 유사 구건을 하나로 묶어서 표시하기 위해 대항목이 필요한 경우가 있다. 가령 "卽·旣·鄕", "曼·最", "致·條·脩", "亠·立·辛……卞·亨", "曾·酋……关·矣", "肖·貨·㡀·尚", "爫·采……爵·爲"를 일일이 개별 구건으로 나열하는 번거로움을 피해 각각 "皀", "日", "夂", "亠", "八", "小", "爫"로 귀납하였다.

동일 유형 안에서의 구건 배열은 기본적으로 필획순이며, 형태적 유사성이 높은 구건은 병렬하였다.

〈표 4〉

No.	선정구건		수정대상구건	유형
1	乙		乙	1.획수
2	++		卄	1.획수
3	卝		++卄	1.획수, 돌출
4	夂	致	夂	1.획수
		條		
		脩		
5	隆		隆	1.획수
6	𠫓	充	𠫓𠫓	1.획수, 점과 획
		㐬		
7	育		育育育	1.획수, 위치변화, 점과 획
8	牙		牙牙	1.획수
9	辶		辶辶	1.획수
10	及		及	1.획수
11	瓜		瓜瓜	1.획수
12	母	每	毋	1.획수
		毒		
13	𡰪		𡰪	1.획수
14	巨		巨	1.획수
15	兕		兕	1.획수
16	曳		曳	1.획수
17	剎		剎	1.획수
18	者		者	1.획수
19	殺		殺	1.획수

No.	선정구건		수정대상구건	유형
20	𦍌	羌	𦍌	1.획수
		差		
		着		
		羞		
21	𦥑	臾	𦥑	1.획수
		叟		
22	皀	卽	皀皀艮 皀	1.획수, 획 방향, 시작점
		旣		
		鄕		
23	成		成	1.획수
24	呂		呂	1.획수
25	叵		叵	1.획수
26	莾		莾莾	1.획수
27	垂		垂	1.획수
28	畢		畢	1.획수
29	異		異	1.획수
30	華		華華	1.획수
31	卑		卑	1.획수
32	甾		甾	1.획수
33	咼		咼	1.획수
34	骨		骨骨	1.획수, 위치변화
35	莆		莆莆	1.획수, 기울기
36	蚤		蚤	1.획수
37	盈		盈	1.획수

No.	선정 구건		수정 대상 구건	유형
38	晉		晋晉	1.획수
39	敖		敖敖	1.획수, 일부 별개글자
40	賁		賁	1.획수
41	黃		黄黃	1.획수, 획 연결
42	黑		黒	1.획수
43	强		強	1.획수
44	粵		粵	1.획수
45	奧		奥	1.획수
46	虛		虚	1.획수
47	歲		歳	1.획수
48	憲		憲	1.획수
49	稽		稽	1.획수
50	興	舋	興	1.획수
		釁		
		爨		
51	黎		黎	1.획수
52	辭		辭	1.획수
53	衛		衛	1.획수
54	簒		簒	1.획수
55	七	沘	匕七	2.일부 별개글자
		叱		
56	叱 (와, 화)		吪	2.일부 별개글자
57	人	处	卜	2.일부 별개글자
		臥		

No.	선정 구건		수정 대상 구건	유형
58	入	全	人	2.일부 별개글자
		內		
59	儿	宂	几	2.일부 별개글자
		禿		
		虎		
		亮		
60	巳	巷	㔾己	2.일부 별개글자
		夒		
		夔		
61	曰	曼	冃	2.일부 별개글자
		最		
62	壬	任	王壬	2.일부 별개글자
		至		
		託		
63	壬	呈	王壬	2.일부 별개글자
		廷		
		望		
		聖		
		聽		
64	夭	忝	天	2.일부 별개글자
		蚕		
65	天	吞	夭	2.일부 별개글자
		奏		
66	巩		巩	2.일부 별개글자
67	夋		夋	2.일부 별개글자, 굴곡

No.	선정 구건	수정 대상 구건	유형
68	夌	夌	2. 일부 별개글자, 굴곡
69	叜	叜	2. 일부 별개글자, 굴곡
70	㞷	㞷㞷㞷	2. 일부 별개글자, 기울기
71	別	別	2. 일부 별개글자
72	麻	麻麻麻	2. 일부 별개글자, 점과 획
73	兪	兪前前 兪	2. 일부 별개글자, 위치변화
74	貪	貪貪	2. 일부 별개글자, 점과 획
75	乾	乾	2. 일부 별개글자
76	隆	隆	2. 일부 별개글자
77	毀	毀	2. 일부 별개글자
78	睪	睪	2. 일부 별개글자
79	稟	稟	2. 일부 별개글자, 점과 획

No.	선정 구건			수정 대상 구건	유형
80	蘣			蘣	2. 일부 별개글자
81	巂			巂	2. 일부 별개글자
82	月	月 (좌·우·중)		月夕	3. 위치변화
		夕 (상)		夕	
		月 (하)		月月月	
83	䍃			䍃䍃	3. 위치변화, 획 모양
84	祭			祭祭	3. 위치변화, 획수
85	丰	丰 (하)		丰	3. 위치변화
		丰 (좌1)	丰	丰丰丰	
			丰		
		丰 (좌2)		丰丰丰	
		丰 (상·우)		丰	
		丰 (중)		害害害 害	
86	示	示 (좌)		礻	3. 위치변화
		示 (상·하·우)		示	

No.	선정 구건		수정 대상 구건	유형
87	穴	宂(상)	穴宂穴	3. 위치변화
		穴(좌·우·하)	穴穴	
88	羽	羽(상·중앙)	羽羽	3. 위치변화
		羽(좌·우·하)	羽	
89	肎		肎肎肎 肎肎	3. 위치변화, 삭누
90	豖	豖(좌)	豖	3. 위치변화
		豖(우·상·하)	豖	
91	食	飠(좌)	飠 食食 食	3. 위치변화
		食(우·하)	食食	
92	亠	亠	亠	4. 점과 획
		立 (立 辛 音 妾 章 童 音 亲)		
		衤		
		方		
		衣		
		文		
		高		
		齊		
		玄		
		亡		
		亢		
		京		
		亥		
		卒		
		襄		
		亦		
		帝		
		六		
		享		
		亭		
		交		
		之		
		离		
		商		
		稟		
		雍		
		夜		
		卞		
		亨		
93	宀		宀	4. 점과 획
94	广		广	4. 점과 획
95	疒		疒	4. 점과 획
96	勺		勺	4. 점과 획
97	的		的	4. 점과 획
98	匀		匀匀	4. 점과 획
99	主		主	4. 점과 획
100	戶		户戶	4. 점과 획, 시작점
101	肩		肩肩肩	4. 점과 획, 위치변화
102	次		次次	4. 점과 획

No.	선정 구건	수정 대상 구건	유형
103	今	今	4.점과 획
104	令	令令	4.점과 획
105	氏	氏	4.점과 획
106	永	永永	4.점과 획, 돌출
107	卯	卯	4.점과 획
108	糸	糸	4.점과 획
109	舟	舟	4.점과 획
110	言	言	4.점과 획
111	良	良良	4.점과 획, 획수
112	朋	朋	4.점과 획
113	般	般	4.점과 획
114	巤	巤巤	4.점과 획, 돌출
115	龍	龍龍	4.점과 획, 위치변화
116	邊	邊	4.점과 획, 굴곡
117	刃	刃刃刃 刃刃	5.점 방향
118	丸	丸丸丸	5.점 방향
119	火	火	5.점 방향
120	冬	冬	5.점 방향
121	於	於	5.점 방향
122	氺 (屛 皐 皐 褱)	氺	5.점 방향
123	雨	雨雨	5.점 방향
124	隹	隹	5.점 방향
125	弱	弱	5.점 방향
126	脊	脊脊脊	5.점 방향, 위치변화
127	眔	眔眔	5.점 방향
128	率	率率	5.점 방향, 점과 획
129	八 (关 兌 酋 益 曾 巽)	八 丷	6.획 방향, 곡두
130	八 (亼 平 半 关 卷)	丷	6.획 방향
131	小 (肖 貨 尒 尙)	⺌	6.획 방향
132	爫 (爫 采 孚 妥 爰 爭 爭)	爫	6.획 방향

No.	선정 구건	수정 대상 구건	유형
	奚		
	爰		
	舀		
	覓		
	爯		
	爵		
	爲		
133	舜	舜	6.획 방향
134	豕	乑	6.획 방향
135	肖	肖肖	6.획 방향, 위치변화
136	垔	垔	6.획 방향
137	鬲	鬲	6.획 방향
138	秉	兼秉	6.획 방향
139	丵	丵	6.획 방향
140	賣	賣	6.획 방향
141	朮	术	7.획 연결
142	宂	宂	7.획 연결, 점과 획
143	犮	犮	7.획 연결
144	襾	覀	7.획 연결
145	酉	酉酉酉	7.획 연결, 갈고리
146	辰	辰	7.획 연결
147	囪	囪	7.획 연결
148	屰	屰	7.획 연결
149	直	直直	7.획 연결, 획 모양
150	査	査	7.획 연결
151	眞	真真真眞	7.획 연결, 획 모양
152	㒼	㒼	7.획 연결
153	善	善	7.획 연결
154	莧	莧	7.획 연결
155	微	散散散	7.획 연결
156	亶	亶亶	7.획 연결, 점과 획
157	麰	麰	7.획 연결
158	龜	龜龜龜龜龜	7.획 연결
159	縣	縣	7.획 연결, 갈고리
160	虧	虧	7.획 연결
161	內	内	8.획 모양
162	召	召	8.획 모양
163	冊	册	8.획 모양
164	色	色色	8.획 모양
165	产	产	8.획 모양
166	吳	吴吳	8.획 모양
167	靑	青青	8.획 모양, 위치변화
168	亟	亟	8.획 모양
169	函	函	8.획 모양
170	衰	衰	8.획 모양
171	賴	賴賴	8.획 모양

No.	선정 구건		수정 대상 구건	유형
172	匕	匕	匕	9.시작점
		比		
		北		
		化		
173	屯		屯	9.시작점
174	反		反	9.시작점
175	舌		舌	9.시작점
176	耒		耒	9.시작점
177	垂		垂	9.시작점
178	舍		舍	9.시작점
179	臿		臿	9.시작점
180	風		風	9.시작점
181	丩		丩丩丩	10.돌출
182	女(좌)		女	10.돌출
183	彐	⺕又	彐	10.돌출
		帚		
		急		
		煞		
		雪		
		尋		
184	㐄	舛	㐄	
		韋		
185	丑		丑	10.돌출
186	无		无	10.돌출
187	片		片	10.돌출
188	冉		冉	10.돌출
189	夫	奉	夫	10.돌출
		秦		
		春		
		泰		
190	角		角	10.돌출
191	告		告	10.돌출
192	那		那	10.돌출
193	周		周	10.돌출
194	秔		秔	10.돌출
195	勇		勇	10.돌출
196	炭		炭	10.돌출
197	庶		庶	10.돌출
198	爽		爽	10.돌출
199	虜		虜	10.돌출
200	肩		肩	10.돌출
201	勗		勗	10.돌출
202	粲		粲	10.돌출
203	鼻		鼻	10.돌출
204	寧		寧	10.돌출
205	鼎		鼎	10.돌출
206	凡		卂凡	11.기울기
207	乇		乇	11.기울기
208	冄		冄	11.기울기
209	正(좌)		正	11.기울기
210	羊(좌)		羊羊	11.기울기
211	辛(좌)		辛辛	11.기울기, 점과 획

No.	선정 구건		수정 대상 구건	유형
212	耳		耳	11.기울기
213	非		非	11.기울기
214	蚩		蚩	11.기울기
215	亅	冂	丨	12.갈고리
		也		
		臽		
216	乚	几	乚	12.갈고리
		元		
		奄		
217	𧘇	袁	𧘇𧘇	12.갈고리
		瞏		
218	八	公	八	13.곡두
		分		
		兗		
		袞		

No.	선정 구건		수정 대상 구건	유형
219	儿	囧	八	14.굴곡
		甚		
		奐		
220	㇏	廴	㇏	15.기필 강세
		丈		
		文		
		父		
		爻		
221	尨		尨	16.길이
222	麥		麥	16.길이
223	梟		梟梟	16.길이
224	鼠		鼠鼠	16.길이, 점 방향

Ⅳ. 맺음말

한자의 기초 구성요소는 『강희자전』 부수자 214자를 포함해 대략 500여 개에 달하며5) 이들이 상호 조합되어 5만여 개에 이르는

5) 소배성(蘇培成)(2001:130)에 의하면, 1997년 중국에서 발표한 『한자부건규범(漢字部件規範)』에는 560개의 기초부건이 20,902개의 한자를 구성하

한자를 구성한다. 따라서 구조적으로 동일한 글자라도 점이나 획의 각도, 방향, 기울기, 간격 등 필획의 미세한 차이로 인해 여러 글꼴이 공존하는데, 이는 통일성을 중시하는 사전의 특성상 반드시 시정되어야 할 부분이며 무엇보다 한자학습자의 혼란을 해소한다는 측면에서도 구건의 일관성 유지는 필수적이다.

이에 따라 본고는 『한한대사전』에서 일관성을 유지하지 못한 구건을 추출하고, 여러 글꼴이 대립할 경우 하나의 글꼴을 확정하는 작업을 진행하였다. 그 결과 총 224개의 구건을 추출하여 유형화하고, 구건별로 확정 글꼴을 제시하였다.

글꼴 확정의 주요 기준은 전통성과 보편성인데, 양자가 일치하는 경우가 가장 많으며 글꼴 결정도 비교적 쉽다. 하지만 양자가 불일치하거나, 혹은 전통성이나 보편성이라 부를 만한 대표자형이 존재하지 않을 때는 다양한 관점에서 접근하였다. 본고에서는 구건 결정의 양상을, 1)전통성과 보편성이 일치하는 경우, 2)전통성과 보편성이 불일치하는 경우, 3)보편성 대 여러 글꼴의 대립, 4)시대 구분없이 둘 이상 글꼴의 대립, 5)여러 글꼴의 난립 등으로 나누어 살펴보았고, 글꼴 확정 과정에서는 자원의 중시, 부수체계의 일관성 확립, 유사 구건과의 형평성 고려, 현대인의 필사습관, 필획의 정확성 등 다양한 관점에서 문제 해결을 시도하였다.

본고의 논의가 가장 합리적이고 최선의 안은 아니겠으나, 좁게는 『한한대사전』의 일관된 자형 정비의 토대가 되고, 넓게는 국내 표준 한자폰트가 마련되지 않은 상황에서 하나의 통일 시안이 될 수도 있으리라 보며, 이를 계기로 앞으로 한자 자형 표준화에 대한 보다 전면적이고 심도 있는 논의가 활발히 이루어지길 기대한다.

고 있다.

〈참고문헌〉

『全韻玉篇』

池錫永 編(1909), 『字典釋要』, 亞細亞文化社, 1976.

朝鮮光文會 編(1915), 『新字典』, 1978.

諸橋轍次 編, 『大漢和辭典(全13卷)』, 大修館書店, 1961.

林尹 · 高明 主編, 『中文大辭典(全10卷)』, 中華學術院, 1980.

藤堂明保 編, 『學研漢和大字典』, 學習研究社, 1982.

羅竹風 主編, 『漢語大詞典(全12卷)』, 漢語大詞典出版社, 1994.

徐中舒 主編, 『漢語大字典(全3卷)』, 四川辭書出版社 · 湖北辭書出版社, 1995.

『漢韓大字典』, 民衆書林, 1998.

『大漢韓辭典』, 教學社, 1998.

『漢韓大辭典(全15卷)』, 檀國大學校 東洋學研究所, 2008.

南廣祐, 「漢字文化圈內 共通常用漢字 字形과 字數統一의 意義와 統一案」, 제4회 國際漢字會議, 1997.

閔丙俊, 「漢字의 標準字體 選定을 위한 一考」, 『語文研究』 13:1, 1985.

朴秋鉉, 「字素의 概念과 分類」, 『南冥學研究』 18, 2004.

蘇培成, 이규갑 옮김, 『現代漢字學』, 학고방, 2007.

李應百, 「漢字文化圈內의 共通常用漢字 검토」, 『국제한자토론회 18년』, 2008.

이재훈, 「국제표준문자코드 제안 한자 자형의 표준화에 대한 연구」, 『새국어생활』 9:1, 1999.

이재훈, 「국제 문자 코드계의 한자 표준화에 대한 연구」, 문화관광부 연구보고서, 2001.

IRG 〈구건분석표〉 (http://appsrv.cse.cuhk.edu.hk/~irg/)

[『동양학』 52집(2012) 수록]

『한국한자어사전』에 수용된 이두 · 구결 · 차자어의 구성과 출전문헌

朴 燦 圭*

Ⅰ. 머리말

『한국한자어사전』은 한국 고유의 한자 및 한자어를 수집 정리하여 체계적으로 정리한 공구서이다. 1978년 단국대학교 동양학연구소에서 『한한대사전』 편찬의 일환으로 시작한 이 사업은 1992년 1권을 간행한 이래 1996년 총 4권으로 완간하였는데,[1] 총 4,550여 면, 표제한자 5,174자, 한자어 89,705단어가 수록되었다.[2]

이 사전이 다른 한자사전과 다른 점은 『삼국사기』를 비롯한 150여 종, 총 3,500여 책의 우리나라 고문헌에서 우리 고유의 한자 및

* 단국대학교 동양학연구원 편찬실 편찬주임

1) 각 권의 초판 간행일은 1권 1992년 9월 20일, 2권 1993년 12월 30일, 3권 1995년 3월 31일, 4권 1996년 11월 3일이다.

2) 본고에서의 통계수치는 『한국한자어사전』 초판본을 기준으로 하였다.

한자어 자료만을 채록하여 수록하였다는 점이다.[3] 특히 『한국한자어사전』이 이전 사전과 차별되는 중요한 점 하나가 각 한자어의 이용례를 볼 수 있는 전거 출전과 예문을 제시했다는 것이다. 극히 일부 특수한 경우를 제외하고는 거의 전거를 제시해 놓았다. 또한 표제자에 있어서 우리 고유의 순 한국식 한자인 '乭(돌)'이나 '乽(놀)' 등 182자[4]를 수록하였다는 점도 특기할 만하다.

단어의 수록범위는 일반어는 물론 인명, 지명, 제도명, 서명, 자호, 이두어, 구결어, 차자어,[5] 의학, 음악, 민속 등 다방면에 걸친 단어를 망라하였다. 이 가운데 대부분의 한자어는 한문식 단어이지만, 이두 · 구결 · 차자어는 우리 고유의 언어를 거의 그대로 표현하기 위해 고안 이용된 순 우리식 단어이다.

한국의 전통문화를 이해하기 위해서 고문헌을 제대로 해석하는 것이 필수임은 재언을 요하지 않는다. 한국의 고문헌 속에는 기존의 한문식 용어 외에 순 우리식 단어가 상당수 등장한다. 따라서 기존의 한문식 지식만으로는 우리 고문헌을 제대로 해독하기 곤란하다. 이러한 점에서 『한국한자어사전』에 수록된 이두 · 구결 · 차

3) 이들 자료 중에서 이 사전을 편찬할 당시에는 순수하게 고유의 자료로 보고 선정하였으나 후일 검토 결과에 따라 제외해야 할 것도 약간은 발견되리라 여겨진다.

4) 이 수치는 『한국한자어사전』이 처음 간행될 때의 연구 성과에 따른 것이다. 그 뒤 현재까지 각종 한자 어원자료가 계속 발굴 조사되고 있어 앞으로의 연구결과에 따라 수치에 변동이 있을 것으로 예상된다.

5) 차자(借字) 표기는 한자를 이용해 우리말을 적는 표기법으로 광의로는 이두나 구결까지 포함한다. 그러나 『한국한자어사전』에서는, 이두나 구결이 한문을 읽을 때 문법적 관계를 표시하기 위해 삽입하는 문법형태소와 같은 요소를 지칭한다는 점에서, 협의의 차자어를 구별하였다. 이때의 차자어 의미는 한자를 사용하여 주로 사물의 이름이나 의성어, 의태어 등을 국어식으로 표기한 단어를 말한다.

자어의 정보는 그 가치가 매우 크다고 하겠다.

『한국한자어사전』이 갖는 사전학적인 여러 가치가 있겠지만, 위와 같은 관점에서부터 출발하여 우선은 이 사전에 수록된 이두어 · 구결어 · 차자어에 대한 정보를 분석해 보려 한다. 이 분석대상 가운데 한국의 고유 단자어에 대해서는 별도의 주제로서 분석이 될 것이므로 여기서는 복자어, 곧 단어에 한정하여 논의를 진행할 것이다. 또한 미리 언급해 둘 것은 본고의 목적이 각각의 개별 대상 단어에 대한 언어학이나 의미론적 분석이 아니라 사전의 체제 구성에 대한 것이기 때문에, 이두 · 구결 · 차자어의 구성과 배열, 전거문헌에 대한 수록종류나 범위를 조사하여 소개하는 정도에 머물 것이다.

Ⅱ. 『한국한자어사전』의 이두 · 구결 · 차자어 구성비와 배열

1. 구성비

『한국한자어사전』에 실린 단어는 총 89,705개이다. 이 가운데 이두 · 구결 · 차자어는 4,475개로 일반어 대비 총 구성비는 다음과 같다.

〈표 1-1〉『한국한자어사전』 이두 · 구결 · 차자어 구성비(1)

	일반어	이두 · 구결 · 차자	계
개수	85,230	4,475	89,705
비율(%)	95.01	4.98	100

즉, 『한국한자어사전』에서 순 한국식 표현이라 할 수 있는 이두 · 구결 · 차자어는 전체의 약 5% 정도를 차지한다고 하겠다. 이들 각각의 구성비를 구체적으로 보면 다음과 같다.

〈표 1-2〉『한국한자어사전』 이두 · 구결 · 차자어 구성비(2)

	일반어	이두	구결	차자	계
개수	85,230	1,427	349	2,699	89,705
비율(%)	95.01	1.59	0.39	3.00	100

또한 이 구성비를 이두 · 구결 · 차자어에만 한정하여 보면 다음과 같다.

〈표 1-3〉『한국한자어사전』 이두 · 구결 · 차자어 구성비(3)

	이두	구결	차자	계
개수	1,427	349	2,699	4,475
비율(%)	31.88	7.79	60.31	100

이 비율을 놓고 볼 때, 『한국한자어사전』에서 순 한국식 표현이라 할 수 있는 이두 · 구결 · 차자어 중 차자 비율이 가장 많고 그

다음이 이두임을 알 수 있다. 이 결과를 보면, 비록 『한국한자어사전』만을 대상으로 하여 도출된 비율이지만, 한국 전근대 사회에서의 순 한국식 언어 표현의 연구에 이 비율을 적용시켜도 큰 무리는 없지 않을까 한다.[6]

한편, 여기서 약간의 고려가 필요한 사항이 있다. 이들 단어가 실제 이용되었을 때 두 가지나 세 가지 용법으로 겸하여 이용되었을 가능성도 있기 때문이다. 극히 제한적이지만 실제로 『한국한자어사전』에서도 이용례가 있다.

〈표 2〉『한국한자어사전』 이두 · 구결 · 차자어 겸용 사례

<table>
<tr><th></th><th>건수</th><th>단어</th><th>독음</th><th>용법</th><th>주 석</th></tr>
<tr><td rowspan="4">이두 · 구결 겸용</td><td rowspan="4">2</td><td rowspan="2">乙良</td><td rowspan="2">으란</td><td>이두</td><td>—을랑. —은. —인즉.</td></tr>
<tr><td>구결</td><td>—으란. —을랑.</td></tr>
<tr><td rowspan="2">去乃</td><td>거나</td><td>이두</td><td>—거나.</td></tr>
<tr><td>커나</td><td>구결</td><td>—커나. 하거나.</td></tr>
<tr><td rowspan="2">차자 · 이두 겸용</td><td rowspan="2">1</td><td rowspan="2">別音</td><td>별음</td><td>차자</td><td>벼림. 날이 무딘 연장을 불에 달궈 날카롭게 만듦.</td></tr>
<tr><td>벼름</td><td>이두</td><td>벼름. 여러 몫에 나눔.</td></tr>
<tr><td>구결 · 차자 겸용</td><td>0</td><td colspan="4"></td></tr>
<tr><td>이두 · 구결 · 차자 겸용</td><td>0</td><td colspan="4"></td></tr>
</table>

6) 물론 이러한 추론은 일단 위험하다. 『한국한자어사전』을 편찬할 때와 현재의 참고자료의 정보량에 상당한 차이가 존재하기 때문이다. 그렇다 하더라도 그 대략적인 비율에 있어서는 큰 변동이 없을 것이라는 생각이다.

위에서 보면 세 종류의 단어를 통틀어 3건의 겸용 사례가 발견되었다. 이두와 구결의 2건, 차자와 이두의 1건[7] 등의 사례가 그것이다. 구결과 차자의 겸용 사례와, 이두 · 구결 · 차자 세 종류가 모두 겸용된 사례는 없다. 이 결과에 의지하여 전통시대 이두 · 구결 · 차자의 이용방식을 미루어 본다면, 자료의 한계와 앞으로의 연구 성과에 따른 양상의 변화가 있기는 하겠지만, 이들 세 종류의 용법이 서로 간에 겸용한 경우는 거의 없었다고 하겠다.

2. 배열

『한국한자어사전』에서 이두 · 구결 · 차자어의 음표기는 고유의 독음에 따랐다. 이는 당시에 한자음대로가 아니라 고유의 독음에 따라 표현했다고 보기 때문이다. 그러나 사전상의 단어 배열은 그 고유 발음에 따르지 않고 표기 한자의 기본 독음에 따라 배열하였다.[8] 이는 『한국한자어사전』이 일반 한자어까지 포함하여 수록하고 있어서 이두 · 구결 · 차자어만을 고유음대로 배열한다면 사전 검색상 혼란이 오기 때문이다. 이에 대한 『한국한자어사전』의 '伊'자 및 '加'자의 사례를 들어 이해를 돕고자 한다.

---

7) 차자와 이두가 겸용된 이 건수에 대해서는 반론이 있을 수 있다. 이두와 구결의 조사나 어미는 겸용의 가능성이 있지만, 차자어의 경우 조사나 어미가 아닌 실사의 개념이기 때문에 이두나 구결과 겸용할 가능성은 없다는 의견이 있기 때문이다. 이는 차후 추가적 검증을 거쳐 그 결과에 따라 수정이 가능하겠지만, 현재로서는 있는 자료이기 때문에 일단 나타난 현상을 그대로 밝혀 두겠다. 현재 『한국한자어사전』에 실려 있는 것을 그대로 적용하면 위의 결과가 도출되는 것이다.

8) 한한대사전편찬실, 「한한대사전의 집필 및 편찬방향」, 『동양학간보』 8, 단국대, 1988, 46쪽.

〈표 3-1〉『한국한자어사전』 '伊'자 단어 배열(일반어 포함)

단어	독음	종류	주 석
伊彥	이언	일반어	여진어(女眞語) 일언(irgen)의 음역(音譯). 백성(百姓), 또는 부락 · 지방이란 뜻이다.
伊言丁	이언뎡	구결	—이언정. —ㄹ지언정.
伊五	이오	구결	—이오.
伊五隱	이온	구결	—이온. —하거든.
伊溫	이온	구결	"伊五隱"과 같다.
伊隱	인	구결	—인. —은.
伊隱大	인대	구결	—인대.
伊阝大阝	인댄	구결	—인댄.
伊阝月爲也	인돌ᄒᆞ야	구결	—인달 하야. —인들 하여. —인가 하여.
伊乙每	이을매	차자	율무.
伊乙梅	이을매	차자	"伊乙每"와 같다.
伊乙士伊	일싀	구결	—일새. —이기에.
伊乙吾音	이을오음	차자	"伊屹烏音"과 같다.
伊應同小豆	잉동팟	차자	잉동팥. 팥의 한 가지. 음력 3 · 4월 경에 씨를 뿌린다.
伊广叱古	이잇고	구결	—잇고. —입니까.
伊日	이일	일반어	그날.
伊齋	이재	일반어	조선 노수신(盧守愼)의 호(號).
伊之	이지	일반어	고려 윤신걸(尹莘傑)의 자(字).
伊珍買	이진매	일반어	현(縣) 이름. 강원도 이천현(伊川縣)의 고구려 때 이름. 신라 경덕왕(景德王) 때 이천현으로 고쳤다.
伊叱加	잇가	구결	—잇가. —입니까.
伊叱可	잇가	구결	"伊叱加"와 같다.
伊叱椵	잇가나무	차자	이깔나무.
伊叱月女	이ᄯᆞ녀	구결	—이따녀. —이겠는가.
伊叱月尼叱可	이ᄯᆞ니잇가	구결	—이따니잇가. —하는 것입니까.
伊喰	이찬	일반어	"伊尺湌"과 같다.

〈표 3-2〉『한국한자어사전』 '加'자 단어 배열(일반어 포함)

단어	독음	종류	주 석
加魚	가어	일반어	가자미.
加外	가외	일반어	일정한 표준이나 한도의 밖.
加外左只	더외자기	차자	더위지기. 사철쑥.
加用	가용	일반어	더 보태어 씀.
加于	더욱	이두	더욱. 더욱이.
加于過甚	더욱괘씸	이두	더욱 괘씸. 더욱 괘씸함.
加于支當不得	더욱지당못질	이두	더욱 유지하지 못함. 더욱 지탱하지 못함.
加于知不得	더욱알못질	이두	더욱 알지 못함.
加位	가위	일반어	현(縣) 이름. 전라도 영광군(靈光郡)에 있었던 육창현(陸昌縣)의 백제 때 이름. ……
加由	가유	일반어	"加給由"의 준말.
加喩	던지	이두	"加隱喩"와 같다.
加律	가율	일반어	이미 정해진 형벌에 벌을 더함.
加恩	가은	일반어	현(縣) 이름. 지금의 경상북도 문경군(聞慶郡) 가은읍(加恩邑) 지역에 있었다. ……
加隱喩	던지	이두	—던지.
加乙乃	가을내	일반어	현(縣) 이름.
加乙木	갈나무	차자	"加邑可乙木"과 같다.
加乙山	가을산	일반어	소(所) 이름. 경상도(慶尙道) 안음현(安陰縣)의 치소(治所) 서쪽 40리 지점에 있었다. ……
加乙畏	갈외	차자	가뢰. 곤충의 한 가지.
加乙草	갈풀	차자	갈풀.
加乙坪	가을평	일반어	향(鄕) 이름. 전라남도 고흥군(高興郡) 남양면(南陽面)에 있었다.
加音草	감풀	차자	회향(茴香)의 딴이름.
加邑可乙木	덥갈나무	차자	떡갈나무.
加耳	가귀	차자	까뀌.
加伊宅	가이택	일반어	신라시대, 사절 유택(四節遊宅)의 하나. ……
加一瓜	가일과	일반어	임기가 찬 벼슬아치를 한 임기 동안 더 머무르게 함.

Ⅲ. 『한국한자어사전』의 이두 · 구결 · 차자어 출전문헌

1. 이두 · 구결 · 차자어 출전문헌의 이용 횟수

머리말에서 이미 언급했지만 『한국한자어사전』이 지닌 특징 중 하나가 각 한자 단어마다 그 이용례를 볼 수 있는 전거 문헌과 예문을 제시했다는 것이다. 전거가 되는 출전문헌의 성립 시기나 성격을 파악한다면 그 해당 단어에 대한 이해가 한결 수월해지기 때문에 출전문헌의 제시는 그만큼 중요성을 갖는 것이다. 이러한 점에서 『한국한자어사전』에 수록된 이두 · 구결 · 차자어에 대한 정확한 이해를 위하여 이용된 출전문헌의 이용 횟수를 분석해 보는 것도 의미 있는 일이라 하겠다.

1) 이두어

『한국한자어사전』에서는 총 1,427개의 이두어가 수록되어 있는데, 여기에 이용한 출전문헌은 다음 표와 같이 정리할 수 있다.

〈표 4〉『한국한자어사전』 이두어 출전문헌 이용례

차례	출전문헌	횟수
1	各司受教	5
2	各廛記事	18
3	開寧葛項寺石塔記	2
4	古今釋林	105
5	古文書集成(海南尹氏篇) 28, 簡札類	4
6	舊土地買賣證券	1
7	舊韓國官報	3
8	軍門謄錄	3

차례	출전문헌	횟수	차례	출전문헌	횟수
9	禁啓謄錄	6	33	右捕盜廳謄錄	15
10	亂中日記	2	34	儒胥必知	265
11	農圃集	129	35	六典條例	5
12	大東野乘	71	36	律例要覽	1
13	大明律直解[9)]	635	37	義禁府謄錄	14
14	臺山集	19	38	吏讀集成, 附錄, 吏讀文例	1
15	大典通編	2	39	吏讀便覽	222
16	萬機要覽	1	40	吏文大師	163
17	武科總要	1	41	吏文襍例	105
18	闢衛編	3	42	吏語便覽	1
19	詞訟類抄	1	43	二憂堂實紀	1
20	三名日方物謄錄	1	44	仁祖國葬都監儀軌	2
21	紹修書院謄錄	61	45	壬辰狀草	268
22	續大典	2	46	典錄通考	1
23	松南雜識(林氏本)	2	47	典律通補	103
24	瑣尾錄	1	48	淨兜寺五層石塔造成 形止記	1
25	純元王后國葬都監儀軌	1	49	正俗諺解	1
26	新補受教輯錄	3	50	正宗大王殯殿魂殿都 監儀軌	1
27	審理錄	4	51	貞海君遺書	1
28	瀋陽狀啓	328	52	朝鮮金石總覽, 晋州蓮池寺鐘記	1
29	樂器造成廳儀軌	12	53	朝鮮明宗實錄	2
30	梁山通度寺國長生石標	2			
31	養蠶經驗撮要	2			
32	五洲衍文長箋散稿	33			

차례	출전문헌	횟수
54	朝鮮史料總覽 1, 開國原從功臣錄券, 鄭津	10
55	朝鮮史料總覽 4, 同生中和會成文, 康熙33年	1
56	朝鮮宣祖實錄	3
57	朝鮮成宗實錄	1
58	朝鮮肅宗實錄	1
59	朝鮮中宗實錄	3
60	朝鮮太宗實錄	1
61	左右捕盜廳謄錄	11
62	左捕盜廳謄錄	31
63	註解語錄總覽, 吏文語綠	109
64	地藏菩薩本願經	1
65	至正丁酉僧錄司貼文	1
66	昌慶宮營建都監儀軌	4
67	秋江集	1
68	秋官志	8
69	推案及鞫案	91
70	度支準折	1
71	太祖大王賜淑愼翁主家舍手書	1
72	通文館志	3
73	寒暄箚錄	1
74	行用吏文	6
75	海行摠載	33
76	洪武戊午長城監務官貼文	2
77	華城城役儀軌	4
78	欽欽新書	1
계		2,966

9) 『대명률직해(大明律直解)』는 중국 명나라의 형률서인 『대명률(大明律)』을 이두로 번역한 책이다. 30권 4책으로 목판본이며, 원간본은 발문의 연대인 1395년(태조 4)에 간행되었던 것으로 추정되나 전하지 않는다. 오늘날 전해오는 판본은 홍문관본(弘文館本) · 비변사본(備邊司本) · 규장각본(奎章閣本)을 비롯, 일본에 건너가 있는 나이카쿠문고본(內閣文庫本)과 탁족암본(濯足庵本) 등이 있다. 『한국한자어사전』에서는 이 문헌자료를 제시할 때, 원 형률서인 『대명률』의 세부 조목을 나열한 뒤 맨 뒤에 '직해(直解)'라는 용어를 써서 자료를 소개하는 형식을 취하였다. 그런데 이 『대명률직해』는 조선에서 독자적으로 펴낸 번역서 성격을 갖기 때문에 『대명률』과는 다른 독립적인 명칭으로 표기해야 한다. 이러한 점에서 본고에서는 『한국한자어사전』의 본래 표기형식과는 다르지만 '대명률직해'로 호칭

위 표를 참고해 보면 『한국한자어사전』에서 이두어를 수록하기 위해 이용한 문헌의 종류는 78종이다. 물론 『조선왕조실록(朝鮮王朝實錄)』 같은 경우 「명종실록(明宗實錄)」·「선조실록(宣祖實錄)」·「성종실록(成宗實錄)」·「숙종실록(肅宗實錄)」·「중종실록(中宗實錄)」·「태종실록(太宗實錄)」을 각각의 것으로 보아 6종으로 분류한 것이 문제가 될 수도 있다. 이들 문헌을 같은 실록의 범주로 포괄하여 한 종으로 묶을 수도 있기 때문이다. 그러나 이들 자료는 각기 사초가 정리되고 편찬된 시기가 다르다. 이 때문에 언어의 용법도 달라진 상황을 반영하고 있음을 고려해야 한다. 따라서 이들 자료는 따로 분류해야 마땅하다. 이 같은 경우는 『조선사료총람(朝鮮史料總覽)』도 마찬가지이다. 이 문헌은 조선시대의 시기가 다른 여러 자료를 엮어서 후대에 펴낸 것이기 때문이다.[10)]

한편, 『한국한자어사전』에서는 이두어를 수록하는 과정에서 위 78종의 문헌을 이용하여 모두 2,966건의 전거 자료를 채록한 것으로 집계되었다.

2) 구결어

『한국한자어사전』에서는 총 349개의 구결어가 수록되어 있는데, 이에 이용한 출전문헌은 다음 표와 같이 정리할 수 있다.

하여 논지를 전개하고자 한다.

10) 『조선사료총람』이 정확히 언제 간행된 것인지는 명확하지 않다. 다만 현재 그 내용은 1936년 조선사편수회(朝鮮史編修會)에서 펴낸 『조선사료총람해설(朝鮮史料總覽解說)』이라는 문헌에서 확인할 수 있다.

〈표 5〉『한국한자어사전』 구결어 출전문헌 이용례

차례	출전문헌	횟수
1	古今釋林	1
2	農圃集	1
3	大明律直解	3
4	童蒙先習	60
5	審理錄	1
6	龍飛御天歌諺解	24
7	儒胥必知	2
8	義禁府謄錄	1
9	吏讀便覽	5
10	吏文襍例	1
11	壬辰狀草	1
12	正俗諺解	38
13	朱子增損呂氏鄕約諺解	19
14	註解語錄總覽, 吏文語綠	2
15	地藏菩薩本願經	226
16	豐基境淸禪院慈寂禪師凌雲塔碑	1
계		386

위 표를 참고해 보면 『한국한자어사전』에서 구결어를 수록하기 위해 이용한 문헌의 종류는 16종이다. 이 16종의 문헌을 이용하여 총 349개의 단어에 모두 386건의 전거 자료를 채록한 것으로 나타났다.

3) 차자어

『한국한자어사전』에서는 총 2,699개의 차자어가 수록되어 있는데, 이에 이용한 출전문헌은 다음 표와 같이 정리된다.

〈표 6〉『한국한자어사전』 차자어 출전문헌 이용례

차례	출전문헌	횟수	차례	출전문헌	횟수
1	歌曲源流	2	23	琴學入門	1
2	嘉禮都監儀軌(顯宗明聖后)	77	24	畿甸營事例	1
			25	洛下生藁	1
3	各廛記事	9	26	農家集成	89
4	經國大典	9	27	農政新篇	2
5	經國大典註解	1	28	大東野乘	14
6	京都雜志	10	29	大東韻府群玉	19
7	經世遺表	12	30	大東地志	1
8	鷄林類事	36	31	大明律直解	3
9	古今釋林	169	32	大射禮儀軌	4
10	高麗史	15	33	大典續錄	1
11	古文書集成(海南尹氏篇) 28, 簡札類	7	34	大典通編	1
			35	大典會通	3
12	關西邑誌	4	36	陶山書院廟宇重修時日記	2
13	廣才物譜	23			
14	喬桐府邑誌	2	37	陶山書院典敎堂重修日記	1
15	敎坊歌謠	1			
16	救急簡易方諺解	1	38	陶山書院傳掌記	18
17	臼砲器械與裝放法	1	39	東國李相國集	1
18	舊韓國官報	1	40	東國歲時記	12
19	國本琴譜	1	41	東史綱目	3
20	國朝五禮儀	5	42	東廂記	2
21	琴譜	1	43	桐巢漫錄	1
22	琴隱琴譜	1	44	東言解	6

차례	출전문헌	횟수	차례	출전문헌	횟수
45	萬機要覽	94	69	松南雜識(林氏本)	118
46	梅泉野錄	12	70	瑣尾錄	17
47	牧民心書	15	71	受敎輯錄	6
48	武藝圖譜通志	5	72	旬五志	1
49	物名考	14	73	純元王后國葬都監儀軌	47
50	磻溪隨錄	5	74	市民謄錄	3
51	方物謄錄	1	75	詩話叢林	1
52	芳山韓氏琴譜	2	76	新補受敎輯錄	7
53	邊例集要	2	77	新傳煮硝方	1
54	浮穆漢傳	2	78	新增東國輿地勝覽	3
55	四介松都治簿法	2	79	新編集成馬醫方	4
56	四郡志	1	80	沈生傳	1
57	山林經濟	29	81	瀋陽狀啓	13
58	三國史記	1	82	樂器造成廳儀軌	66
59	三國遺事	6	83	樂學軌範	1
60	三名日方物謄錄	1	84	盎葉記	2
61	三竹琴譜	2	85	楊琴曲譜	1
62	尙方定例	65	86	洋琴譜	1
63	西琴譜	1	87	洋琴註册	1
64	釋譜詳節	1	88	養蠶經驗撮要	4
65	惺所覆瓿藁	3	89	陽智縣邑誌	2
66	星湖僿說	35	90	於于野譚	8
67	紹修書院謄錄	4	91	於于集	7
68	續大典	3	92	與猶堂全書	119

차례	출전문헌	횟수
93	譯語類解	1
94	燃藜室記述	3
95	燕巖集	2
96	燕行錄選集, 老稼齋燕行日記	1
97	燕行錄選集, 赴燕日記	1
98	洌陽歲時記	5
99	五洲衍文長箋散稿	4
100	玉樓夢	3
101	龍宮赴宴錄	1
102	龍飛御天歌	3
103	慵齋叢話	3
104	牛馬羊猪染疫病治療方	11
105	寓意山水	1
106	愚軒琴譜	1
107	元子阿只氏藏胎儀軌, 嘉慶14年9月7日	2
108	儒胥必知	1
109	六典條例	75
110	鷹鶻方	6
111	義禁府謄錄	4
112	吏讀便覽	2
113	吏文大師	1
114	吏文續輯覽	1
115	吏文褋例	1
116	里鄉見聞錄	1
117	李泓傳	1
118	仁祖國葬都監儀軌	111
119	林園十六志	126
120	壬辰狀草	1
121	玆山魚譜	97
122	才物譜	5
123	典錄通考	2
124	袖香編	1
125	正宗大王殯殿魂殿都監儀軌	32
126	祭器都監儀軌	10
127	曹溪山松廣寺史庫	1
128	朝鮮高宗實錄	1
129	朝鮮館譯語	4
130	朝鮮光海君日記	11
131	朝鮮女俗考	55
132	朝鮮道教史	4
133	朝鮮明宗實錄	10
134	朝鮮巫俗考	23
135	朝鮮文宗實錄	7
136	朝鮮史料總覽 3, 同生中和會成文, 崇禎13年	1
137	朝鮮宣祖實錄	18
138	朝鮮成宗實錄	44

차례	출전문헌	횟수
139	朝鮮世祖實錄	5
140	朝鮮世宗實錄	31
141	朝鮮熟語解譯	1
142	朝鮮肅宗實錄	2
143	朝鮮燕山君日記	6
144	朝鮮英祖實錄	2
145	朝鮮睿宗實錄	1
146	朝鮮의 弓術	3
147	朝鮮仁祖實錄	5
148	朝鮮正祖實錄	2
149	朝鮮中宗實錄	35
150	朝鮮太祖實錄	2
151	朝鮮太宗實錄	8
152	朝鮮解語花史	16
153	朝鮮顯宗實錄	2
154	朝鮮孝宗實錄	2
155	左捕盜廳謄錄	1
156	鑄字所應行節目	5
157	增補文獻備考	30
158	增補四禮便覽	1
159	增修無冤錄	2
160	增正交隣志	6
161	芝峰類說	11
162	進宴儀軌(高宗壬寅)	49
163	進饌儀軌(純祖己丑)	28
164	昌慶宮營建都監儀軌	102
165	青莊館全書	6
166	秋官志	19
167	推案及鞫案	2
168	春官志	4
169	春官通考	4
170	七絃琴譜	1
171	度支準折	249
172	兎先生傳	1
173	通文館志	12
174	平壤志	4
175	學圃琴譜	1
176	漢京識略	1
177	漢文春香傳	1
178	行用吏文	41
179	海東竹枝	21
180	海行摠載	11
181	鄕藥救急方	151
182	鄕藥集成方	156
183	鄕藥採取月令	113
184	玄琴五音統論	1
185	協律大成	1
186	華城城役儀軌	102

차례	출전문헌	횟수	차례	출전문헌	횟수
187	孝宗寧陵山陵都監儀軌	76	190	欽欽新書	12
188	訓鍊都監重記	1		계	3,365
189	訓蒙字會	3			

위 표를 통해 보면, 『한국한자어사전』에서 차자어를 수록하기 위해 이용한 문헌의 종류는 190종이다. 물론 여기서도 이두어와 마찬가지로 『朝鮮王朝實錄』이나 『朝鮮史料總覽』과 같은 경우 그 안의 여러 자료를 독립적으로 각각 분류해서 집계하였다. 이 190종의 문헌을 이용하여 총 2,699개의 단어에 모두 3,365건의 전거 자료를 채록한 것으로 나타났다.

4) 이두 · 구결 · 차자어 종합

이상에서 나타난 이두 · 구결 · 차자어 출전문헌에 대한 각각의 상황을 종합해 보면 다음 표와 같이 정리할 수 있다.

〈표 7〉『한국한자어사전』 이두 · 구결 · 차자어 출전문헌 총 이용례

차례	출전문헌	횟수	차례	출전문헌	횟수
1	歌曲源流	2	5	開寧葛項寺石塔記	2
2	嘉禮都監儀軌(顯宗明聖后)	77	6	經國大典	9
			7	經國大典註解	1
3	各司受教	5	8	京都雜志	10
4	各廛記事	27	9	經世遺表	12

차례	출전문헌	횟수
10	鷄林類事	36
11	古今釋林	275
12	高麗史	15
13	古文書集成(海南尹氏篇) 28, 簡札類	11
14	關西邑誌	4
15	廣才物譜	23
16	喬桐府邑誌	2
17	教坊歌謠	1
18	救急簡易方諺解	1
19	舊土地買賣證券	1
20	臼砲器械與裝放法	1
21	舊韓國官報	4
22	國本琴譜	1
23	國朝五禮儀	5
24	軍門謄錄	3
25	禁啓謄錄	6
26	琴譜	1
27	琴隱琴譜	1
28	琴學入門	1
29	畿甸營事例	1
30	洛下生藁	1
31	亂中日記	2
32	農家集成	89
33	農政新篇	2
34	農圃集	130
35	大東野乘	85
36	大東韻府群玉	19
37	大東地志	1
38	大明律直解	641
39	大射禮儀軌	4
40	臺山集	19
41	大典續錄	1
42	大典通編	3
43	大典會通	3
44	陶山書院廟宇重修時日記	2
45	陶山書院典教堂重修日記	1
46	陶山書院傳掌記	18
47	東國李相國集	1
48	東國歲時記	12
49	童蒙先習	60
50	東史綱目	3
51	東廂記	2
52	桐巢漫錄	1
53	東言解	6
54	萬機要覽	95
55	梅泉野錄	12
56	牧民心書	15

차례	출전문헌	횟수
57	武科總要	1
58	武藝圖譜通志	5
59	物名考	14
60	磻溪隨錄	5
61	方物謄錄	1
62	芳山韓氏琴譜	2
63	闢衛編	3
64	邊例集要	2
65	浮穆漢傳	2
66	四介松都治簿法	2
67	四郡志	1
68	詞訟類抄	1
69	山林經濟	29
70	三國史記	1
71	三國遺事	6
72	三名日方物謄錄	2
73	三竹琴譜	2
74	尙方定例	65
75	西琴譜	1
76	釋譜詳節	1
77	惺所覆瓿藁	3
78	星湖僿說	35
79	紹修書院謄錄	65
80	續大典	5
81	松南雜識(林氏本)	120
82	瑣尾錄	18
83	受教輯錄	6
84	旬五志	1
85	純元王后國葬都監儀軌	48
86	市民謄錄	3
87	詩話叢林	1
88	新補受教輯錄	10
89	新傳煮硝方	1
90	新增東國輿地勝覽	3
91	新編集成馬醫方	4
92	審理錄	5
93	沈生傳	1
94	瀋陽狀啓	341
95	樂器造成廳儀軌	78
96	樂學軌範	1
97	盎葉記	2
98	楊琴曲譜	1
99	洋琴譜	1
100	洋琴註册	1
101	梁山通度寺國長生石標	2
102	養蠶經驗撮要	6
103	陽智縣邑誌	2
104	於于野譚	8

차례	출전문헌	횟수
105	於于集	7
106	與猶堂全書	119
107	譯語類解	1
108	燃藜室記述	3
109	燕巖集	2
110	燕行錄選集, 老稼齋燕行日記	1
111	燕行錄選集, 赴燕日記	1
112	洌陽歲時記	5
113	五洲衍文長箋散稿	37
114	玉樓夢	3
115	龍宮赴宴錄	1
116	龍飛御天歌	3
117	龍飛御天歌諺解	24
118	慵齋叢話	3
119	牛馬羊猪染疫病治療方	11
120	寓意山水	1
121	右捕盜廳謄錄	15
122	愚軒琴譜	1
123	元子阿只氏藏胎儀軌, 嘉慶14年9月7日	2
124	儒胥必知	268
125	六典條例	80
126	律例要覽	1
127	鷹鶻方	6

차례	출전문헌	횟수
128	義禁府謄錄	19
129	吏讀集成, 附錄, 吏讀文例	1
130	吏讀便覽	229
131	吏文大師	164
132	吏文續輯覽	1
133	吏文襍例	107
134	吏語便覽	1
135	二憂堂實紀	1
136	里鄕見聞錄	1
137	李泓傳	1
138	仁祖國葬都監儀軌	113
139	林園十六志	126
140	壬辰狀草	270
141	玆山魚譜	97
142	才物譜	5
143	典錄通考	3
144	典律通補	103
145	淨兜寺五層石塔造成形止記	1
146	正俗諺解	39
147	袖香編	1
148	正宗大王殯殿魂殿都監儀軌	33
149	貞海君遺書	1

차례	출전문헌	횟수
150	祭器都監儀軌	10
151	曹溪山松廣寺史庫	1
152	朝鮮高宗實錄	1
153	朝鮮館譯語	4
154	朝鮮光海君日記	11
155	朝鮮金石總覽, 晋州蓮池寺鐘記	1
156	朝鮮女俗考	55
157	朝鮮道敎史	4
158	朝鮮明宗實錄	12
159	朝鮮巫俗考	23
160	朝鮮文宗實錄	7
161	朝鮮史料總覽1, 開國原從功臣錄券, 鄭津	10
162	朝鮮史料總覽 3, 同生中和會成文, 崇禎13年	1
163	朝鮮史料總覽 4, 同生中和會成文, 康熙33年	1
164	朝鮮宣祖實錄	21
165	朝鮮成宗實錄	45
166	朝鮮世祖實錄	5
167	朝鮮世宗實錄	31
168	朝鮮熟語解譯	1
169	朝鮮肅宗實錄	3
170	朝鮮燕山君日記	6

차례	출전문헌	횟수
171	朝鮮英祖實錄	2
172	朝鮮睿宗實錄	1
173	朝鮮의 弓術	3
174	朝鮮仁祖實錄	5
175	朝鮮正祖實錄	2
176	朝鮮中宗實錄	38
177	朝鮮太祖實錄	2
178	朝鮮太宗實錄	9
179	朝鮮解語花史	16
180	朝鮮顯宗實錄	2
181	朝鮮孝宗實錄	2
182	左右捕盜廳謄錄	11
183	左捕盜廳謄錄	32
184	鑄字所應行節目	5
185	朱子增損呂氏鄕約諺解	19
186	註解語錄總覽, 吏文語綠	111
187	增補文獻備考	30
188	增補四禮便覽	1
189	增修無冤錄	2
190	增正交隣志	6
191	芝峰類說	11
192	地藏菩薩本願經	227
193	至正丁酉僧錄司貼文	1

차례	출전문헌	횟수	차례	출전문헌	횟수
194	進宴儀軌(高宗壬寅)	49	211	漢京識略	1
195	進饌儀軌(純祖己丑)	28	212	漢文春香傳	1
196	昌慶宮營建都監儀軌	106	213	寒暄箚錄	1
197	靑莊館全書	6	214	行用吏文	47
198	秋江集	1	215	海東竹枝	21
199	秋官志	27	216	海行摠載	44
200	推案及鞫案	93	217	鄕藥救急方	151
201	春官志	4	218	鄕藥集成方	156
202	春官通考	4	219	鄕藥採取月令	113
203	七絃琴譜	1	220	玄琴五音統論	1
204	度支準折	250	221	協律大成	1
205	太祖大王賜淑愼翁主家舍手書	1	222	洪武戊午長城監務官貼文	2
206	兎先生傳	1	223	華城城役儀軌	106
207	通文館志	15	224	孝宗寧陵山陵都監儀軌	76
208	平壤志	4	225	訓鍊都監重記	1
209	豐基境清禪院慈寂禪師凌雲塔碑	1	226	訓蒙字會	3
210	學圃琴譜	1	227	欽欽新書	13
				계	6,717

위 표를 참고해 보면 『한국한자어사전』에서 이두 · 구결 · 차자어를 수록하기 위해 이용한 총 문헌의 종류는 227종이다. 이 227종의 문헌을 이용하여 이두 · 구결 · 차자 총 4,475개의 단어에 대하여 모두 6,717건의 전거 자료를 채록한 것으로 집계되었다.

2. 이두 · 구결 · 차자어 출전문헌의 시기별 분포

앞에서는 『한국한자어사전』 이두 · 구결 · 차자어를 수록하기 위해 이용한 출전문헌의 이용 횟수를 분석해 보았다. 여기서는 그 출전문헌의 성립 시기를 세기별로 구분하여 가능한 단어별 이용 문헌의 시대적 변화 양상을 파악해 보려 한다.[11)]

1) 이두어

『한국한자어사전』의 이두어에서 이용된 출전문헌은 총 78종이다. 이들 출전문헌의 시기별 이용 양상은 다음 표와 같이 정리할 수 있다.

〈표 8〉 『한국한자어사전』 이두어 출전문헌 시기별 분포

세기	출전문헌	개별이용 횟수	세기별	
			종류	이용횟수
8	開寧葛項寺石塔記	2	1종	2회
9	朝鮮金石總覽, 晋州蓮池寺鐘記	1	1종	1회
11	梁山通度寺國長生石標	2	2종	3회
	淨兜寺五層石塔造成形止記	1		

11) 『한국한자어사전』의 이두 · 구결 · 차자어에서 이용한 출전문헌들에 대한 성립 시기는 본고의 부록에 제시하였다. 다만 그 시기가 불명확한 문헌이 많아서 포괄적인 연대만을 제시한 자료가 다수이다. 이러한 자료의 시기적 포괄성 때문에 본고에서는 세기별로 구분하여 논의를 전개하였다. 아울러 이와 같은 분석 결과가 제대로 의미를 갖기 위해서는 다른 사전과의 비교검토가 진행되어야 한다. 하지만 『한국한자어사전』 자체 내용에 대한 분석이 이제 시작되는 만큼, 다른 사전과의 비교는 다음 기회로 미루어 두고자 한다.

<table>
<tr><th rowspan="2">세기</th><th rowspan="2">출전문헌</th><th rowspan="2">개별이용 횟수</th><th colspan="2">세기별</th></tr>
<tr><th>종류</th><th>이용횟수</th></tr>
<tr><td>12</td><td>洪武戊午長城監務官貼文</td><td>2</td><td>1종</td><td>2회</td></tr>
<tr><td rowspan="4">14</td><td>大明律直解</td><td>635</td><td rowspan="4">4종</td><td rowspan="4">647회</td></tr>
<tr><td>二憂堂實紀</td><td>1</td></tr>
<tr><td>朝鮮史料總覽1, 開國原從功臣錄券, 鄭津</td><td>10</td></tr>
<tr><td>至正丁酉僧錄司貼文</td><td>1</td></tr>
<tr><td rowspan="5">15</td><td>養蠶經驗撮要</td><td>2</td><td rowspan="5">5종</td><td rowspan="5">6회</td></tr>
<tr><td>朝鮮成宗實錄</td><td>1</td></tr>
<tr><td>朝鮮太宗實錄</td><td>1</td></tr>
<tr><td>地藏菩薩本願經</td><td>1</td></tr>
<tr><td>太祖大王賜淑愼翁主家舍手書</td><td>1</td></tr>
<tr><td rowspan="11">16</td><td>各司受教</td><td>5</td><td rowspan="11">11종</td><td rowspan="11">288회</td></tr>
<tr><td>軍門謄錄</td><td>3</td></tr>
<tr><td>亂中日記</td><td>2</td></tr>
<tr><td>詞訟類抄</td><td>1</td></tr>
<tr><td>瑣尾錄</td><td>1</td></tr>
<tr><td>壬辰狀草</td><td>268</td></tr>
<tr><td>正俗諺解</td><td>1</td></tr>
<tr><td>貞海君遺書</td><td>1</td></tr>
<tr><td>朝鮮明宗實錄</td><td>2</td></tr>
<tr><td>朝鮮中宗實錄</td><td>3</td></tr>
<tr><td>秋江集</td><td>1</td></tr>
<tr><td rowspan="6">17</td><td>大東野乘</td><td>71</td><td rowspan="6">9종</td><td rowspan="6">644회</td></tr>
<tr><td>三名日方物謄錄</td><td>1</td></tr>
<tr><td>紹修書院謄錄</td><td>61</td></tr>
<tr><td>瀋陽狀啓</td><td>328</td></tr>
<tr><td>義禁府謄錄</td><td>14</td></tr>
<tr><td>吏文大師</td><td>163</td></tr>
</table>

세기	출전문헌	개별이용 횟수	세기별 종류	세기별 이용횟수
17	仁祖國葬都監儀軌	2	9종	644회
	朝鮮史料總覽 4, 同生中和會成文, 康熙33年	1		
	朝鮮宣祖實錄	3		
18	古今釋林	105	17종	781회
	禁啓謄錄	6		
	農圃集	129		
	大典通編	2		
	續大典	2		
	新補受教輯錄	3		
	審理錄	4		
	樂器造成廳儀軌	12		
	儒胥必知	265		
	吏文襍例	105		
	典錄通考	1		
	典律通補	103		
	朝鮮肅宗實錄	1		
	左捕盜廳謄錄	31		
	秋官志	8		
	度支準折	1		
	通文館志	3		
19	各廛記事	18	19종	379회
	臺山集	19		
	萬機要覽	1		
	武科總要	1		
	松南雜識(林氏本)	2		
	純元王后國葬都監儀軌	1		
	五洲衍文長箋散稿	33		

<table>
<tr><th rowspan="2">세기</th><th rowspan="2">출전문헌</th><th rowspan="2">개별이용 횟수</th><th colspan="2">세기별</th></tr>
<tr><th>종류</th><th>이용횟수</th></tr>
<tr><td rowspan="12">19</td><td>右捕盜廳謄錄</td><td>15</td><td rowspan="12">19종</td><td rowspan="12">379회</td></tr>
<tr><td>六典條例</td><td>5</td></tr>
<tr><td>律例要覽</td><td>1</td></tr>
<tr><td>吏讀便覽</td><td>222</td></tr>
<tr><td>正宗大王殯殿魂殿都監儀軌</td><td>1</td></tr>
<tr><td>左右捕盜廳謄錄</td><td>11</td></tr>
<tr><td>昌慶宮營建都監儀軌</td><td>4</td></tr>
<tr><td>寒暄箚錄</td><td>1</td></tr>
<tr><td>行用吏文</td><td>6</td></tr>
<tr><td>海行摠載</td><td>33</td></tr>
<tr><td>華城城役儀軌</td><td>4</td></tr>
<tr><td>欽欽新書</td><td>1</td></tr>
<tr><td rowspan="5">20</td><td>舊韓國官報</td><td>3</td><td rowspan="5">5종</td><td rowspan="5">207회</td></tr>
<tr><td>闢衛編</td><td>3</td></tr>
<tr><td>吏讀集成, 附錄, 吏讀文例</td><td>1</td></tr>
<tr><td>註解語錄總覽, 吏文語綠</td><td>109</td></tr>
<tr><td>推案及鞫案</td><td>91</td></tr>
<tr><td rowspan="3">미상</td><td>吏語便覽</td><td>1</td><td rowspan="3">3종</td><td rowspan="3">6회</td></tr>
<tr><td>古文書集成(海南尹氏篇) 28, 簡札類</td><td>4</td></tr>
<tr><td>舊土地買賣證券</td><td>1</td></tr>
<tr><td></td><td>계</td><td>2,966</td><td>78종</td><td>2,966회</td></tr>
</table>

위 표에서 보면『한국한자어사전』에서 이용한 최초의 이두 자료는 8세기 「개령갈항사석탑기(開寧葛項寺石塔記)」[12]이다. 특이한 점은 가장 많은 자료를 보인 것이 19세기로 19종의 자료가 이용되

12) 이 석탑기는 경북 금릉군(金陵郡 : 현 김천시) 남면(南面) 오봉리(梧鳳里) 소재의 쌍탑을 1916년에 경복궁으로 이건할 때 알려진 것이다.

었지만 이용 빈도로는 18세기의 17종 781회가 가장 많다. 단일종으로는 14세기의 『대명률직해』가 635회로 가장 많은 빈도를 보였다.

2) 구결어

『한국한자어사전』의 구결어에서 이용된 출전문헌은 총 16종이다. 이들 출전문헌의 시기별 이용 양상은 다음 표와 같다.

〈표 9〉『한국한자어사전』 구결어 출전문헌 시기별 분포

세기	출전문헌	개별이용 횟수	세기별	
			종류	이용횟수
10	豐基境淸禪院慈寂禪師凌雲塔碑	1	1종	1회
14	大明律直解	3	1종	3회
15	地藏菩薩本願經	226	1종	226회
16	童蒙先習	60	4종	118회
	壬辰狀草	1		
	正俗諺解	38		
	朱子增損呂氏鄕約諺解	19		
17	義禁府謄錄	1	1종	1회
18	古今釋林	1	5종	6회
	農圃集	1		
	審理錄	1		
	儒胥必知	2		
	吏文襍例	1		
19	吏讀便覽	5	1종	5회
20	註解語錄總覽, 吏文語綠	2	1종	2회
미상	龍飛御天歌諺解	24	1종	24회
	계	386	16종	386회

위 표에서 보면 『한국한자어사전』에서 이용한 구결 자료는 10세기 「풍기경청선원자적선사능운탑비(豐基境淸禪院慈寂禪師凌雲塔碑)」[13]가 최초이다. 여기서 볼 때 문헌 종류로는 18세기의 5종이 가장 많았지만 6회의 빈도에 그치고, 15세기의 『지장보살본원경(地藏菩薩本願經)』[14]이 단일 종으로서 가장 많은 226회의 이용 빈도를 보인 점이 특기할 만하다.

3) 차자어

『한국한자어사전』의 차자어에서 이용된 출전문헌은 총 190종이다. 이들 출전문헌의 시기별 이용 양상은 다음 표와 같다.

〈표 10〉『한국한자어사전』 차자어 출전문헌 시기별 분포

<table>
<tr><th rowspan="2">세기</th><th rowspan="2">출전문헌</th><th rowspan="2">개별이용 횟수</th><th colspan="2">세기별</th></tr>
<tr><th>종류</th><th>이용횟수</th></tr>
<tr><td rowspan="2">12</td><td>鷄林類事</td><td>36</td><td rowspan="2">2종</td><td rowspan="2">37회</td></tr>
<tr><td>三國史記</td><td>1</td></tr>
<tr><td rowspan="3">13</td><td>東國李相國集</td><td>1</td><td rowspan="3">3종</td><td rowspan="3">158회</td></tr>
<tr><td>三國遺事</td><td>6</td></tr>
<tr><td>鄕藥救急方</td><td>151</td></tr>
<tr><td>14</td><td>大明律直解</td><td>3</td><td>3종</td><td>13회</td></tr>
</table>

---

13) 경상북도 예천군 상리면 명봉리에 있는 고려시대 비석. 승려 자적(慈寂)을 추모하기 위하여 941년(고려 태조 24) 명봉사 경내에 건립하였다

14) 이 경전은 조선 성종 5년(1474)에 정희대왕대비가 공혜왕후의 명복을 빌기 위하여 간행한 것이다. 줄여서 '지장경(地藏經)', '지장본원경(地藏本願經)'이라고 부르기도 한다. 지장보살이 여러 가지 방법으로 중생을 교화하여 죄를 짓고 지옥에서 고통 받는 중생들까지도 평등하게 구제하고자 한다는 지장신앙의 기본 경전이다.

세기	출전문헌	개별이용 횟수	세기별	
			종류	이용횟수
14	新編集成馬醫方	4	3종	13회
	鷹鶻方	6		
15	經國大典	9	19종	408회
	高麗史	15		
	救急簡易方諺解	1		
	國朝五禮儀	5		
	大典續錄	1		
	釋譜詳節	1		
	樂學軌範	1		
	養蠶經驗撮要	4		
	龍宮赴宴錄	1		
	龍飛御天歌	3		
	朝鮮文宗實錄	7		
	朝鮮成宗實錄	44		
	朝鮮世祖實錄	5		
	朝鮮世宗實錄	31		
	朝鮮睿宗實錄	1		
	朝鮮太祖實錄	2		
	朝鮮太宗實錄	8		
	鄕藥集成方	156		
	鄕藥採取月令	113		
16	經國大典註解	1	14종	115회
	琴譜	1		
	大東韻府群玉	19		
	瑣尾錄	17		
	新增東國輿地勝覽	3		
	慵齋叢話	3		
	牛馬羊猪染疫病治療方	11		

세기	출전문헌	개별이용 횟수	세기별	
			종류	이용횟수
16	吏文續輯覽	1	14종	115회
	壬辰狀草	1		
	朝鮮明宗實錄	10		
	朝鮮燕山君日記	6		
	朝鮮中宗實錄	35		
	平壤志	4		
	訓蒙字會	3		
17	嘉禮都監儀軌(顯宗明聖后)	77	28종	481회
	農家集成	89		
	大東野乘	14		
	磻溪隨錄	5		
	方物謄錄	1		
	三名日方物謄錄	1		
	惺所覆瓿藁	3		
	紹修書院謄錄	4		
	受教輯錄	6		
	旬五志	1		
	詩話叢林	1		
	新傳煮硝方	1		
	瀋陽狀啓	13		
	於于野譚	8		
	譯語類解	1		
	義禁府謄錄	4		
	吏文大師	1		
	仁祖國葬都監儀軌	111		
	祭器都監儀軌	10		
	朝鮮館譯語	4		
	朝鮮光海君日記	11		

세기	출전문헌	개별이용 횟수	세기별	
			종류	이용횟수
17	朝鮮史料總覽 3, 同生中和會成文, 崇禎13年	1	28종	481회
	朝鮮宣祖實錄	18		
	朝鮮仁祖實錄	5		
	朝鮮顯宗實錄	2		
	朝鮮孝宗實錄	2		
	芝峰類說	11		
	孝宗寧陵山陵都監儀軌	76		
18	京都雜志	10	32종	734회
	古今釋林	169		
	大射禮儀軌	4		
	大典通編	1		
	陶山書院傳掌記	18		
	東史綱目	3		
	東廂記	2		
	桐巢漫錄	1		
	武藝圖譜通志	5		
	四郡志	1		
	山林經濟	29		
	尙方定例	65		
	星湖僿說	35		
	續大典	3		
	新補受教輯錄	7		
	樂器造成廳儀軌	66		
	燃藜室記述	3		
	燕巖集	2		
	儒胥必知	1		
	吏文襍例	1		

세기	출전문헌	개별이용 횟수	세기별	
			종류	이용횟수
18	才物譜	5	32종	734회
	典錄通考	2		
	朝鮮肅宗實錄	2		
	朝鮮英祖實錄	2		
	左捕盜廳謄錄	1		
	增修無冤錄	2		
	靑莊館全書	6		
	秋官志	19		
	春官志	4		
	春官通考	4		
	度支準折	249		
	通文館志	12		
19	歌曲源流	2	56종	1,192회
	各廛記事	9		
	經世遺表	12		
	關西邑誌	4		
	敎坊歌謠	1		
	畿甸營事例	1		
	洛下生藁	1		
	農政新篇	2		
	大東地志	1		
	大典會通	3		
	東國歲時記	12		
	洌陽歲時記	5		
	萬機要覽	94		
	牧民心書	15		
	物名考	14		
	邊例集要	2		

세기	출전문헌	개별이용 횟수	세기별	
			종류	이용횟수
19	浮穆漢傳	2	56종	1,192회
	三竹琴譜	2		
	松南雜識(林氏本)	118		
	袖香編	1		
	純元王后國葬都監儀軌	47		
	市民謄錄	3		
	盎葉記	2		
	陽智縣邑誌	2		
	於于集	7		
	與猶堂全書	119		
	燕行錄選集, 老稼齋燕行日記	1		
	燕行錄選集, 赴燕日記	1		
	五洲衍文長箋散稿	4		
	玉樓夢	3		
	愚軒琴譜	1		
	元子阿只氏藏胎儀軌, 嘉慶14年9月7日	2		
	六典條例	75		
	吏讀便覽	2		
	里鄉見聞錄	1		
	李泓傳	1		
	林園十六志	126		
	玆山魚譜	97		
	正宗大王殯殿魂殿都監儀軌	32		
	朝鮮正祖實錄	2		
	鑄字所應行節目	5		
	增補四禮便覽	1		
	增正交隣志	6		
	進宴儀軌(高宗壬寅)	49		

세기	출전문헌	개별이용 횟수	세기별	
			종류	이용횟수
19	進饌儀軌(純祖己丑)	28	56종	1,192회
	昌慶宮營建都監儀軌	102		
	七絃琴譜	1		
	沈生傳	1		
	漢京識略	1		
	行用吏文	41		
	海行摠載	11		
	玄琴五音統論	1		
	協律大成	1		
	華城城役儀軌	102		
	訓鍊都監重記	1		
	欽欽新書	12		
20	廣才物譜	23	25종	206회
	臼砲器械與裝放法	1		
	舊韓國官報	1		
	琴隱琴譜	1		
	琴學入門	1		
	梅泉野錄	12		
	芳山韓氏琴譜	2		
	四介松都治簿法	2		
	楊琴曲譜	1		
	洋琴譜	1		
	洋琴註册	1		
	寓意山水	1		
	曹溪山松廣寺史庫	1		
	朝鮮高宗實錄	1		
	朝鮮女俗考	55		
	朝鮮道教史	4		

세기	출전문헌	개별이용 횟수	세기별	
			종류	이용횟수
20	朝鮮巫俗考	23	25종	206회
	朝鮮熟語解譯	1		
	朝鮮의 弓術	3		
	朝鮮解語花史	16		
	增補文獻備考	30		
	推案及鞫案	2		
	學圃琴譜	1		
	漢文春香傳	1		
	海東竹枝	21		
미상	古文書集成(海南尹氏篇) 28, 簡札類	7	8종	21회
	喬桐府邑誌	2		
	國本琴譜	1		
	兎先生傳	1		
	陶山書院廟宇重修時日記	2		
	陶山書院典教堂重修日記	1		
	東言解	6		
	西琴譜	1		
	계	3,365	190종	3,365회

위 표에서 보면 『한국한자어사전』에서 이용한 차자 자료는 12세기 『계림유사(鷄林類事)』가 최초이다. 이 자료는 중국 송나라 손목(孫穆)이 고려의 사정을 채록하여 편찬한 책으로 1103년경의 사정이 기록된 것이다. 한국 자료로는 1145년에 편찬된 『삼국사기(三國史記)』를 최초로 볼 수 있다. 위 표에서 가장 많은 이용 빈도를 보인 시기는 19세기로 56종 1,192회이다. 단일종으로는 18세기의 『탁지준절(度支準折)』이 249회로 가장 많은 빈도를 보였다.

4) 이두 · 구결 · 차자어 종합

『한국한자어사전』에서 이두 · 구결 · 차자어에 이용된 출전문헌을 종합하면 총 227종이다. 이들 출전문헌의 시기별 이용 양상은 다음 표와 같이 정리된다.

〈표 11〉『한국한자어사전』 이두 · 구결 · 차자어 총 출전문헌 시기별 분포

세기	출전문헌	개별이용 횟수	세기별	
			종류	이용횟수
8	開寧葛項寺石塔記	2	1종	2회
9	朝鮮金石總覽, 晋州蓮池寺鐘記	1	1종	1회
10	豊基境淸禪院慈寂禪師凌雲塔碑	1	1종	1회
11	梁山通度寺國長生石標	2	2종	3회
	淨兜寺五層石塔造成形止記	1		
12	鷄林類事	36	3종	39회
	三國史記	1		
	洪武戊午長城監務官貼文	2		
13	東國李相國集	1	3종	158회
	三國遺事	6		
	鄕藥救急方	151		
14	大明律直解	641	6종	663회
	新編集成馬醫方	4		
	鷹鶻方	6		
	二憂堂實紀	1		
	朝鮮史料總覽1, 開國原從功臣錄券, 鄭津	10		
	至正丁酉僧錄司貼文	1		
15	經國大典	9	21종	640회
	高麗史	15		

세기	출전문헌	개별이용 횟수	세기별	
			종류	이용횟수
15	救急簡易方諺解	1	21종	640회
	國朝五禮儀	5		
	大典續錄	1		
	釋譜詳節	1		
	樂學軌範	1		
	養蠶經驗撮要	6		
	龍宮赴宴錄	1		
	龍飛御天歌	3		
	朝鮮文宗實錄	7		
	朝鮮成宗實錄	45		
	朝鮮世祖實錄	5		
	朝鮮世宗實錄	31		
	朝鮮睿宗實錄	1		
	朝鮮太祖實錄	2		
	朝鮮太宗實錄	9		
	地藏菩薩本願經	227		
	太祖大王賜淑愼翁主家舍手書	1		
	鄕藥集成方	156		
	鄕藥採取月令	113		
16	各司受教	5	24종	522회
	經國大典註解	1		
	軍門謄錄	3		
	琴譜	1		
	亂中日記	2		
	大東韻府群玉	19		
	童蒙先習	60		
	四郡志	1		
	詞訟類抄	1		

세기	출전문헌	개별이용 횟수	세기별	
			종류	이용횟수
16	瑣尾錄	18	24종	522회
	新增東國輿地勝覽	3		
	慵齋叢話	3		
	牛馬羊猪染疫病治療方	11		
	吏文續輯覽	1		
	壬辰狀草	270		
	正俗諺解	39		
	貞海君遺書	1		
	朝鮮明宗實錄	12		
	朝鮮燕山君日記	6		
	朝鮮中宗實錄	38		
	朱子增損呂氏鄕約諺解	19		
	秋江集	1		
	平壤志	4		
	訓蒙字會	3		
17	嘉禮都監儀軌(顯宗明聖后)	77	29종	1,126회
	農家集成	89		
	大東野乘	85		
	磻溪隨錄	5		
	方物謄錄	1		
	三名日方物謄錄	2		
	惺所覆瓿藁	3		
	紹修書院謄錄	65		
	受敎輯錄	6		
	旬五志	1		
	詩話叢林	1		
	新傳煮硝方	1		
	瀋陽狀啓	341		

세기	출전문헌	개별이용 횟수	세기별	
			종류	이용횟수
17	於于野譚	8	29종	1,126회
	譯語類解	1		
	義禁府謄錄	19		
	吏文大師	164		
	仁祖國葬都監儀軌	113		
	祭器都監儀軌	10		
	朝鮮館譯語	4		
	朝鮮光海君日記	11		
	朝鮮史料總覽 3, 同生中和會成文, 崇禎13年	1		
	朝鮮史料總覽 4, 同生中和會成文, 康熙33年	1		
	朝鮮宣祖實錄	21		
	朝鮮仁祖實錄	5		
	朝鮮顯宗實錄	2		
	朝鮮孝宗實錄	2		
	芝峰類說	11		
	孝宗寧陵山陵都監儀軌	76		
18	京都雜志	10	37종	1,523회
	古今釋林	275		
	禁啓謄錄	6		
	農圃集	130		
	大射禮儀軌	4		
	大典通編	3		
	陶山書院傳掌記	18		
	東史綱目	3		
	東廂記	2		
	桐巢漫錄	1		

세기	출전문헌	개별이용 횟수	세기별	
			종류	이용횟수
18	武藝圖譜通志	5	37종	1,523회
	四介松都治簿法	2		
	山林經濟	29		
	尙方定例	65		
	星湖僿說	35		
	續大典	5		
	新補受敎輯錄	10		
	審理錄	5		
	樂器造成廳儀軌	78		
	燃藜室記述	3		
	燕巖集	2		
	燕行錄選集, 老稼齋燕行日記	1		
	儒胥必知	268		
	吏文襍例	107		
	才物譜	5		
	典錄通考	3		
	典律通補	103		
	朝鮮肅宗實錄	3		
	朝鮮英祖實錄	2		
	左捕盜廳謄錄	32		
	增修無冤錄	2		
	靑莊館全書	6		
	秋官志	27		
	春官志	4		
	春官通考	4		
	度支準折	250		
	通文館志	15		
19	歌曲源流	2	60종	1,573회

세기	출전문헌	개별이용 횟수	세기별	
			종류	이용횟수
19	各廛記事	27	60종	1,573회
	經世遺表	12		
	關西邑誌	4		
	教坊歌謠	1		
	畿甸營事例	1		
	洛下生藁	1		
	農政新篇	2		
	大東地志	1		
	臺山集	19		
	大典會通	3		
	東國歲時記	12		
	洌陽歲時記	5		
	萬機要覽	95		
	牧民心書	15		
	武科總要	1		
	物名考	14		
	邊例集要	2		
	三竹琴譜	2		
	松南雜識(林氏本)	120		
	袖香編	1		
	純元王后國葬都監儀軌	48		
	市民謄錄	3		
	盎葉記	2		
	陽智縣邑誌	2		
	於于集	7		
	與猶堂全書	119		
	燕行錄選集, 赴燕日記	1		
	五洲衍文長箋散稿	37		

세기	출전문헌	개별이용 횟수	세기별	
			종류	이용횟수
19	玉樓夢	3	60종	1,573회
	右捕盜廳謄錄	15		
	愚軒琴譜	1		
	元子阿只氏藏胎儀軌, 嘉慶14年9月7日	2		
	六典條例	80		
	律例要覽	1		
	吏讀便覽	229		
	里鄕見聞錄	1		
	李泓傳	1		
	林園十六志	126		
	玆山魚譜	97		
	正宗大王殯殿魂殿都監儀軌	33		
	朝鮮正祖實錄	2		
	左右捕盜廳謄錄	11		
	鑄字所應行節目	5		
	增補四禮便覽	1		
	增正交隣志	6		
	進宴儀軌(高宗壬寅)	49		
	進饌儀軌(純祖己丑)	28		
	昌慶宮營建都監儀軌	106		
	七絃琴譜	1		
	沈生傳	1		
	漢京識略	1		
	寒暄箚錄	1		
	行用吏文	47		
	海行摠載	44		
	玄琴五音統論	1		
	協律大成	1		

세기	출전문헌	개별이용 횟수	세기별	
			종류	이용횟수
19	華城城役儀軌	106	60종	1,573회
	訓鍊都監重記	1		
	欽欽新書	13		
20	廣才物譜	23	28종	415회
	臼砲器械與裝放法	1		
	舊韓國官報	4		
	琴隱琴譜	1		
	琴學入門	1		
	梅泉野錄	12		
	芳山韓氏琴譜	2		
	闢衛編	3		
	浮穆漢傳	2		
	楊琴曲譜	1		
	洋琴譜	1		
	洋琴註冊	1		
	寓意山水	1		
	吏讀集成, 附錄, 吏讀文例	1		
	曹溪山松廣寺史庫	1		
	朝鮮高宗實錄	1		
	朝鮮女俗考	55		
	朝鮮道教史	4		
	朝鮮巫俗考	23		
	朝鮮熟語解譯	1		
	朝鮮의 弓術	3		
	朝鮮解語花史	16		
	註解語錄總覽, 吏文語綠	111		
	增補文獻備考	30		
	推案及鞫案	93		

세기	출전문헌	개별이용 횟수	세기별	
			종류	이용횟수
20	學圃琴譜	1	28종	415회
	漢文春香傳	1		
	海東竹枝	21		
미상	古文書集成(海南尹氏篇) 28, 簡札類	11	11종	51회
	喬桐府邑誌	2		
	舊土地買賣證券	1		
	國本琴譜	1		
	東言解	6		
	西琴譜	1		
	龍飛御天歌諺解	24		
	吏語便覽	1		
	兎先生傳	1		
	陶山書院廟宇重修時日記	2		
	陶山書院典敎堂重修日記	1		
	계	6,717	227종	6,717회

위 표에서 보면, 『한국한자어사전』에 수록된 이두 · 구결 · 차자어를 망라하여 이용된 자료 중 최초의 것은 이두어에 이용된 8세기대 「개령갈항사석탑기」이다. 그리고 가장 많은 이용 빈도를 보인 시기는 역시 19세기로 60종 1,573회이다. 227종의 출전문헌 가운데 단일 종으로는 14세기의 『대명률직해』가 641회로 가장 많은 이용 빈도를 보였다.

Ⅳ. 맺음말

본고에서는 『한국한자어사전』에 수록된 이두 · 구결 · 차자어에 대한 정보를 분석해 보았다. 그 중 각각의 개별 대상어에 대한 언어학이나 의미론적 분석이 아니라 사전의 체제 구성적인 측면에서 이두 · 구결 · 차자어의 구성과 배열, 전거문헌에 대한 수록 종류나 범위에 관한 정도였다. 그러다 보니 본격적인 학문적 내용 분석이 아니라 자료 나열에 그치고 말았다. 이 점은 인정하면서도, 앞으로 이두 · 구결 · 차자어에 대한 본격적인 사전학적 이론이나 분석틀을 세우기 위한 기초 작업이었다는 사족을 붙임으로써 비난을 면하려 한다.

이러한 본고의 작업이 얼마나 한국의 인문학 공구서 발전에 의미가 있는지는 필자로서도 의문이다. 다만 한국의 사전학이 이제 막 걸음마를 떼어놓는 현 단계에서 『한국한자어사전』에 수록된 이두 · 구결 · 차자어에 대한 문헌정보를 피상적이나마 소개한다는 것으로 다소나마 위안을 삼고자 한다.

〈참고문헌〉

金鍾塤, 「吏讀表記에 나타난 固有漢字(國字)攷」, 『韓國語 系統論 訓民正音 硏究』, 집문당, 1983.

南豊鉉, 「古代 國語의 吏讀表記」, 『東洋學』 4, 단국대, 1974.

南豊鉉, 『借字表記法硏究』, 단국대출판부, 1981.

南豊鉉, 「漢韓大辭典 試案本을 보고」, 『東洋學簡報』 5, 단국대, 1986.

南豊鉉, 「韓國의 固有漢字」, 『국어생활』 17, 국어연구소, 1989.

南豊鉉, 「고대국어의 자료」, 『국어의 시대별 변천 연구』 3, 국립국어연구원, 1998.

南豊鉉, 『吏讀硏究』, 태학사, 2000.

南豊鉉, 『古代韓國語硏究』, 시간의물레, 2009.

박철주, 『대명률직해의 국어학적 연구』, 일지사, 2006.

裵大溫, 『歷代 이두사전』, 형설출판사, 2003.

徐鍾學, 『吏讀의 歷史的 硏究』, 영남대출판부, 1995.

李丞宰, 『高麗時代의 吏讀』, 태학사, 1992.

장세경, 『이두자료 읽기 사전』, 한양대출판부, 2001.

장윤희, 「吏讀 硏究史」, 『한국의 문자와 문자연구』, 송기중 외편, 집문당, 2003.

장지영 · 장세경, 『이두사전』, 정음사, 1976.

朝鮮史編修會, 『朝鮮史料總覽解說』, 1936.

한한대사전편찬실, 「漢韓大辭典의 집필 및 편찬방향」, 『東洋學簡報』 8, 단국대, 1988.

홍기문, 『리두 연구』, 평양, 과학원출판사, 1957.

洪淳鐸, 『吏讀硏究』, 光文出版社, 1974.

홍윤표, 「國語 語彙 文獻 資料에 대하여」, 『素堂千時權博士 華甲紀念 國語學論叢』, 형설출판사, 1985.

홍윤표, 「실학시대의 어휘자료집 간행역사」, 『국어생활』 22, 국어연구소, 1990.

홍윤표, 「漢字 釋音 歷史 資料에 대한 고찰」, 『국어사 연구와 자료』, 태학사, 2007.

【부록】

『한국한자어사전』 이두 · 구결 · 차자어의 출전문헌 목록[15)]

일련번호	서명	저작 혹은 간행 시기	편찬자	내용개관
1	歌曲源流	1876년 (고종 13)	朴孝寬, 安玟英	총 856수의 시조집. 작품 배열은 오로지 곡조에 따라 우조초중대엽(羽調初中大葉)으로부터 엇편(旕編)에 이르기까지 30항목으로 분류하였다.
2	嘉禮都監儀軌(顯宗明聖后)	1652년	嘉禮都監(李時白)	1651년(효종2) 世子였던 顯宗(1641~1674)의 嘉禮 과정을 기록한 의궤. 상대는 金佑明의 딸로서 훗날의 明聖王后(1642~1683)이다.
3	各司受教	1546~1576년	承政院	1546년(明宗 1)부터 1576년(宣祖 9)까지의 六曹, 漢城府 및 掌隷院의 傳教를 기록해 둔 承政院의 備置記錄.
4	各廛記事	19세기	京市署	18세기 후반에서 19세기 전반에 걸쳐 서울의 魚物廛, 綿布廛 등과 亂廛 商人 사이에 일어난 분규를 처리한 기록.
5	開寧葛項寺石塔記	8세기 후반 이후 (원성왕 이후)	미상	경북 금릉군(金陵郡 : 현 김천시) 에 있던 탑 상층 기단에 새겨진 기문.
6	經國大典	1485년	崔恒 등	조선전기에 간행된 왕조의 통치 체제 대강을 규정한 기본 법전. 조선 건국 초의 법전인 『경제육전(經濟六典)』의 원전(原典)과 속전(續典), 그리고 그 뒤의 법령을 종합해 만든 조선시대 두 번째 통일 법전이다.
7	經國大典註解	1555년 (명종 10)	安衛, 閔荃 편	『경국대전』의 규정 중 해석하기 어려운 조문이나 용어를 주석한 책.
8	京都雜志	1792~1802년 추정	柳得恭	당시의 문물제도 및 세시풍속을 기록한 책.
9	經世遺表	1817년 (순조 17)	丁若鏞	행정 기구의 개편을 비롯하여 관제 · 토지제도 · 부세제도 등의 개혁 원리를 제시한 책.

15) 본 목록은 동양학연구원 편찬실 김정민 연구원의 도움으로 작성되었다.

일련번호	서명	저작 혹은 간행 시기	편찬자	내용개관
10	鷄林類事	1103년 (숙종 8) 이후	孫穆	1103년(숙종 8) 서장관으로서 사신을 수행하고 고려에 온 중국 송나라 손목(孫穆)이 당시 고려의 조제(朝制)·토풍(土風)·구선(口宣)·각석(刻石) 등과 함께 고려어 약 360단어를 채록하여 3권으로 분류, 편찬한 책.
11	古今釋林	1789년	李義鳳	고전의 이해를 도우려는 동기에서 짓게 된 多言語辭典의 일종. 미완성이며, 중국의 여러 방언과 옛말, 梵語, 韓國語, 蒙古語, 滿洲語 日本語, 安南語, 西域語 등 수십 종의 동양 언어들을 포괄하고 있다.
12	高麗史	1451년	金宗瑞 외 편	고려시대의 정치·경제·사회·문화·인물 등의 내용을 기전체로 정리한 책.
13	古文書集成(海南尹氏篇) 28(簡札類)	1986 간행	한국정신문화연구원	해남윤씨 소장 고문서. 敎旨, 恩賜狀, 完文, 立案, 準戶口·戶口單子, 試券, 所志, 分財記, 文券, 牒旨, 手記·手標, 傳令, 尺文, 疏草 및 簡札 등.
14	關西邑誌	1895년	미상	平安道 43邑에서 만든 邑誌를 합책한 平安道 統誌. 甲午改革 때 지방제도를 개편하기 위한 자료를 수집하려는 의도에서 편찬된 것이다. 따라서 邑誌보다는 事例에 중점이 두어지고 있다.
15	廣才物譜	20세기 초	미상	사물을 각 항목별로 분류하여 단어를 배열하고, 한글과 한문으로 설명한 단어집.
16	喬桐府邑誌	1895년	미상	『기전읍지(畿甸邑誌)』 속에 포함되어 편찬된 교동부(喬桐府)의 필사본 지리지(地理誌).
17	教坊歌謠	1865년 (고종 2)	鄭顯奭	조선 후기 지방 교방의 악(樂), 가(歌), 무(舞)를 망라한 책.
18	救急簡易方諺解	1489년 (성종 20)	尹壕 등	閭巷에서 쉽게 사용할 수 있는 구급방들을 수집하여 8권 8책으로 편찬하고 언해를 附記한 救急 醫書.
19	舊土地買賣證券	조선후기	미상	토지매매 명문.
20	臼砲器械與裝放法	20세기 초	미상	臼砲의 裝彈과 發射, 그리고 火箭을 쓰는 법을 기록한 책. 國漢文을 혼용하여 썼으며 敬語體로 되어 있다.

일련 번호	서명	저작 혹은 간행 시기	편찬자	내용개관
21	舊韓國官報, 2470號(光武 7年3月26日)	1908~ 1910년	內閣 法制局 官報課 編	1895年(高宗 32) 6月 1日부터 1910年(隆熙 4) 8月 26日까지 政府에서 日刊으로 발행한 官報를 임의로 分冊하여 합철한 자료. 위의 기간 중 1908年부터 1910年 사이의 官報 第4,190~4,718號만을 8冊으로 分冊한 것이다.
22	國本琴譜	조선 말기	미상	조선 말기의 거문고 악보. 악보는 한자 표기의 육보(肉譜)로 되어 있고, 거문고와 가야금의 줄 꼬는 방법 등이 실려 있다.
23	國朝五禮儀	1474년 (成宗 5)	申叔舟 등	朝鮮朝 初에 五禮를 중심으로 한 官 · 民의 모든 의식 절차를 그림을 곁들여 편찬한 책.
24	軍門謄錄	1595~ 1596년 (宣祖 28~29)	柳成龍	1595년(宣祖 28) 10월에서 1598년 봄까지 영의정으로서 四道 都體察使를 겸하였던 柳成龍이 退職 후 위 기간의 啓草 · 文移를 날짜순으로 정리 · 편성한 책.
25	禁啓謄錄	1703년 (肅宗 29)	義禁府	1703年(肅宗 29) 1月부터 8月 사이의 義禁府 狀啓를 모은 책.
26	琴譜	1572년 (선조 5)	安瑺	거문고 악보. 『금합자보(琴合字譜)』 또는 『안상금보(安瑺琴譜)』라고도 하며, 표지는 '琴譜(금보)'로 되어 있다.
27	琴隱琴譜	1938년 추정	미상	가야금 고악보. 뒷표지에 적힌 '琴隱(금은)'이란 기록을 편자의 아호(雅號)일 것으로 추정하여 『琴隱琴譜(금은금보)』라 가제(假題)한 것.
28	琴學入門	1922년 추정	미상	거문고 악보.
29	畿甸營事例	1894년 (高宗 31)	議政府 (朝鮮) 編	留守營이던 開城 · 江華 · 廣州 · 水原의 新定事例를 엮은 책. 甲午陞摠의 결과에 따른 (地方)財政의 내역이 밝혀져 있다.
30	洛下生藁	19세기	李學逵	조선 후기 이학규(李學逵, 1770~1835)의 시문집.
31	亂中日記	1592~ 1598년	李舜臣. (忠武公 記念事業會 編)	이순신이 임진왜란의 7년(1592~1598) 동안 쓴 군중일기(軍中日記). 전란의 구체적인 기록이 담겨 있으며, 7책으로 구성되어 있다.

일련번호	서명	저작 혹은 간행 시기	편찬자	내용개관
32	農家集成	1656년 (孝宗 7)	申洬	조선초 이후의 다양한 농서를 수집 정리한 자료. 조선 전기에 출간되었던 『農事直說』·『錦陽雜錄』·『四時纂要抄』의 세 농서를 기본으로 세종의 「勸農文」과 朱子의 「勸農文」 등을 보충·증보하였다.
33	農政新篇	1885년	安宗洙	1881년 紳士遊覽團의 隨行員으로 日本을 방문했던 安宗洙가 당시의 일본 농학계와 접촉해서 얻은 西洋農法을 체계적으로 정리한 책.
34	農圃集	1708年刊 (1758년 追刻)	鄭文孚	鄭文孚(1565~1624)의 문집.
35	大東野乘	1623~1649년 以後 (仁祖 年間)	미상	朝鮮 成宗 때부터 仁祖 때까지 약 200년간에 걸친 우리나라의 사회·풍속 등과 高麗 중기 이후 대략 仁祖 때까지의 인물에 관한 野史類를 거의 대부분 모아 놓은 일종의 叢書類.
36	大東韻府群玉	1589년 (선조 22) /1798년 (正祖 22) 간행	權文海	중국 元나라의 陰時夫가 지은 『韻府群玉』을 본떠서 우리나라의 檀君이래 朝鮮朝까지 수천 년간의 사실을 地理, 國號, 姓氏, 孝子, 烈女, 守令, 仙名, 木名, 花名, 禽名 등의 유목으로 나누어 韻字의 차례로 배열한 책.
37	大東地志	1864년 (고종 1) 경	金正浩	사찬(私撰) 지리서. 문헌을 기초로 하면서 김정호 자신이 파악한 지역의 특성과 직접 답사를 통해 밝혀낸 사실들을 기록하였다.
38	大明律直解	1395년	高士褧, 金祗	중국 명나라의 형률서인 『大明律』을 이두로 번역한 책.
39	大射禮儀軌	1743년	禮曹 (朝鮮) 編	英祖 19년 閏 4月 7日에 英祖가 泮宮에서 행한 大射禮에 대한 기록.
40	臺山集	1879년 간행	金邁淳	金邁淳(1776~1840)의 문집.
41	大典續錄	1492년	李克增 등	『經國大典』 시행 후 1491년까지의 현행 법령을 수집, 편찬한 공법전.
42	大典通編	1785년	纂輯廳 (金魯鎭 등)	『經國大典』과 『續大典』 및 그 뒤의 법령을 통합해 편찬한 통일 법전.

일련번호	서명	저작 혹은 간행 시기	편찬자	내용개관
43	大典會通	1865년	趙斗淳 등	『經國大典』을 골간으로 한 역대 법전에다 『大典通編』 이후 90년간의 敎命 · 定式 등을 증보하여 엮은 책.
44	陶山書院廟宇重修時日記	1913년 간행	權斗經	도산서원 묘우를 중수할 당시의 일을 기록한 것. 임술년 11월 25일 발의하여 계해년 7월 27일 낙성할 때까지 약 7개월간을 상세하게 기록하였다.
45	陶山書院典教堂重修日記	조선 후기	미상	도산서원 전교당을 중수할 당시의 일을 기록한 것.
46	陶山書院傳掌記	1713~1922년	미상	도산서원 전 · 후임 원장의 교체 시 인수인계하는 일종의 경리장부. 전임원장 임기 동안의 서원의 수입과 지출을 적었다.
47	東國李相國集	1241년 간행	李奎報	고려 후기의 문신 이규보(李奎報)의 시문집.
48	東國歲時記	1849년	洪錫謨	한국 고래의 연중행사와 풍속들을 정리하고 설명한 책.
49	童蒙先習	1541년 (1759년 중간)	朴世茂	조선 명종 때 박세무(朴世茂)가 서당에 처음 입학한 학동을 위하여 지은 책.
50	東史綱目	1778년	安鼎福	古朝鮮에서 高麗 恭讓王까지의 編年體의 通史.
51	東廂記	1791년	李德懋	김희집과 신씨의 혼인담을 그린 한문 희곡(戲曲).
52	桐巢漫錄	1779년 정리 필사	南夏正 (1678~1751년)	畿湖南人의 입장에서 朝鮮 歷代王의 逸事와 名臣 · 碩儒들의 행적과 당쟁 등에 관한 내용을 기술한 黨論書.
53	東言解	조선 후기	미상	총 422수의 한역 속담집. 한문번역은 다분히 국어의 어순대로 번역하였다.
54	萬機要覽	1808년	徐榮輔, 沈象奎 등	조선시대 궁중의 식례와 정무에 관한 내용을 모아 편찬한 책. 왕명에 의해 찬진(撰進)되었으며, 18세기 후반기부터 19세기 초에 이르는 조선왕조의 재정과 군정에 관한 내용들이 집약되어 있다.
55	梅泉野錄	20세기 초	黃玹	1864년(고종 원년)부터 1910년(융희4)까지 47년간의 정치 경제 사회 문화 전반에 걸친 역사를 편년체로 저술한 秘史.

일련 번호	서명	저작 혹은 간행 시기	편찬자	내용개관
56	牧民心書	1821년	丁若鏞	地方守令의 근무자세와 治民의 방법을 기록한 책.
57	武科總要	1810년	林仁默	무과에 관한 법규 · 시행세칙 · 시행내용 등을 수록한 책.
58	武藝圖譜通志	1790년 (정조 14)	李德懋 등	정조 때 왕명에 따라 편찬된 종합무예서.
59	物名考	19세기	柳僖 (1773~1837년)	物名에 관한 分類語彙集. 종류별로 모아서 먼저 한자명을 쓰고, 사물의 모양이나 특징에 대한 한문 주석을 단 다음에 필요한 경우 한글 이름을 제시하는 형식으로 되어 있다.
60	磻溪隨錄	1670년/ 1770년 간행	柳馨遠	당시 사회의 모순을 비판하면서 국가운영과 개혁에 대하여 논한 책. 土地問題의 정비 위에 인민의 부담과 국가의 재정을 논하고, 그 위에 정치와 국방 그리고 學制 등의 제문제를 체계적으로 논한 것이다.
61	方物謄錄	1637~1743년 (仁祖 15~英祖 19)	典客司	각 지방에서 正朝 · 冬至 · 大殿誕日의 三名日에 奉進한 方物物目을 수록한 것.
62	芳山韓氏琴譜	1916년	韓玕錫 편	거문고 · 가야금 · 양금의 악보.
63	闢衛編	1931년	李基慶	18세기 말엽에서 19세기 중엽까지의 천주교 신앙운동을 탄핵하는 여러 문헌들을 모은 책.
64	邊例集要	1841년 이후	禮曹 典客司	壬辰倭亂 이후 朝鮮과 日本 사이의 교린관계를 기록한 책.
65	浮穆漢傳	19세기	李鈺 (1760~1812)	조선 후기에 이옥(李鈺)이 지은 전(傳).
66	四介松都治簿法	1916년	玄丙周 편	1916년 현병주(玄丙周)가 우리나라 전래의 고유한 치부법인 사개치부법(사개다리문서)을 최초로 해설한 책.
67	四郡志	1795년경/ 1910년 간행	柳得恭	조선 후기 유득공(柳得恭)이 편찬하고 서유구(徐有榘)가 교정 · 필사한 한사군(漢四郡)의 역사서.

일련 번호	서명	저작 혹은 간행 시기	편찬자	내용개관
68	詞訟類抄	1585년 (선조 18) 간행	金伯幹	소송의 심리판결에 필요한 법조항을 『대명률(大明律)』·『경국대전(經國大典)』·『대전후속록(大典後續錄)』·『대전주해(大典註解)』·『각년수교(各年受教)』에서 뽑아 소송 판결의 실무 참고용으로 편찬한 책.
69	山林經濟	18세기	洪萬選	조선 숙종 때 실학자 홍만선(洪萬選)이 엮은 농서 겸 가정생활서.
70	三國史記	1145년	金富軾	1145년(인종 23)경에 김부식(金富軾) 등이 고려 인종의 명을 받아 편찬한 삼국시대의 정사.
71	三國遺事	1281년/1310년 경 간행/1512년 중간	一然	1281년(충렬왕 7)경에 고려 후기의 승려 일연(一然)이 편찬한 사서(史書).
72	三名日方物謄錄	1637~1743년 (仁祖 15~英祖 19)	典客司	각 지방에서 正朝·冬至·大殿誕日의 三名日에 奉進한 方物物目을 수록한 것.
73	三竹琴譜	19세기	미상	편자 및 출판 연대 미상의 거문고 악보.
74	尙方定例	1750년 간행	尙衣院	궁중의복 관계의 책. 궁중의복의 의차와 조제, 염색과 각종 어진물품(御進物品)을 세밀하게 적었다.
75	西琴譜	조선 후기	미상	편자·연대 미상의 양금보(洋琴譜).
76	釋譜詳節	1447년	金守溫	석가모니의 가계와 그 일대기를 편역한 책.
77	惺所覆瓿藁	1613년 (광해군 5) 추정	許筠	조선 중기의 문신 허균(許筠)의 문집.
78	星湖僿說	18세기	李瀷	조선 후기의 학자 이익(李瀷)이 쓴 책.
79	紹修書院謄錄	1670년 이후. 1937년 간행 (조선사편수회)	紹修書院編	소수서원의 운영 전반에 걸친 방침을 단계적으로 기록한 책.
80	續大典	1746년	纂輯廳 (徐宗玉 외)	『經國大典』 시행 이후에 공포된 법령 중에서 시행할 법령만을 추려서 편찬한 통일 법전.

일련번호	서명	저작 혹은 간행 시기	편찬자	내용개관
81	松南雜識(林氏本)	1855년(철종 6)	趙在三	자녀교육을 위해 자연과 생활에 관한 지식을 적은 책. 천지만물 하나하나에 대해 상세한 설명을 해놓은 것으로 인간 생활에 필요한 지식을 망라한 백과사전적인 책이다.
82	瑣尾錄	1591~1601년	吳希文	조선시대 임진·정유 양란 당시의 전란 사실을 기록한 피난 일기.
83	受敎輯錄	1698년(숙종 24)	李翊 등	『대전후속록(大典後續錄)』 이후에 각 도 및 관청에 내려진 수교·조례(條例) 등을 모아 편찬한 법전.
84	袖香編	1854년(철종 5)	鄭元容	조정의 전장의(典章儀)를 모아 엮은 책.
85	旬五志	1678년(숙종 4)	洪萬宗	민간에 流傳하던 詩話, 逸話 등을 기록한 책.
86	純元王后國葬都監儀軌	1857년(哲宗 8)	國葬都監 編	純祖妃 純元王后(1789~1857)의 國葬儀軌.
87	市民謄錄	19세기	京市署	魚物廛이 내외의 두 전으로 나뉘어졌을 때 일어난 분규의 내용과 문제점에 관한 기록.
88	詩話叢林	1652년	洪萬宗	시화를 모아 엮은 책.
89	新補受敎輯錄	1743년(英祖 19)	弘文館 編	임금의 受敎를 모은 책. 『各司受敎』과 『受敎輯錄』에 뒤이은 것으로 이들 책에서 누락된 사항을 보완하고 1699년(肅宗 25) 이후부터 景宗代와 英祖初期에 있었던 敎命을 集錄하였다.
90	新傳煮硝方	1698년	金指南	과학기술서.
91	新增東國輿地勝覽	1530년	李荇 등	1530년(중종 25) 이행(李荇)·윤은보(尹殷輔)·신공제(申公濟)·홍언필(洪彦弼)·이사균(李思鈞) 등이 『東國輿地勝覽』을 증수, 편찬한 책.
92	新編集成馬醫方	1399년	趙浚 등	말 고르는 법, 기르는 법, 말의 병과 진단 치료법 등에 관해 적은 책.
93	審理錄	1799년(정조 23)	洪仁浩·洪義浩 편.	살인범을 비롯한 중죄인에 대한 심리 및 형벌결정 과정을 모은 판례집
94	瀋陽狀啓	1637~1643년	世子侍講院	병자호란에 패한 뒤, 소현세자(昭顯世子) 등이 청나라에 볼모로 가 있는 동안 그곳에서 신하들이 본국에 올린 장계를 모아 놓은 책.

일련번호	서명	저작 혹은 간행 시기	편찬자	내용개관
95	樂器造成廳儀軌	1745년(英祖 21)	樂器造成廳 編	1744년(英祖 21) 10월부터 1745년 5월에 걸쳐서 樂器造成廳에서 불에 탄 仁政殿의 樂器를 만들 때의 과정을 기록한 책.
96	樂學軌範	1493년	成俔 등	조선시대의 의궤(儀軌)와 악보를 정리하여 성현(成俔) 등이 편찬한 악서(樂書).
97	盎葉記	18세기	李德懋	각종의 사실들에 대하여 해설하거나 직접 자료를 인용하여 정리한 책. 일종의 小論集, 資料集, 또는 百科辭典과 같은 성격의 것이다.
98	楊琴曲譜	1930년대	미상	편자 · 연대 미상의 양금(洋琴)악보.
99	洋琴譜	20세기초	미상	편자 · 연대 미상의 양금악보.
100	洋琴註册	20세기 초	미상	필자 · 연대 미상의 육보(肉譜)로 된 양금악보(洋琴樂譜).
101	梁山通度寺國長生石標	1085년(선종 2)	戶部	경상남도 양산에 있는 고려시대 장생표(長生標). 장생표는 신라 · 고려시대에 사찰의 경계를 표시하기 위하여 사찰 주변에 세웠던 표지물.
102	養蠶經驗撮要	1415년	韓尙德	조선 태종의 뜻에 따라 원나라의 농서인 『농상집요(農桑輯要)』에서 양잠에 관한 부분을 이두로 번역한 책.
103	陽智縣邑誌	1891년(고종 28)	陽智縣 편	경기도 陽智縣의 읍지.
104	於于野譚	17세기	柳夢寅(1559~1623)	설화집.
105	於于集	1832년(순조 32) 간행	柳夢寅	유몽인(柳夢寅)의 시문집.
106	與猶堂全書	1938년 간행	金誠鎭 鄭寅普 安在鴻 편	정약용(丁若鏞)의 저술을 총정리 한 문집.
107	譯語類解	1690년	金敬俊 등	天文, 時令, 鎖候, 瑣說 등의 항목별로 분류한 책. 중국말의 語句를 표제어로 앞세우고 글자마다 두 종류의 발음을 한글로 표기하고 우리말로 번역해 놓은 사전 형식의 책이다.

일련번호	서명	저작 혹은 간행 시기	편찬자	내용개관
108	燃藜室記述	1776년 (영조 52) 이전	李肯翊	朝鮮朝의 역사를 記事本末體로 엮은 野史類의 책.
109	燕巖集	1932년 간행	朴趾源	박지원(朴趾源)의 시문집.
110	燕行錄選集, 老稼齋燕行日記	1713년	金昌業	숙종 38년(1712) 임진년 동지사 겸 사은사(冬至使兼謝恩使) 김창집(金昌集)의 타각(打角) 자벽군관(自辟軍官))으로 북경(北京)에 다녀온 김창집의 아우 노가재(老稼齋) 김창업(金昌業)의 연행(燕行) 기록.
111	燕行錄選集, 赴燕日記	1828년 (순조28)	미상	순조 28년(1828, 청 선종 8) 진하 겸 사은사행(進賀兼謝恩使行)의 의관 및 비장으로 수행한 저자 미상의 연행(燕行) 기록.
112	洌陽歲時記	1819년	金邁淳	한양(漢陽)에서 행해지던 연중행사를 기록한 책.
113	五洲衍文長箋散稿	19세기	李圭景 (1788~1856)	중국과 우리나라 고금의 각종 사물을 비롯하여 경전 · 역사 · 문물제도 · 시문 등 소위 경전과 명물도수(名物度數) 전반에 걸쳐 변증을 가한 백과전서적 저술.
114	玉樓夢	19세기	南永魯	고전소설.
115	龍宮赴宴錄	1465년	金時習 (1435~1493)	한문 소설. 주인공이 꿈속에 용궁으로 초대되어 가서 겪은 일이 주된 내용이다.
116	龍飛御天歌	1445년 (世宗 27)	權踶 등	조선 세종 때 선조인 목조(穆祖)에서 태종(太宗)에 이르는 여섯 대의 행적을 노래한 서사시.
117	龍飛御天歌諺解	미상	미상	용비어천가의 한시에 한자로 토를 달아 적은 것에 그 독음을 그대로 한글로 옮긴 것.
118	慵齋叢話	1525년 (중종 20)간행	成俔	조선 중기에 성현(成俔)이 지은 필기잡록류(筆記雜錄類)에 속하는 책.
119	牛馬羊猪染疫病治療方	1541년 (중종 36) 간행	미상	1541년(중종 36) 가축의 전염병에 대한 치료방문을 모아서 번역한 책.
120	寓意山水	1930년대 이후	미상	편자 · 연대 미상의 가야금 고악보.

일련번호	서명	저작 혹은 간행 시기	편찬자	내용개관
121	右捕盜廳謄錄	1807년 (순조 7)~ 1882년 (고종 19)	捕盜廳 編	1807년 1월부터 1882년 사이의 우포도청의 소관 사무에 대한 기록들을 포도청에서 엮은 책.
122	愚軒琴譜	1861년 (철종 12) 추정	미상	1861년(철종 12)에 편찬된 것으로 추정되는 거문고 악보.
123	元子阿只氏藏胎儀軌, 嘉慶14年9月7日	1809년	儀軌廳	조선시대 왕실에서 아기를 낳았을 때, 그 태(胎)를 묻는 격식이나 예절을 적은 책.
124	儒胥必知	1785년 (정조 9) 이후	吏曹	한말 갑오개혁 때까지 관청과 민간에서 널리 사용되었던 이서체문장(吏胥體文章)인 이두(吏讀)로 쓰여진 공문서식 예규집(例規集).
125	六典條例	1866년 (고종 3)	李王職 禮式課	조선 말기 육조(六曹) 각 관아의 사무 처리에 필요한 행정법규와 사례를 편집한 행정법전.
126	律例要覽	1837년 (憲宗 3)	金在璇	刑律判例集의 일종. 개개의 사건을 가정하여 기술하였는데, 수록된 사건은 모두 217건이며, 개개의 사건에 대한 개요와 죄인에게 적용되는 刑量이 각각 수록되어 있다.
127	鷹鶻方	14세기	李兆年	매에 관한 기술서.
128	義禁府謄錄	1635년 (인조 13)~ 1876년 (고종 13)	義禁府	의금부의 날짜별로 기록한 업무일지.
129	吏讀集成, 附錄, 吏讀文例	1937년	朝鮮總督府 中樞院 (金聖睦)	이두를 자획(字畫)에 따라 배열하고 읽는 법을 한글과 로마자로 기록하였으며 일본어로 뜻을 단 사전.
130	吏讀便覽	1829년 (순조 29) 추정	館閣文臣	이두 및 이문(吏文) 단어를 모은 책. 단어를 글자수에 따라 유별하고 그 독법을 달았으며, 더러는 자세한 주를 붙였다.
131	吏文大師	17세기 (추정)	미상	조선시대의 지방관청에서 주고받은 이두문서에 나타나는 한자어구와 이두를 모은 책. 이두에는 한글로 독법을 표기해 놓았다.
132	吏文續輯覽	1539년	崔世珍 (?~1542)	『吏文續集』이라는 외교문서집에서 어려운 단어를 뽑아 그 나오는 차례대로 배열하고 주로 한문으로, 간혹 한글로 설명한 註解書.

일련번호	서명	저작 혹은 간행 시기	편찬자	내용개관
133	吏文襍例	18세기 말~19세기 초 간행 추정	미상	조선후기 각종 서식(書式)의 이두문(吏讀文)을 모은 이두 학습서.
134	吏語便覽	미상	미상	이두어를 모은 책.
135	二憂堂實紀	1901년 간행	李瓊(李丙義, 李琮燮 편집)	고려 말기의 문신 이경(李瓊)의 시문과 사실을 엮은 실기.
136	里鄕見聞錄	1862년	劉在建(1793~1880)	향리에 묻혀 있는 하층계급 인물의 행적을 기록한 것.
137	李泓傳	19세기	李鈺(1760~1812)	서울에 사는 사기꾼 이홍의 사기행각을 삽화식으로 구성한 전기.
138	仁祖國葬都監儀軌	1650년	國葬都監編	仁祖의 國葬 때 만든 儀軌. 1649년 5월 8일 仁祖가 昇遐하여 發靷·下玄宮·返虞·奉安하기까지의 모든 과정을 적었다.
139	林園十六志	19세기	徐有榘(1674~1845)	영농정책, 영농기술의 확립을 위하여 지은 농촌경제정책 및 영농 백과전서적인 저술.
140	壬辰狀草	1592년	李舜臣	1592년 이순신이 보고하고 군무에 대하여 지령을 청한 계달(啓達)의 글을 필록(筆錄)시킨 등록(謄錄).
141	玆山魚譜	1814년	丁若銓	정약전이 귀양가 있던 흑산도 연해의 수족(水族)을 취급한 어보.
142	才物譜	1798년(정조 22)	李晩永	유서(類書).
143	典錄通考	1707년	纂輯廳	『경국대전』과 그 뒤에 나온 법령집인 『대전속록』·『대전후속록』·『수교집록』의 조문을 분류, 통합한 통일법전.
144	典律通補	1786년(정조 10)	具允明	『경국대전』·『속대전』·『대전통편』·『대명률』 등을 위주로 각종 법률서와 법령을 통합해 하나의 법전으로 만들기 위해 편집한 법전 초안서. 개인이 만든 법률서이다.
145	淨兜寺五層石塔造成形止記	1031년(현종 22)	미상	고려초에 건립된 정도사(淨兜寺)의 5층석탑 기단부에 새겨져 있는 글.

일련번호	서명	저작 혹은 간행 시기	편찬자	내용개관
146	正俗諺解	1518년 初刊(失傳) 18世紀 (중간본)	金安國 譯	1518年(中宗13) 慶尙道 觀察使 金安國이 風習을 바로잡으려는 목적에서 中國의 『正俗篇』에 口訣을 달고 諺解를 붙여 刊行한 책.
147	正宗殯殿魂殿都監儀軌	1801년	殯殿魂殿都監	正祖의 國葬 때 殯殿과 魂殿의 설치와 운영에 관해 기록한 의궤.
148	貞海君遺書	16세기	白壽長	貞海君 白壽長(1469~1543)의 재산 분급 유서.
149	祭器都監儀軌	1612년	祭器都監(李恒福)	1611년(광해군 3) 9월부터 1612년 11월까지 제기도감을 설치, 영녕전(永寧殿) · 종묘 · 사직 및 각 능의 제기를 만들 때 기록한 책.
150	曹溪山松廣寺史庫	1934년	釋 錫珍 편집	전남 승주군 송광면 曹溪山 松廣寺의 승려들이 當寺에 소장된 문건, 藏經을 총정리한 책자.
151	朝鮮高宗實錄	1935년	李王職 주관	조선왕조 제26대 국왕이며 대한제국(大韓帝國)의 첫 황제였던 고종(高宗)의 재위 기간(1863년 12월~1907년 7월) 45년의 역사를 편년체로 기록한 실록.
152	朝鮮館譯語	17세기	茅瑞徵	중국어와 국어의 대역 단어집.
153	朝鮮光海君日記	1633년	春秋館	조선 제15대 국왕이었던 광해군(光海君: 1575~1641)의 재위(在位) 15년 2개월간의 사실을 기록한 실록.
154	朝鮮金石總覽, 晋州蓮池寺鐘記	1919년 간행. 833년 (신라 흥덕왕 8)	조선 총독부	조선 총독부가 수집한 우리나라의 금석문을 일본 학자 가쓰라기 스에하루가 정리해서 간행한 『朝鮮金石總覽』에 실려 있는, 일본 복정현(福井縣) 돈하시(敦賀市) 상궁신사(常宮神社)에 소장되어 있는 통일신라시대 동종의 기문.
155	朝鮮女俗考	1927년	李能和	이능화(李能和)가 지은 우리나라 여속(女俗)에 관한 책.
156	朝鮮道教史	1959년 (영인)	李能和	이능화(李能和)가 쓴 우리나라 도교에 관한 저술.
157	朝鮮明宗實錄	1571년 (선조 4)	春秋館	조선 제13대 국왕 명종의 재위 기간(1545년 8월 ~ 1567년 6월) 21년 11개월간의 역사를 기록한 실록.

일련번호	서명	저작 혹은 간행 시기	편찬자	내용개관
158	朝鮮巫俗考	1927년	李能和	이능화(李能和)가 쓴 우리나라 무속에 관한 글.
159	朝鮮文宗實錄	1455년 (세조 원년)	春秋館	문종 즉위년(1450) 2월 22일로부터 동 2년(1452) 5월 14일까지 약 2년 4개월 동안에 일어난 역사적 사실을 편년체(編年體)로 수록한 실록.
160	朝鮮史料總覽, 開國原從功臣錄券, 鄭津	1936년 간행/ 1395년	朝鮮史編修會/功臣都鑑.	태조 4년(1395)에 조선 건국에 공로가 있는 정진(鄭津)에게 공신도감에서 발급한 공신 녹권.
161	朝鮮史料總覽 3, 崇禎13年同生中和會成文	1640년	高氏	고씨 형제가 부모의 유산인 노비와 전답을 나눈 분재기.
162	朝鮮史料總覽 4, 康熙33年同生中和會成文	1694년	朴泰長	박씨 형제가 부모의 유산인 노비와 전답을 나눈 분재기.
163	朝鮮宣祖實錄	1616년 (광해군 8)	春秋館	선조(宣祖) 재위 기간(1567 명종 22년 7월~1608 선조 41년 1월) 41년의 역사를 편년체로 기록한 실록.
164	朝鮮成宗實錄	1499년	春秋館	조선 제9대 왕 성종의 재위 기간(1469년 11월~1494년 12월)의 25년 2개월간의 역사를 편년체로 기록한 실록.
165	朝鮮世祖實錄	1471년 (성종 2)	春秋館	조선 제7대 국왕 세조의 재위 기간(1455년 윤6월~1468년 9월) 14년간의 역사를 기록한 실록.
166	朝鮮世宗實錄	1454년 (단종 2)	春秋館	조선 제4대 국왕 세종의 재위 기간(1418년 8월~1450년 2월) 31년 7개월간의 역사를 편년체로 기록한 실록.
167	朝鮮熟語解譯	1916년	山之井麟治	일본사람이 한국 단어를 수집하여 주석을 단 것.
168	朝鮮肅宗實錄	1728년 (영조 4)	春秋館	조선 제19대 국왕 숙종의 재위 기간(1674년 8월~1720년 6월) 46년의 역사를 편년체로 기록한 실록.
169	朝鮮燕山君日記	1509년 (중종 4)	春秋館	조선 제10대 국왕 연산군(燕山君)의 재위 기간(1494년 12월~1506년 9월) 12년의 역사를 편년체로 기록한 실록.

일련번호	서명	저작 혹은 간행 시기	편찬자	내용개관
170	朝鮮英祖實錄	1781년	春秋館	조선 제21대 국왕이었던 영조(英祖)의 재위 기간(1724년~1776년) 52년의 역사를 편년체로 기록한 실록.
171	朝鮮睿宗實錄	1472년 (성종 3)	춘추관 (春秋館)	조선 제8대 국왕 예종의 재위 기간(1468년 9월~1469년 11월) 약 1년 3개월간의 역사를 기술한 실록.
172	朝鮮의 弓術	1929년	李重華	우리나라의 활에 관계되는 전반적인 사항을 기술한 책.
173	朝鮮仁祖實錄	1653년 (효종 3)	春秋館	조선 제16대 국왕인 인조의 재위 기간(1623년 3월~1649년 5월) 26년 2개월간의 역사를 편년체로 기록한 실록.
174	朝鮮正祖實錄	1805년 (순조 5)	春秋館	조선 왕조 제22대 국왕이었던 정조(正祖)의 재위 기간(1776년 3월~1800년 6월) 역사를 편년체로 기록한 실록.
175	朝鮮中宗實錄	1550년	春秋館	조선 제11대 국왕 중종(中宗)의 재위 기간(1506년 10월~1544년 11월) 역사를 편년체로 기록한 실록.
176	朝鮮太祖實錄	1451년 (문종 원년)	春秋館	조선 제1대 국왕 태조 원년(1392)부터 7년(1398)까지 7년간의 역사를 편년체로 기록한 실록.
177	朝鮮太宗實錄	1431년	春秋館	조선 제3대 국왕 태종(太宗)의 원년(1401) 정월 1일부터 18년(1418) 8월 10일까지의 역사를 편년체로 기록한 실록.
178	朝鮮解語花史	1926년	李能和	역대 기생들의 실상을 밝힌 책.
179	朝鮮顯宗實錄	1677년 (숙종 3)	春秋館	조선 제18대 국왕 현종(顯宗)의 재위 기간(1659년 5월~1674년 8월) 15년의 역사를 기록한 실록.
180	朝鮮孝宗實錄	1661년 (현종 2)	春秋館	조선 제17대 국왕인 효종(孝宗 : 1619~1659)의 재위 기간(1649년 5월~1659년 5월) 10년의 역사적 사실을 편년체로 기록한 실록.
181	左右捕盜廳 謄錄	1882~1890년 (高宗19~27)	捕盜廳 編	左右捕盜廳에서 죄인들을 신문한 供招 및 捕廳 官吏의 任免 등에 관한 기록을 모은 등록.

일련번호	서명	저작 혹은 간행 시기	편찬자	내용개관
182	左捕盜廳謄錄	1775~1884년 (英祖51~高宗21)	捕盜廳 編	左捕盜廳의 謄錄. 포도청 소속관원의 인사문제 등에 관한 사항에서부터 고유 업무인 捕盜 및 각종 犯禁者의 치죄와 邪學罪人, 推鞫前의 謀逆罪鉤覈 등의 사항이 사건에 따라 날짜순으로 실려 있다.
183	鑄字所應行節目	1814년 (순조 14)	奎章閣(朝鮮) 編	1782년(正祖 6) 校書館이 奎章閣에 소속된 뒤 1814년(純祖 14) 7월에 마련된 鑄字所의 應行節目.
184	朱子增損呂氏鄉約諺解	1518년 (중종 13)	金安國	남송(南宋)의 주희(朱熹)가 첨삭, 주석한 『여씨향약』을 김안국(金安國)이 언해하여 간행한 책.
185	註解語錄總覽, 吏文語綠	1919년 간행	白斗鏞 編纂; 尹昌鉉 增訂.	『註解語錄總覽』은 1919년 白斗鏞이 편찬하고 尹昌鉉이 增訂하여 翰南書林에서 간행한 중국 俗語辭典이다. 1669년(현종 10)에 南二星이 개수한 『語錄解』를 저본으로 하여 『小說語錄解』와 『吏文語錄』을 합편한 것이다. 「吏文語錄」은 중국과의 외교문서에 사용되는 吏文이 아니라 吏讀를 지칭하는 것으로 一字類에서 六字類까지, 十字類 등으로 구분되어 있다.
186	增補文獻備考	1908년	朴容大 등	제도 문물에 관한 유서(類書).
187	增補四禮便覽	1900년 (광무 4)	黃泌秀 (朝鮮) 等編.	冠·婚·喪·祭 四禮에 대한 便覽. 朝鮮朝 英祖때 李縡 編著인 『四禮便覽』을 1900년(光武 4)에 黃泌秀, 池松旭이 그 原板이 어지럽게 되자 이를 訂正 增補하여 『增補四禮便覽』이라 하여 重刊한 책이다.
188	增修無冤錄	1796년 (정조 20)	具宅奎 (1693~1754) 具允明 (1711~1797)	『續大典』 편찬의 배경위에서 增修한, 無寃錄을 重訂하여 만든 法醫學書.
189	增正交隣志	1802년 (순조 2) 초간	金健瑞 등 편	조선시대 중국을 제외한 일본 등 우리나라 인접국들과의 외교 관계를 적은 책. 1802년(순조 2)에 사역원 당상역관 김건서(金健瑞)가 동료인 이은효(李恩孝)·임서무(林瑞茂) 등과 함께 편찬, 간행하였다
190	芝峰類說	1614년 (광해군 6)	李睟光	일종의 백과사전.

일련 번호	서명	저작 혹은 간행 시기	편찬자	내용개관
191	地藏菩薩本願經	1447~1450년	실차난타(번역)	조선 세종 때 왕실에서 주관하여 간행한 불교 경전. 불교 지장신앙의 기본 경전이다.
192	至正丁酉僧錄司貼文	1357년	僧錄司	1357년(공민왕 6) 7월에 승록사에서 전라도 안렴사에게 발급한 문서. 백암사 주지 약운과 그 제자들을 백암사에서 쫓아내고 들어오지 못하도록 금지한다는 내용이다.
193	進宴儀軌(高宗壬寅)	1892년	儀軌廳	1892년 9월 24일부터 26일까지 고종의 41세 생일을 축하하기 위하여 베푼 진찬 기록.
194	進饌儀軌(純祖己丑)	1829년	儀軌廳	1828년(순조 28) 11월부터 이듬해 2월까지 순조에게 진찬한 기록.
195	昌慶宮營建都監儀軌	1834년	營建都監(趙萬永)	1831년부터 1834년 사이에 창경궁을 중건한 사실을 기록한 의궤.
196	靑莊館全書	18세기	李德懋	조선 후기의 학자 이덕무(李德懋)의 저술 총서.
197	秋江集	1577년(선조 10) 初刊/1921년 三刊	南孝溫	남효온(南孝溫, 1454~1492)의 문집.
198	秋官志	1781년	朴一源	정조 때 형조좌랑 박일원이 형정 · 재판에 관해 참고할 목적으로 국초 이래의 각종 법례 · 판례 · 관례를 모아 편집한 책.
199	推案及鞫案	1905년 이후	미상	조선시대 중죄인의 조사 · 판결서를 모은 책.
200	春官志	1744년(영조 20)	李孟休 편	조선시대 예조의 관장 사항에 관한 준거가 되는 법례(法例)와 사례를 모아 편찬한 책. 1744년(영조 20) 왕명에 따라 이맹휴(李孟休)가 편찬하였다.
201	春官通考	1788년(정조 12)경	柳義養 편	1788년(정조 12)경 유의양(柳義養)이 왕명을 받아 『춘관지(春官志)』 · 『국조오례통편(國朝五禮通編)』 등을 바탕으로 예조(禮曹)가 관장하는 모든 예제와 예무를 길(吉) · 가(嘉) · 빈(賓) · 군(軍) · 흉(凶)의 오례로 나누어 총정리, 편찬한 책.
202	七絃琴譜	1885년	尹顯求 尹用求	칠현금 악보.
203	沈生傳	19세기	李鈺	조선 정조 때 이옥(李鈺)이 지은 전(傳).

일련번호	서명	저작 혹은 간행 시기	편찬자	내용개관
204	度支準折	19세기	度支部	조선말기에 왕실과 각 아문에서 소요되는 물자를 항목별로 정리한 책. 왕실과 각 관청, 각 지방의 감영과 부·군·현 등의 소요 물자와 수급 계획에 필요한 각종 물품의 규격·용량·절가(折價) 등이 기재되어 있다.
205	太祖大王賜淑愼翁主家舍手書	1401년 (태종 1)	조선 태조	1401년(태종 1)에 태조가 그의 후궁 소생인 숙신옹주에게 가대(家垈 : 집의 터전과 그에 딸린 토지)를 내린 문서.
206	兎先生傳	20세기 초	미상	『兎生傳』의 이본을 필사한 전(傳). 뒷부분이 탈락되어 있다.
207	通文館志	1720년	金指南	조선시대 사역원(司譯院)의 내력과 외국과의 통교(通交)에 관한 사적 및 의절(儀節) 등의 사실을 수록한 책.
208	平壤志	1590년 (선조 23)	尹斗壽 편	평양부 읍지.
209	豐基境淸禪院慈寂禪師凌雲塔碑	941년 (고려 태조 24년)	崔彦撝 (추정)	명봉사(鳴鳳寺)에 있는 나말려초의 자적선사 홍준(慈寂禪師弘俊)의 비이다.
210	學圃琴譜	20세기 초(추정)	미상	거문고 악보.
211	漢京識略	19세기	柳本藝 편	서울 도성을 중심으로 산재한 성곽·궁궐·산천·고적 등의 형승과 연혁을 기록한 책.
212	漢文春香傳	1917년	兪喆鎭	유철진이 睦台林의 『春香新說』에 현토하면서 약간의 수정을 가한 책.
213	寒暄箚錄	19세기	미상	우리나라 공사(公私) 전반에 걸친 소식문(消息文)에 관한 용어(用語)·문례(文例)·서식(書式)·시령(時令) 등을 기록한 책.
214	行用吏文	1829년 (순조 29) 추정	館閣文臣	조선 후기 이두 및 이문(吏文) 단어를 모아놓은 책. 우리말과 한자의 독법이 특이한 단어를 모아놓았다.
215	海東竹枝	1925년 간행	崔永年 (1856~1935)	악부시집. 상편에 68수, 중편에 111수, 하편에 128수의 시가 수록되어 있다.
216	海行摠載	19세기	미상	고려·조선시대 통신사의 사신이나 포로 및 표류 등으로 일본을 내왕한 사람들의 기행록을 모은 책.

일련 번호	서명	저작 혹은 간행 시기	편찬자	내용개관
217	鄕藥救急方	1236년	大藏都監	향약으로 질병을 치료하는 데 쓰인 의약서(醫藥書).
218	鄕藥集成方	1433년 (세종 15)	兪孝通 등	麗末鮮初의 鄕藥類 및 經驗方類 處方을 集大成하여 刊行한 醫書.
219	鄕藥採取月令	1431년 (세종 13)	兪孝通 등	春夏秋冬에 따라 각 지역에서 산출되는 藥材를 기록하고 鄕名을 뒤에 적은 책.
220	玄琴五音統論	1886년 간행	尹用求	5음(五音)과 격조(格調), 여민락(與民樂)을 기술하고 이어 현금도(玄琴圖) · 휘금식도(徽琴式圖) · 휘금학문입식(徽琴學門入識)을 실은 다음 우조장리음(羽調長理音) 이하 육보(肉譜)로 된 거문고보(譜)를 실은 책.
221	協律大成	1893年 이후	미상	洋琴 악보와 歌曲 악보, 歌詞의 사설, 徽琴歌曲譜目錄 등이 실려 있는 樂譜.
222	洪武戊午長城監務官貼文	1198년	長城監務官	1198년(신종 1) 3월 23일에 장성감무관에서 장성군사로 발급한 문서. 백암사 승려 사비를 중연의 법손으로 인정해주라는 내용이다.
223	華城城役儀軌	1801년	城役所(趙心泰)	1794년(정조18)부터 1796년까지 진행된 화성 城廓 · 門樓의 축조과정을 기록한 책.
224	孝宗寧陵山陵都監儀軌	1659년	山陵都監	孝宗의 능을 조성한 과정을 기록한 책.
225	訓鍊都監重記	1882년	訓鍊都監	訓鍊都監의 각종의 財物과 軍器 등을 기록한 자료.
226	訓蒙字會	1527년 (중종 22)	崔世珍	동몽들의 한자 교육을 위해 지은 책자.
227	欽欽新書	1822년	丁若鏞	살인 사건의 조사 · 심리 · 처형 등에 관하여 기술한 형법서(刑法書).

[『동양학』 52집(2012) 수록]

『한한대사전』의 편찬 방향과 사전사적 의미

鄭 載 喆*

Ⅰ. 문제의 제기

우리나라에서 한자 사전이 필요한 이유는 무엇일까? 우리는 그 이유를 박지원(朴趾源)이 중국 열하 지역을 답사하면서 지은 글에서 찾을 수 있다.

> 중국은 글자로 인하여 말로 들어가고 우리나라는 말로 인하여 글자로 들어가므로 화이(華夷)의 구별이 이에 있다. 어째서인가? 말로 인하여 글자로 들어가면 말은 그대로 말이고 글은 그대로 글이다. 만약 '天'을 읽어 '漢捺 天'이라고 말하면, 이는 글자 밖에 다시 하나의 거듭 이해하기 어려운 언문이 있는 것이다. 어린 아이들이

* 단국대학교 한문교육과 교수

이미 '漢捺'이 무슨 말인지 알지 못하면 또한 어찌 '天'을 알 수 있겠는가?[1)]

한문은 우리나라 고유의 글이 아니다. 우리나라는 이웃 중국에서 사용하는 한자를 들여와 문자언어로 사용하였다. 따라서 한문으로 기록된 글을 읽기 위해서는 반드시 문장을 구성하는 각각의 한자에 대한 우리말을 알아야 한다. 박지원은 중국말을 몰랐으나 중국 사람들과 한문을 사용하여 필담을 주고받았다. 적어도 그가 살았던 당시에는 조선에서 사용하던 한문이 조선과 중국에서 공유하는 문자언어였던 것이다. 그러나 지금 우리나라에서는 한문으로 글을 짓지 않는다. 한문은 우리나라에서 과거 중국의 한자를 들여와 문자언어로 사용하던 고전어가 된 것이다. 그러므로 우리나라 사람들은 한자를 익힐 때에는 반드시 한자의 음과 함께 우리말 뜻을 알아야 한다. 예를 들어 '天'에서 '하늘(漢捺)'이라는 한자의 뜻과 '천'이라는 한자의 음을 알려면 한자의 음과 뜻을 우리말로 적어 놓은 한자 사전이 있어야 한다.

우리나라에서 한자 사전을 편찬하는 것은 쉬운 일이 아니다. 우리는 그 사실을 최남선(崔南善)이 1915년에 『新字典』을 간행하고 지은 서문에서 "자서(字書)의 작(作)이 진실로 용이치 아니한지라 부명(剖明)은 명민한 두뇌를 요하며 사변은 예리한 판단을 요하며 훈고(訓詁)는 박학(博學)과 엄식(淹識)을 요하며 찬집(撰集)은 쾌수(快手)와 민완(敏腕)을 요하며……"[2)]라고 말한 것을 통해 확인

1) 朴趾源, 「避暑錄」, 『熱河日記』. "中國因字入語, 我東因語入字, 故華夷之別在此. 何則. 因語入字, 則語自語書自書. 如讀天字曰: 漢捺天, 是字外更有一重難解之諺. 小兒旣不識漢捺爲何語, 則又安能知天乎."

2) 崔南善, 「新字典序」, 『新字典』, 朝鮮廣文會 編纂, 滙東書館, 1915.

할 수 있다. 한자 사전을 편찬하기 위해서는 한문 문장에 사용된 어휘의 다양한 고금의 차이, 기휘자(忌諱字)나 완곡하게 표현하는 방식과 같은 한문의 행문 습관을 꿰뚫어보는 통찰력이 있어야 한다. 또한 사전학, 서지학, 고문서학, 문헌학적 지식을 통하여 판본, 활자, 자형 등을 판별할 수 있는 안목을 갖추고 있어야 한다. 단국대학교 동양학연구소에서는 한문의 해독에 능하고 사전학적 혜안을 지닌 편찬원들의 노력과 열정에 힘입어, 기존의 사전에서 가장 많은 문자와 어휘가 수록된 『漢韓大辭典』을 완간하였다. 본 발표에서는 이 사전의 편찬 방향과 사전사적 의미를 중심으로 그 가치와 위상에 대하여 살펴보기로 한다.

Ⅱ. 『漢韓大辭典』의 편찬 방향

사전은 문자가 지닌 성질에 따라 편찬의 방식과 내용이 달라진다. 한글 사전은 글자 자체가 지닌 뜻은 별로 없는 표음문자를 수록한 것이므로 그 글자로 구성되고 있는 어휘가 표제어의 대상이 된다. 이와 달리 한자 사전은 문자 자체가 음과 뜻을 지니고 있는 표의문자를 수록한 것이므로 문자가 표제어의 대상이 된다. 따라서 한자 사전은 문자(文字 : 單字語)를 설명한 부분과 어휘(語彙 : 複字語)를 설명한 부분으로 나누어진다. 문자에 대한 설명은 자전의 영역에 관한 문제이고, 어휘에 대한 설명은 사전의 영역에 관한 문제이다. 『漢韓大辭典』은 '자전 + 사전 = 한자어사전'으로 등식화되는 성격의 사전이다.[3] 이 사전은 문자의 형(形)·음(音)·의(義)를 주석하면서 일관된 기준을 적용하였으며, 어휘의 주석과 예문 또한 일정한 원칙을 지키고 있다. 본 장에서는 이 사전의 편찬 방향에 대하여 문자와 어휘를 주석하면서 적용한 기준과 원칙을 중심으로 살펴보기로 한다.

1. 자전적 분야

1) 자형(字形)의 선정 : 보수성과 편의성

자형은 점과 선으로 나타난 문자의 외형적 모양을 뜻한다. 한자는 시간의 흐름에 따른 변천 현상과 사용 공간의 광역화에서 오는 이형화(異形化) 현상으로 인하여 여러 모양을 지니게 되었다. 그 결과 자형은 사적 측면으로는 전서, 예서, 해서, 초서, 행서 등의 자체가 만들어졌으며, 횡적 측면으로는 정자, 속자, 약자, 위자(譌字) 등의 구별이 생기게 되었다. 사전을 편찬할 때에는 일정한 기준을 세워 표준자형을 정하고, 여타의 자형은 이 표준자형과의 연관관계를 밝혀서 자형에 관한 체계적인 질서를 확립하여야 한다. 한자 사전은 원칙적으로 그 글자의 모양으로 보아 사적 측면으로는 해서를, 횡적 측면으로는 정자를 기준으로 표준자형으로 정하는 것이 마땅하다. 『漢韓大辭典』에서는 자원과 역사성을 중시하여 정자로 표준자형을 정하는 보수적 입장을 견지하였다. 그러나 정자를

---

3) 金東吉, 「漢韓大辭典에서의 字典的 分野에 대한 小考(Ⅰ)」, 『東洋學 簡報』 4, 단국대학교 동양학연구소, 1986, 2쪽.

표준자형으로 정할 경우에 다른 한자와 혼동할 여지가 있을 때에는 편의성에 따라 속자를 표준자형으로 정하기도 하였다. 그 예를 주요 한자 사전의 표준자형과 비교하면 다음과 같다.

〈표 1〉 주요 사전의 표준자형4)

사전 표제자	康熙字典	漢語大字典	漢語大詞典	中文大辭典	大漢和辭典	全韻玉篇	字典釋要	漢韓大辭典
強	強	强	强	強	強	強	強	強
窗	窗	窗	窗	窗	窗	窓	窗+心	窗
間	閒	閒	閒	閒	閒	閒	閒	間

‘強’은 현재 한국과 중국 모두 ‘强’이 통용자로 사용되고 있다. 『漢語大字典』과 『漢語大詞典』은 통용자를 중시하여 표준자를 ‘强’으로 선정하였다. 그러나 이 두 사전을 제외한 모든 사전들은 ‘強’으로 표준자를 정하고 있다. ‘強’은 뜻의 계열에 따라 ‘强’(쌀벌레)과 ‘彊’(새가 날다, 죽다)으로 구분된다. 그 중에서 ‘強’은 형성글자로, 『說文解字』에서 “強, 蚚也. 从虫, 弘聲.”이라고 하였다. 따라서 성부(聲部) 인 ‘弘’을 제대로 나타내 보여주기 위해서는 ‘強’으로 표준자형을 삼아야 옳다. 『漢韓大辭典』에서는 일본이나 대만과 같이 자원과 역사성을 중시하여 ‘強’을 표준자로 선정하였다.

‘窗’은 중국에서 통용되고 있는 자형은 ‘窗’이고, 한국에서 통용되고 있는 자형은 ‘窓’이다. 『漢韓大辭典』은 한자의 자원과 역사성을 중시하여 『康熙字典』의 자형인 ‘窗’을 표준자로 선정하였다. 그리

4) 이 표의 내용과 분석은 단국대학교 동양학연구소 정동화 편찬팀장의 도움을 받아 작성하였음.

고 '窓'에는 "窗의 속자."(『正字通, 穴部』窓, 俗窗字.)라고 주석하여 '窗'과의 관계를 밝혔다. 또한 '囱', '牕' 등의 글자를 예문에 통합 제시하고, 해당 글자에는 "窗과 같다."라고 표현하였다. 중국에서는 '窗'의 통용자가 '窗'이므로 '窗'으로 표준자를 정했으나, 우리나라에서는 통용자가 '窓'임에도 불구하고 자원과 역사성을 중시하여 '窗'으로 표준자를 선정하였다.

'間'은 현재 한국과 중국에서 '사이 간'은 '間'이, '한가할 한'은 '閒'이 통용되고 있다. 『大漢和辭典』, 『中文大辭典』, 『漢語大字典』, 『漢語大詞典』 등은 자원에 근거하여 '閒'을 표준자로 선정하고, '間'은 속자 또는 동자로 처리하였다. 『康熙字典』을 비롯하여 『全韻玉篇』, 『字典釋要』, 『新字典』 등 한국의 전통 자전 또한 '閒'을 표준자로 선정하고 '間'은 속자로 처리하였다. '閒'은 『說文解字』에서 "閒, 隙也. 从門, 从月."이라고 하고, 『說文繫傳』에서 "大門當夜閉, 閉而見月光, 是有間隙也."라고 하여, 두 책 모두 회의자로 보았다. 따라서 자원에 따르면 '사이 간'의 뜻으로 쓰인 경우는 '閒'으로 표준자를 정하는 것이 타당하다.

그러나 위와 같이 '사이 간'의 뜻으로 쓰는 경우에 '閒'을 표제자로 선정할 경우, 현재 통용자인 '閒'(한가할 한)과 혼동의 여지가 있고, 같은 의미를 지닌 '閑'의 처리에 문제가 발생한다. 이에 따라 『漢韓大辭典』에서는 편의성을 고려하여 '間'을 표준자로 선정하여 같은 뜻 갈래는 '間'자 조에 통합하고, '閒'에는 '한가하다' 계열의 뜻 갈래만 실었다. 또한 '閑'에는 울짱 계열의 뜻 갈래만 실고, '한가하다' 계열의 뜻 갈래는 '閒'으로 통합하였다. '強'이나 '窗'과 같이 『漢韓大辭典』은 기본적으로 자원과 역사성을 좇아서 자형을 선정하는 방식으로 보수성을 견지하였으나, '間'의 경우처럼 '閒'이나

'閑'과 혼동의 여지가 있을 경우에는 편의성을 따라 자형을 선정하였다.

2) 자음(字音)의 확정 : 통용성과 동음성

자음은 문자가 지닌 음을 뜻한다. 한자의 음은 한자를 만든 중국 사람들의 음을 우리나라에서 어떻게 받아들여 발음해 왔는가를 규명하는 것이다. 한자의 발상지인 중국은 공간적으로 광막(廣邈)하고 시간적으로 구원(久遠)하기 때문에, 한자의 자음은 중국 안에서도 종과 횡의 좌표에 따라 차이가 있다. 이와 같은 한자음을 수입한 우리나라에서도 시대와 지역에 따라 차이가 생겼으며, 한글이 만들어지기 이전에는 구전이나 구수(口授)에 의존할 수밖에 없었으므로 한자음에 많은 혼란이 있었다. 더구나 한글이 창제된 이후에도 각종 운서(韻書)를 통해 한글로 정착된 한자는 전체의 3분의 1에 불과한 실정이다. 한자 사전을 만들기 위해서는 기존의 운서나 자전에 나오지 않는 미정착음을 새로 확정해야 한다. 또한 정착음이 있더라도 그 정착음이 현재 쓰고 있는 현실음과 다를 때, 그 괴리를 어떻게 조정할 것인가에 대한 문제를 해결해야 한다.[5) 『漢韓大辭典』에서는 각종 운서와 자전에 나타난 정착음의 변천 과정과 직음식(直音式) 자음을 면밀히 분석하여 정착음과 추정음을 확정하였다. 그 예를 주요 운서나 자전과 비교하면 다음과 같다.

5) 金東吉, 「漢韓大辭典에서의 字典的 分野에 대한 小考(Ⅰ)」, 『東洋學 簡報』 4, 단국대학교 동양학연구소, 1986, 6쪽.

〈표 2〉 주요 운서와 자전의 정착음[6)]

표제자＼사전	廣韻	集韻	全韻玉篇	字典釋要	新字典	韓漢大辭典	비고
乏	房法切	扶法切	법, 속음 핍	핍	핍	핍(법)	속음 반영
佐	則箇切	子賀切, 子我切	자	자	자, 속음 좌	좌(자)	속음 반영
刷	數刮切, 所劣切	數滑切, 所劣切	솰	솰	솰	쇄(솰)	현대음 반영
叩	苦后切	去厚切, 丘候切	구	구	구	고(구)	현대음 반영

정착음은 역사적 측면으로 고대음과 현대음으로 나뉘고, 통용성의 측면으로 본음과 속음으로 구별된다. 위에서 '乏'과 '佐'는 본음과 속음이 다른 경우이다. '乏'의 음은 『廣韻』에서 '房法反'이라고 하고, 『集韻』에서 '扶法反'이라고 한 것으로 보아 본음이 '법'이고 속음이 '핍'이다. '乏'의 정착음은 『全韻玉篇』에 '법'으로 되어있는데, 『字典釋要』부터 '핍'으로 바뀌었다. '佐'의 음은 『廣韻』에서 '則箇切'이라고 하였고, 『集韻』에서 '子賀切', '子我切'이라고 한 것으로 보아 본음이 '자'이고 속음이 '좌'이다. '佐'의 정착음은 『全韻玉篇』에서 『新字典』까지는 '자'였으나 현재 통용되고 있는 음은 '좌'이다. 『漢韓大辭典』에서는 '乏'과 '佐'의 정착음을 현재의 통용하고 있는 속음인 '핍'과 '좌'로 확정하였다.

6) 이 표의 내용과 분석은 단국대학교 동양학연구소 정태윤 편찬원의 도움을 받아 작성하였음.

위의 표에서 '刷'와 '叩'는 고대음과 현대음이 다른 경우이다. '刷'는 『廣韻』에서 '數刮切', '所劣切'이라고 하였고, 『集韻』에서 '數滑切', '所劣切'이라고 한 것으로 보아 고대음은 '솰'이고 현대음은 '쇄'이다. '刷의 정착음은 『全韻玉篇』에서 『新字典』까지 '솰'이었으나, 현재 통용되고 있는 음은 '쇄'이다. '叩'는 『廣韻』에서 '苦后切'이라고 하였고, 『集韻』에서 '去厚切', '丘候切'이라고 한 것으로 보아 고대음은 '구'이고 현대음은 '고'이다. '叩'의 정착음은 『全韻玉篇』에서 『新字典』까지 '구'였으나, 현재 통용되고 있는 음은 '고'이다. 『漢韓大辭典』에서는 '刷'와 '叩'의 정착음을 현재 통용하고 있는 현대음인 '쇄'와 '고'로 확정하였다.

〈표 3〉 주요 사전 '冬'의 추정음

사전 / 표제자	廣韻	東國正韻	全韻玉篇	字典釋要	韓漢大辭典	비고
冬	都宗切	동	동	동	동	정착음
苳	都宗切	×	×	동	동	정착음
鴑	都宗切	×	×	×	동	추정음
笗	都宗切	×	×	×	동	추정음
零	都宗切	동	동	동	동	정착음
豨	都宗切	×	×	×	동	추정음

추정음은 같은 운통(韻統), 같은 반절(反切)에 속해 있는 한자 중에서 정착음이 있는 자를 찾아, 그 자가 어떤 자음으로 정착하였는가를 확인한 다음에 확정하는 것이 바람직하다. 『廣韻』의 평성

‘冬’의 운통에는 10갈래의 반절이 있는데, 이 중 ‘都宗切’의 반절에 속해 있는 자는 모두 일곱 자이다. 이 일곱 자에서 ‘冬’의 고문이 한 자 있으므로, 이를 뺀 나머지 여섯 자에는 정착음이든 추정음이든 간에 자음을 달아야 한다. 『東國正音』과 『全韻玉篇』에는 ‘冬’과 ‘零’의 음만 ‘동’으로 되어 있고, 나머지 네 자에는 음이 없다. 『字典釋要』에는 ‘鴤’에도 음이 ‘동’으로 되어 있다. 정착음이 있는 세 자는 재론의 여지가 없지만, 정착음이 없는 세 자에는 추정음을 달아야 한다. 이 세 자는 정착음이 있는 세 자와 그 반절이 같다. 또한 이 세 자는 각각 ‘鴤→冬(聲部)+鳥(部首)’, ‘笗→竹(部首)+冬(聲部)’, ‘豨→豸(部首)+冬(聲部)’로 파자(破字)되는데, 모두 ‘冬’이 성부라는 조건 때문에 이들 세 자의 자음을 ‘冬’으로 추정하여도 무리가 없다.[7] 이에 따라 『漢韓大辭典』에서는 이 세 자의 음을 ‘동’으로 확정하였다.

한자의 음을 확정하는 데는 앞서 말한 정착음과 추정음 이외에 국음(國音)에 대한 문제가 남아있다. 국음은 본래의 자음과는 어떤 연관도 갖고 있지 않아, 반절을 통해서는 추정할 수 없는 특수한 음으로 읽히는 자음을 말한다. 국음에는 우리나라에서 만든 한자의 음과 중국 한자를 우리나라에서만 읽는 음으로 나뉜다. 전자에는 乧(둘), 乫(갈), 乬(걸), 攸(유), 兺(뿐) 등이 있고, 후자에는 串(곶), 丑(축), 赤(치), 匕(시), 印(끝) 등이 있다. 『漢韓大辭典』에서는 두 유형의 국음과 함께 차자어, 이두, 구결, 한어 병음 등을 각종의 자전과 문헌을 고증하여 자음을 확정하였다. 『漢韓大辭典』에 수록된 차자어는 ‘不毒只(부독기): 부디기’ 등이 있고, 이두는 ‘不冬

7) 金東吉, 「漢韓大辭典에서의 字典的 分野에 대한 小考(Ⅵ)」, 『東洋學 簡報』 9, 단국대학교 동양학연구소, 1989, 7쪽.

(안들): 아니. 아니하다.' 등이 있으며, 구결은 '古沙(코사): -코사. 하고야.' 등이 있다. 그리고 한어 병음 'pīng'과 'pāng'으로 되어 있는 '乒'과 '乓'의 'pīng'의 음가가 '빙'이고 'pāng'의 음가가 '방'임을 고려해 자음을 '빙'과 '방'으로 확정하였다.

3) 자의(字義)의 분류 : 보존성과 보편성

자의는 한자의 3요소인 형・음・의 중의 의, 곧 한자의 뜻을 말한다. 한자의 자의는 자원(字源)과 밀접한 관계가 있으므로, 자전으로서의 사명을 다하기 위해서는 자원에 대한 고증이 반드시 필요하다. 또한 한자 사전을 편찬할 때에는 기존의 자전에 미비된 뜻갈래를 일정한 기준에 따라 보완해야 하고, 한어나 일본어 등으로 표현되어 있는 자의를 간명하고도 적절한 우리말로 번역해야 한다. 그리고 국음과 마찬가지로 한자를 수용하는 과정에서, 수용한 뜻 이외의 뜻으로 써온 자의를 빠짐없이 수록해야 한다. 『漢韓大辭典』에서는 자의를 제시하면서 기존 사전의 성과를 집대성하면서도 나름대로 일관된 원칙을 세워 합리적인 취사선택을 하였다. 그 결과 『漢韓大辭典』에 제시된 의항(義項)의 수는 기존 사전보다 크게 증가하였다. 그 예를 '沙'와 '走'의 의항 수를 주요 사전과 비교하면 다음과 같다.

〈표 4〉 주요 사전 '沙'와 '走'의 의항 수

표제자 \ 사전	大漢和辭典	中文大辭典	漢語大字典	漢語大詞典	漢韓大辭典
沙	20	20	24	24	32
走	17	21	27	23	30

『漢韓大辭典』에서 ‘沙’와 ‘走’에 설정한 의항의 수는 32개와 30개이다. 이는 『大漢和辭典』의 20개와 17개, 『中文大辭典』의 20개와 21개, 『漢語大字典』의 24개와 27개, 『漢語大詞典』의 24개와 23개보다 크게 증가한 숫자이다. 이와 같이 『漢韓大辭典』에 수록한 의항 수가 다른 사전에 비해 많은 것은 사전 이용자의 편의를 위해 파생 의미들을 분리하는 원칙을 고수했기 때문이다. 『漢語大詞典』은 어떠한 의미에서 직접적으로 파생되어 관계가 밀접한 의미들은 동일 의항 안에 묶어서 제시하는 경우가 많은데, 이 경우 두 가지 예문이 뒤섞여 어느 것이 일차적 의미인지 어느 것이 파생 의미인지 혼동될 우려가 있다. 『漢韓大辭典』에서는 이를 가급적 분리하였으며, 뒤섞인 예문을 일일이 해당 의항으로 귀속시켰다. 그 내용을 구체적으로 알아보기 위해 주요 사전에 제시된 ‘沙’의 자의를 비교하면 다음과 같다.

〈표 5〉 주요 사전 ‘沙’의 자의[8)]

<table>
<tr><th>사 전
내 용</th><th>大漢和
辭典</th><th>中文
大辭典</th><th>漢語
大字典</th><th>漢語
大詞典</th><th>漢韓
大辭典</th></tr>
<tr><td>모래</td><td>○</td><td>○</td><td>○</td><td>○</td><td>○</td></tr>
<tr><td>모래톱</td><td>○</td><td>○</td><td>○</td><td rowspan="2">○</td><td>○</td></tr>
<tr><td>물가의 경작할 수 있는 모래 섞인 논밭</td><td>○</td><td>○</td><td>○</td><td>○</td></tr>
<tr><td>사막</td><td>○</td><td>○</td><td>○</td><td>○</td><td>○</td></tr>
<tr><td>모래알처럼 생긴 물건</td><td>×</td><td>×</td><td>○</td><td>○</td><td>○</td></tr>
<tr><td>거친 모래알이 함유된 질흙으로 만든 그릇</td><td>×</td><td>×</td><td>×</td><td>○</td><td>○</td></tr>
</table>

8) 이 표의 내용과 분석은 단국대학교 동양학연구소 정형도 편찬원의 도움을 받아 작성하였음.

내용 \ 사전	大漢和辭典	中文大辭典	漢語大字典	漢語大詞典	漢韓大辭典
거칠다. 조잡하다	×	×	○	○	○
음식물이 너무 익어서 흐물흐물하다	○	○	○	○	○
촌스럽다. 저속하다	×	×	×	○	○
일다. 선별하다	○	○	○	○	○
머리를 감다	×	×	○	×	○
누에똥	×	×	○	○	○
주사(朱砂). 砂와 같다	○	○	○	○	○
발이 고운 명주. 뒤에 紗로 썼다	○	○	○	○	○
암컷	×	×	×	○	○
장사(長沙) 지역	×	×	×	○	○
슬리퍼. 뒤축이 없는 신	×	×	×	○	○
鈔와 통용	×	×	×	○	○
소숫점 이하의 여덟째 자리. 1억분의 1	○	○	×	○	○
아주 적은 분량의 무게를 나타내는 단위	×	×	○	×	○
어조사. 啊·吧에 해당한다. 唦로도 쓴다	○	○	○	○	○
나무 이름	×	×	○	○	○
물 이름	○	○	○	×	○
땅 이름	○	○	○	×	○
주(州) 이름	×	×	○	×	○
현(縣) 이름	×	×	○	×	○
성	○	○	○	○	○
베짱이. 莎와 통용	×	×	○	×	○
손으로 주무르다. 挲와 통용	○	○	○	○	○
너울너울 춤을 추다. 娑와 통용	×	×	×	○	○

내 용 \ 사 전	大漢和辭典	中文大辭典	漢語大字典	漢語大詞典	漢韓大辭典
목소리가 쉬다. 목소리가 거칠다	○	○	○	○	○
까부르다. 고르다	×	×	○	○	○
사공(沙工).	×	×	×	×	×
사. -야. -에야. -에서야	×	×	×	×	×
날리는 먼지	○	○	×	×	×
잘면서 단 것	○	○	×	×	×
봉황. 犧와 통용	○	○	×	×	×
술 이름. 獻와 통용	○	○	×	×	×
와 같다	○	○	×	×	×
계	20	24	24	24	32

『漢韓大辭典』에서 설정한 의항의 수가 다른 사전들을 크게 앞선 이유는 자서와 운서의 자의 보존 기능을 중시한 것에서 찾을 수 있다. 한자의 자의에는 실제 문헌상의 용례가 있는 것뿐만 아니라, 자서나 운서에만 실려 있는 군소(群小)의 의미들이 많다. 이 군소의 의미들은 파편화된 자의를 수집하여 자의를 보다 명료하게 밝힐 수 있는 실마리가 될 수 있다. 이들 의미를 추출하기 위해서는 고문헌의 완벽한 해독이 필요한데, 현재 출토된 문헌이 부족한 관계로 한 글자의 모든 의미를 역사적 맥락에 맞게 파악하는 것은 쉬운 일이 아니다. 『漢韓大辭典』에서는 기존 사전에 수록된 군소 의미들을 적극적으로 수용하여 출토 문헌의 해독 작업에 풍부한 자료를 제공하고자 하였다.

『漢韓大辭典』은 자의를 설정하면서 지엽적인 수문석의식(隨文釋義式) 주석을 배제하였다. 자의에는 독립적으로 쓰일 수 있는 고정되고 안정된 의미와 함께, 특정 언어 환경에서 이해의 편의를 위해 임시적으로 풀이되는 구체적이고 가변적인 의미가 있다. 후자의 대표적인 예로 경전을 비롯한 역대 전적의 각종 주소(注疏)를 들 수 있다. 기존 사전들은 자의를 최대한 보존한다는 취지가 지나쳐서 각종 전적의 주소를 무분별하게 수록하였다. 그 예로 일부 사전에서 '沙'의 자의를 '鳳凰'이라고 제시한 것을 들 수 있다. 이 자의는 『禮記 · 明堂位』에 나오는 "尊用犧象山罍"에 대해 정현(鄭玄)이 "犧尊, 以沙羽爲畫飾"라고 주석한 것을 공영달(孔穎達)이 소(疏)를 단 내용[9]에서 발췌한 것이다. 그러나 공영달이 "沙, 鳳凰也"라 한 것은 '沙'의 '너울너울 춤을 추다'는 뜻에 근거하여 沙羽의 沙를 수문석의하여 '봉황'이라 풀이한 것이지 '沙' 자체가 '봉황'을 가리키는 것은 아니다. 『漢韓大辭典』에서는 이를 제외시켜 사전 의항으로서의 불편부당한 보편적 관점을 유지하였다.

2. 사전적 분야

1) 어휘의 채록 : 종합성과 독자성

한자는 표의문자이므로 글자마다 모두 독립된 의미를 가지고 있다. 이 한자의 연결체가 단어이고, 이 단어의 연결체가 합성어이므로 어디까지가 통어론적 구성단위이고 어디까지를 합성어로 볼 것인지는 그 구별이 매우 모호하다. 특히 단락처를 띄어 쓰지도 않고, 구두점도 없는 문헌에서 단순어, 파생어, 합성어를 가리어 내어 어

9) 『禮記 · 明堂位』. "尊用犧象山罍". 鄭玄注 "犧尊, 以沙羽爲畫飾". 孔穎達疏 "沙, 鳳凰也. 刻畫鳳凰之象於尊, 其形婆娑然".

휘의 표제어로 확정시키는 작업은 쉬운 일이 아니다. 그 예로 『大漢和辭典』에 '不可'의 합성어로 설정된 '不可分給付', '不可分債務', '不可逆反應', '不可轉移之義務' 등은 현대의 과학이나 법률 용어로서 취사의 기준을 정하기가 어렵다. 또한 『中文大辭典』에 '不死'의 합성어로 '不死草'나 '不死樹'는 설정되어 있으나, '不死藥'은 없고 '不死之藥'으로 설정된 것은 '不死藥'이라는 단어가 지닌 특수성을 고려하지 않은 것이다.[10] 『漢韓大辭典』에 제시된 어휘는 기존 사전의 숫자를 크게 능가하고 있다. 그 예로 '黃'의 표제어휘의 수를 주요 사전과 비교하면 다음과 같다.

〈표 6〉 주요 사전 '黃'의 표제어휘 수

사전 / 표제어휘	大漢和辭典	中文大辭典	漢語大詞典	漢韓大辭典
黃	1,370	1,398	897	1,471

『漢韓大辭典』에는 '黃'의 표제어휘로 1,472개가 설정되어 있으나 『大漢和辭典』에는 1,370개, 『中文大辭典』에는 1,398개, 『漢語大詞典』에는 897개가 설정되어 있을 뿐이다. 『韓漢大辭典』은 표제어 선정하면서 한국 한자어는 독자적인 기본원칙에서 설정하였고, 여러 나라에서 공통으로 사용하는 어휘는 『大漢和辭典』, 『中文大辭典』, 『漢語大詞典』의 특징과 성과를 최대한 수용하였다. 이 과정에서 『韓漢大辭典』은 위의 3종의 사전에서 설정한 어휘 중에서 표제어로 적합하지 않은 280여개의 어휘를 삭제하고, 인명 52

10) 李江魯, 「표제어의 선정기준에 대하여(Ⅲ)」, 『東洋學 簡報』 3, 단국대학교 동양학연구소, 1985, 26~27쪽.

개와 한국 한자어 28개를 합하여 모두 80개의 어휘를 새로 추가하였다. 이를 종합하면 『漢韓大辭典』에 설정된 1,471개는 '『大漢和辭典』·『漢語大詞典』 공통어휘413개 + 『大漢和辭典』 685개 + 『漢語大詞典』 293개 + 『中國歷代人名大詞典』 52개 + 한국 한자어 28개'로 구성되어 있다. 『漢韓大辭典』에서 삭제한 어휘와 추가한 어휘의 내용을 살펴보면 다음과 같다.

〈표 7〉『漢韓大辭典』'黃'의 표제어휘 분석

구분 \ 내용	삭제 및 추가 이유	예 시	합계
삭제한 어휘	새로운 의미가 생성되지 않고 축자적으로 결합된 경우	黃旂(황색 깃발), 黃根(누런 뿌리), 黃犢羔(누런 송아지와 염소)	280
	시구나 문장의 일부를 발췌한 경우	黃金珠玉饑不可食(문장), 黃醅綠醑迎冬熟(시구)	
	문법적으로 긴밀히 연결되지 않아 합성어로 볼 수 없는 경우	黃金空(금전이 바닥남)	
	1911년 이후에 중국에서 만들어진 현대 어휘	黃手(方言, 强迫性의 수단을 말함), 黃熟病(急性傳染病)	
	일본 문헌에서 채록한 일본어 어휘	黃馬白啄(말 털색의 명칭), 黃鷚(작은 새의 이름)	
	현대 중국의 인명과 지명	黃炎培(인명), 黃興(인명), 黃龍灘(지명), 黃泛區(지명)	
	일본의 인명과 지명	黃裳閣(인명), 黃金蘂(지명)	
	출전이 명확하지 않은 어휘	黃樍(黃帝의 棺을 넣는 수레), 黃絆(淸代 왕이 乘用하는 가마[轎]에 매는 黃色의 노끈[繩])	
추가한 어휘	중국 인명	黃珂(明 四川 사람), 黃家賓(明 山東 사람)	80
	한국 한자어	黃男(납[鉛]의 별칭), 黃狼子(족제비) 黃連解毒湯(한약의 하나, 각종 열병과 불면증을 치료한다), 黃蓮(蓮의 한 품종)	

『漢韓大辭典』에서 3종의 사전에 설정되어 있는 280개의 어휘를 삭제한 이유는 크게 세 유형으로 나눌 수 있다. 첫째, 문법 구조상 어휘로 인정하기 어려운 경우이다. '黃旂', '黃根', '黃犢羔' 등은 2개의 문자가 합성된 어휘의 형태이지만 새로운 의미를 이루고 있지 않았으므로 어휘로 보기 어렵다. 또한 '黃金珠玉饑不可食'(『漢書』), '黃醅綠醑迎冬熟'(白居易의 「戲招諸客」) 등은 문장이나 시구를 절취한 것으로 어휘의 구성 요건을 갖추지 있지 않다. 그리고 '黃金空'은 '주어+술어' 구조를 지닌 문장으로 문법적 구조로 보아 합성어로 보기 어렵다. 둘째, 현대 중국에서 만들어진 어휘와 일본에서 생성된 어휘들이다. '黃手', '黃熟病' 등은 중국에서 새로 만들어진 어휘이고, '黃炎培', '黃興', '黃龍灘', '黃泛區' 등은 현대 중국의 인명과 지명이다. 또한 '黃馬白啄'(『一話一言』), '黃鷂'(『和漢三才圖會』) 등은 일본 문헌에서 발췌한 어휘이고, '黃裳閣', '黃金蘂' 등은 일본의 인명과 지명이다. 셋째, 출전이 명확히 제시되지 않은 경우이다. '黃槓', '黃絆' 등은 독립된 의미를 지닌 고유어이지만 출전이 제시되어 있지 않다.

『漢韓大辭典』에서 3종의 사전에는 설정되어 있지 않은 80개의 어휘를 새로 추가한 내용은 두 유형이다. 첫째, 중국의 인명을 추가한 경우이다. '黃珂'는 자(字)가 명옥(明玉)으로 성화(成化) 연간에 진사(進士)에 올랐으며, 공부상서(工部尙書) 등을 지냈으나 주신호(朱宸濠)의 모반에 끝까지 가담하지 않은 인물이다. '黃家賓'은 자가 국현(國賢)으로 정덕(正德) 연간에 진사에 올랐으며, 태복경(太僕卿) 등을 지내면서 무종(武宗)의 서유(西遊)와 남순(南巡)의 부당함을 간언하다가 장형(杖刑)을 당한 인물이다. 이와 같이 『漢韓大辭典』에 새로 추가된 중국 사람은 모두 52명이다. 둘째,

한국 한자어를 추가한 경우이다. '黃男'은 이의봉(李義鳳)이 지은 『古今釋林』에서 "黃男 : 金丹大要, 黃男, 鉛之異名."[11]이라고 하였고, '黃狼子'는 백두용(白斗鏞)이 지은 『水許誌語錄』에서 '黃狼子, 족져비.'라고 하였다. 또한 '黃連解毒湯'은 허준(許浚)이 『東醫寶鑑』에서 "黃連解毒湯, 治傷寒大熱, 煩燥不得眠."[12]이라고 하였고, '黃蓮'은 유희(柳僖)가 지은 『物名考』에서 "蓮 …… 分枝蓮 · 旽蓮 · 金蓮 · 夜舒蓮 · 碧蓮 · 十丈蓮 · 黃蓮 · 藕合蓮 · 四季蓮 · 分香蓮."[13]이라고 하였다. 이와 같이 『漢韓大辭典』에 새로 추가된 한국 한자어는 모두 28개이다.

2) 주석과 예문 : 정확성과 간결성

사전의 주석은 정확해야 한다. 사실을 왜곡한 잘못된 주석, 부적절한 표현으로 기술된 주석은 사전의 질을 떨어뜨리며, 서적으로서의 경제성과 효용성을 저해한다. 그리고 무엇보다 중요한 것은 사전 이용자를 오도한다는 점이다. 사전의 주석은 이용자가 한눈에 그 뜻을 파악하도록 편익을 제공하는 데에 존재가치가 있다. 또한 예문은 그 표제어의 어원을 증명하고 의미를 이해하며, 색인 역할을 하는 매우 중요한 부분이다. 다양한 출전에서 나온 예문과 앞뒤의 문세를 이해하는데 도움이 되는 긴 예문을 실어주는 것이 좋겠으나, 분량의 제한과 시간적인 제약 때문에 그 어휘에 가장 알맞고 필요한 예문을 골라 삽입하는 일이 중요하다. 그렇다고 지나치게 짧게 끊어 읽거나 앞뒤 맥락이 통하지 않게 줄여서 삽입하는 것도 온당치 않다.[14] 주

11) 李義鳳, 「道家語錄 · 釋藥」, 『古今釋林』 18.
12) 許浚, 4「寒 下 · 傷寒譫語鄭聲」, 『東醫寶鑑 · 雜病篇』 2.
13) 柳僖, 「無情類 · 草」, 『物名考』 3.

요 사전에서 어휘를 주석한 내용을 비교하면 다음과 같다.

〈표 8〉 주요 사전 어휘의 주석

구분	내용	주석 내용	출전 및 예문
來訊	大漢和辭典	❶きたりたづねる. きたりた訪れる. 來探. 來訪. ❷報知.	[曹植, 與吳季重書] 得所來訊, 文采委曲. [謝瞻,於安城答靈運詩] 寫誠酬來訊.
	中文大辭典	❶前來訪問也. ❷報知也.	[曹植, 與吳季重書] 得所來訊, 文采委曲. [謝瞻,於安城答靈運詩] 寫誠酬來訊.
	漢語大詞典	指來書.	南朝 宋 謝瞻『于安城答靈運』詩 : “行矣勵令猷, 寫誠酬來訊.”
	漢韓大辭典	來信의 ❷(보내 온 서신)와 같다.	南朝宋 謝瞻『于安城答靈運詩』 “行矣勵令猷, 寫誠酬來訊.”
三娥	大漢和辭典	표제어휘 없음	
	中文大辭典	표제어휘 없음	
	漢語大詞典	指楊貴妃之三妹, 唐玄宗封虢國夫人. 據說她自矜嬌美, 朝見君王時亦不施脂粉.	見宋 樂史『楊貴妃傳』. 元 顧瑛『唐宮詞次鐵雅先生無題韻 1』: “月支十萬資臙粉, 獨有三娥素面妝.”
	漢韓大辭典	양귀비의 셋째 언니를 이르는 말. 얼굴이 예뻐서 화장을 하지 않았다고 하며, 당 현종이 괵국부인에 봉하였다.	元, 顧瑛〈唐宮詞次鐵雅先生無題韻 1〉 月支十萬資臙粉, 獨有三娥素面妝. 『楊太眞外傳』
三家藷	大漢和辭典	甘藷の 異名	[淸異錄,果,玉枕藷] 嶺外多藷, 云云. 味極甘香, 人多自食, 未嘗貨于外, 本名玉枕藷, 又號三家藷.
	中文大辭典	甘藷之異名	[淸異錄,果,玉枕藷] 嶺外多藷, 云云. 味極甘香, 人多自食, 未嘗貨于外, 本名玉枕藷, 又號三家藷.
	漢語大詞典	甘藷的別名	宋 陶穀『淸異錄,玉枕藷』: “嶺外多藷, … 味極甘香, 人多自食, 未嘗貨于外, 本名玉枕藷, 又號三家藷.”
	漢韓大辭典	마[薯蕷]의 한 가지.	宋 陶穀『淸異錄,玉枕藷』: 嶺外多藷 … 味極甘香, 人多自食, 未嘗貨于外, 本名玉枕藷, 又號三家藷.

14) 許鎬九, 「편찬 餘滴, 새로 쓰는 注釋」, 『東洋文化와 漢字辭典』, 단국대학교 동양학연구소, 1999, 26쪽.

'來訊'은 『大漢和辭典』에서 '찾아 듦[來探]', '찾아 방문함[來訪]', '알려줌[報知]'으로 주석하였고, 『中文大辭典』에서도 '앞에 와 방문하다[前來訪問也]', '알려주다[報知也]'라고 주석하였다. 두 사전은 출전으로 조식(曹植)의 "得所來訊, 文采委曲."과 사첨(謝瞻)의 "寫誠酬來訊"을 제시하였는데, 그 내용으로 보아 '來訊'은 '상대방에서 보내온 편지'를 가리키며, '사람이 방문하는 것'이나 '소식을 알려주는 것'은 아니다.[15] 『漢語大詞典』과 『漢韓大辭典』에서는 '보내온 서신'이라고 주석을 달고, 출전으로 사첨의 시 "行矣勵令猷, 寫誠酬來訊."을 제시하였다.

'三娥'는 『漢語大詞典』에서 "양귀비(楊貴妃)의 셋째 누이동생[三妹]으로 당(唐) 현종(玄宗)이 괵국부인(虢國夫人)에 봉하였다."로 주석하였다. 『漢語大詞典』은 '괵국부인'의 주석에서는 "당 양귀비의 언니[姊]. 서열이 셋째인데, 배씨(裵氏)에게 시집갔다."로 되어 있다. '三娥'를 양귀비의 '셋째 누이동생[三妹]'과 '셋째 언니[三姊]'로 다르게 주석한 것이다. 『漢語大詞典』은 "見宋 樂史 『楊貴妃傳』. 원고영(元顧瑛) 『唐宮詞次鐵雅先生無題韻 1』의 예문을 제시했으나, 이것으로는 '三妹'인지 '三姊'인지 알 수가 없다. 『杜詩詳注』의 〈虢國夫人詩〉를 검토해 보면, 『漢語大詞典』에서 출전으로 제시한 〈楊太眞傳〉을 인용한 내용으로 보아 '三姊'가 옳다.[16] 『漢韓大辭典』에서는 '양귀비의 셋째 언니'로 주석을 달고, 출전에서 송(宋) 악사(樂史) 『楊貴妃傳』을 제외시키고 『楊太眞傳』를 추가하였다.

'三家諸'는 『大漢和辭典』과 『中文大辭典』에서 '고구마[甘諸]의

15) 金綾夏, 「旣刊 辭典에 나타난 誤謬考(Ⅰ)－大漢和辭典 · 中文大辭典을 중심으로－」, 『東洋學 簡報』 3, 단국대학교 동양학연구소, 1986, 28쪽.
16) 許鎬九, 前揭書, 27쪽.

異名'으로 주석하였고, 『漢語大詞典』에서 '甛藷의 別名'으로 주석하였다. 출전과 예문은 세 사전에서 모두 송(宋) 도곡(陶穀)의 『淸異錄, 玉枕藷』의 예문을 제시하였다. '玉枕藷'는 『大漢和辭典』과 『中文大辭典』에서 '고구마[甘藷]의 一種'으로 주석하였고, 출전은 청(淸) 여전(厲荃)의 『事物異名錄, 蔬穀, 甘藷』를 제시하였다. 『漢語大詞典』은 출전을 '三家藷'에서와 같이 『淸異錄, 玉』으로 제시하였다. '三家藷'와 '玉枕藷'는 모두 '薯蕷[마]의 일종', '마[薯蕷]'로 주석해야 옳다. 고구마[甘藷 : 甘藷]는 중앙아메리카가 원산지로 중국에 유입된 것은 명대(明代)이지 출전에 제시된 도곡이 살았던 송대(宋代)가 아니다.[17] 『漢韓大辭典』에서는 '마[薯蕷]의 한 가지'라고 주석하고, 송 도곡의 『淸異錄, 玉枕藷』을 예문으로 제시하였다. 다음으로 주요 사전에서 어휘의 예문을 제시한 내용을 비교하면 다음과 같다.

〈표 9〉 주요 사전 어휘의 예문

구분 \ 내용		주석 내용	출전 및 예문
輕才	大漢和辭典	표제어휘 없음	
	中文大辭典	표제어휘 없음	
	漢語大詞典	才能低下的人	宋 越彦衛『雲麓漫鈔』卷五: "中書職掌詔命, 非輕才所能獨任."
	漢韓大辭典	재능이 떨어지는 사람.	『晉書, 慕容暐載記』 器非經國, 過荷先帝拔擢之恩, 又蒙陛下殊常之遇, 猥以輕才竊位宰錄. /宋, 越彦衛『雲麓漫鈔 5』 中書職掌詔命, 非輕才所能獨任.

17) 許鎬九, 前揭書, 26~27쪽.

구분 \ 내용		주석 내용	출전 및 예문
疾擊	大漢和辭典	すばやくうつ.	[六韜, 虎韜, 必出] 勇力冒將之士, 疾擊而前.
	中文大辭典	急擊也.	[六韜, 虎韜, 必出] 勇力冒將之士, 疾擊而前.
	漢語大詞典	猛烈冲擊, 攻擊.	『六韜・必出』: "敵人若驚, 勇力冒將之士疾擊而前, 弱卒車騎以屬其後 … 敵人追我, 伏兵疾擊其後."
	漢韓大辭典	맹렬히 공격함. 신속히 공격함.	『六韜・必出』 敵人若驚, 勇力冒將之士疾擊而前, 弱卒車騎以屬其後 … 敵人追我, 伏兵疾擊其後. /朝鮮, 崔昌大『鄭將軍忠臣傳』[李時白曰] 不然, 賊在城一日, 聚衆益多, 何益於持久. 今逆順異形, 士心咸憤, 宜及其未定, 乘銳疾擊.
交叉	大漢和辭典	十文字にまじはる. ぶつちがひになること.	[隋書, 禮儀志] 載以槍車, 云云. 其車軨解合交叉.
	中文大辭典	橫直相交成叉形.	[隋書, 禮儀志] 載以槍車, 云云. 其車軨解合交叉.
	漢語大詞典	從橫相交.	『隋書・禮儀志七』: "又造六合殿, 千人帳, 載以槍車, 車載六合三板. 其車軨解合交叉, 即爲馬槍." 『水滸傳』第三四回: "秦明看那路時, 又沒正路, 都只是幾條砍柴的小路; 却把亂樹折木交叉當了路口." 『兒女英雄傳』第四回: "可巧見他刁着一根小煙袋兒, 交叉着手, 靠着窗臺兒在那裏歇腿兒呢." 徐遲『狂歡之夜』: "火光照出了無數的黑影, 相互交叉着."
	漢韓大辭典	십자 모양으로 서로 엇갈림.	『隋書, 禮儀志 7』 又造六合殿・千人帳, 載以槍車, 車載六合三板. 其車軨解合交叉, 即爲馬槍. 『水滸傳 34回』 "秦明看那路時, 又沒正路, 都只是幾條砍柴的小路, 却把亂樹折木交叉當了路口.

'輕才'는 『漢語大詞典』에서 송(宋) 월언위(越彦衛)의 『雲麓漫鈔』 권5에 실린 예문을 제시하였다. 『漢韓大辭典』에서는 이 예문을 그대로 싣고, 그 앞에 『晉書, 慕容暐載記』의 예문을 추가하였다. 『漢語大詞典』에서 제시한 예문보다 앞선 시기의 출전을 용례

로 제시하여, 독자들에게 '輕才'가 고문헌에서 사용된 정보를 보다 정확하게 한 것이다. '疾擊'은 『大漢和辭典』과 『中文大辭典』에서 『六韜, 虎韜, 必出』의 "勇力冒將之士, 疾擊而前."을 예문으로 제시하였다. 『漢語大詞典』에서는 위의 두 사전에서 제시한 『六韜, 必出』의 전후의 내용을 추가하여, '疾擊'이 문장에서 활용된 의미를 보다 명확하게 하였다. 『漢韓大辭典』에서는 『漢語大詞典』에서 제시한 예문을 그대로 수록하였고, 새로 조선시대 최창대(崔昌大)가 쓴 『鄭將軍忠臣傳』의 예문을 추가하였다. 어휘의 용례를 정확하게 알 수 있는 예문을 제시하고, 우리나라 문헌에 나오는 예문을 추가해 독창성을 도모한 것이다.

'交叉'는 『大漢和辭典』과 『中文大辭典』에서 『隋書 · 禮儀志 7』의 예문을 제시하였다. 『漢語大詞典』에서는 위의 두 사전에서 제시한 『隋書 · 禮儀志 7』의 내용을 추가하여, '交叉'가 문장에서 활용된 내용을 명확히 알 수 있게 하였다. 『漢語大詞典』에는 이 예문 이외에도 『水滸傳』 제34회, 『兒女英雄傳』 제4회, 서지(徐遲)의 『狂歡之夜』에서 '交叉'가 나오는 문장을 제시하였다. 『漢韓大辭典』에서는 『漢語大詞典』에서 제시한 『隋書 · 禮儀志 7』와 『水滸傳』 제34회의 예문을 그대로 수록하였으나, 『兒女英雄傳』 제4회와 서지(徐遲)의 『狂歡之夜』의 예문은 수록하지 않았다. 이와 같이 『漢韓大辭典』은 문맥이 통하도록 예문의 길이를 늘려 정확성을 높이는 한편, 예문이 번다하게 되지 않도록 출전을 줄여 간결성을 도모하였다.

Ⅲ. 『漢韓大辭典』의 사전사적 의미

사전의 유형은 사전이 저작되는 그 시대의 어문생활의 시대적 상황과 밀접한 관계에 있다. 우리나라는 한자 내지 한문에 의해 어문생활을 영위해 오다가, 세종이 훈민정음을 창제한 것으로 인하여 한문, 국문 및 국한문 세 유형의 방식이 전개될 수 있는 기반을 갖추었다. 이 세 유형의 문자생활에서 어느 방식을 선택하는가는 전적으로 그 시대를 살던 사람들의 선택에 따라 결정되는 것이다.[18] 그러나 조선시대에는 '語文一致'의 필요성이 절실했었음에도 불구하고 한글이 문자 생활의 중심이 되지 못하였다. 한문중심으로 진행된 어문생활은 고종이 1984년에 칙령 제1호를 반포한 것을 계기로 국한혼용으로 바뀌었고, 1948년 한글전용 법률안에 반포되면서 국한혼용 중심의 어문 생활이 국문전용으로 바뀌게 되었다. 본 장에서는 훈민정음이 반포된 이후의 어문 시기를 각각 '한문중심기', '국한혼용기', '국문전용기'로 나누어 각 시기별 주요 사전과 그 특징을 살펴보기로 한다.

1. 『全韻玉篇』: 한국 한자음의 규범

훈민정음이 창제된 이후 약 500년 동안 우리나라의 문자 생활의 공식적인 지위(상층)는 여전히 한문이 차지하였고, 훈민정음은 겨

18) 李秉根, 「近代國語時期의 語彙整理와 辭典的 展開」, 『東洋學』 제22집, 단국대학교 동양학연구소, 1992, 284~285쪽.

우 비공식적인 지위(하층)만을 맡아왔다.[19] 이와 같은 한문중심의 어문 생활에서 한자의 음과 의에 대한 지식, 나아가서 한문 속의 한자어 등의 주석적 지식은 필수적이었다. 그런데 한자는 다른 문자와는 달리 한자 1자 1자가 고유의 성조를 가지고 있을 뿐만 아니라, 같은 자도 성조의 차이에 따라 그 자의도 달라지는 문자이다. 따라서 한문의 바른 음독이나 정확한 독해를 위해서는 이 운학에 관한 어느 정도의 식견을 반드시 갖추지 않으면 안 된다. 또한 한문은 일찍부터 운문과 산문으로 나뉘어져 발달하였는데, 한시·사부·애뢰(哀誄)·사곡 등은 모두 운문이며, 한문 문학의 정수이면서 그 대종을 이루는 장르들이다. 이 같은 장르의 한문은 운학에 관한 식견 없이는 지을 수도 없고 감상할 수도 없다.[20] 이에 따라 한문중심기에는 주로 운서가 많이 나왔는데, 이 시기에 간행된 주요 운서와 자전(옥편)은 다음과 같다.

〈표 10〉 한문중심기의 주요 운서와 자전

내용 / 서명	편찬자	간행년도	권수	수록자수	비고
東國正韻	申叔舟 等	1448년 (세종 30)	6권	14,243자	최초로 한글 음을 표기
三韻聲彙	洪啓禧	1746년 (영조 22)	2권		증보판 三韻聲彙 補玉篇

19) 李珖鎬, 「개화기의 어문정책」, 『東洋學』 제32집, 단국대학교 동양학연구소, 2002, 243쪽.

20) 金東吉, 「漢韓大辭典에서의 字典的 分野에 대한 小考(Ⅴ)」, 『東洋學 簡報』 8, 단국대학교 동양학연구소, 1988, 6쪽.

내용 / 서명	편찬자	간행년도	권수	수록자수	비고
華東正音通釋韻考	朴性源	1747년 (영조 23)	2권 1책		증보판 華東叶音通釋
奎章全韻	徐命膺 等	1796년 (정조 19)	1권	13,345자	正朝의 命으로 編撰
全韻玉篇	未詳	정조 년간	2권 212部首	10,840자	字典의 형태를 갖춤

『東國正韻』은 역사상 처음으로 14,243자에 대하여 전승 한국 한자음을 표음문자로 기록한 운서이다. 이 책은 운목(韻目)을 15세기의 전승 한자음의 운모음(韻母音)을 기초로 하여 91운으로 줄였으나, 이러한 인위적인 규범음을 대중이 받아들이지 않았다.[21] 『全韻玉篇』은 1796년에 간행된 『奎章全韻』을 모체(母體)로 하여 한자들을 부수에 따라 배열하였다. 각 항목에서는 한자의 음과 함께 그 운도 따로 덧붙이고 있으며, 『奎章全韻』보다도 더 자세하게 그 뜻을 풀이하고 있다. 『全韻玉篇』에서 규범화된 한국 한자음은 대부분 1746년에 홍계희(洪啓禧)가 간행한 『三韻聲彙』와 같은데, 이는 18세기 말엽에 규범화된 한국 한자음의 최종 결과물을 반영하는 것이다. 또한 『全韻玉篇』의 한자음은 현대의 한자 자전에 수록된 한자음에 대해서도 규범적인 성격을 지니고 있다. 이처럼 18세기 운서인 『全韻玉篇』에서 규범화된 한국 한자음은 현대 한자 자전의 한국 한자음에 대한 기본 틀이 되었다.[22]

21) 姜信沆, 「韓國漢字音(韓漢音, 高麗譯音)의 兩面性」, 『語文硏究』 제28집, 어문연구회, 2000, 8~17쪽.

2. 『字典釋要』: 자전적 분야의 선구

고종이 1984년에 칙령 제1호에서 '法律勅令, 總以國文爲本, 漢文附譯, 或混用國漢文.'이라고 규정한 어문정책은 기존의 한문중심의 어문생활이 국한문 혼용으로 바뀌는 전환점이 되었다. 고종의 칙령에는 '國文'을 '本'으로 한다고 하였으나 종래 문자생활의 하층을 담당해온 언문체(국문체)로는 지금까지 한문이 담당했던 상층까지를 포괄하는 문자생활의 전 영역을 감당하기 어려웠다. 또한 아직도 한자, 한문을 숭상하는 언어문자 사상과 국문 전용으로는 한자 어휘의 의미를 정확하게 알기 어려웠던 것이 사실이다.[23] 국한문 혼용 시기에 간행된 사전들은 위와 같은 어문 생활의 변화에 맞추어 종래의 사전들과는 다른 체제와 형태를 갖추고 있다. 한자 자전에 우리말로 음과 훈을 달거나, 우리나라에서만 사용하는 한자들을 추가하였고, 휴대하기 편리하도록 자전의 형태를 소형화하였다.[24] 이 시기에 간행된 주요 자전(옥편)은 다음과 같다.

〈표 11〉 국한혼용기의 주요 자전

내용 / 서명	편찬자	간행년도	출판사	수록자수	비고
國漢文新玉篇	鄭益魯	1908년	平壤 耶蘇敎書院	10,963자	한글 音訓 최초 字典

---

22) Rainer Dormels, 「18세기 韓國 漢字音의 規範化 過程에 숨겨진 動機」, 『國語學』 33집, 국어학회, 1999, 126~128쪽.

23) 李基文, 『開化期의 國文硏究』, 一潮閣, 1970, 16~17쪽.

24) 田日周, 「近代 啓蒙期의 辭典 編纂과 그 歷史的 意義」, 『大東漢文學』 제17집, 대동한문학회, 2003, 99쪽.

내용 서명	편찬자	간행년도	출판사	수록자수	비고
字典釋要	池錫永	1909년	匯東書館	16,295자	1925년 16판 출간
新字典	崔南善 等	1915년	新文館	14,865자	朝鮮光文會 편찬
字林補註	劉漢翼	1921년	上海 千頃堂書局	18,177자	휴대용 小辭典

정익로(鄭益魯)가 1908년에 편찬한 『國漢文新玉篇』은 『全韻玉篇』의 체제를 계승하면서도 표제자의 뜻과 음을 우리말로 표기한 최초의 자전이다. 정익로는 동경에서 한인교회를 운영하면서 이 자전을 출간하였는데, 당시 대중들에게 널리 읽히지는 못하였다. 지석영(池錫永)이 1909년에 간행한 『字典釋要』는 운서의 방식에서 벗어나 독립된 자서로 편찬되었으며, 각 자마다 음과 훈을 한글로 표시하였다. 이 책은 문자의 선정은 『康熙字典』을 기준으로 하였으나, 자의는 『奎章全韻』을 근거로 하였다. 또한 정음과 속음의 판별은 『全韻玉篇』을 따랐으나, '차(劄)'와 같은 것은 관습에 따라 속음 '차'를 버리고 '잡'을 썼다. 그리고 속자는 원주(原註) 외에 당시의 자음을 말미에 첨가하였고, 구개음화한 것은 구별하되 안에 원음을 표시하고 자의에서는 구개음화한 것을 보였다.[25] 『字典釋要』는 1925년에 16판이 간행될 정도로 국한문 혼용 시기에 가장 널리 애용된 자전적 분야에서의 선구적 지위를 점하고 있다.

25) 金敏洙, 「字典釋要」, 『民族文化大百科事典』 19, 한국학중앙연구원, 1992, 45쪽.

3. 『漢韓大辭典』: 문자와 어휘의 집성

우리나라의 어문생활은 대한민국 정부가 1948년 10월 9일 법률 제6호로 "대한민국의 공용문서는 한글로 쓴다. 다만 얼마 동안 필요한 때는 한자를 병용할 수 있다."라는 내용을 공포하면서 새로운 국면을 맞게 되었다. 이 법률이 공포된 이후 우리나라의 문자 생활은 이전의 국한문 혼용에서 한글 전용으로 급속히 바뀌어 갔다. 사전 또한 1957년에 한글학회에서 '대사전'이 완간되면서 중·대형 한글 사전 여러 종이 잇따라 간행되었다. 한글 전용이라는 어문 정책의 변화로 국내 사전의 주도권이 한자 사전에서 한글 사전으로 옮겨갔던 것이다. 또한 한글 사용이 보편화되면서 국한문 혼용 시기에 간행된 사전들이 이용하기에 매우 불편하게 되었다. 이에 따라 여러 출판사가 한글 시대에 맞는 편집 방식으로 각종 한자 자전과 한문 사전을 간행하였다. 이 시기에 간행된 주요 한자 사전은 다음과 같다.

〈표 12〉 국문전용기의 주요 자전과 사전

서명 \ 내용	편찬자	간행년도	출판사	수록자수	비고
大漢韓辭典	張三植	1964년	博文出版社	35,000자	1987년 개정판
明文漢韓大字典	明文堂	1992년	明文堂	50,000여자	국내 최대 한자 자전
東亞漢韓大辭典	東亞出版社	1982년	東亞出版社	26,000자 13萬 語彙	1999년 15판 출간
教學漢韓大辭典	教學社	1998년	教學社	38,000자 15萬 語彙	색인 별책

우리나라의 현대식 한자 자전과 사전의 편찬은 과거 어느 시기보다도 활발하게 진행되고 있다. 특히 중국과 일본에서 새로 간행한 사전을 수용하고 각종 부록을 추가하면서 새로운 내용과 다양한 방식으로 개정 증보판을 간행해 오고 있다. 최근의 한자 자전은 명문당이 간행한 『明文漢韓大辭典』이 비교적 많은 독자층을 확보하고 있는데, 이 사전은 약 5만여 자를 수록하여 국내 자전 중에 가장 많은 한자를 수록하고 있다. 대표적인 한문 사전으로는 1964년에 장삼식(張三植)이 편찬한 『漢韓大辭典』과 1982년에 동아출판사에서 간행한 『東亞漢韓大辭典』, 1998년에 교학사가 간행한 『敎學漢韓大辭典』등이 있다. 그러나 국내에서 간행된 모든 사전들은 색인을 제외하고 모두 단행본으로 출판하기 때문에 수록된 문자나 어휘가 국외 사전들에 비하여 매우 부족한 실정이다.[26)]

국문전용기에 간행된 국내의 한자 사전들은 이른바 콘사이스(Concise)의 형태를 크게 벗어나지 못한 일반 대중용일 뿐, 국학 및 동양학을 전공하는 학자들의 학문적 갈증을 해소하기에는 크게 미흡하였다. 이들 학자의 서가에는 자연스럽게 일본, 중국 및 대만에서 간행한 사전들로 채워졌다. 동아시아 3국을 대표하는 사전은 일본에서 모로하시 데쓰지(諸橋轍次)가 완간한 『大漢和辭典』, 대만 중국학술원에서 간행한 『中文大辭典』, 중국 4개 성과 상해시의 대학과 연구기관 및 학자들이 참여한 『漢語大詞典』을 들 수 있다. 일본의 『大漢和辭典』이 전적으로 중국 고전을 해독하기 위하여 편찬된 것이라면, 『中文大辭典』은 주석조차 현대문이 거의 반영되지 않은 보수적인 면을 보여주고 있다. 『漢語大詞典』은 새로운 중국

26) 金東鉉, 「한국 漢字 辭典의 역사와 현황」, 『東洋文化와 漢字辭典』, 단국대학교 동양학연구소, 1999, 18쪽.

의 건설이라는 목표와 고금의 언어를 폭넓게 정리 수용한다는 입장에서 현대문을 대폭 수용했다. 이들 사전과 『漢韓大辭典』의 내용을 비교하면 다음과 같다.

〈표 13〉 일본 · 대만 · 중국 · 한국의 주요 사전

서명 \ 내용	편찬자	간행년도	수록자수	수록어휘	권수
大漢和辭典	諸橋轍次	1955년	4만 9천자	약 40만개	12권
中文大辭典	中國學術院	1973년	약 5만자	약 40만개	10권
漢語大詞典	4個省, 上海市	1992년	약 2만 3천자	약 37만개	12권
漢韓大辭典	檀國大學校 東洋學研究所	2008년	53,667자	420,269개	15권

일본, 대만, 중국에서 간행한 세 사전은 나름대로의 특성을 가지고 있다. 『大漢和辭典』의 부수는 『康熙字典』의 214부수를 채택하였다. 자형은 소전 이하만 싣고, 자음은 중고음 중심으로 상고음은 다루지 않았으며, 운은 『集韻』을 채용하고 『廣韻』은 제외하였다. 어휘는 성어, 숙어, 격언, 인명, 지명 순으로 채록하였다. 『中文大辭典』의 부수는 214부수를 채택하였다. 자형은 갑골, 금문, 전서, 해서, 초서의 순으로 싣고, 자음과 운은 『大漢和辭典』과 같다. 어휘의 주석은 역대 經史子集을 토대로 類書, 辭典, 太平御覽, 古今圖書集成 등을 참고하였다. 『漢語大詞典』의 부수는 214부수를 간소화하여 200부수로 하였다. 자형은 갑골문과 금문을 모두 수록하였고, 자의는 새로 정립된 학설을 수용하였다. 어휘의 출전과 예문의 명시율이 위의 두 사전에 비해 높고, 조대명(朝代名), 편 · 저자

명과 권수나 제목을 자료명에 명기하여 신빙성을 높였다.[27]

『漢韓大辭典』의 부수는 『康熙字典』의 214부수를 채택하였다. 자형은 갑골문, 금문, 소전의 순서로 일정한 체재에 따라 제시하여 한자의 생성과 발전을 볼 수 있게 하였다. 자음은, 한국음은 한글로 중국음은 한어병음으로 적시하였고, 운은 『廣韻』, 『集韻』 등에 의거하여 사성(四聲), 반절, 직음(直音)을 제시하였다. 어휘는 일반어, 파생어, 합성어, 고사숙어, 격언, 속담 등을 모두 수록하였고, 어휘의 주석은 필수 요건으로서 표제어, 독음, 어의(語義), 보조 요건으로서 보충 설명, 관련어, 참고어 및 출전과 예문으로 구성하였다. 출전의 선정은 經傳類, 諸子百家類, 正史類, 역대 문인들의 시문 등을 우선으로 실었으며, 예문의 구두에 찍은 표점은 쉼표(,)와 마침표(.)를 썼다. 이와 같은 내용으로 편찬된 『漢韓大辭典』은 한자로 기록된 문헌과 이를 바탕으로 하여 이루어진 한자문화권에서 간행된 각종의 운서, 자서, 사전 등에 수록된 문자와 어휘를 집성하였다.

Ⅳ. 향후의 과제

『漢韓大辭典』은 전자사전으로 다시 태어나야 한다. 빠르게 진행되고 있는 정보화 사회에서 종이사전은 그 활용도가 제한적일 수밖

27) 權永大, 「中國 · 日本 · 臺灣 漢字 辭典의 특색」, 『東洋文化와 漢字辭典』, 단국대학교 동양학연구소, 1999, 23~25쪽.

에 없기 때문이다. 현재 『漢語大詞典』은 CD 인증을 통해 인터넷 서비스에 접속하는 형태로 온라인 서비스를 진행하고 있다. 그러나 『漢韓大辭典』의 전자사전은 기존의 전자사전들과는 분명히 달라야 한다. 종이로 만들어진 사전을 CD-ROM에 그대로 옮기는 차원이거나, 이제까지 눈과 손으로 찾던 것을 키보드와 모니터가 대신하는 정도로는 충분하지 않다. 어떤 글자를 찾아서 그것의 이체자를 요청하면 모든 이체자가 성격별로 분류되어 보고되며, 또한 의미가 흡사하거나 대체되어 사용될 수 있는 글자를 요구하면 의미가 전용될 수 있는 문자들이 보고되는 그야말로 인공지능을 갖춘 전자사전을 만들어야 한다.[28] 그래야만 『漢韓大辭典』이 오랜 기간 동안 축적된 우리의 문화를 이해하고 계승하는 길잡이 역할을 하며, 아울러 국학 및 동양학 연구의 필수적 도구를 제공한다는 사전의 편찬 목적에 부합될 수 있을 것이다.

『漢韓大辭典』은 고대로부터 지금까지 한자문화권에서 사용해 온 한자와 어휘를 광범위하게 수합하고 체계적으로 정리하여, 이해하기 쉬운 말로 주석하고 용례를 수록하였다. 또한 『漢韓大辭典』은 일반 어휘뿐만 아니라, 제도어, 종교어 등 전문어와 함께 지명, 인명, 동식물명, 광물명 등 고유명사도 수록하여 백과사전적 면모를 갖추고 있다. 현재 『漢韓大辭典』에는 우리 문헌에서 채록한, 우리 선조들에 의하여 만들어진 한자와 우리 선조들만 독특하게 변용하여 사용한 한국 한자어가 제외되어 있다. 이들 한국 한자어는 『漢韓大辭典』과는 별도로 간행된 『韓國漢字語辭典』에 8만 4천여 개가 실려 있다. 앞으로 『韓國漢字語辭典』에 수록된 한국 한자어

---

28) 서정문, 「한자사전의 전산화 문제」, 『東洋文化와 漢字辭典』, 단국대학교 동양학연구소, 1999, 32쪽.

를 이 사전 속에 통합하고, 여전히 미비한 점을 보완하여 보다 완벽한 사전으로 발전시켜 나가야 한다. 또한 『漢韓大辭典』과 『韓國漢字語辭典』이 통합된 형태의 전자사전을 바탕으로 제도어사전, 종교어사전, 지명사전, 인명사전, 동식물명사전, 광물명사전 등과 같은 분야별로 전문화된 사전들을 간행해야 할 것이다.

〈참고문헌〉

姜信沆, 「韓國漢字音(韓漢音, 高麗譯音)의 兩面性」, 『語文研究』 제28집, 어문연구회, 2000.

權永大, 「中國 · 日本 · 臺灣 漢字 辭典의 특색」, 『東洋文化와 漢字辭典』, 단국대학교 동양학연구소, 1999.

金綾夏, 「旣刊 辭典에 나타난 誤謬考(Ⅰ) - 大漢和辭典 · 中文大辭典을 중심으로 -」, 『東洋學 簡報』 3, 단국대학교 동양학연구소, 1986.

金東吉, 「漢韓大辭典에서의 字典的 分野에 대한 小考(Ⅰ)」, 『東洋學 簡報』 4, 단국대학교 동양학연구소, 1986.

金東吉, 「漢韓大辭典에서의 字典的 分野에 대한 小考(Ⅴ)」, 『東洋學 簡報』 8, 단국대학교 동양학연구소, 1988.

金東吉, 「漢韓大辭典에서의 字典的 分野에 대한 小考(Ⅵ)」, 『東洋學 簡報』 9, 단국대학교 동양학연구소, 1989.

金東鉉, 「한국 漢字 辭典의 역사와 현황」, 『東洋文化와 漢字辭典』, 단국대학교 동양학연구소, 1999.

金敏洙, 「字典釋要」, 『民族文化大百科事典』 19, 한국학중앙연구원, 1992.

서정문, 「한자사전의 전산화 문제」, 『東洋文化와 漢字辭典』, 단국대학교 동양학연구소, 1999.

李江魯, 「표제어의 선정기준에 대하여(Ⅲ)」, 『東洋學 簡報』 3, 단국대학교 동양학연구소, 1985.

李珖鎬, 「개화기의 어문정책」, 『東洋學』 제32집, 단국대학교 동양학연구소, 2002.

李基文, 『開化期의 國文研究』, 一潮閣, 1970.

李秉根, 「近代國語時期의 語彙整理와 辭典的 展開」, 『東洋學』 제22집, 단국대학교 동양학연구소, 1992.

田日周, 「近代 啓蒙期의 辭典 編纂과 그 歷史的 意義」, 『大東漢文學』 제17집, 대동한문학회, 2003.

崔南善, 「新字典序」, 朝鮮廣文會 編纂, 『新字典』, 滙東書館, 1915.

許鎬九, 「편찬 餘滴, 새로 쓰는 注釋」, 『東洋文化와 漢字辭典』, 단국대학교 동양학연구소, 1999.

Rainer Dormels, 「18세기 韓國 漢字音의 規範化 過程에 숨겨진 動機」, 『國語學』 제33집, 국어학회, 1999.

[『동양학』 46집(2009) 수록]

제2부
동아시아의 한자사전과 사전학

『漢韓大辭典』의 편찬 과정과 향후 계획

尹 勝 俊*

Ⅰ. 머리말

교수신문사는 창간 20주년을 기념하여 마련한 특별 기획 "대학의 유산, 한국의 미래다"에서 교육과학기술부장관상에 단국대학교 동양학연구소(현 동양학연구원)의 『한한대사전(漢韓大辭典)』을 선정하였다.[1] 30여 년에 걸친 대장정 끝에 『한한대사전』(16책) 완간이라는 국가적 과업을 성공적으로 마무리한 공적을 높이 평가한 것이다. 2010년 12월말부터 진행된 이번 기획을 통해 교수신문사는 우리나라 대학이 보유한 유형·무형의 자산 가운데 한국 사회의 '문화 국격'을 제고하는 데 기여한 유산으로 13편을 선정하였는데, 그 가운데 『한한대사전』을 최고 영예에 해당하는 교육과학기술부장관

* 단국대학교 교수 동양학연구원 편찬실장

1) 「〈교수신문〉 특별기획 '대학의 유산, 한국의 미래다' 시상식」, 『교수신문』 2012년 5월 4일자.

상 수상작으로 선정하였다. 동양학연구원에서는 현재 『한국한자어사전(韓國漢字語辭典)』 4책과 『한한대사전』 16책을 통합 증보하고 온라인으로 서비스하기 위한 '통합디지털 한한대사전(漢韓大辭典)' 편찬 작업을 진행 중에 있다.

사전 편찬은 본래 오랜 시간과 많은 공력을 요하는 지난한 작업이기 때문에 쉽사리 구상할 수 있는 일이 아니고, 설령 구상을 하였다 하더라고 뜻대로 이루어낼 수 있는 일도 아니다. 더구나 『한한대사전』과 같이 방대한 사전의 편찬은 말할 것도 없다. 또한 사전 편찬 작업은 그 결과물도 결과물이지만 편찬 과정에서 부수적으로 얻게 되는 경험과 인력이 그 어떤 것보다도 큰 자산이 된다. 따라서 작업일지와 기구 및 조직, 추진 체계, 작업 지침, 인적 구성, 자료 목록, 예산 등 사전 편찬 과정에서 있었던 모든 문제를 백서 형태로 발간하는 작업은 앞으로 거듭 이루어질 사전 편찬을 위해 매우 중요한 지침이 된다.[2)]

이 글은 30여 년에 걸친 『한한대사전』 편찬 과정에서 축적한 사전 편찬에 대한 경험과 지혜를 공유하는 한편, ≪『한한대사전』 편찬 백서≫(가칭) 발간을 위한 기초 자료를 정리하기 위하여 기필되었다. 『한한대사전』의 편찬 목적이나 특징, 채록 범위, 주석 요령, 배열 방식, 사전사적 의미에 대해서는 이미 발표된 글이 있기 때문에,[3)] 여기에서는 『한한대사전』의 편찬과정을 중점적으로 다루고,

---

2) 그런 점에서 『≪표준국어대사전≫ 편찬 백서』(국립국어연구원, (주)계문사, 2000)나 『겨레말큰사전 공동편찬위원회 백서』(겨레말큰사전 남측편찬위원회, 2005), 『〈고려대 한국어대사전〉과 사전학』(도원영·박주원, 지식과교양, 2011) 등은 눈 여겨 보아야 할 성과가 아닐 수 없다.

3) 한한대사전편찬실, 「한한대사전의 집필 및 편찬방향」, 『동양학간보』 8, 단국대학교 동양학연구소, 1988.; 「일러두기」, 『한국한자어사전』 1, 단국대학교 동양학연구소, 1992.; 「일러두기」, 『한한대사전』 1, 단국대학교 동양

동양학연구원 편찬실이 계획하고 있는 향후 사업들에 대하여 간략히 소개하고자 한다.

Ⅱ. 『한한대사전』의 편찬과정

1. 동양학연구소와 「한한대사전(漢韓大辭典)편찬실」의 발족

단국대학교 동양학연구소는 한국의 역사 문화를 기축으로 하여 중국 · 일본 등 동양의 역사 문화를 연구할 목적으로 1970년 9월 28일에 발족하였다. 초대 소장으로 이승욱(李承旭) 교수를 모셨으며, 간사에 황패강(黃浿江) 교수, 평의원에 김석하(金錫夏) · 황패강(黃浿江) · 차문섭(車文燮) · 정영호(鄭永鎬) · 황명수(黃明水) 교수를 선임하였다. 발족 즉일 제1회 평의원회의를 개최하여 '동양학연구소 규약'을 채택하고, ① 한국문화를 기축으로 하는 동양문화의 연구, ② 연구논문집 및 연구자료의 간행, ③ 연구발표회 공개강좌 및 학술토론회의 개최, ④ 소원(所員)의 해외교환 및 해외학자의 초빙, ⑤ 연구자료의 수집과 정리, ⑥ 기타 본 연구소 설립 목적에 수반하는 사업 등을 추진하기로 결정하였다.[4)]

학연구소, 1999.; 정재철(鄭載喆), 「『한한대사전』의 편찬 방향과 사전사적 의미」, 『동양학』 46, 단국대학교 동양학연구소, 2009 참조.

4) 그러나 1980년 6월 20일 추진 사업을 확대하여 ① 한국문화를 기축으로 하는 동양문화의 연구, ② 연구논문집 및 연구자료의 간행, ③ 한한대사전의 편찬 및 기타 사전의 편찬, ④ 연구발표회 공개강좌 및 학술토론회 개

1971년 1월 1일 일석(一石) 이희승(李熙昇) 박사를 제2대 소장으로 추대하면서 연구소의 사업은 본 궤도에 올랐다. 동양사(東洋史)를 전공하였던 장충식 단국대학교 전 총장은 『이십오사(二十五史)』를 공부하면서 우리나라에서 만든 한한사전(漢韓辭典)이 없어 일본의 『대한화사전(大漢和辭典)』에 의존해야 했는데, 그는 이 사전을 펼쳐 들 때마다 우리말로 된 한자사전의 필요성을 절감하였다고 한다.[5] 그리고 마침내 우리말로 된 한자사전 편찬이라는 뜻을 이루기 위해 삼고초려(三顧草廬) 끝에 일석 이희승 박사를 동양학연구소장으로 모셔왔다. 이희승 박사는 이 방대한 사업의 필요성에 대해서는 인정하면서도 팔십이 얼마 남지 않은 고령에 이러한 중책을 맡을 수 없다고 하면서 사양하였다. 그러나 장충식 전 총장의 패기와 간곡한 청원에 못 이겨 소장직을 10년만 맡겠다는 약속 아래 동양학연구소장으로 취임하였다. 이희승 박사는 소장직을 수락하면서 "내가 국어학자로 공부를 하다 보니 우리나라에서만 쓰는 한자나 우리나라 문헌에서만 고유한 뜻으로 쓰인 한자, 한자단어가 자주 보입니다. 그런데 이를 마땅히 해석할 사전이 따로 없어 많은 학자들이 어려움을 겪고 있으니 우선 한자사전을 편찬하면서 이를 따로 먼저 펴내 달라."라고 약속할 것을 요구하였고,[6] 이로써 『한

최, ⑤ 소원의 해외교환 및 해외학자의 초청, ⑥ 부속자료실의 운영 및 연구자료의 수집과 정리, ⑦ 기타 본 연구소의 목적에 수반하는 사업 등으로 결정하였다. 『단국대학교 30년사』, 단국대학교출판부, 1977, 575쪽; 「동양학연구소 약사(略史)」, 『동양학』 20, 단국대학교 동양학연구소, 1990, 487~488쪽.

5) 장충식, 『중재(中齋) 장충식(張忠植) 회고록 시대를 넘어 미래를 열다』, NOSVOS, 2011, 616~625쪽 참조.

6) 장충식, 「『한한대사전』 완간을 보는 소회」, 『한한대사전 간행기』, 단국대학교 동양학연구소, 2008, 28쪽.

국한자어사전』과 『한한대사전』 편찬의 큰 그림이 그려질 수 있게 되었다.

1977년 6월 장충식 전 총장은 『한한대사전』 편찬이 시대적 요청일 뿐 아니라[7] 동양학연구소의 설립 목적을 달성하는 데에도 간과할 수 없는 요긴한 사업이라는 점에 착안하여 이의 추진을 위한 계획을 세우도록 요청하였다.[8] 연구소에서는 이 요청에 따라 평의원회를 소집하여 논의한 끝에 '전문 인력 20명에 14억 원의 예산으로 15년에 걸쳐 편찬한다.'는 계획안을 세워서 보고하였다. 동년 8월 30일 장충식 전 총장은 이 계획안을 승인하면서 '사업에 소요되는 모든 지원을 아끼지 않고 지원하겠다.'는 약속을 하였다.[9]

이와 같은 결정에 따라 동양학연구소에서는 1977년 9월 7일 제32차 평의원회를 열어 연구소 산하에 「한한대사전편찬실」을 신설하고 개교 30주년 기념일인 11월 3일부터 준비 작업에 들어가기로 의결하였다. 그리고 동년 10월 8일 전 연세대 교수였던 한학자 권

7) 당시에는 이미 일본의 『대한화사전』(1955)이 나와 있었을 뿐 아니라 대만에서도 『중문대사전(中文大辭典)』(1973)이 간행되었고, 중국에서는 『한어대사전』 편찬을 위한 작업에 박차를 가하고 있었다. 그런 점에서 『한한대사전』의 편찬은 민족문화의 계승과 창달을 위해 필수적으로 완수해야 하는 숙원과도 같은 사업이었을 뿐 아니라 국가와 민족의 자존심과 체면을 세우는 길이기도 하였다.

8) 『한한대사전』 편찬 사업은 본래 범대학 차원의 편찬기구를 만들어 추진하려고 하였으나, 당시 대학의 재정 규모로는 감당할 수 없는 것이었다. 더구나 당시 단국대학교는 한남동 교지의 협소함을 감안해 강남구 내곡동에 24만 평의 교지를 새로 구입하였던 터라 『한한대사전』 편찬에 들어가는 막대한 비용을 선뜻 감당하기 어려운 형편이었다. 대학 재단에서 사전편찬 사업 지원에 난색을 표함에 따라 『한한대사전』의 편찬은 대학 차원의 사업으로 추진하게 되었고, 마침내 동양학연구소의 부속사업으로 착수하게 되었던 것이다. 장충식(2008), 앞의 글, 24~25쪽.

9) 황패강, 「동양학연구소의 회고와 전망」, 『동양학』 30, 단국대학교 동양학연구소, 2000, ⅹ~ⅹⅰ쪽.

오돈(權五惇)을 상임편찬위원으로 모시고, 인천교육대학 교수인 국어학자 이강로(李江魯)를 편찬실장으로 초빙하여 준비 작업에 착수하게 하는 한편, 연구원 강재철(姜在哲)로 하여금 기획 당시의 업무를 보좌하게 하였다. 이들은 먼저 '한한대사전편찬실 규정' 초안을 작성하여 평의원회에 회부하였다. 이 규정은 1977년 12월 1일, 제33차 평의원회의 심의를 거쳐 확정되었는데, 여기에는 편찬실의 인적 구성과 조직, 재정에 대한 문제를 규정하고 있다.[10] 특히 그 중에서도 제7조 "편찬실의 경비는 단국대학교에서 지급하고 보조금과 기타 지원금으로 충당한다."고 규정하고, 그 1항에 "편찬실의 경비는 연구소의 경비와 구분 관리한다."고 함으로써 사전 편찬에 대한 학교 당국의 확고한 의지를 천명하였다.

이듬해인 1978년 2월 23일 제34차 평의원회를 열어 자문기관으로서 '한한대사전편찬위원회'를 구성할 편찬위원의 인선을 마무리하고, 본인의 동의를 얻어 편찬위원을 위촉하였다. 위촉된 18명의 편찬위원은 아래와 같다.[11]

김동욱(金東旭, 국문학, 연세대), 김동화(金東華, 불교학, 동국

10) 「한한대사전편찬실 규정」, 『단국대학교 40년사』, 단국대학교출판부, 1987, 621쪽 참조.

11) 이상의 내용은 『단국대학교 40년사』를 기초로 한 것이다. 그러나 『동양학』 8집(1978, 243~244쪽)의 「휘보(彙報)」에는 여기 제시된 편찬위원 18명 가운데 김동화, 이가원, 이선근 등 3명이 빠져 있고, 이학수(李學洙, 불교, 동국대)가 추가로 거명되어 있다. 위촉과정에서 다시 조정 인선된 것으로 보인다. 1980년 8월에는 박노춘(朴魯春, 국문학, 경희대), 김종오(金鍾五, 국문학, 건국대), 이훈종(李勳鍾, 국문학, 건국대), 신원우(申源雨, 덕성여대), 이관일(李寬逸, 국문학, 총신대), 정재도(鄭在道, 소년조선 주간), 김창무(金昌武, 소년조선 주간), 최신호(崔信浩, 국문학, 성심여대), 조용일(趙鏞一, 철학, 단국대), 이경선(李慶善, 중국문학, 한양대) 등 10명의 편찬위원을 추가로 위촉하였다.

대), 김석하(金錫夏, 국문학, 단국대), 김춘동(金春東, 한문학, 전 고려대), 남광우(南廣祐, 국어학, 인하대), 신석호(申奭鎬, 한국사, 학술원), 이가원(李家源, 한문학, 연세대), 이병도(李丙燾, 한국사, 학술원), 이선근(李瑄根, 한국사, 한국정신문화연구원), 이숭녕(李崇寧, 국어학, 한양대), 임창순(任昌淳, 한문학, 태동고전연구소), 정재각(鄭在覺, 동양사, 동국대), 조국원(趙國元, 한학, 민족문화추진회), 조규철(曺圭喆, 한학, 민족문화추진회), 차문섭(車文燮, 한국사, 단국대), 최영희(崔永禧, 한국사, 국사편찬위원회), 홍찬유(洪贊裕, 한학, 민족문화추진회), 황패강(黃浿江, 국문학, 단국대)

한편 『한한대사전』 편찬 실무를 담당할 편찬원은 공개 채용을 원칙으로 하였다. 1978년 4월 9일 공개채용 시험에 73명이 응시하였는데, 그 가운데에서 김영만(金永萬), 최웅(崔雄), 허호구(許鎬九), 서지원(徐智源), 우찬규(禹燦奎) 5명을 편찬원(보)으로 선발하여 일석기념관(一石紀念館) 902호와 903호에서 본격적인 편찬 작업에 착수하게 하였다. 이들은 우선 사업 개요에 따른 종합편찬계획과 연차별 사업계획을 수립하고, 한국한자 및 한국한자어의 채록을 위하여 열람할 문헌목록을 작성하고 채록 작업에 착수하였다. 5개월간의 작업을 거쳐 수립된 계획안에 대한 자문을 구하기 위하여 1978년 10월 23일 제1차 한한대사전(漢韓大辭典) 편찬자문위원회(編纂諮問委員會)를 열어 의견을 수렴하였다. 자문위원회에서는 채록 대상으로 선정 제시한 문헌목록이 계획한 사업기간에 비하여 과다할 뿐 아니라 누락된 것도 있으므로 재검토할 것을 요청하였고, 범례는 처음부터 완벽하게 작성하려고 하지 말고 일의 진행에 따라 보완해가도록 조언하였으며, 정부나 사회 각계의 지원을

요청할 것을 주문하였다.[12)]

이듬해인 1979년 4월 8일에는 두 번째 편찬원 공채시험을 통해 편찬원(보) 이상돈(李相敦), 정요일(鄭堯一), 류재성(柳在城), 김형호(金衡浩), 이충구(李忠九) 등 5명을 채용하여 채록 작업에 박차를 가하였다. 또한 1980년 2월에는 세종대왕기념사업회 고전국역위원으로 있던 노영수(盧寧壽)를 편찬원으로 맞아들였고, 같은 해 7월에는 3번째 편찬원 공개채용시험을 실시하여 이두희(李斗熙), 박용규(朴龍圭), 이현식(李賢植), 김능하(金綾夏), 김신호(金信浩), 김재열(金在烈), 김윤우(金侖禹), 성백효(成百曉) 등을 편찬원(보)으로 채용하였다. 공개 채용한 편찬원들은 『삼국사기』·『삼국유사』·『고려사』·『조선왕조실록』 등 120여 종에 이르는 문헌에서 우리나라에서만 독특하게 쓰이는 한자와 어휘를 채록하는 작업을 담당하였다. 1982년 9월에는 결원에 따른 충원을 위해 박성훈(朴成勳), 홍순석(洪順錫)을 편찬원보로 채용하기도 하였다. 이로써 사전 편찬을 위한 기본 조직과 인적 구성은 어느 정도 갖추어졌다고 할 수 있었다.

2. 『한한대사전』 편찬 약사(略史)

1) 『한한대사전』 편찬 계획의 수정

「한한대사전편찬실」이 발족하고 종합편찬계획과 연차별 사업계획을 재정비하는 과정에서 '전문 인력 20명에 14억 원의 예산으로

12) 「휘보」, 『동양학』 9, 단국대학교 동양학연구소, 1979, 308~309쪽.

15년에 걸쳐 편찬한다.'는 본래의 계획안은 일부 수정을 하지 않을 수 없었다. 1979년 9월 25일 편집회의를 통해 제1차로 수정된 편찬계획은 다음과 같은 것이었다.

사업개요

가. 편찬방침 : 우선 『한국한자어사전』을 편찬하고 이를 바탕으로 『한한대사전』을 편찬한다.

 1. 『한국한자어사전』

  ○ 내용 : 우리나라에서 독특하게 쓰이는 한자 · 한자어를 수록한다.

  ○ 규모 : 4 · 6배판, 4단종조(段縱組) 4책(약 4,000면)

 2. 『한한대사전』

  ○ 내용 : 『한국한자어사전』을 바탕으로 하여 국내외 문헌 및 사서류(辭書類)에 실린 한자 · 한자어를 재정리 수록한다.

  ○ 규모 : 4 · 6배판, 4단종조(段縱組) 17책(약 19,000면)

나. 편찬기간 : 1978년 3월 1일~1995년 2월 28일

 1. 『한국한자어사전』 : 1978년 3월 1일~1990년 2월 28일(12년간)

 2. 『한한대사전』 : 1980년 3월 1일~1995년 2월 28일(15년간)

※ 작업진행표

<table>
<tr><td>연도</td><td>78</td><td>79</td><td>80</td><td>81</td><td>82</td><td>83</td><td>84</td><td>85</td><td>86</td><td>87</td><td>88</td><td>89</td><td>90</td><td>91</td><td>92</td><td>93</td><td>94</td></tr>
<tr><td colspan="9">한국한자어사전(어휘채집)</td><td colspan="2">주석 · 편집</td><td colspan="2">출간</td><td colspan="5" rowspan="2">종합발간</td></tr>
<tr><td colspan="3"></td><td colspan="10">한한대사전(원고 · 교열 · 수정 · 정리)</td></tr>
</table>

다. 편찬인원 : 44명

  ○ 편찬위원 : 위원장 1명, 상임위원 2명, 자문위원 17명

  ○ 편찬직원 : 편찬원 22명, 사무원 2명

라. 예　　산 : 약 28억원(1979년 3월 물가 기준)[13]

위와 같은 사업 계획에 따라 공개 채용한 편찬원들로 하여금 한국한자어 채록을 담당하게 하는 한편, 국학(國學)에 조예가 깊은 학자들을 위촉하여 『대한화사전』과 『중문대사전』을 저본으로 한 어휘 주석에 착수하기로 하고 이에 대한 인선 작업을 서둘렀다. 그에 따라 박노춘 등 외부 학자 10명을 위촉하여 『대한화사전』 권1과 『중문대사전』 권1을 저본으로 한 어휘 주석을 의뢰하였으나, 위촉 원고의 체제나 내용이 사전 주석에서 요구하는 것과 일치하지 않는 것이 많았다. 이에 원고의 분산 집필을 지양하기 위하여 1981년 4월 1일 김동길(金東吉)을 객원편찬원으로 위촉하고 어휘 주석에 전념케 하였다.

그 사이 사전 편찬에 참여하여 온 편찬원들 가운데 상당수는 전국 각 대학에 전임교수로 발령을 받아 이직하기도 하였고, 정년을 맞아 퇴임하기도 있었으며, 또 때로는 별세하는 경우도 있어 편찬실에는 그때그때 충원이 이루어져야 했다. 그에 따라 이재수(李在琇, 1982), 김동길(金東吉, 1984), 최명화(崔明華, 1986), 조명근(曺命根, 1987), 이성규(李聖揆, 1987), 변종현(卞鍾鉉, 1987), 주승택(朱昇澤, 1989) 등이 계속해서 편찬실에 들어오게 되었다.

그러나 1990년대 들어서는 학교의 재정난으로 인하여 한동안 충원이 이루어지지 못하였고, 당초 1990년부터 발간하려고 하였던 『한한대사전』은 『한국한자어사전』의 출간이 늦어짐에 따라 불가피하게 순연되었다. 유능한 편찬원의 확보가 어렵고, 한국한자 및 한자어에 대한 주석이 매우 힘든 일인 데다가 예산상의 어려움까지 겹쳐 '『한한대사전』 편찬 계획'은 다시 수정되어야 했다. 1994년 10월 두 번째로 수정된 편찬 계획의 골자는 1995년까지 『한국한자

13) 『단국대학교 40년사』, 단국대학교출판부, 1987, 622~623쪽.

어사전』 전4책을 완간하고, 2004년까지 『한한대사전』 전17책을 완간한다는 것이었다.

그 뒤 연구소에서는 1995년 6월 편찬원으로 김동현(金東鉉) 한 사람을 충원하였고, 1996년 5월에는 연구원으로 있던 정석용(鄭錫龍), 김세봉(金世奉), 이재령(李在鈴)이 편찬원(보)으로 옮겨왔다. 그리고 1999년 10월에 조문주(趙文珠), 정동화(鄭東和), 김우정(金愚政), 2000년 4월에 정도상(鄭都尙), 박찬규(朴燦圭), 지명원(池明媛), 윤현희(尹賢姬), 2001년 9월에 류희재(柳希在), 2003년 6월에 정태윤(丁泰允), 김지영(金芝英), 권기원(權奇元), 허정현(許靜賢), 조동영(趙東永)을 각각 충원하였다.[14)]

그러나 2004년까지 『한한대사전』 전17책을 완간하기로 하였던 2차 수정 계획이 계획대로 이루어지지 못하자 학교 당국에서는 특단의 조치를 취하게 되었다. 『한한대사전』은 2005년 6월 당시 계획했던 전체 17책 가운데 절반 정도인 8권밖에 간행이 되지 않았기 때문이었다. 결국 부총장을 위원장으로 하는 '『한한대사전』 편찬 특별대책위원회'가 구성되어 편찬사업을 직접 관리하게 되었고, 이에 따라 학교 당국과 편찬실은 『한한대사전』 편찬 사업을 2008년까지 조기 완료한다는 데 합의하기에 이르렀다.[15)] 편찬 사업의 조속한 마무리를 위해 편찬실에서는 전체 17책으로 간행하기로 했던 것을 16책으로 조정하고, 편찬원 박상수(朴相水), 임향섭(林香燮,

---

14) 1999년 이후 채용된 편찬원들은 재단 부도사태로 인해 어려운 형편에 놓여있던 학교의 재정형편상 대부분 계약직 신분으로 충원할 수밖에 없었다. 『한한대사전』이 완간되기까지 어려운 여건 속에서도 꿋꿋하게 사업을 완수해낸 이들의 헌신적 노력을 간과할 수 없다. 한편 교육부 지원금을 활용하여 1995년 7월과 8월에는 각각 7명과 10명, 총 17명의 객원편찬원을 선발하여 『한한대사전』 원고 작성에 참여케 하기도 하였다.

15) 『단국대학교 60년사(상)』, 단국대학교출판부, 2007, 209쪽 참조.

2006.3), 노상철(盧相澈), 정형도(鄭亨道, 2006.6)를 충원하였다. 편찬원들이 정규 근무시간이 끝난 뒤에도 야근을 하고, 주말 시간까지 반납하면서 특근에 특근을 거듭한 결과 2008년 10월 28일 『한한대사전』 16책은 마침내 완간될 수 있었다.

2) 한국 고유한자와 어휘의 채록 및 주석

연구소에서는 1차로 『한국한자어사전』 4책을 먼저 간행하고 이를 바탕으로 하여 『한한대사전』 17책을 2차로 간행하기로 계획하였던 바, 편찬 작업 역시 한국에서 고유하게 사용되어 온 한자와 한자어를 채록하고 그에 대하여 주석하는 일과, 중국은 물론 우리나라와 일본 등 한자문화권에서 공통적으로 사용되어 온 한자와 한자어에 대하여 주석하는 일로 대별하여 진행해 왔다.

사업계획 초기 채록 대상으로 선정한 120여 종의 문헌을 일일이 독파하면서 1자(字), 1어휘씩 캐 모은 것이 5천여 자와 10만여 어휘에 이르게 되자, 『한국한자어사전』에 수록할 우리나라의 고유한자와 한자어에 대한 채록 작업은 1985년 2월에 일단락을 지을 수 있었다. 이후부터는 주로 어휘 주석 작업에 집중하였다.[16] 그러나

16) 이와 같은 작업 진척 상황은 다음과 같은 글을 통해서도 확인할 수 있다. "편찬원의 대부분은 한국한자어 발췌작업에 종사하였다. 조선왕조실록을 위시한 기본문헌 약 130종 총 7,000권을 대상으로 한국에서만 쓰이는 한자어를 가려내어 카드화하는 작업인바 올해로써 7년째로 접어들고 있다. 편찬사업의 전체 계획과 집행은 이강로 실장이 주관해 내려오고 있다. 초창기에 불가피한 시행착오도 더러 있었으나, 그럼에도 불구하고 편찬사업은 제 궤도 위에서 꾸준히 추진되고 있다. 7년이 차는 올해로써 한국식 한자어 발췌는 일단락을 짓고(발췌카드 총 12,000장 정도), 대부분의 인력이 주석으로 전환하고 있다." 황패강, 「동양학연구소 14년을 회고하며」, 『동양학간보』 1, 단국대학교 동양학연구소, 1984, 6쪽.

주석 역시 채록 이상으로 어려운 작업이었다. 본디 사전의 편찬이란 각 전문 분야별로 그 방면의 석학들이 연구해 놓은 업적을 사전의 체계에 맞춰 집대성하는 것이어야 함에도 불구하고, 『한국한자어사전』의 편찬은 그런 여건이 갖추어지지 않은 상태에서 진행할 수밖에 없었다. 그 결과 편찬원 스스로 글을 독해하고, 개념을 간명하게 표현해야 했다. 사전 편찬의 본 업무와 각 분야에 대한 전문적 연구까지 겸해야 했던 것이다.[17)]

이처럼 『한국한자어사전』 편찬을 위한 채록과 주석 작업은 그 의의만큼이나 난관도 적지 않았다. 차주환(車柱環) 박사는 『한국한자어사전』의 교열 작업에 관계하면서 그 소회를 짤막하게 밝힌 바 있다. 그에 따르면, 그동안의 작업으로 어휘 채록은 대략 10만을 헤아릴 정도에까지 이르렀으나 거기에는 취사 선택이 가해져야 하고 추가 채록할 어휘도 적지 아니 남아 있으며, 그 중에는 처음으로 어음(語音)과 어의(語義)와 설명을 써내야 하는 어휘가 의외로 많아서 한정된 사업 기간에도 불구하고 시간과 정력을 쏟지 않을 수 없고, 조사 연구에 시간과 정력을 쏟더라도 시원하게 해결되지 않는 사례도 적지 않다고 하였다. 나아가 훗날 이용자가 쉽게 이해할 수 있도록 해야 하고, 오자(誤字)가 생기지 않도록 각별히 주의해야 한다고도 하였다.[18)] 실상 이와 같은 문제는 『한국한자어사전』이 궁극적으로 해결하지 못한 한계이기도 하다. 완간 후에도 거듭 지적되는 문제인만큼 앞으로 보완해야 할 과제 가운데 하나라고 하겠다.[19)]

---

17) 김동욱 외, 「한한대사전 편찬 중간보고」, 『동양학간보』 6, 단국대학교 동양학연구소, 1987, 45쪽.

18) 차주환, 「한국한자어사전의 편찬과 교열」, 『동양학간보』 4, 단국대학교 동양학연구소, 1986, 22~26쪽.

3) 「한한대사전편찬실」의 기구 개편과 사전의 완간

「한한대사전편찬실」은 그동안 여러 차례 기구 개편을 거쳤는데, 이는 편찬 사업이 진척되면서 맞닥트리게 되는 불가피한 계획의 변경과 상황의 변화에 따른 것이었다. 『한한대사전』 1권의 편찬 작업을 추진하던 중 『한국한자어사전』을 먼저 발간하기로 결정함에 따라 1986년 9월부터 편찬실을 '한한대사전부'(부장 : 김동길)와 '한국한자어사전부'(부장 : 노영수)로 나누어 『한국한자어사전』과 『한한대사전』 편찬 작업을 동시에 추진하게 되었다. 이듬해인 1987년 7월 1일 초대 편찬실장을 맡았던 이강로(李江魯)가 사임하면서 김동길(金東吉)이 제2대 편찬실장, 노영수(盧寧壽)가 부실장을 각각 맡게 되었고, 이상돈(李相敦)이 한한대사전부장, 허호구(許鎬九)가 한국한자어사전부장을 각각 맡게 되었다. 1991년 6월에는 제2대 편찬실장 김동길의 정년퇴임에 따라 노영수를 제3대 편찬실장으로 임명하였으며, 실장 아래 '한한대사전부' · '교정부' · '전산부' 등 3개 부를 두고 이상돈 · 허호구 · 서지원을 각 부의 수석으로 보임하였다. 이와 같은 변화는 『한국한자어사전』의 출간을 목전에 두고 있던 상황과 아울러 컴퓨터를 활용한 새로운 조판 방식을 도입하기로 한 결정에 따른 것이었다. 1996년 『한국한자어사전』이 완간되고 난 후, 또 한 차례의 개편이 이루어졌다. 그 때까지 한한대사전편찬위

19) 조명근(曺命根), 「교정유감(校正有感)」, 『동양학간보』 11, 단국대학교 동양학연구소, 2001, 25~26쪽; 홍윤표, 「『한한대사전』 보완 방법의 제안 -『한국한자어사전』을 포함하여-」, 『동아시아 고유한자의 국제표준화와 사전편찬』(제3회 동양학연구원 사전학 학술회의 프로시딩), 단국대학교 동양학연구원, 2012, 1~38쪽; 황선엽, 「이두문 자료 어휘의 사전 편찬에 대하여-신라 · 고려를 중심으로-」, 『동아시아 고유한자의 국제표준화와 사전편찬』, 단국대학교 동양학연구원, 2012, 117~131쪽 참조.

원회 부위원장을 맡아 집필 원고에 대한 교열을 전담해 오던 차주환 박사가 1997년 2월 4일자로 제7대 소장에 취임하였고, 행정간사이자 한적과장으로 있던 권영대(權永大)가 노영수의 뒤를 이어 제4대 편찬실장이 되었다.[20] 그리고 1998년 1월에는 『한한대사전』 편찬 사업 초기부터 관여하였던 김상배(金相培) 교수가 차주환 박사의 뒤를 이어 제8대 소장에 취임하면서 사전의 완간을 위하여 박차를 가하였으며, 2000년 8월에는 편찬실장 권영대의 정년퇴임으로 제5대 편찬실장에 김영수(金榮洙)가 취임하여 2004년 6월까지 편찬실을 맡았다. 2005년부터는 '한한대사전 편찬 특별대책위원회'가 구성되어 편찬사업을 직접 관리하게 되었다. 편찬실은 어려운 여건 속에서도 허호구를 수석팀장, 그리고 박찬규와 정동화를 교정팀장, 교열팀장으로 하여 편찬원들이 헌신적인 노력을 기울인 끝에 『한한대사전』 편찬의 대장정을 마무리할 수 있었다.

그러나 『한한대사전』의 완간은 본래의 계획보다 무려 13년이나 더 오랜 시간이 걸려 이루어졌다.[21] 『한국한자어사전』만 해도 첫 권의 출간이 당초 1988년으로 계획되어 있었으나, 2차에 걸친 편찬 계획의 수정을 거치면서 1992년에 가서야 비로소 출간되었으며, 전질의 완간은 6년이나 순연된 1996년에 이루어졌다. 여기에는 여러

20) 『단국대학교 50년사(상)』, 단국대학교출판부, 1997, 597~598쪽 참조.

21) 일개 사립대학으로서는 감당하기 어려운 막대한 자금을 투입하였음에도 불구하고 그 성과가 가시적으로 드러나지 않자 『한한대사전』 편찬 사업을 바라보는 학교 관계자들의 시선은 결코 고울 수 없었다. 더구나 재단의 재정 상태가 좋지 않은 상황에 직면하면서 『한한대사전』 편찬 사업의 중단을 요구하는 목소리가 높아지기도 하였다. 1991년 「한한대사전편찬실」의 편찬사업 진전 상황에 대한 행정실사가 있었고, 2005년에는 사업에 대한 종합실태조사가 이루어지기도 하였으며, 부총장을 위원장으로 하는 '한한대사전 특별대책위원회'가 구성되어 『한한대사전』 편찬 사업을 직접 관리하기에 이르렀다.

가지 요인이 작용하였으나, 다음의 몇 가지 요인은 그 중심에 있었다고 할 수 있다. 첫째, 보다 많은 문자와 어휘를 수록하려는 사전 작업상의 특성으로 말미암아 시간이 가면 갈수록 일의 양이 불어났기 때문이다. 둘째, 당초 계획했던 상근 편찬원에 비하여 실제 인원은 항상 모자랐다. 셋째, 전산 조판 시스템의 설치가 늦어졌고, 넷째 교열과 교정에 오랜 시간이 걸렸기 때문이다.[22] 또한 『한국한자어사전』 발간 후 중국에서 새롭게 나온 『한어대자전(漢語大字典)』과 『한어대사전(漢語大詞典)』을 참고하여 일일이 대조하지 않을 수 없었기 때문이기도 하다. 『대한화사전』과 『중문대사전』을 저본으로 출발하였던 『한한대사전』은 『한어대자전』과 『한어대사전』에 새롭게 수록된 문자와 어휘를 포괄하여야 했고, 그 과정에서 『한한대사전』의 체제도 새롭게 바로잡아야 했다. 이렇게 하여 편찬사업이 시작된 지 31년만인 2008년 10월 28일, 동원 인원 22만 명, 예산 350억 원 이상을 투입한 끝에 마침내 『한국한자어사전』 4책과 『한한대사전』 16책을 완간할 수 있었다. 1996년에 완간된 『한국한자어사전』 4책은 4 · 6배판 총 4,410면으로, 표제한자 5,222자와 한국한자어휘 89,439개를 수록하고 있으며, 2008년에 완간된 『한한대사전』 16책은 4 · 6배판 총 20,786면으로, 표제한자 54,964자, 한자어휘 420,269개를 수록하고 있다.

22) 교정지가 OK로 가기 위해서는 반드시 실장 한 사람의 교열을 거쳐야 했는데, 이것은 사전의 통일성을 갖춘다는 점에서는 장점이었지만, 사전 1책의 교정 기간을 '한 사람이 사전 1책을 교열하는 시간'과 동일하게 만들었다는 점에서는 단점일 수밖에 없었다. 「『한한대사전』 편찬사업」, 『단국대학교 50년사(상)』, 단국대학교출판부, 1997, 608~609쪽 참조.

3. 『한한대사전』 편찬을 위한 제반 활동

「한한대사전편찬실」에서는 『한한대사전』 편찬을 위하여 각종 전적이나 원고와 씨름해 왔을 뿐 아니라 보다 나은 사전을 편찬하기 위하여 자체적으로 다양한 활동을 펼쳐 왔다. 여기에서는 그 가운데 월례연구토의회와 『동양학간보』 발간, 동양학연구소 도서실의 운영, 편찬원의 해외 시찰, 전산 조판 시스템의 도입과 한자 폰트 개발 등에 대하여 간략히 소개하기로 한다.

1) 월례연구토의회(月例硏究討議會)

동양학연구소에는 1972년부터 연구원을 중심으로 매월 1회 연구토의회를 가져왔다. 연구원들의 개인적 연구나 『이십오사(二十五史)』 발췌 정리 작업 및 『한한대사전』 편찬 과정에서 나타나는 문제들을 주제로 하여 발표와 토의를 진행하여 왔으며, 연구소를 방문하는 저명한 외국학자와 좌담을 하거나 강연을 듣는 기회로 이용하기도 하였다.[23] 편찬실에서는 동양학연구소의 월례연구토의회를 활용하여 『한한대사전』 편찬과 관련한 주요 문제들을 발표하고 토론하면서 『한한대사전』의 체제와 내용에 대한 정보를 공유하고 의견을 정리하는 기회로 삼았다. 특히 월례연구토의회는 사전 편찬과정에서 논의가 필요한 문제들을 공개적으로 드러내놓고 함께 검토하는 자리가 되었는데, 여기에서 논의된 내용들을 소개하면 다음과 같다.

---

23) 「동양학연구소 약사(略史)」, 『동양학』 20, 단국대학교 동양학연구소, 1990, 490~491쪽 참조.

李江魯, “文法的 모호성과 그 辭典處理의 問題點”(1981.11.24. 제63회)

李忠九, “韓國漢字에 대한 文字學的 考察”(1982.3.23. 제66회)

李江魯, “借字語의 辭典的 處理에 대하여”(1982.4.26. 제67회)

金永萬, “漢韓辭典에서의 漢字音”(1982.11.29. 제68회)

李江魯, “語彙의 고증과정에 대하여－尙方定例의 進上衣類를 對象으로－”(1983.5.23. 제71회)

李江魯, “同形語彙의 處理要領”(1984.9.14. 제76회)

洪順錫, “漢字語 注釋上의 關聯語 處理에 대하여”(1984.11.16. 제77회)

金東吉, “漢韓大辭典에서의 字典的 分野에 대한 小考(1)”(1984.12.11. 제78회)

金東吉, “漢韓大辭典에서의 字典的 分野에 대한 小考(2)”(1985.2.19. 제80회)

金東吉, “漢韓大辭典에서의 字典的 分野에 대한 小考(3)”(1985.4.12. 제82회)

金侖禹, “韓國 古地名에 對한 小考”(1985.4.18. 제83회)

金東吉, “辭典注釋에 대한 諸問題”(1985.5.17. 제84회)

徐智源, “漢韓大辭典의 컴퓨터編纂組版에 대하여”(1986.5.9. 제86회)

金東吉, “漢韓大辭典 編纂指針(試案)에 關한 研究(1)”(1986.6.17. 제87회)

金東吉, “漢韓大辭典 編纂指針(試案)에 關한 研究(2)”(1986.7.8. 제88회)

徐智源, “漢韓大辭典의 編纂과 컴퓨터인쇄”(1986.9.9. 제89회)

徐智源, “辭典編纂과 컴퓨터인쇄(2)”(1987.3.19. 제90회)

徐智源, "辭典出版에 있어 컴퓨터 이용의 國內外 動向"(1988. 5.20. 제96회)

李江魯, "辭典的 處理에서 본 中國音과 韓國音"(1990.3.26. 제107회)

2) 『동양학간보(東洋學簡報)』의 발간

제4대 소장 김동욱(金東旭) 박사의 발의로 1984년 12월에 창간된 『동양학간보(東洋學簡報)』는 동양학연구소에서 간행하는 학술지 『동양학(東洋學)』의 자매지로서 한동안 학계와의 대화 창구 역할을 하였다.[24] 특히 『동양학간보』는 『한한대사전』 편찬 사업을 널리 알려 여론을 환기하고, 정부를 비롯한 외부기관과 관련 분야 여러 학자들의 협조와 조언을 구하는 데에도 큰 역할을 하였다. 『동양학간보』 표지 이면에 적혀 있는 "우리는 17년의 세월과 70억의 재원을 들여 '한한대사전'의 편찬을 진행 중에 있다. 이는 민족문화 유산의 계승을 위한 우리 민족의 민족적 대사업이라 자부하고 있다. 이 사전을 편찬하고 있는 실무자도 그런 긍지 속에서 일하고 있다. 뜻있는 인사께서는 이 사업의 완수를 위하여 적극적으로 협조하여 주기를 바라 마지 않는다."라는 문구는 『한한대사전』 편찬 사업에 임하는 연구소 및 편찬원들의 사명감을 대변하는 것이라고 할 수 있다.

『동양학간보』는 『한한대사전』 편찬과 관련한 소식을 관련 학자들에게 알리고 그들의 의견을 수렴하는 창구가 되어 주었다. 편찬

24) 1984년 12월부터 매년 2차례씩 간행되어 온 『동양학간보』는 1990년 4월 10호를 발간한 뒤 잠시 중단되었다. 그 뒤 2001년 속간되었던 『동양학간보』는 2004년 12월 15호를 발간한 뒤 더 이상 발간되지 않고 있다.

실에서는 『한한대사전』을 편찬하는 과정에서 속 시원하게 해결하지 못하고 있던 문제들을 『동양학간보』에 숨김없이 털어놓고 대방의 지혜를 모으려는 시도를 아끼지 않았다. 이는 단국대학교 동양학연구소의 힘만으로는 감당하기에 벅찬 범국가적이고 범민족적인 대사업을, 비록 편찬 사업에 직접적으로는 참여하고 있지 않으나 지대한 관심을 가지고 지켜보고 있는 이들과 함께 만들어가고자 하는 충정에서 비롯된 것이다.

① 다음의 것들은 우리식 한자어입니다. 이런 한자어를 동양학연구소에서는 약 10만 단어를 수집해 놓고 있습니다.
이번 호의 단어 수는 360단어입니다. 이중에서 본인이 알고 해석할 수 있는 단어가 1/4이었습니다. 전공에 따라 각자의 아는 단어의 수는 다를 것입니다. 괄호 안에 기입한 것은 본인이 시안(試案)으로 상식적인 면에서 아는 대로 메모한 것입니다. 한 단어의 띄어쓰기에 무리가 있는 것도 있었습니다. 여러 분께서도 각자 자기의 우리식 한자어의 실력을 테스트해 보지 않으시렵니까?
이 란(欄)은 동양학연구소와 뜻있는 여러 학자와의 협동의 광장으로 설치해 놓은 것입니다. 협력해 주시고 해석해 주시는 분에게는 사례를 드리려고 합니다.
차자어(借字語)에 있어서는 그 읽는 법을, 변음(變音)으로 읽는 낱말은 그 변음을 정확히 적어 주시고 어의(語義)가 여럿으로 갈라진 낱말은 그 뜻갈래를 아시는대로 적어 주시기 바랍니다.

〈김동욱〉[25)]

② 편찬실에서는 1978년부터 우리 문헌에서, 우리 선인(先人)들이 만들어 쓴 한국한자어를 채록하고, 그 채록 어휘를 바탕으로 하여 한국한자어사전의 원고를 집필해 왔습니다.
그 동안 약 15만 단어를 다루는 과정에서, 그 어의(語義)를 정치(精緻)하게 파악할 수 없는 것이 있는가 하면, 구두(句讀)를 어디서 띄어야 문맥을 바로보는 것인가에 대한 의문이 있는 것도 있기에, 이번에 이 간보 특집을 통해 이를 일반에게 공개함으로써, 뜻있는 구안자와 각 분야별 석학들의 고견을 얻어 함께 토구할 수 있는 협동의 광장을 마련하기로 하였습니다.[26]

③ 우리 편찬실에서는 7년여의 각고 끝에 한국한자 및 한국한자어의 제일차적 채록작업을 끝마치고, 작년부터 본격적인 주석작업에 착수하였다.
70억원 이상의 재원확보가 일개 사학재단으로서는 전담하기가 힘겨운데다 활판에 의한 조판의 어려움을 컴퓨터에 의해 극복해 보려는 의욕 또한 돈을 가지고서도 해결하지 못하는 어려움이 뒤따르고 있다.
이런 가운데에서 막상 주석에 손을 대고 보니 처음 예견했던 이상의 난제들이 산적해 있어 강호제현의 참여와 질정을 받고자 본 편찬실에서 기획하고 있는 시안본을 공개하기로 하였다. …(중략)… 이 시안본을 공개함에 있어 독자 여러분의 의견을 수렴하려 한다. 이를 보시고 첨가하거나 고치고자 하시

25) 한한대사전 편찬실, 「우리식 한자어 풀이(Ⅰ)」, 『동양학간보』 1, 단국대학교 동양학연구소, 1984, 8쪽.
26) 동양학연구소 한한대사전 편찬실장, 「한국한자어사전에서의 난해 어휘(Ⅰ)」, 『동양학간보』 10, 단국대학교 동양학연구소, 1990, 2쪽.

는 의견이 있으시면 아래에 통지해 주시면 감사하겠습니다. 아울러 투고 의견은 동양학간보에 싣고자 하오니 여러분의 협력을 바랍니다.

동양학연구소장 김동욱 백[27]

①과 ②는 한국한자어의 풀이 과정에서 부딪힌 난관을 극복하기 위하여 강호제현에게 협조를 구한 것이고, ③은 어휘 주석만이 아니라 『한국한자어사전』 자체의 시안을 공개함으로써 사전 발간에 앞서 각계각층의 의견을 수렴하여 혹 저지를 지도 모를 시행착오를 최소화하기 위해서 종합적으로 의견을 구한 것이다. 『동양학간보』를 이용하여 미래의 사전 이용자들과 소통하고자 하였던 이와 같은 편찬실의 노력은 강호제현의 열화와 같은 화답으로 매우 고무적인 결과를 이끌어낼 수 있었다. 특히 '『한한대사전』 시안본'에 대한 각계각층의 의견 제시는 『한한대사전』의 완성도를 높이는 데 커다란 기여를 하였다. '횡서(橫書)'와 '종서(縱書)'의 문제, 약물 표시 방법, 한자음의 표기 방법, 조선왕조실록의 권수와 연월일을 아라비아 숫자로 표기할 것, 『이십오사(二十五史)』의 원전 표기 시 권수를 밝혀 줄 것, 누락된 어휘 보충을 위한 다양한 자료의 제공, 주석의 문제, 사전의 체재, 나아가 판형에 이르기까지 크고 작은 문제들을 두루 관심을 가지고 지적해 줌으로써, 편찬실로서는 이용자들에게 환영받는 사전을 만들 수 있는 계기로 삼을 수 있었다.[28]

---

27) 편찬실, 「한한대사전 시안본」, 『동양학간보』 3, 단국대학교 동양학연구소, 1985, 15쪽.

28) 송방송(宋芳松), 「한한대사전 시안본에 대한 의견」, 『동양학간보』 4, 단국대학교 동양학연구소, 1986.; 「[특집] 한한대사전 시안본에 대한 각계의 의견」, 『동양학간보』 5, 단국대학교 동양학연구소, 1986.; 송방송, 「한국한자어사전 시안본에 대한 의견」, 『동양학간보』 8, 단국대학교 동양학연

3) 동양학연구소 도서실의 운영

본 도서실은 동양학연구소의 설립목적인, 한국문화를 기축으로 한 동양문화 전반의 연구를 뒷받침하기 위하여 1970년 9월 연구소 발족과 함께 부설 운영되어 왔는데, 2001년 8월 여러 개의 각 실로 나뉘어 있던 편찬실을 일석기념관 3층의 도서실 자리로 통합하는 과정에서 소장 도서를 중앙도서관으로 옮겨 관리하고 있다. 당초 사찰 불교전적 300여 책과 장충식 전 총장이 수차에 걸쳐 대만에 가서 구입한 『사부비요(四部備要)』(611책) 등 중국 전적 1,000여 책을 기반으로, 동양학 연구에 필요한 기본 사전류, 문학, 사학, 철학, 어학류, 문집류, 불전류 자료를 국내외에서 널리 수집하여 35,000여 책의 장서를 소장하고 있었다. 『문연각(文淵閣) 사고전서(四庫全書)』 전질이 비치되어 있었으며, 동양학 관계 전문도서 실로서 전문사서를 두고, 그 특성에 맞는 도서분류법을 사용하여 이용자의 편의를 도모하였다. 또한 30여개 국에 달하는 외국의 학술기관과 자료를 교환하였으며, 1999년에는 『동양학연구소 장서목록』을 간행한 바도 있다.[29] 특히 동양학연구소 도서실은 사전편찬에 필요한 자료를 가까운 곳에서 자유롭게 찾아볼 수 있도록 하였다는 점에서 『한한대사전』 편찬에 기여한 바 크다고 할 수 있다.

4) 편찬원의 해외 시찰

동양학연구소 제4대 소장이었던 김동욱 박사는 편찬원들의 자질

구소, 1988.

29) 황패강, 「동양학연구소의 회고와 전망」, 『동양학』 30, 단국대학교 동양학연구소, 2000, xvi쪽 참조.

향상을 위한 연수의 일환으로 해외 시찰을 추진하였다. 그 결과 1985년 8월에는 일본과 대만 등의 사전 사업 현황과 그 기술적 측면을 시찰하기 위하여 편찬실장 이강로와 편찬원 김동길을 파견하여 약 2주간 연수 경험을 쌓게 하였다. 또한 1986년 7월에는 편찬원 서지원과 이현식으로 하여금 열흘 간 일본을 다녀오도록 하였다.30)

한편 ISO(국제표준기구) 산하 CJK-JRG(한중일 통합한자연구그룹)나 IRG 위원으로 활동하여 온 서지원의 경우에는 해당 그룹이나 위원회의 회의가 있을 때 한국대표로 참석할 수 있도록 배려함으로써 사전 편찬과 관련한 국제적 이슈와 동향을 파악할 수 있는 기회를 갖게 하였다. 그에 따라 서지원은 1992년 하와이에서 열린 CJK-JRG 제5차 회의(11.30~12.6)에 다녀올 수 있었으며, 1994년 북경에서 열린 IRG 제3차 회의(8.29~9.2)에도 한국대표단원으로 참가할 수 있었다.31)

5) 전산조판 시스템의 도입과 한자 폰트 개발

일찍이 이강로 편찬실장은 컴퓨터 조판의 문제를 심각하게 생각해 보아야 한다고 주장을 한 바 있었으나, 받아들여지지 않았다. 활판인쇄가 주류를 이루고 있던 시대였기 때문이다. 그러나 『한한대사전』에서 다루는 한자는 줄잡아 6만여 자였다. 시중 인쇄소에서 처리할 수 있는 한자의 자모는 약 2만여 자에 불과하였다. 자모에

---

30) 『단국대학교 40년사』, 단국대학교출판부, 1987, 624쪽.

31) 「휘보」, 『동양학』 23, 단국대학교 동양학연구소, 1993, 238쪽.; 「휘보」, 『동양학』 24, 단국대학교 동양학연구소, 1994, 296쪽 참조. 현재 동양학연구원의 연구원 정형도가 한국한자특별전문위원회(KIRG) 위원으로 활동하고 있다.

없는 벽자(僻字)는 쪽자로 해결할 수밖에 없었는데, 쪽자로 해결해야 할 글자의 수가 전체 자모의 2배가 넘는 상황이었으니, 자모의 추가 개발 없이는 불가능한 노릇이었다. 그러나 4만여 자의 자모 개발에는 엄청난 비용이 들어야 했다.

'사식'이라고 하는 사진식자도 어렵기는 마찬가지였다. 사식은 시중에 유통되고 있던 자모판 외에 부족분을 일본으로부터 구입하거나 주문 제작할 수 있었으나, 조판기술적으로는 문제가 많았다. 한글과 한자를 혼용해 쓰면 자간이 일정치 않아 한 행의 길이가 일정하지 않았다. 그러다보니 원고를 집필할 때 괄호와 각종 부호들을 일일이 계산해서 집필해야 했고, 그래도 수정할 부분이 생기면 대지(臺紙)작업을 하는 숙련공들이 일일이 칼질을 해야 했다.

당시 시중에는 일본의 '모리사와' 컴퓨터 조판기와 '샤켄(寫硏)'의 컴퓨터 조판기가 나와 있었는데, 비록 고가이기는 하였으나 매우 파격적인 조판방식이었고 경제성도 뛰어났다. 그러나 한자의 수량을 마음대로 늘릴 수 없는 것은 커다란 결점이었다. 한자의 수량을 늘리는 데에도 한도가 있었고 일본에서 폰트를 개발하여 한국으로 가져오는 비용도 상당 액수가 소요될 것으로 보였다. 결국 일본식 컴퓨터 조판은 어려운 것이었다.

전산 조판은 분명 기존의 활판이나 사진식자보다 편리하며 경제적인 방식이었다. 연구소에서는 1987년 6월 26일 제60차 평의원회의에서 '『한한대사전』 조판작업과 컴퓨터 도입에 관한 일'을 정식으로 다루어 필요성을 확인한 다음, 학교 당국에 도입을 건의하였다. 또한 1989년 9월 2일 편찬회의를 개최하여 컴퓨터 도입문제를 논의하였고, 월례연구토의회에서도 이 문제를 거듭 다루어 여론을 환기시켰다. 학교 당국에서는 연구소의 건의를 받아들여 점검한 끝에 서울시스템의 제품을 선택하게 되었다. 마침내 1990년 10월 서울시스템으로부터 입력기 3대와 출력기 1대를 임대하여 일석기념관 3층 도서실에 설치하고, 같은 달 22일부터 『한국한자어사전』의 첫머리 원고를 조판하였다. 이를 위해 편찬원 서지원이 편찬실에서 3층 도서실로 자리를 옮겼고, 손민희 등 입력 오퍼레이터 3명은 서울시스템 직원 자격으로 근무하였다. 이듬해인 1991년 4월, 입출력기 도입 계약이 정식으로 체결되었고, 6월에는 입력기 3대를 추가로 도입함과 아울러 한자 폰트 1만자에 대한 개발도 체결하였다. 이후 일석기념관 1층의 102호에 입출력기를 이전 설치하였고, 얼마 뒤에는 106호도 확보하여 사용하게 되었다. 1992년 1월, 1만자의 한자 폰트를 납품받아 사용하면서부터 교정의 진척도를 한층 높일 수 있었다.

그러나 조판 시스템이 갖추어지지 않아 『한국한자어사전』 1권의 출력은 (주)서울시스템에 가서 해야 했다. 한자도 많이 부족하였다. 그러다가 1993년 1월, 일석기념관 106호에 필름인화지 출력기와 현상기 1세트를 설치하고, 교정용 출력기도 1대 추가로 설치함으로써, 연구소의 컴퓨터실은 조판 입력에서 최종 작업까지 공정 전체를 자체적으로 해결할 수 있게 되었다. 1993년 말 교육부의 폰트 개발 지원금(매년 6천만원씩 5년간 지원)이 확정되면서 폰트에 대한 보완도 이루어질 수 있었다. 1993년 12월 27일 학교 당국과 (주)서울시스템 사이에 한자 폰트 45,000자에 대한 개발 계약이 맺어짐으로써, 폰트 소유권에 대한 논란은 남아있으나 연구소에서는 한글 고체와 중국 간체자를 포함하여 모두 6만여 자의 한자를 사용할 수 있게 되었다.[32] 『한한대사전』은 이렇게 개발된 한자 폰트를

32) 『단국대학교 50년사(상)』, 단국대학교출판부, 1997, 600~605쪽 참조. 한

이용하여 아름다운 모습으로 세상에 나올 수 있었던 것이다.

Ⅲ. 앞으로의 계획

학교 당국에서는 『한한대사전』의 완간 직후인 2008년 12월 「한한대사전편찬실」의 해체를 통보하여 왔다. 목적사업이 완료되면 목적사업을 위해 구성되었던 기구는 해체되는 것이 당연하다. 국립국어원의 『표준국어대사전』 편찬팀이나 한국정신문화연구원의 『민족문화대백과사전』 편찬팀이 그러했고, 고려대학교의 『한국어대사전』 편찬팀이 그러했다.[33] 「한한대사전편찬실」의 해체 통보는 그런 점에서 당연한 것이었으나, 동양학연구소 「한한대사전편찬실」은 그 후속 사업을 위해 다시 조직되어 가동 중에 있다. 그러나 「한한대사전편찬실」에서 무엇보다 먼저 해야 할 첫 번째 과제는 『한국한자어사전』과 『한한대사전』의 오류를 바로잡고 수정 보완하는 일이 될 것이다. 다행히 후속 사업이 이를 전제로 한 것이어서 후속 사업의 진행 과정에서 자연스럽게 수정 보완이 이루어질 것으로 기대하고 있다. 여기에서는 30여 년에 걸친 대장정 끝에 『한국한자어사전』 4

편 동양학연구원에서는 2012년 6월 22일 (주)서울시스템과 웹 폰트에 대한 계약을 체결함으로써 『한한대사전』 간행을 위해 개발한 한자 폰트 '서울시스템 단국대체'의 유무선 온라인 사용권 및 배포권을 구득하였다. 이로써 그동안 많은 공을 들여 개발한 『한한대사전』의 아름다운 한자 폰트를 온라인 상에서 자유롭게 사용할 수 있게 되었다.

33) 홍윤표, 앞의 논문, 1쪽 참조.

책과 『한한대사전』 16책을 완간한 「한한대사전편찬실」이 계획하고 있는 사업을 간략히 소개하는 것으로 결론을 대신하고자 한다.

1. 『한한대사전』의 웹 서비스

동양학연구소 「한한대사전편찬실」에서는 『한국한자어사전』과 『한한대사전』을 통합·수정·보완하고 디지털화하여 웹상에서 서비스를 제공하는 것을 목적으로 한 후속 사업을 추진 중에 있다. 이 사업은 본래 2009년 12월부터 2013년 11월까지 총 4년에 걸쳐 추진하는 것으로 계획안이 마련되었던 것으로, 학교 당국의 승인을 거쳐 편찬원 박찬규, 정동화, 정태윤, 윤현희, 정도상, 김지영 등이 사업에 참여하고 있다.[34] 편찬실에서는 이를 위해 2009년 12월 (주)한테크미디어와 계약을 맺고 웹 서비스를 위한 데이터 변환 및 통합 DB 구축과 통합편집기 개발을 추진하여 2년여에 걸친 작업 끝에 2012년 2월 20일 통합편집기 개발을 완료하고, 테스트 작업을 진행 중에 있다. 이 과정에 정석용이 편찬실로 복귀하고, 황연정이 계약직 직원으로 참여하게 되면서 편찬실은 활력을 띠게 되었을 뿐만 아니라, 2010년 6월에는 2011년도 한국학진흥사업 한국학기초사전편찬 분야에 '통합디지털 한한대사전' 과제(2010.6.25~2013.6.24)가 선정되어 3년간 연구비를 지원받게 되었다. 그에 따라 기존의 편찬원들 외에 연구원 김정민·정형도와 연구보조원 김인홍도 이 사업에 동참하여 힘을 보태고 있다.

이 사업은 우선 『한국한자어사전』과 『한한대사전』의 데이터를

34) 이 가운데 편찬원 정동화는 2010년 12월 한국고전번역원으로 적을 옮겼다.

통합 증보하고, 둘째로 웹 폰트를 정비 개발하여 웹 기반 환경에서 구현될 수 있도록 한 뒤, 셋째 웹 서비스를 제공하는 것을 목적으로 한다. 『한국한자어사전』과 『한한대사전』의 통합 DB가 구축되고 웹 서비스가 가능해지면, 부수, 총획, 자음 등의 색인 검자는 물론, 풀 텍스트, 분류별 검색, 용어별 검색 등 종합적인 검색 시스템을 구현하고, 응용 프로그램 인터페이스(API)를 공개하여 기본 서비스를 다른 학술 사이트에서 연계해 사용할 수 있도록 할 것이다. 뿐만 아니라 '위키피디아' 형태의 양방향 커뮤니티 사전으로 발전시켜, 신속하면서도 지속적인 수정과 보완이 가능한 미래지향적 사전으로 만들어나갈 계획을 가지고 있다.[35]

2. 학습용 한자사전 및 전문 갈래 사전의 편찬

정확하면서도 풍부한 한자와 어휘를 담은 학습용 한자사전의 필요성에 대해서는 누구나 인정하고 있으나, 실제로 그에 부응하는

---

35) 이러한 목표 아래 진행되고 있는 연구과제는 연구기간인 2012년 6월까지 『한국한자어사전』 1~3권과 『한한대사전』 1~9권까지의 통합 DB 구축 및 웹 폰트 정비와 개발을 완료할 것이다. 그리고 2단계 3개년(2013.6~2016.5) 간의 연구과제를 추가로 신청하여 나머지 『한국한자어사전』 4권과 『한한대사전』 10~15권의 통합 DB 구축 및 웹 폰트 정비와 개발을 완료함으로써, 명실 공히 세계 최고의 『한한대사전』을 웹상에서 누구나 자유롭게 이용할 수 있도록 서비스할 예정이다. 통합 DB를 구축하는 과정에서 단순히 『한국한자어사전』과 『한한대사전』의 내용을 통합하는 데 그치지 않고, 기존에 간행된 『한국한자어사전』과 『한한대사전』의 오류를 바로잡고 여기에 누락된 한자와 한자어를 보완하는 작업도 병행해 나갈 것이다. 아울러 '통합디지털 한한대사전'의 활용성을 높이기 위한 고도화 사업도 차후 사업으로 기획하고 있다.

한자사전을 찾아보기란 쉽지 않다. 동양학연구원 편찬실에서는 『한국한자어사전』과 『한한대사전』을 기반으로 이와 같은 사회적 수요에 대응하는 학습용 한자사전을 편찬할 계획이다.

한편 『한국한자어사전』과 『한한대사전』에는 정치 및 행정제도, 지리, 풍속, 과학, 역사, 문학, 종교 등 여러 분야의 전문 용어들이 두루 망라되어 있다. 동양학연구원 편찬실의 편찬원들은 한문 해독 능력과 함께 자신이 원하는 정보를 DB에서 자유자재로 뽑아 낼 수 있는 능력을 갖추고 있다. 따라서 통합 DB가 구축되면 분야별 전문 갈래 사전을 다양하게 산출할 수 있을 것이다. 정밀하고도 독립적으로 간행될 분야별 한자사전은 각 분야별 전문가들의 연구에 실질적인 도움을 줄 수 있을 것으로 기대한다.

3. 사전학의 세계적 메카를 향한 학술 연구

동양학연구원은 30여 년에 걸친 『한한대사전』 편찬 경험을 바탕으로 이 분야의 전문 인력을 길러냈을 뿐 아니라 적지 않은 학문적 성과도 축적하여 왔다. 특히 보다 나은 『한한대사전』을 간행하기 위해 주고받았던 수많은 고민들과 의견들은 사전학을 개척해 나가는 데 그 어떤 것보다도 큰 힘이 될 것이며, 완간 이후 현재까지 3차례에 걸쳐 개최한 사전학 학술회의 역시 이 분야의 연구자들과 폭넓은 네트워크를 구축하고, 이 분야에 대한 연구 역량을 강화하는 데 기여할 것으로 본다.[36)]

36) 동양학연구원에서는 『한한대사전 편찬 백서』(가칭)의 발간을 준비하고 있으며, 매년 개최하고 있는 사전학학술회의에서 발표된 논문들을 묶어

뿐만 아니라 동양학연구원에서는 산하의 연구실과 편찬실, 번역실이 공히 협동과정을 개설 운영할 계획을 가지고 다양한 방안을 모색하고 있다. 편찬실 역시 그동안의 사전 편찬 경험을 바탕으로 사전학 분야의 여러 측면을 심도 있게 연구하고 교육하는 사전학 협동과정의 개설 운영을 고려하고 있다. 관계자 여러분들의 많은 관심과 적극적인 도움을 바란다. 사전 편찬의 경험과 학술적인 연구, 교육이 함께 어우러질 때 사전학 분야의 세계적인 메카가 될 수 있을 것이라는 확신을 가지고 동양학연구원 편찬실에서는 이 세 분야에 대한 행보를 게을리 하지 않을 것이다.

4. 유관 기관과의 협력 사업

동양학연구원 편찬실은 350억이라는 막대한 재원과 30여 년이라는 긴 세월 동안 이루어진 『한한대사전』의 편찬 경험을 가지고 있다. 이 경험은 그 어떤 것을 주고도 살 수 없는 값진 것임에 틀림없다. 그 속에서 길어 올린 다양한 정보와 기술, 가치를 유관 기관과 기꺼이 공유함으로써 우리 사회가 함께 앞서 나갈 수 있는 길을 모색할 것이다. 이는 『한한대사전』 편찬에 음으로 양으로 도움을 주었던 강호제현에 보답하는 길이 되기도 할 것이다. 예컨대 동양학연구원에서는 2012년 4월 12일 (주)한글과컴퓨터와 '한컴오피스' 한자 정비를 위한 MOU를 체결함으로써, 함초롬체 폰트 개발 및 '한컴오피스' 한자사전 정비에 『한한대사전』을 활용할 수 있도록 하였다.[37] 동양학연구원에서는 이밖에도 국사편찬위원회나 한국고

'사전학총서'로 간행할 예정이다.

전번역원, 한국학중앙연구원, 서울대학교 규장각, 고려대학교 민족문화연구원 등 국학 관련 연구기관들과 정보를 공유함으로써 연구자들에게 이용의 편의를 도모할 수 있도록 할 것이다. 뿐만 아니라 한자 폰트에 대한 공동 연구와 논의를 통해 국제사회에서 대한민국의 위상을 높이는 데에도 기여할 것이다.

이밖에도 동양학연구원 편찬실이 감당해야 할 일들이 여러 가지 있겠으나, 무엇보다 우선해야 할 것은 우리가 펴낸 『한한대사전』의 권위를 더욱 끌어올리는 일이라고 생각하고 있다. 『한한대사전』에 대한 각계각층의 비판을 겸허하게 받아들이고 오류를 바로잡아 나갈 것이다. 누락되었거나 미처 검토하지 못한 자료들을 찾아 보완하고, 새롭게 등장한 연구 성과들을 최대한 반영하여 명실 공히 세계 최고의 한자사전을 만드는 데 끊임없는 노력을 기울일 것이다. 단국대학교 동양학연구원과 『한한대사전』에 대한 지속적인 관심과 성원을 기대한다.

37) 「한컴 · 단국대 한컴오피스 한자 검색 정비 협약」, 『파이낸셜뉴스』 2012년 4월 13일자.

〈참고문헌〉

단국대학교 동양학연구소, 『한국한자어사전(韓國漢字語辭典)』 1~4, 단국대학교 동양학연구소, 1992~1996.

단국대학교 동양학연구소, 『한한대사전(漢韓大辭典)』 1~16, 단국대학교 동양학연구소, 1999~2008.

『단국대학교 30년사』, 단국대학교출판부, 1977.

『단국대학교 40년사』, 단국대학교출판부, 1987.

『단국대학교 50년사(상)』, 단국대학교출판부, 1997.

장충식, 『중재(中齋) 장충식(張忠植) 회고록 시대를 넘어 미래를 열다』, NOSVOS, 2011.

국립국어원, 『≪표준국어대사전≫ 편찬 백서』, (주)계문사, 2000.

겨레말큰사전 남측편찬위원회, 『겨레말큰사전 공동편찬위원회 백서』, 2005.

도원영 · 박주원, 『〈고려대 한국어대사전〉과 사전학』, 지식과교양, 2011.

「[특집] 한한대사전 시안본에 대한 각계의 의견」, 『동양학간보』 5, 단국대학교 동양학연구소, 1986.

「동양학연구소 약사(略史)」, 『동양학』 20, 단국대학교 동양학연구소, 1990.

「한한대사전편찬실(漢韓大辭典編纂室) 규정」, 『단국대학교 40년사』, 단국대학교출판부, 1987.

김동욱(金東旭) 외, 「한한대사전 편찬 중간보고」, 『동양학간보』 6, 단국대학교 동양학연구소, 1987.

단국대학교 동양학연구소, 「일러두기」, 『한국한자어사전(韓國漢字語辭典)』 1, 단국대학교 동양학연구소, 1992.

단국대학교 동양학연구소, 「일러두기」, 『한한대사전(漢韓大辭典)』 1, 단국대학교 동양학연구소, 1999.

동양학연구소 한한대사전 편찬실장, 「한국한자어사전에서의 난해 어휘(Ⅰ)」, 『동양학간보』 10, 단국대학교 동양학연구소, 1990.

송방송(宋芳松), 「한국한자어사전 시안본에 대한 의견」, 『동양학간보』 8, 단국대학교 동양학연구소, 1988.

송방송(宋芳松), 「한한대사전 시안본에 대한 의견」, 『동양학간보』 4, 단국대학교 동양학연구소, 1986.

장충식(張忠植), 「『한한대사전』 완간을 보는 소회」, 『한한대사전 간행기』, 단국대학교 동양학연구소, 2008.

정재철(鄭載喆), 「『한한대사전』의 편찬 방향과 사전사적 의미」, 『동양학』 46, 단국대학교 동양학연구소, 2009.

조명근(曺命根), 「교정유감(校正有感)」, 『동양학간보』 11, 단국대학교 동양학연구소, 2001.

차주환(車柱環), 「한국한자어사전의 편찬과 교열」, 『동양학간보』 4, 단국대학교 동양학연구소, 1986.

편찬실, 「한한대사전 시안본」, 『동양학간보』 3, 단국대학교 동양학연구소, 1985.

한한대사전편찬실, 「우리식 한자어 풀이(Ⅰ)」, 『동양학간보』 1, 단국대학교 동양학연구소, 1984.

한한대사전편찬실, 「한한대사전의 집필 및 편찬방향」, 『동양학간보』 8, 단국대학교 동양학연구소, 1988.

홍윤표, 「『한한대사전』 보완 방법의 제안 – 『한국한자어사전』을 포함하여－」, 『동아시아 고유한자의 국제표준화와 사전편찬』 (제3회 동양학연구원 사전학 학술회의 프로시딩), 단국대학교 동양학연구원, 2012.

황선엽, 「이두문 자료 어휘의 사전 편찬에 대하여－신라 · 고려를 중심으로－」, 『동아시아 고유한자의 국제표준화와 사전편찬』, 단국대학교 동양학연구원, 2012.

황패강(黃浿江), 「동양학연구소 14년을 회고하며」, 『동양학간보』 1, 단국대학교 동양학연구소, 1984.

황패강(黃浿江), 「동양학연구소의 회고와 전망」, 『동양학』 30, 단국대학교 동양학연구소, 2000.

「〈교수신문〉 특별기획 '대학의 유산, 한국의 미래다' 시상식」, 『교수신문』 2012년 5월 4일자 5면.

「한컴 · 단국대 한컴오피스 한자 검색 정비 협약」, 『파이낸셜뉴스』 2012년 4월 13일자 30면.

[『동양학』 52집(2012) 수록]

중국 자서 편찬사에 대한 고찰

徐 元 南*

Ⅰ. 서 론

중국은 매우 오랜 자서 편찬 역사를 지니고 있다. 문헌에 기록된 내용을 통해서 보면 중국의 자서 편찬은 주대의 사관인 사유(史游)가 편찬하였다는 『史籀』편과 진한 시대에 편찬된 자서 등이 기록으로 전해지고 있다.[1] 자서란 본래 문자의 자형과 발음 형태 및 뜻

* 한양대학교 중어중문학과 교수

1) 중국 자서의 기원에 대해 일반적으로 3가지 주장이 제기되고 있다. 첫째는 『易經』 기원설로 그 근거는 『易經』이 사서의 편찬 체례에 따라 편찬되어 사서의 편찬 특성을 구비하고 있다는 것이다. 구체적인 근거로 『易經』이 언어를 해석한 공구서이며 사회활동을 선도하는 교과서로서의 『易經』의 역할을 긍정적으로 인식하였다. 또한 추상적인 해석이 아니라 예를 들어 설명하는 방법을 통해 낱말의 여러 가지 뜻을 나타내고 있으며, 아울러 자두(字頭)와 사목(詞目)의 관계가 형식에 구속되지 않았다는 점을 들고 있다. 둘째, 전국시기에 이미 중국에 자서가 탄생했다는 주장이다. 그 근거로 『漢書·藝文志』의 소학류에 기록된 『史籀』편의 기록을 들고 있다. 셋째, 진한시기의 식자과본을 자서 탄생의 시작으로 보는 주장이다.

을 풀이한, 다시 말해 하나의 문자에 대한 형, 음, 의를 설명한 저작으로, 후대의 자전에 해당된다.[2)]

중국 자서의 발전은 역대 소학 연구와 밀접한 관계를 지니고 있어, 소학 연구의 산물이라고 해도 과언이 아니다. 한대에는 문자와 관련된 것을 소학이라고 하였는데, 이는 아동들이 소학에 입학하여 처음으로 문자를 익히기 시작한 것에서부터 비롯되었다. 수당 이후에는 소학의 범위가 더욱 광범위해져 문자학, 훈고학, 성운학, 금석학 등의 총칭으로 사용되었다. 이처럼 소학은 발전을 통해 각 분야별로 전문성이 요구되는 시대적 상황에 맞게 보다 더 세분화되었으며, 자서도 전문적으로 문자의 해석 및 연구와 관련된 서적으로 국한되었다.[3)] 이러한 전통적인 소학 관념의 출발은 마침내 청말에 이르기까지 약 2000여 년 동안 금과옥조로 여겨졌으며, 이것은 "소학"을 크게 문자, 성운, 훈고의 세 가지 분야로 나누어 연구를 진행하는 것에 그 이론적인 근거를 제공하고 있다.[4)]

고대 중국의 자서는 현재의 자전과 사전의 개념을 겸하고 있다.

---

2) 북제 안지추의 『顔氏家訓 · 書證』(천진고적출판사, 1995), 197쪽.: "西晉以往字書, 何可全非但令體例成就, 不爲專輒耳"라고 하였는데 이를 통해 자서가 문자를 해석한 전문 서적의 통칭으로 사용되었음을 알 수 있다.

3) 역대 사지(史志)에 수록된 소학서의 분류를 통해서 볼 때 이러한 사실을 확인할 수 있다. 한대 반고가 유흠의 『七略』에 근거하여 편찬한 중국 최초의 도서목록서인 『漢書 · 藝文志』에서는 문자학과 관련된 고서를 모두 "소학"이라는 명칭으로 분류했다. 반고 이후, 진대 순욱의 『中經新簿』, 송대 왕검의 『元徽四部書目』, 당대 편찬된 『隋書 · 經籍志』와 청대 『四庫全書』에서는 문자와 관련된 서적을 모두 "소학"류로 분류했다. 특히 『四庫全書』에서는 소학류를 훈고, 자서, 운서로 더욱 세분화하여 분류했다.

4) 중국 고대의 자서는 일반적으로 3가지 종류로 발전되었다. 즉 문자의 형의를 설명한 『說文解字』류, 훈고를 위주로 한 『爾雅』류, 음운과 문자 훈고 및 자음까지를 겸하고 있는 『廣韻』류 등인데 후대의 자서들이 대체로 이 3가지 종류로 나뉘어 발전되었다.

즉, 고대 중국의 경우 '문'과 '자' 및 '자'와 '사'라는 개념이 혼용되었다. 이로 인해 고대의 자서는 대부분 하나의 글자를 해석하고 있지만 또한 많은 복사(復詞)를 포함하고 있다. 따라서 이전에는 이러한 문자와 훈고에 관련된 서적을 일률적으로 자서라고 불렀으며 자전 혹은 사전으로 구분하여 부르지 않았다. "자전"이라는 명칭은 청대 『康熙字典』에서 최초로 사용되었다. 근대에 이르러 사전이라는 명칭이 생겨남에 따라 자전과 사전의 한계가 생겨나게 되었다. 그러나 양자간에는 불가분의 관계가 있으며, 다만 하나는 자를 해석하고 또 다른 하나는 사(詞)를 풀이하는데 역점을 둔다는 차이점을 지니고 있다. 우리는 자서가 언어문자 발전이 어느 정도 일정한 단계에 이른 후에 나온 산물임을 쉽게 이해할 수 있다.

오랜 기간 동안 발전을 거듭해 온 중국의 자서는 형식과 내용 면에 있어 이미 오늘날 사전류의 형식을 갖추고 있는데, 이러한 자서의 탄생이 어느 한 시기에 어느 한 사람에 의해 이루어진 것이 아님은 누구나 쉽게 인정하는 사실이다. 중국 최초의 자서로 평가되는 한대 허신의 『說文解字』도 그 내용과 체례가 모두 그 이전 시기 초기 자서의 형식을 갖춘 식자과본의 영향을 받았다. 따라서 자서의 편찬은 문화의 전달 과정에 있어 실용적인 면을 추구한 중국인들의 노력이 이끌어 낸 결과물이라고 할 수 있다. 즉, 이전 시대의 문화를 편리하게 이해하기 위해 하나로 결집된 문화 결정체라고 할 수 있다. 따라서 중국의 자서는 중국어문학 연구에 있어 많은 자료를 제공할 뿐만 아니라, 중국의 고대문화를 이해하는 중요한 보조 공구서의 역할을 지니고 있다. 이러한 이유로 자서는 중국문화의 전통적인 계승과 전달 과정에서 매우 중요한 작용을 발휘하였다. 그러한 연구의 기초 작업으로서 중국 자서의 발전 역사를 고찰하는 것이 우선이라고 생각된다. 비록 앞서 문자학 및 언어학사적 측면에서 연구가 진행되어 많은 결과물이 있었지만, 본고에서는 중국의 자서 편찬사를 통해 그 시대별 자서가 지닌 특성과 의의에 주안점을 두고 살펴보고자 한다. 특히 자서의 탄생시기인 한대에 역점을 두고자 한다.

Ⅱ. 식자과본과 자서의 탄생

1. 식자과본의 편찬

일반적으로 선진시기는 자서의 맹아기로 평가된다. 이러한 평가의 근거가 되는 것이 바로 당시에 아동들에게 문자 교육을 목적으로 편찬된 교재와 『爾雅』와 같이 이전 시대의 훈고를 모아 편찬한 서적들이다. 이러한 식자과본과 고훈회편(故訓匯編)들은 후대 자서편찬의 체례와 내용 등 모든 면에서 기초자료가 된다.

중국에 있어 식자과본의 효시는 주대에 사관이 아동들의 문자 교육을 위해 편찬한 교재인 『史籒』 15편이다.[5] 『史籒篇』의 편찬시

5) 이러한 근거가 되는 원시 자료는 바로 『漢書 · 藝文志』에 기록된 "史籒篇者, 周時史官教學童書也"의 내용이다. 왕국유는 『觀堂集林』 권5 「史籒篇疏證序」에서 『說文解字』의 자의 풀이에 근거하여 "사(史)"와 "주(籒)" 두 글자는 동음동의어로 "주"는 인명이 아니며, 사용된 문자는 주진간의 서토문자라고 고증했다(하북교육출판사, 2001년 11월). 왕력은 『中國語言學史』에서 『漢書 · 藝文志』의 "소학류"에 식자과본만이 수록된 것에 의거하

기는 대략 전국초기 이전에 편찬되어 사용되어진 것으로 봄이 무리가 없을 것이다.[6)]

진시황은 중국을 통일한 후 문자의 통일을 위해 "서동문(書同文)"을 정책적으로 진행하였는데, 이로 인해 진대에도 전대에 이어 표준화 된 문자 사용을 위한 식자과본들이 편찬되었다.[7)] 한대에 이르러서 이러한 식자과본이 더욱 발전하게 되었으며 그 수량도 매우 많이 증가했다.[8)] 또한 이전에 비해 그 중요성도 한층 높아졌다.[9)] 이러한 식자과본은 그 편찬 목적이 아동들에게 한자교육을 시키기 위한 것에서 더 나아가 관리들을 선발할 목적으로 편찬되었다. 따라서 이러한 식자과본의 체례는 대체로 이러한 목적에 맞게 편찬되었기 때문에 형식이 대체로 간단하며 쉽게 배우고 익히는데 도움이 되도록 편찬되었다.[10)] 이러한 식자과본은 후대 "육서"에 근

여 "소학"이 지니는 최초의 의미를 "동몽식자과본"이라고 풀이했다. 또한 『史籀篇』을 춘추전국시대 진에서 사용하던 아동용 문자교육 교재라고 고증했다.(중국도서출판사, 1981).

6) 왕국유는 『觀堂集林』 권5 「史籀篇疏證序」에서 『說文解字』의 "주(籀), 독(讀)" "독(讀), 주서(籀書)"라고 한 것에 의거하여 고대에는 "주"와 "독"자를 동음동의어로 풀이하였으며, 『史籀』편 첫 구인 "태사주서(太史籀書)"를 "태사독서(太史讀書)"로 풀이하여 "주"가 인명이 아님을 주장하였으며, 『史籀』편의 문자 또한 주진시대 "서토문자(西土文字)"라고 고증했다. 이 밖에도 『史籀篇敍錄』도 참고 가치가 있는 자료이다.

7) 진대의 식자과본으로는 이사의 『蒼頡』 7장, 조고의 『爰歷』 6장, 호모경의 『博學』 7장이다. 이러한 것들은 대략 당시 문자통일 이후 표준 소전의 확대 사용을 위해 편찬한 자서이다.

8) 『漢書 · 藝文志』 "소학류"에 수록된 자서로는 "사주(史籀)"15편, 『八技六體』 약간편, 『蒼頡』 1편, 『凡將』 1편, 『急就』 1편, 『元尙』 1편, 『訓纂』 1편, 『別字』 13편, 『蒼頡傳』 1편, 『蒼頡訓纂』 1편, 『蒼頡故』 1편이다.

9) 『漢書 · 揚雄傳贊』에서는 "以爲經莫大於『易』, 故作『太玄』; 傳莫大於『論語』, 作『法言』; 史籀莫善於『蒼頡』, 作『訓纂』"라고 하였다.

10) 단옥재는 『說文解字注』에서 "自『蒼頡』至『彦均』, 章皆六十字, 凡十五句, 句皆四言. 『凡將』七言, 『急就』前多三言, 後多七言, 惟『元尙』無

거하여 풀이한 자서와는 큰 차이를 보인다. 양한시기의 문자교정과 자서 편찬은 당시의 학술 상황이 낳은 결과물이다. 즉, 양한시기에는 이전의 전적에 대한 적극적인 수집과 전문 연구학자들을 초빙하여 문헌의 정리 작업을 진행하였는데 바로 이러한 시대적인 요구에 따라 문자의 교정과 자서의 편찬이 이루어지게 된 것이다. 이처럼 선진양한 시기 식자과본의 편찬은 양한 자서의 탄생에 견실한 기초를 제공했다. 『蒼頡篇』 집본을 하나의 실례로 들어보도록 하자.

『說文解字』 체례와 같은 예

① 爨 : 炊也; 字從臼, 持缶. 缶, 甑也. 門爲竈口, 收以推柴內火.

② 餔 : 夕食也. 謂申時食也.

③ 駛 : 速疾也. 字從馬, 史聲.

④ 溷 : 豕所居也. 字從囗, 豕在其中也.

⑤ 貿 : 換易也. 交易貨爲貿也. 字從貝, 卯.

⑥ 印 : 檢也. 字從爪,卩也.

『爾雅』 체례와 같은 예

① 示, 現也.

考耳"라고 하였는데, 후에 돈황에서 발견된 『蒼頡』 3편의 예서 잔권이 모두 "사자일구(四字一句)", "이구일운(二句一韻)"의 형식을 취하고 있는 것으로 밝혀졌다. 따라서 단옥재의 주장이 옳다는 것이 증명되었다. 청대 손성연 또한 이전 『說文解字』와 같은 고대 자서에 인용된 일문(逸文)과 고대의 전주(傳注)와 유서(類書), 내전(內典) 등의 일문을 모아 『蒼頡篇輯』 3권, 속1권(續一卷), 보2권(補二卷)을 편찬하였는데, 후대 식자과본 연구에 훌륭한 자료를 제공하고 있다. 이러한 편찬체례는 후대 남조양대(南朝梁代) 주흥사가 편찬한 『千字文』과 오대시기 민간에서 편찬된 『百家姓』이 사언구를 사용하고 있으며, 송대 왕응린의 『三字經』도 삼자구를 사용하고 있어 『蒼頡』과 일맥상통하는 형식의 자서이다.

② 禎, 善也.
③ 芸蒿似邪蒿, 香可食.
④ 邑中道曰術.
⑤ 街, 交道也.
⑥ 豺似貊, 白色; 豺似豿, 白色. 爪牙迅快, 善搏噬也.
⑦ 貁似狸, 似猫搏鼠, 出河西, 似獮猴而大, 蒼黑色; 江東養之搏鼠, 爲物捷健也.

『方言』 체례와 같은 예
① 粔米+如, 餠餌也. 江南呼爲膏, 音還.
② 齊人謂齧咋爲齮. 齮, 側齒也.
③ 今江南謂斫削木斤爲姊, 關中謂之札, 或曰姊札.
④ 楚人呼灶爲寤.
⑤ 瀻, 汗洒也. 江南言瀻, 山東言湔

2. 중국 자서의 탄생

1) 양한 시기 자서의 탄생배경 및 그 특징

한대는 중국 학술사에서 매우 중요한 시기이며 언어문자에 대한 연구도 이전 시대에 비해 커다란 발전을 이룩한 시대이다. 고적의 주석과 자서의 편찬도 이전에 없던 수준으로 발전하였다. 이러한 학문적 발달 상황에 근거하여 한대 자서의 발생 원인을 몇 가지 지적할 수 있다.

첫째, 이전 문화에 대한 복원이다. 진시황의 분서와 초한간의 계속된 전쟁으로 인해 중국 고대의 서적이 매우 심각하게 훼손되었다. 한왕조 건립 후, 초기 수 십년 간의 휴식기를 거치면서 경제적으로 많은 발전을 이룩하였는데, 이에 따라 어사(語辭)에 대한 지식과 그와 관련한 각종 명물 지식에 대한 수집과 복원도 시대적인 요구에 상응하여 진행되었다. 조정에서는 유서(遺書)에 대한 수집을 정책적으로 진행하여 민간에 전해지던 많은 서적들을 수집하였고 이러한 문헌에 대한 정리작업과 연구를 진행하였다.[11] 이러한 시대적인 요구에 따라 언어문자에 대한 연구 노력이 활발하게 진행되었다.[12]

둘째, 실제적으로 경전 해석의 필요에 따른 시대적인 요구에 부응하기 위함이다. 양한시기에는 경학이 치국의 주요 사상이 되었는데, 이로 인해 경전에 대한 존중과 해설 및 연구가 활발히 진행되었다. 이러한 경전에 대한 해석 작업은 결국 문자와 훈고 방면에서 커다란 발전을 이룩하는데 결정적인 요인으로 작용하였다. 특히 당시 고문경학파는 훈고를 분명히 하지 않고는 경전의 의미를 드러낼 수 없다는 구호를 통해 문자훈고가 경전연구에 미치는 중요성을 역설하였는데, 이러한 문자훈고의 제창은 한대 자서 편찬에 매우 중요한 역할을 하였다.[13]

양한시기의 자서는 전체적으로 볼 때, 경전의 해석을 돕기 위함이었지만 자서가 하나의 글자에 대한 여러 가지 자의를 수록하고 있는 점에 비추어 볼 때 반드시 경전의 해석에만 그 작용이 국한된

11) 『漢書 · 藝文志』에서는 "至元始中, 徵天下通小學者以百數, 各令記字於庭中", 또한 "蒼頡多古字, 俗師失其讀, 宣帝時徵齊人能讀者, 張敞受之"라고 했다.
12) 조진탁, 『中國語言學史』(하북교육출판사, 2000년 5월), 47쪽.
13) 풍록봉, 「兩漢字書編纂理論概觀」, 『辭書研究』 18, 1988, 111쪽.

것은 아니다. 예를 들면, 『爾雅』의 경우 『詩經』을 해석한 부분이 10분의 1도 안되며, 오경을 해석한 부분을 종합해도 10분의 4에 미치지 못한다.[14] 허신 『說文解字』의 경우 육예 관련 여러 서적들에 대한 훈고를 진행함과 동시에 기타 다른 서적에 대한 내용도 많이 수록하고 있다. 또한 유희 『釋名』의 경우 경적에 수록된 자사(字詞)를 수록한 것이 아니라 한대의 명물에 중점을 두고 있는데, 특히 문물전장(文物典章), 풍속습관(風俗習慣) 등 고유 명사에 대한 해석에 주안점을 두고 있다.[15]

셋째, 한자에 대한 정리와 통일된 규범을 필요로 하는 시대적인 요구에 부응하기 위함이다. 중국은 양한시기 전까지 3차례의 문자 정리작업이 진행되었는데, 전설 중의 황제때 사관인 창힐의 조자(造字)가 그 하나이고, 두 번째는 주대 사관인 주(籒)가 대전을 만들어 문자를 통일한 것이며, 세 번째는 진시황때 이사가 소전을 통해 전국적으로 "서동문(書同文)"을 진행한 것이다.[16] 『史籒篇』과 『蒼頡篇』에는 첫 번째와 두 번째의 문자정리에 대한 부분적인 성과가 내재 되어 있는데, 한대에 이르러서는 문자의 형체가 몇 차례의 변화 과정을 거치고 아울러 금문 경학가들의 견강부회한 경전해석 풍조로 말미암아 문자 사용면에 대한 총체적 정리와 표준화의 필요성이 요구되었다. 이러한 인식의 출발은 결국 『說文解字』, 『爾雅』, 『釋名』이라는 초기 자서 편찬 방식으로 표출되었다. 이러한

---

14) 왕력, 『中國語言學史』(중국도서출판사, 1981), 11쪽.

15) 유희는 『釋名』서에서 "夫名之於實, 各有意類, 百姓日稱而不知其所以然之意, 故撰天地, 陰陽, 四時, 邦國, 都鄙, 車服, 表記, 下及庶民應用之器, 則物名以釋意, 論所指歸, 謂之 『釋名』"라고 편찬목적이 사물의 이름을 밝히기 위함임을 지적하고 있다.

16) 임윤, 『文字學概要』(중정서국, 1997년 11월), 32쪽.

자서들은 한자와 한어에 대한 대규모의 통일 작업을 진행하였으며, 이러한 정리 표준화 작업은 후대의 완전한 자서 편찬에 매우 큰 영향을 미쳤다. 이와 같은 배경을 통해 편찬된 양한 자서는 다음과 같은 몇 가지 특징을 지닌다.

첫째, 자서 형식의 분류로써 한대 자서는 3가지 유형으로 확연히 나누어지는데 이는 후대의 사전편찬 분류의 기준이 되었다.

① 『漢書 · 藝文志』에 수록된 식자과본류로, 이러한 자서는 특정한 글자를 특정한 운어(韻語) 방식에 따라 분류하였는데, 이는 학습과 기억을 용이하게 하려는 목적을 지니고 있다.[17)]
② 자서의 표제자에 주석을 단 것으로 『蒼頡篇』의 표제자에 해석을 가한 『蒼頡訓纂』 『蒼頡訓詁』 등이 있다. 이러한 자의 주석 방법은 후대 자전의 자의 해석 방법에 기초적인 근거가 된다.
③ 자사(字詞)를 규범화시킨 자서들이다. 예를 들면, 『爾雅』, 『說文解字』인데 이러한 자서의 체례와 내용은 현재 자전과 사전에 전해지고 있다.

둘째, 식자과본에서 정식 자서로 발전한 것이다. 양한 시기는 자서 편찬사에 있어 “승선계후(承先啓後)”의 시기로 평가된다. 『說文解字』 이전 시기에는 식자과본이 주류를 이루었는데, 시대의 발전에 따라 자의가 다양하게 발전하였고 이에 따라 자수가 매우 증가했다. 당시의 식자과본인 『凡將篇』, 『元尚篇』, 『急就篇』, 『訓纂篇』, 『滂喜篇』 등은 한자교육과 문자사용의 표준화 면에서 매우

17) 유엽추, 『中國字典史略』(중화서국, 1984년), 13쪽.

중요한 역할을 하였지만,[18] 동한에 이르러서는 서한에 비해 어문교육에 대한 관심이 감소되었다. 또한 시대적으로 이전 시대와의 문화적인 차이가 점차 두드러지게 나타나 문자 사용에 있어 매우 혼란스러운 상태가 되었다. 이러한 시대적인 상황하에 이전 식자과본보다 더욱 완전한 역할을 수행할 수 있고, 식자과본에 비해 한 단계 발전된 자서의 편찬이 매우 시급히 요구되었다. 이러한 내외적인 영향은 결국 중국 최초로 완전한 자전의 성질을 지닌 『說文解字』의 탄생을 가져왔다. 물론 식자과본류도 자체적으로 편찬 체례를 갖추고 있는데, 예를 들면 여러 가지 사물의 이름과 사람의 성을 나열한 것이나, 서로 관련된 것을 하나로 나열하여 섞이지 않게 분류한 것 등은 후대 자전의 글자 수록과 분류 방식에 영향을 미쳤다. 그러나 이 시기의 자서가 지니는 더욱 중요한 특징은 바로 자서에 글자를 수록함에 있어 개별적인 문제에 대한 중시보다는 수록 글자의 형, 음, 의 등 다각적인 방면에 대한 연구가 활발히 이루어졌다는 것이다. 이러한 점은 당시 자서가 지니는 뛰어난 창조적 특징이며 아울러 후대 사전 편찬의 기본 형식이 되었다.

셋째, 전통적인 훈고가 문자를 위주로 진행됨에 따라 초기 자서 편찬이 문자를 주요 대상으로 진행되었다. 『說文解字序』는 문자의 차원에서 일련의 자서 이론 문제에 대해 서술하고 있는데, 여기서 허신은 자형을 통해 자의 풀이를 진행하였다. 그러나 이러한 과정에서 자와 사(詞)에 대한 문제를 깊이 인식하지 못하고 결국 문자가 나타내는 사의(詞意)에만 국한되었다. 유희 『釋名』의 경우, 작

---

18) 『漢書 · 藝文志』에 “漢興, 蕭何草律, 亦著其法. 曰; 太史試學童, 能諷書九千字以上, 乃得爲史”라고 하였으며, 또 『說文解字 · 序』에서도 “『尉律』; 學童十七已上, 始試; 諷籒書九千字, 乃得尉史”라고 하였다.

자가 성훈의 방법을 통해 명물의 이름에 대한 유래를 탐구하고 있어 마치 문자에 국한된 상황을 벗어난 것처럼 느껴지지만 실제로 이러한 경우는 매우 제한적으로 이루어지고 있다. 그 원인은 당시에 유희가 "어언(語言)"라는 개념을 충분히 갖추고 있지 못했기 때문이다. 즉 유희가 사용한 방법은 성훈법으로, 바로 문자 위주의 전통적인 훈고 방법 가운데 하나이다. 유희의 자전 훈고는 전통적인 훈고방법을 주요 방법으로 채택하고 있다.

넷째, 자서의 편찬과 그 이론들이 소학의 일부분으로서 고적의 훈고에 대한 이론과 실천을 함께 병행하고 있다. 자서의 편찬 이론은 전통적인 훈고의 경험과 축적된 성과를 바탕으로 생성 발전하였다.[19] 정현이 창조한 "중언(衆言)", "어조(語調)", "호문(互文)" 등의 훈고 개념은 이미 자전 편찬에서 자주 사용되는 의훈(意訓) 술어가 되었다. 이와 동시에 자전은 자체적인 실천과 연구 성과를 통해 반대로 고적(古籍) 훈고의 이론과 연구를 더욱 충실하게 만들었다. 양자는 서로 영향을 주고받으며 발전을 하였는데 이러한 점은 바로 한대의 자서 이론이 매우 두드러지게 발전하게 된 원인이 되었다.

2) 양한 자서의 중국 자전편찬 방면의 성취

양한 자서는 중국의 자전 편찬사에서 다음과 같은 중요한 의의를 지닌다.

---

19) 예를 들면 모형(毛亨)의 자의 훈고는 "通古今之異辭"를 기초로 하며, "辨物之形貌"의 서술을 필요로 하고 있다. 정중의 "記之者各異"로 인해 형성된 문자의 차이에 대한 가차 현상 서술, 정현의 "倉促無其字, 或以音類比方假借之"라는 가차 이론과 "就其原文字之聲類考訓詁, 捃秘逸"이라는 성훈에 대한 견해들은 자서 편찬 이론과 연구 면에서 높은 실용적인 가치를 지니고 있으며 일찍부터 조기 자서 편찬의 일부분으로 사용되었다.

① 자서의 사회적 기능

양한 학자들의 자서 기능에 대한 기본적인 인식은 자서가 언어문자의 사회적 작용에 대한 소박한 이해를 전제로 삼고 있다. 허신의 경우, 문자를 "經藝之本", "王政之治"로 인식하고 우선 근본을 세워야 도가 행해지며 비로소 "宣教明化"가 가능하다고 여겼다. 유희는 언어라는 것은 "宣彼此之意"가 가능하다고 여겼으며, 나아가 언어 부호인 문자를 구어에서 서면어로 만들어 역대로 전해지게 했다. 이것에 기초하여 한대의 학자들은 언어문자를 기록한 자서가 3가지 기능을 지닌 것으로 여겼다. 첫째, "宣教明化於王者朝廷"으로, 경전을 해석하고 뜻을 풀이하는 것이 공자의 유가학설을 드높이는 것이며 이러한 것의 궁극적인 목표는 황권을 빌려 자신의 기반을 더욱 튼튼히 하는데 있다. 둘째, 문자 풀이와 자의 해석을 통해 명물의 뜻을 풀이하여 자서를 통해 모르는 것을 해결하고 잘못된 것을 바로 잡는 작용을 하는 것으로 여겼다. 셋째, 한자를 자서에 수록함으로써 후대에 전하여 고금을 연결시켜 주는 사회 문화적인 기능을 담당하는 것으로 인식하여 자서를 편찬했다.

② 자서 문자 수록 면에서의 조례화

허신과 유희는 이론적인 각도에서 자서의 글자 수록을 조리 있게 개괄 분류하였다. 이들은 먼저 "육예군서(六藝群書)"에서 일반적인 낱말과 명물 관련 낱말들을 수록하고자 했다. 명물 관련 낱말의 경우 규정이 비교적 구체적으로 진행되었다.[20] 또한 한대 당시의 금

20) 허충 『상설문해자표』에 "天地鬼神, 山川草木, 鳥獸(虫+虫)虫, 雜物奇怪, 王制禮儀, 人間人事, 莫不畢載", 또한 "萬物咸睹, 靡不兼載", "撰天地, 陰陽, 四時, 邦國, 都鄙, 車服, 喪紀, 下及庶民應用之器"라고 기록하고 있다.

어와 고어를 수록하였고 아언과 속어를 수록한 것도 한대 자서의 글자 수록 규정에 포함되었다. 따라서 당시 자서의 임무는 고금과 방언 문제를 해결하기 위한 것으로, 글자 수록에 대한 규정을 만들어 낱말의 수록 근거로 삼고자 했다. 『爾雅·序』의 경우 『釋詁』와 『釋言』이 "通古今之字"를 근본으로 하고 있으며 필요시에 "古與今之異言"을 글자 수록 규정으로 삼고 있음을 지적하고 있다. 이처럼 한대의 학자들은 자서의 편찬에 있어 이미 시간과 공간적인 관계를 인식하고 자서를 편찬하였는데, 이는 한대 자서가 글자 수록의 이론 면에서 지닌 매우 뛰어난 성과라 할 수 있다.

③ 자서의 석의(釋義) 방법의 다양화

형훈(形訓), 성훈(聲訓), 의훈(義訓)은 중국 전통적인 훈고 방법으로서 한대부터 정식으로 자서에서 사용되기 시작하여, 자서의 글자 풀이와 후대 자전의 편찬 체례에 매우 귀중한 방법으로 사용되어 왔다. 예를 들면, 『爾雅』, 『方言』의 경우 주로 의훈을 사용하고 있고 『釋名』의 경우 성훈의 방법을 통해 자의의 원류를 풀이하고 있다. 허신의 경우는 성훈과 의훈 외에도 형훈의 방식에 치중하여 자의를 풀이했다. 허신이 사용한 성훈법은 주로 세 가지 방식을 채택하고 있다. 첫째, 육서를 자서의 뜻풀이에 사용하여 한자 구조를 분석하는 원칙으로 삼아 처음으로 자서에 본자와 본의를 해석하는 편찬 체례를 도입하였으며, 나아가 글자의 뜻풀이 방법을 더욱 풍부하고 충실하게 하였다. 또한 이를 통해 처음으로 자서에 형, 음, 의 3가지를 하나로 합친 자의 풀이 방법의 체계화를 이룩하였다. 둘째, 자서에 육서를 도입하여 한자구조 자체에 부합하는 규칙을 만들어 내었으며, 아울러 자서의 글자 풀이 요구에 맞게 합리적인 해석하였다. 지사와 상형, 형성, 회의, 전주, 가차 등의 개념을 분명히 제시한 것 외에도 지사와 상형을 "의류상형(依類象形)"의 문으로, "형성상익(形聲相益)"의 자는 형성과 회의로 각각 분류 체계화 시켰다. 따라서 허신은 『說文解字』의 형훈에 대한 대략적인 과정이 "선문후자(先文後字)"임을 제시하였다. 셋째, 처음으로 자서에 형훈과 관련하여 약간의 문자 기록을 세웠는데, 예를 들면 상형과 지사의 자는 "象…之形", 혹은 "지사", 회의의 경우 "從…從…", 형성은 "從…, …聲", 또한 상형과 지사 및 회의에 대해서 공통적으로 "凡…之屬皆從…"로 나타냈다. 『說文解字』의 글자풀이 체계는 자의를 중심으로 형훈을 위주로 한 형, 음, 의 삼자 결합 체계를 사용하고 있다. 의훈 면에 있어 허신은 선진의 전통적인 직훈(直訓), 호훈(互訓), 체훈(遞訓), 설명, 비유 등의 방식을 사용하였으며, 아울러 전통적인 실(實), 덕(德), 업(業)의 풀이 방법을 통해 자의를 설명하였다. 비록 이러한 이전 시대의 방법을 종합하여 이론을 체계화 해 나가기는 어려운 상황이지만 이를 토대로 한 자전 편찬의 이론적 가치는 매우 중요하다. 양한 자서의 자훈 방법은 매우 다양한데, 이러한 방법들은 오늘날 자전의 자의 풀이의 원류가 되고 있다. 특히 허신의 자형의 분석을 통해 자의를 해석하는 육서 원칙과 방법은 당시로서는 실용성에 중점을 둔 체계로 평가되며, 후세에 커다란 영향을 미친 한자 자전 이론의 중대한 성과 가운데 하나이다.

④ 자전 편찬 체례의 원칙 수립

"거형계연(據形系聯)"과 "이류구지(以類求之)"는 중국 자전이 표제자 분류 수록 방법 면에서 처음으로 사용되어진 기본 방식으로 한대 자서 편찬이 지니는 중대한 성취에 해당된다.

㉠ 據形系聯

"據形系聯" 방식은 허신이 창조한 자전의 부수 체례로, 매 글자의 분류 출발점은 "方以類聚, 物以群分"이고 분류의 근거는 "據形系聯"이며, 분류의 목적은 9,353자를 "分別部居, 不相雜廁"하기 위한 것이다. 『說文解字』는 540개 부수에 속한 모든 글자에 대해 동일한 편방으로 분류 나열했으며, 부수 내부의 부수와 반대되는 글자에 대해서는 해당 부수의 마지막에 나열시켰다.[21] 또한 부수가 중첩되어 이루어진 글자는 해당 부수의 마지막에 열거하였다. 비록 허신에 의해 처음으로 사용된 부수 분류법이 여전히 검자면에서 불편함을 지니고 있지만 자전의 표제자 분류 면에서의 "據形系聯"방법은 기본적으로 한자 자체의 구조적 특징과 규칙에 부합되는 것이다. 그러나 허신의 부수 체례가 모두 "據形系聯"에 의해 이루어진 것은 아니다.[22] 이를 통해 허신이 자형의 상호 관련성을 기본 원칙으로 삼은 동시에 자형과 자의의 결합도 고려했음을 알 수 있다. 이러한 부수 분류법은 후대 『玉篇』, 『字匯』를 거쳐 현대의 사전편찬에도 기본적으로 사용되고 있다.

---

21) 허신은 부수내 글자의 순서를 배열함에 있어 좋은 의미와 선한 의미의 글자는 우선적으로 나열했으며, 좋지 않은 뜻의 글자는 뒤로 나열 배치하여 글자에 대한 "폄의"를 진행했다. 예를 들어 "여(女)"부의 경우, 처음에 '성(姓)'자를, 뒤이어 강(姜), 희(姬), 길(姞), 영(嬴) 등의 글자가 이어지며, 해(妎), 투(妒), 간(姦)들의 좋지 않은 뜻을 나타내는 글자는 부수의 맨 뒤로 나열했다.

22) 왕균찬, 『說文句讀・序』(북경중국서점영인본)에서 "以義相屬", 즉 "此承類聚而言, 字即同義, 則如由本生枝, 由枝生葉, 自然條理相聯貫矣"라고 구체적으로 『說文解字』의 부수 분류법을 설명했다. 이러한 지적을 통해 허신이 창조한 자전의 부수 분류 원칙이 자형이 근본이 되며 자의는 그에 따른 부수적인 것으로, 자형에 따른 분류와 자의를 결합한 성질을 띠고 있음을 알 수 있다.

㉡ 以類求之

유희는 『釋名』이 대략 27개로 나누어져 있지만 여전히 모든 것을 완벽하게 분류 수록하지는 못하고 있음을 인식하고 모든 사물에 대해 "以類求之"의 원칙을 제시하였다. 비록 『爾雅』에서 '의류' 분류법이 실질적으로 이용되었지만, 정식으로 자전 편찬 이론 각도에서 이러한 문제를 서술한 것은 유희이다. 유희는 『爾雅』로부터 시작된 '據形系聯'의 분류원칙에 대해 이론적으로 개괄을 하였는데, 이러한 유희의 이론적 근거는 중국 자전 편찬에 있어 자의 분류법의 발단이라 할 수 있다. 바로 이러한 원칙에서 출발해 보면 『爾雅』는 글자의 수록을 어사(語詞)와 명물(名物)로 나누었다. 어사의 경우 고금의 연결과 형체의 비유 등 두 부류로 나누었으며, 명물의 경우 인문과 자연명물 두 부류로 나누었다. 이러한 원칙을 통해 『爾雅』에서는 동물과 식물, 가축과 짐승에 대한 초보적인 분류가 이루어졌다. 이러한 시도는 중국 고대인들의 사물의 명칭에 대한 대략적인 분류법에 해당되며 자전의 편찬에 있어서는 분류에 대한 이론적인 근거의 시발점이 된다.[23] 이 밖에 『方言』의 분류체계도 역시 '의류'에 따른 분류 성질을 띠고 있다. 즉, 전체를 13권으로 나누어 권1, 권2, 권3, 권12, 권13에는 대부분 어사를 나열하고 있고 권5는 생활도구, 권8은 동물, 권9는 마차와 배 및 병기, 권11은 곤충들을 수록하고 있다. 이를 통해 볼 때 『方言』이 비록 방언과 속어를 수록하고 있지만 실제적으로는 고대 사의를 종합 수집한 것으로 의류에 따라 분류 편찬한 일종의 특수한 자전이라고 할 수 있다.[24] 『爾雅』, 『方言』의 의류에 근거한 분류방법은 유희의 "以類

23) 은맹론, 『從爾雅看古漢語詞匯硏究』, 〈子雲鄕人類稿〉, 齊魯版.
24) 전검부, 『中國古代字典辭典槪論』(상무인서관, 1986), 221쪽.

求之"의 방법을 통한 자전편찬 이론 수립에 충분한 자료를 제공하고 있다. 비록 양한의 "據形系聯"과 "義類求之"의 자전편찬 이론이 인식의 부족으로 인해 그다지 완전하지는 않지만 중국 자전 편찬사에 여전히 생명력을 발휘하고 있다.

Ⅲ. 전통적인 자서 편찬 방법의 계승 발전 및 흥성

1. 전통적인 자서 편찬 방법의 계승

위진남북조 시기는 양한 시기의 자전 편찬을 기반으로 각종 유형의 자서들이 편찬되었다. 특히 위진남북조 시기의 자서 편찬은 이전 시대를 충실히 계승한 시기라고 할 수 있다. 이 시기에는 비단 『說文解字』와 『爾雅』 및 『方言』류의 자서들이 편찬되었을 뿐만 아니라, 『皇覽』과 같은 유서와 『聲類』 등의 운서 및 중국 최초의 농업 관련 전문 사전인 『齊民要術』 등이 편찬되었다. 이 시기의 『說文解字』류를 대표하는 자서로는 진대 려침의 『字林』과 남조 양(梁)의 고야왕이 편찬한 『玉篇』이 있다. 특히, 『字林』의 경우 위로는 『說文解字』를 계승하고 아래로는 『玉篇』의 편찬에 영향을 미친 자서이다. 『字林』은 위진남북조를 거쳐 당대에 이르기까지 매우 보편적으로 사용되었으며, 특히 당대에는 『說文解字』 등 기타 서적과 동등하게 중시되었다.[25] 『字林』은 대략 남송시기까지는 전본(傳本)이 있었으나 완전하지는 않은 것으로 보이며, 명초에 이르러서 완전히 소실되었다.[26] 이러한 근거로 『永樂大典』에 많은 고대 자서들이 광범위하게 인용되어 있는데 오직 『字林』만이 언급되고 있지 않은 점을 들 수 있다.[27] 『玉篇』은 중국 최초의 해서체 자서로 평가되기도 하는데 자서의 체례와 내용 모두 자체의 변화에 상응하여 발전되었다. 즉, 『說文解字』가 주로 자형의 분석을 근거로 "육서"에 의거하여 자의를 설명함에 따라 경서와 고어 및 방언과 속어 등을 서로 글자풀이의 근거로 삼았다. 또한 "讀若某" "讀與某同" 등의 직음 방식으로 자음을 표시하였다. 이에 반해 『玉篇』은 정식으로 해서를 표제자로 삼았으며, 자형을 풀이하는 것에서 자의의 풀이와 자음의 표시에 주안점을 두었다. 이러한 점은 『說文垓字』의 전통 계승을 기초로 하여 새로운 변화를 추구한 것으로, 한자 자체의 변화 발전과 깊은 관련이 있음을 의미한다.[28] 『玉篇』

---

25) 『唐六典 · 吏部考工員外郞』에서: "掌天下貢擧之職. 凡諸州每歲貢人, 其類有六……五曰書. 其明書, 則『說文』 6첩, 『字林』 4첩."라고 했다. 또 『通典 · 選擧典三』에서 "書者, 試『說文』, 『字林』 凡10첩", 당 장삼 『五經文字 · 序例』에서 "後有呂忱, 又集『說文』之所漏略者, 著『字林』五篇以補之. 今制, 國子監置書學博士, 立『說文』, 『石經』, 『字林』之學. 擧其文意, 歲登下之, 亦古之小學也"라고 했다.

26) 역대 사지목록(史志目錄)에 기록된 『字林』의 유전과정을 보면, 『隋書 · 經籍志』에 7권, 『舊唐書 · 經籍志』에 10권, 『新唐書 · 藝文志』에 7권, 『宋史 · 藝文志』에 5권, 진진손의 『書錄解題』 및 『通考 · 經籍考』에도 5권으로 되어 있으며, 『冊府元龜』와 『玉海』 및 『通志』에서는 모두 7권으로 기록되어 있다.

27) 청대 주중부의 『鄭堂讀書記』 『補逸』 권8의 『字林考逸』 참고. 『字林』輯逸書로는 임대춘의 『字林考逸』 8권, 도방기의 『字林補逸』 1권, 증쇠(曾釗), 전보당(錢保塘)도 집일본(輯逸本)이 있으며, 宛委山堂本 『說郛』 85권에 실려 있는 『字林』 1권도 집일본에 근거한 것임. 이 가운데 임대춘의 집일본이 비교적 좋은 판본으로 평가 받고 있다.

28) 자형의 경우, 소전에서 해서로 변화되는 과정에서 소전 사용이 점차 감소

은『說文解字』의 간단한 풀이에서 더 한층 나아가 다양한 자의 풀이와 풍부한 인용을 통해 자의의 해석을 더욱 완벽하게 하였으며, 아울러 대량의 새로운 글자들을 수록하였다. 이는 바로 당시의 시대적인 요구와 언어문자의 발전 및 자서 자체의 발전과정에서 취한 필연적인 결과이다.

2. 자서 편찬의 발전

수대로부터 원대에 이르는 시기는 중국 자서 편찬의 발전시기라고 평가된다. 이는 이전 시대의 기초 위에 다양한 종류의 자서가 편찬되었을 뿐만 아니라, 자서의 내용과 체례가 더욱 성숙되어졌기 때문이다.[29] 그러나 이 시기의 자서가 지니는 가장 중요한 특징은 한자 사용의 규범화를 위한 자서가 편찬된 것이다. 대표적인 것이 당대의 자양(字樣) 자서와 송원간의 자형 분별형 자서들이다. 남북조시기는 문자의 사용이 시대적인 요인으로 인해 상당히 혼란스런 상황이 전개되었다.[30] 안지추는 남북조의 사대부들이 함부로 필획

되고 이체와 중문 및 간체에서 파생된 새로운 글자를 제외하고는 자형면에서 그다지 큰 변화가 없었기에 고야왕은 고금 문자의 자형이 뜻을 풀이함에 있어 "육서"의 방식으로 문자의 구조를 분석할 필요가 없다고 여겼다. 자의의 경우 지속적으로 발전하여 어떤 것은 사용 범위가 확대 혹은 축소되었으며, 또한 그 자의상에 변화가 발생하거나 쓰임의 전환으로 인해 더 이상『說文解字』와『字林』으로서는 다 커버할 수 없었기 때문에 새로운 형식의 자서가 편찬된 것이다.

29) 신구『唐書』의 경적지와 예문지의 기록에 따르면 당시 수대 제갈영이 편찬한『桂苑珠叢』100권과 천성태후의『字海』100권 및 그 편폭이 300권에 달하는『韻海鏡源』등이 있는데 이를 통해서 당시의 자서가 이전 시대의 자서에 비해 내용과 체례면에서 더욱 발전되었음을 알 수 있다.

을 고치거나 혹은 스스로 글자를 간략하게 만들어 잘못된 속자와 이체자들이 끊임없이 생겨났으며, 이러한 상황이 당시에 너무나 만연되어 경전의 문자에까지 미치게 되었음을 지적하기도 하였다. 이러한 상황은 사인들이 경전을 배우거나 국가에서 법령을 공표함에 있어 많은 어려움을 낳게 되었는데, 이로 인해 이체자에 대한 정리와 잘못된 속자를 가려내기 위한 전문적인 "자양" 자서가 편찬되었다. 대표적인 자서로는 안사고의 『字樣』, 두연업의 『群書新定字樣』, 안원손의 『干祿字書』, 당현종의 『開元文字音義』, 장삼의 『五經文字』, 당현도의 『新加九經字樣』 등이 있는데, 이러한 자서는 모두 궁극적으로 속문자의 잘못을 교정하고 표준문자 사용을 확대 추진해나가기 위해 편찬되었다. 이 밖에 자체의 변천, 즉 전서가 폐지되고 해서가 사용됨으로 인해 고금 문자에 큰 차이가 발생되었는데 이로 인해 자서의 편찬이라는 시대적 요구에 부응하여 송대 이후에는 정속(正俗)의 분별과 문자의 형성 및 와전 등을 연구하는 『說文解字』와는 다른 『佩觿』, 『復古編』, 『字通』, 『字鑑』 등의 자서들이 편찬되었다. 이 밖에도 고대 사적의 문자에 대한 연구를 진행한 전문 자서가 탄생되기도 하였다.[31] 요금원(遼金元)시기는 지속된 전쟁으로 인해 자서 편찬에 있어 그다지 커다란 발전을 이

30) 『魏書 · 江式傳』 云: "世易風移, 文字改變, 篆形誤謬, 隸體失眞"라고 하였으며, 또한 『顔氏家訓, 雜藝』 云: "北朝喪亂之際, 書迹鄙陋, 加以專輒造字, 猥拙甚於江南; 乃以百念爲憂, 言反爲變, 不用爲罷, 追來爲歸, 更生爲蘇, 先人爲老. 如此非一, 遍滿經傳"라고 당시의 상황을 기록하고 있다.(『四部叢書』, 42쪽.)

31) 송대 누기(婁機)가 편찬한 『班馬字類』는 사마천의 『史記』와 반고 『漢書』의 고자와 벽자에 대해 평상거입 사성에 따라 분류한 자서로, 『史記』와 『漢書』의 자의와 자음의 차이를 통해 두 저작의 문자 차이를 상세히 기록하고 있어, 『史記』 『漢書』의 연구뿐만 아니라 고적의 문자나 훈고의 연구에 있어 많은 도움을 준다.

룩하지 못하였다. 즉, 이 시기의 자서 편찬은 대체로 『說文解字』과 이전 자양자서(字樣字書)의 체례나 내용을 답습하고 있다. 행균의 『龍龕手鏡』이 이 시기의 대표적인 자서로, 당대(唐代) 자양 저작의 전통을 계승하여 사성에 따라 글자를 분류 수록하고 정, 속과 고, 금 및 여러 자체를 변별 수록하고 있다. 그 내용 가운데에 요대에 통행되던 속자를 수록하고 있는데 당시 언어문자의 변화 상태를 반영하고 있다. 비록 송 재동(戴侗)의 『六書故』에서 시작하여 원대 양환의 『六書通』, 주백기의 『六書正訛』 및 원명간 조휘겸의 『六書本義』 등에 이르는 여러 자서가 『說文解字』에 대해 새로운 변혁을 추진하고자 하였으나, 실제로는 복고에 지나지 않았다.[32] 따라서 이 시기의 문자의 연구 및 자서가 지니는 기능은 그다지 커다란 가치를 인정받지 못하고 있다.

3. 자서 편찬의 흥성

중국 자서의 발전은 명청시기에 들어 비교적 큰 발전을 이루는데, 주로 4가지 면에서 그 특징을 설명할 수 있다.

첫째, 『玉篇』과 『類編』을 거쳐 명대 매응조의 『字匯』의 출현으로 자서가 정식으로 통속화, 실용화의 특성을 지니게 되었다. 『字匯』는 『說文解字』 540개의 부수를 214개로 합병시켰으며, 매 부수에 속한 글자들을 필획에 따라 배열하였으며, 특히 "검자(檢字)"를 앞머리에 수록하는 등 체례면에서의 창조적인 개혁을 통해 부수가 명확하지 않은 글자를 찾는데 편리하게 했다. 청대에 들어서는

32) 유엽추, 『中國字典史略』(중화서국, 1984), 82~88쪽.

앞의 두 자서를 기초로 더욱 풍부한 검증과 엄격한 체례를 갖춘『康熙字典』이 편찬되었다.『康熙字典』은 매 글자아래에 각 운서의 반절을 모아 수록하여 서로 다른 점을 참조하도록 했는데 이러한 점은『康熙字典』이 지니는 독창적인 편찬 체례라 할 수 있다. 또한 글자에 대한 해석도 매우 상세할 뿐만 아니라 글자의 수록도 4만 7,000여자에 달하는 등 중국 자서를 총괄하는 성격을 띠고 있다.

둘째, 명청시기에는 방언과 속어 자서가 매우 발달하였다. 비록『方言』을 계승하고 있지만 사실상 적지 않은 부분에 대해 변화를 추구하였다.[33] 이러한 자서의 편찬은 방언과 속어가 시대에 따라 더욱 증가된 결과일 뿐만 아니라, 명청에 들어서 소설과 희곡이 발달하게 된 영향을 보여주고 있는 것이라고 할 수 있다.

셋째, 경전의 문자와 훈고를 집석한 사전이 편찬되었다. 그 대표적인 저작이 바로 청대 완원이 편찬한『經籍纂詁』이다.『經籍纂詁』는『經典釋文』의 뒤를 이어 집대성한 저작으로, 평상거입 사성에 따라 106부로 나누었으며, 하나의 운이 일권으로 이루어져 있다.『經籍纂詁』는 전체적으로 보면 경전과 사서의 문장과 여러 주석 내용을 함께 수록하고 있을 뿐만 아니라 이전 자서의 풀이도 수록하고 있다.[34]『經籍纂詁』는 청대의 경학 연구의 시대적 요구에 따

33) 청대 호문영의『吳下方言考』와 같이 전문적으로 한 지역의 방언을 해석한 것 뿐 만 아니라 일반적으로 낱말의 수록 외에도 대량의 어구를 수록하거나, 또는 수록 범위가 더욱 확대된 사전들이 편찬되었다. 예를 들면 명대 진사원의『俚言解』, 장존신의『雅俗稽言』, 주몽양의『常談考誤』등과 청대 적호의『通俗編』, 전대흔의『恒言錄』과 같은 방언사전들은 경사자집과 소설과 희곡 필기 속의 어휘나 일반 거리에서 사용되는 잡스러운 말들도 수록하고 있다.

34) 완원는『經籍纂詁』서문에서 "展一韻而衆字畢備, 檢一字而諸訓皆存"이라고 하였다.

른 산물로 중국 최초의 훈고사전으로 평가된다. 넷째, 『說文解字』에 대한 연구가 매우 큰 성과를 얻었다. 대표적으로 『說文解字』 4대가의 저작, 즉 단옥재의 『說文解字注』, 계복의 『說文義證』, 왕균의 『說文釋例』, 주준성의 『說文通訓定聲』이 나왔는데, 이들 각 저작들은 각자의 주안점을 달리하여 『說文解字』를 연구하여 전대의 『說文解字』 연구 성과를 집대성하고 새로운 연구 결과들을 함께 수록했다. 이 밖에도 청대에는 훈고 사전으로 분류되는 『義府』, 『字詁』, 허사 연구 사전인 유기의 『助字辨略』, 왕인지의 『經傳釋詞』, 원인림의 『虛字說』, 아동용 자서인 임대춘의 『文字蒙求』, 소수민족 사전인 명대의 『高昌館雜字』과 청대의 『滿蒙文鑑』 등 다양한 전문 자서들이 편찬되었다.

Ⅳ. 결 론

중국 고대 자서의 편찬은 오랜 시간을 거쳐 시대별 상황의 요구에 맞게 내용과 형식면에서 지속적인 발전을 거듭해왔다. 시간적으로 보면 근 현대 및 당대의 사전 편찬 역사와는 비교도 안되는 오랜 역사를 지니고 있음을 알 수 있다. 선진시기와 서한의 문자교육용 기능을 지니고 있는 식자과본 단계를 시작으로 점차적으로 편찬체례와 원칙들이 세워지게 되었는데, 양한의 『爾雅』, 『方言』, 『說文』, 『釋名』 등 많은 자서의 출현은 중국 사전 발전의 서막을 열었다. 중국의 자서는 양한을 시작으로 위진 및 당송의 발전시기를 거쳐 명청시기에 이르러 완전히 자리 메김을 하게 되었다. 양한의 자서편찬은 이러한 발전 과정에서 매우 중요한 역할을 하였으며, 이는 또한 당시 경학의 발전과도 매우 밀접한 관계를 가지고 있다. 바로 동한시기 시대적인 요구에 부응하여 편찬된 『說文解字』가 좋은 예이다. 『說文解字』의 탄생은 중국 자서의 편찬체례와 내용 등 여러 방면에서 새로운 발전을 이룩했으며, 이를 통해 후대 중국 사전 편찬의 발전을 선도했다. 또한 한대에는 이러한 발전 과정 속에서 자서가 점차 경학을 위한 목적과 기능에 국한되지 않고 사전으로서의 독립적인 영역을 구축하게 되어, 『爾雅』와 『釋名』 및 『方言』과 같은 종합 사전형식과 전문화 된 성격을 띤 자서들이 편찬되었다. 이러한 발전 과정 속에서 양한 경학가들은 자전이론 및 편찬체례의 수립에 중요한 공헌을 하였는데, 허신의 경우 자전의 성질과 기능, 글자의 수록, 자의 해석, 서적의 인용과 분류법 등 자서 편찬 면에서 규칙을 세웠으며, 중국의 자전학 설립에 좋은 기초를 세웠다.

선진시대 자서의 탄생과정에서 청대의 전문 사전의 편찬에 이르기까지 시대의 발전에 따라 언어 문자는 끊임없이 발전하였으며 자서의 편찬도 지속적으로 발전해왔다. 즉, 체례가 점점 더 완벽성을 구비하게 되고 자형도 소전에서 해서체로 발전하였으며, 부수도 번잡함에서 간단함으로 발전하였다. 또한 자의 풀이도 간략함에서 상세함으로 변화되고 서적의 인용도 점차 많아지게 되었는데, 이는 한자에 대한 개별적인 연구와 자서의 사용을 통한 경험이 점차적으로 축적되어 나온 결과라고 할 수 있다.

이러한 것을 기초로 중국의 자서 편찬은 수당송원 4대를 거쳐 초보적인 발전을 이룩하게 되어 양적인 면과 질적인 면에서 모두 성공적인 발전을 이룩하였다. 당송대의 올바른 문자사용 목적으로 편찬된 자양 자서와 『經典釋文』, 『一切經音義』, 『廣韻』 등 이전 시대의 자서들에 비해 보다 완전한 형식의 자서들이 편찬되었다. 특히 명청시기에 들어서 중국의 자서 편찬은 괄목할 만한 발전을 이룩하게 되었다. 즉, 이전 시기 자서의 장점들을 취하고 아울러 편찬방면에서 새로운 개혁과 창조를 모색해 나갔다. 이로 인해 명청시기는 자서의 종류가 더욱 많아졌을 뿐만 아니라, 규모도 더욱 확대되었고 내용도 더욱 풍부해졌으며, 편찬 방법과 기교 등 모든 면에서 새로운 시대를 맞이하기 위한 착실한 준비를 진행하였다.

이러한 발전 과정을 통해 중국의 자서는 경학의 발전을 위한 공구서로서의 역할을 담당했을 뿐만 아니라, 문자의 사용 발전을 더욱 규범화시켜 한자의 발전에도 주도적인 역할을 담당하였다. 또한 선진 시대 및 당시의 문화를 반영하는 자료들을 수록하고 있어, 이전 시대의 문헌 해석을 위한 중요한 교량 역할을 하게 되었고, 각 방면의 정보를 수록한 중국 문화의 계승 및 전달자로서의 역할도 담당했다. 이러한 고대 자서의 편찬은 근 현대 및 당대의 사서 편찬에 있어 매우 중요한 문헌적 가치를 지닌다. 끝으로 향후 이러한 인식의 기초위에 중국의 자서가 지니는 문화적인 요인, 특히 정보 전달자로서의 역할과 기능에 대해 좀더 깊은 관심을 가져보는 것도 매우 의미 있는 일이라 사료된다.

〈참고문헌〉

안지추, 『顔氏家訓』, 천진고적출판사, 1995.
반고, 『漢書』, 정문서국, 1984.
단옥재, 『說文解字注』, 여명문화사업공사, 1994.
왕국유, 『觀堂集林』, 하북교육출판사, 2001.
왕력, 『中國語言學史』, 중국도서출판사, 1981.
조진탁, 『中國語言學史』, 하북교육출판사, 2000.
임윤, 『文字學概要』, 중정서국, 1997년 11월.
유엽추, 『中國字典史略』, 중화서국, 1984.
전검부, 『中國古代字典辭典概論』, 상무인서관, 1986.
고소방, 『中國語言文字學史料學』, 남경대학출판사, 1998.
서초, 『中國傳統語言文字學』, 산동대학출판사, 1997.
고갱생, 『漢字硏究』, 산동교육출판사, 2000.
소보영, 『詞義硏究與辭書釋義』, 상무인서관, 2000.
이이강, 『現代辭典學』, 한어대사전출판사, 2002.
정상청, 『兩漢漢語硏究』, 산동교육출판사, 1994.
임명파, 『唐以前小學書之分類與考證』, 1975.
장구령, 『唐六典』(상무인서관편사고전서진본육집)
호박안, 『中國訓詁學史』, (대북)상무인서관, 1985.
사마천, 『史記』, 중화서국, 1998.

[『동양학』 34집(2003) 수록]

≪漢語大詞典≫의 편찬과정과 내용상의 특징

金 健 人*

Ⅰ. 편찬과정

1964년 12월 20일, 제3기 전국인민대표대회 제1차 회의에서 안휘(安徽) 대표의 제안이 사람들의 관심을 끌었다. 이 제안은 국가가 인력을 동원하여 "漢語大詞典"이라는 대형 공구서를 편찬하자는 것이었다. 제안자는 바로 훗날 ≪漢語大詞典≫ 부편집장인 안휘사대(安徽師大) 장조화(張滌華) 교수이다. 또한 저명한 언어학자 왕력(王力)도 동시에 소집된 정치협상회의에서 비슷한 제안을 했고, 주은래(周恩來) 총리도 지대한 관심을 보였으나 '문화대혁명'이 일어나는 바람에 결실을 이루지 못했다. 1975년 3월, 주 총리는 광주(廣州)의 1차 회의에서 "우리는 '국위를 선양하는' 대사전을 편

* 浙江大學 中國語言文學系 教授

찬해야 합니다! 세계의 많은 작은 나라들도 우리에게 모두 대사전을 보내옵니다. 하지만 우리는 그저 소자전(小字典)(辭典도 아니고)만 있을 뿐입니다. 이는 대국의 지위에 어울리지 않습니다."라고 제의했다.(李廣連 : ≪閃耀着人品與文品的光輝 - 及〈漢語大詞典〉副主編張滌華先生≫, ≪江淮文史≫ 1996년 제2기)

1975년 여름, 등소평(鄧小平)은 중앙 사업을 주관하여 "문혁" 기간 동안 전국에 소형의 ≪新華字典≫만 있던 상황을 바꾸기 위하여, 1975년 5월 23일 국가출판국과 교육부 및 화동(華東) 일부 성(省)과 시(市)가 광주(廣州)에서 연합하여 160종의 중국어와 외국어 사서(辭書)를 편찬 출판하는 10년 계획을 제정했다. ≪漢語大詞典≫은 바로 그 중 하나이다. 주은래 총리는 병상에서 이 계획을 비준하고 국무원(國務院)(1975) 137호 문건으로 하달하여 집행하도록 했다. 같은 해 9월, 국가출판국은 상해에서 절강(浙江), 산동(山東), 강소(江蘇), 안휘(安徽), 복건(福建)과 상해의 관련 부서의 책임자를 소집하여 회의를 열어 ≪漢語大詞典≫을 5개 성과 1개 시가 협력 편찬하고, 상해가 출판을 맡기로 결정했다. 그 회의에서 편찬 주축 멤버를 바로 구성했다. 국가출판국 대국장 진한백(陳翰伯)이 팀장을 맡고, 5성 1시에 각각 부팀장 1명과 구성원 1명이 참가했다. 1977년 9월, 청도(靑島)에서 제3차 편찬회의가 소집되어 자료수집 작업이 중요하다는 것에 대한 인식을 같이 하였고, 나아가 자료 작업 임무를 확정지었다.

1978년 2월, 국무원 22호 문건은 ≪漢語大詞典≫을 국가 중점 과학연구 항목으로 채택하고 나라를 대표할만한 수준이 되어야 한다고 제안했다. 1979년 5월 15일, 국가출판국은 편찬 지도자 작업을 강화하며 중앙선전부에 보고서를 올리고, 다음날 호요방(胡耀

邦)은 “원칙적으로 동의합니다. 힘써 주시기 바랍니다.”라며 보고서에 대한 지시를 내렸다. 이렇게 편찬위원회를 조직하는 일을 시작하여 저명한 언어학자이자 상해시 철학사회학계 연합회 주석 나죽풍(羅竹風)이 편집장을 맡게 되었고, 1980년 1월 1일 편찬처가 정식으로 성립되었다. 중앙서기처와 판공청이 여러 차례 지시와 문건을 전달하고, 세 위원회의 편성을 도왔다. 신문출판서 부서장 유고(劉杲) 등 36명의 주축 멤버가 업무위원회를, 언어학 대가 여숙상(呂叔湘)을 수장으로 하는 14인의 중국 언어학자들이 학술고문위원회를, 화동(華東) 5성 1시의 43개 편찬 단위의 72인의 학자들이 편집위원회를 구성했다. 편집장으로서 나죽풍은 고금내외(古今內外)의 한어(漢語) 사서(辭書)를 망라했다. 최초의 자전(字典)인 ≪說文≫, 최초의 사전(辭典) ≪爾雅≫ 및 가장 많은 풀이를 가지고 있는 ≪廣韻≫에서부터 ≪康熙字典≫, 1915년에 편찬을 시작한 ≪辭源≫에 이르기까지 하나하나 귀감으로 삼아 계승할 만 한 전통을 가려내는 등, 중국역사상 자전과 사전(辭典), 운서(韻書)를 포함하는 3대류 사서(辭書)에 대해 자세히 고찰했다. 이러한 기초 위에서 그는 ≪漢語大詞典≫의 개략적인 윤곽을 그리고, “공시성(共時性)”과 “역시성(歷時性)”으로써 “어휘를 수록하고 항목을 세우는” ≪漢語大詞典≫의 총 방침을 확립했다. 그는 “마땅히 공시성과 역시성 두 방면으로부터 한어(漢語)가 장기간 변천한 전체적인 면모를 반영하고, 그 역사 상황과 현실 상황을 반영해야한다”고 말했다.(≪中國出版≫, 1977년, 제9기, 27~28쪽.)

1979년 9월 하순, 소주(蘇州)회의에서 “古今兼收, 源流幷重”과, 역사원칙에 따라 편찬을 진행한다는 방침을 확정하고 절강에서 편찬한 첫 초고본(“寸”部)에 대해 토론했다. 1980년 11월 항주(杭州)

에서 제2차 편찬위원회를 개최하고, 나아가 이 사전의 “어문성(語文性)”과 “역사성(歷史性)”을 명확히 하고, 백과어휘[百科詞]의 수록에 대해서는 이미 일반 어휘의 범위에 들어온 것으로 국한시켰다. 특히 ≪漢語大詞典≫의 특수한 역사적 조건 하에 형성된 특수한 문제에 대해서 유효한 조치를 취했다. 예를 들면, 원고 확정 편찬위원을 임명하고, 상해에서 집중적으로 원고를 확정하여, 분권주편제(권수를 나누어 편집함)를 실행했다.

1981년 9월 8일, 편찬 주축팀 팀장 진한백, 수석 학술 고문 여숙상과 편집장 나죽풍은 중앙서기처에 ≪〈漢語大詞典〉 사업을 강화하는 것에 대한 보고서≫를 보냈다. 10월 28일, 중앙판공청은 “각 관련 부문와 관련 성, 시 위원회는 더 큰 힘을 쏟아 ≪詞典≫이 계획대로 높은 수준으로 완간되도록 노력하시기 바랍니다.”라며 [1981] 43호 문건(秘)을 발표하여 국가출판국, 교육부와 5성 1시가 연구를 실행하도록 했다.

1983년 9월 11일 하문(廈門)에서 제3차 편찬위원회 회의를 개최하여 ≪〈漢語大詞典〉 편찬 체제와 〈漢語大詞典〉 첫째 원칙≫이라는 두 문건을 심의 통과시켰다. 그 해 말, 5성 1시의 각 편찬팀은 초고 20만 항목, 3000여만 자를 작성하였고, 진한백, 여숙상, 나죽풍은 또 중앙서기처에 ≪〈漢語大詞典〉 원고 확정 출판 사업에 대한 자문요청 보고서≫를 작성했다. 1984년 1월 6일, 중앙판공청은 청발 2호 문건으로 문화부, 교육부당조 및 5성1시 당위에 회신하여 “보고서는 이미 중앙서기처가 동의하였으니 그대로 집행하시기 바랍니다.”라고 지시했다. 1984년 4월, 무석(無錫)에서 각 성시 사전 판공실 업무 회의를 개최하여 원고 확정 방안 문제를 연구 토론했다. 이로써 ≪漢語大詞典≫은 원고 확정 단계에 진입했다. 그러나 이 시기는 편찬 업무가 가장 어렵던 시기이기도 했다. 특히 상해 원고확정 편찬위원회가 선발하여 파견한 편찬처의 생활조건은 극도로 어려웠다. “세 사람이 10평방미터 가량의 2층 가설 건물에 함께 살았다. 초여름에도 무더위로 쉬는 것조차 불편했고, 겨울에는 사방이 뚫린 것처럼 바람이 들어와 오들오들 떨어야 했다. 동지들은 이런 집을 우스갯소리로 ‘풍우루(風雨樓)’라고 불렀다.”(吉常宏 : ≪〈漢語大詞典〉일화≫, ≪辭書硏究≫ 1994년 3기)

1986년, ≪漢語大詞典≫ 첫 권이 출간되었다. 11월 25일 제 1권 출판 언론발표회에서 강택민(江澤民)은 “≪漢語大詞典≫의 출판 발행은 국가의 일대 사건이며, 국가 문화건설과 정신문명 건설의 중요한 성과입니다.”라고 말했다.(阮錦榮 : ≪〈漢語大詞典〉 편찬 출판 사업 회고≫, ≪辭書硏究≫ 1994년 3기)

나죽풍 선생의 지도 하에 1975년부터 1994년 4월에 이르기까지 화동 5성 1시 천 여 명은 18년 간 함께 노력한 끝에 마침내 사전을 완간했다. 1994년 4월 총12권(≪부록/색인≫은 별도)이 출판되었고, 같은 해 5월 10일, ≪漢語大詞典≫의 편찬 출판 기념회가 북경 인민대회당에서 성대하게 거행되었다. 당시 중앙 지도자 강택민, 이붕(李鵬) 등이 참석하여 치하했다.

Ⅱ. 내용상의 특징

≪漢語大詞典≫은 대량의 언어 자료를 수록, 정리, 분석하였고,

그 기초 위에 한어의 발전과 변천 과정에 대한 전면적, 과학적, 역사적인 총결이자 과학성, 지식성, 실용성을 모두 겸비한 수준 높은 공구서이다. 이 사전은 한(漢)민족 언어의 전모를 반영한 대형 언어 공구서로 중국 특색의 현대화된 사서(辭書) 편찬 방법과 경험이 집중적으로 체현된 것이며, 국제 문화교류에서 중국의 언어 사서(辭書) 편찬 수준을 대표할 수 있는 거작이다. 이 책은 제1기 국가도서일등상을 수상하였으며, 다음과 같은 네 가지의 특징이 있다.

1. 최초 자료와 내재적인 연계

만약 무작위의 언어 자료를 정리하거나 몇 권의 관련 사전을 수록하고 선택하여 가공한다면 이는 매우 어려운 것이라 할 수 없다. 하지만 ≪漢語大詞典≫은 "古今兼收, 源流並重"의 편찬 원칙을 충분히 구현하기 위해서 최대한 전면적으로 한민족이 사용해 온 언어를 수록하고, 한어 語辭의 기원, 발전, 실제사용 과정에서의 역사적 변천 상황을 명시하는 데 주의했다. 또한 이에 대해 비교적 전면적이고 과학적인 역사적 매듭을 짓는 것으로, 매우 어렵고 힘든 임무라 할 수 있다. 이를 위해서 이 사전은 편찬 초기에 3년 동안 집중적으로 자료 작업을 진행했다. 먼저 기존의 모든 사서에서 표제어를 잘라 내어 카드를 만들었으며, 또한 천 명에 가까운 사람들을 구성하여 선진(先秦)에서 근대에 이르는 주요 전적 중의 자료를 증보하였고, 경(經), 사(史), 자(子), 집(集) 사부서(四部書) 외에 특히 조기백화 작품과 불교, 도교, 과학기술, 지리 등의 서적과 출토된 간백서(簡帛書)에서 보충을 하였으니 섭렵한 책만 만 종 이상이다. 이러한 최초의 1차 자료로부터 편찬자는 어휘 의미 사이의 내재적 연관성을 찾고, 이처럼 방대한 언어 자료로부터 각각의 어휘의 수많은 의미를 나열, 비교분석하고, 그 중의 미세한 차이를 가려내어 의항(義項)을 알맞게 확립하고 구분했다. 또한 의항 간에 교차나 중첩되는 것을 피하기 위해 의미 순서의 적당한 편집과 배열을 통해 의미의 내부 연관성과 역사 변천 과정을 보여주었고, 의미의 경계가 명확하고 조리 있게 체계가 잡혀야만 했다.

여숙상 선생은 "마치 한 사람의 전기를 쓰는 것과 같이 어휘 하나의 역사를 처음부터 끝까지 쭉 써내려 간다."라고 했다.(여숙상 : ≪辭書 사업의 어려움과 즐거움≫ ≪辭書硏究≫ 1981년 제2기) 이 말은 최대한 역사 발전의 순서에 따라 어휘 항목과 석의(詞目釋義)를 배열하고, 먼저 어휘의 어원(語源)을 탐구한 뒤, 시대 순서에 근거하여 파생된 뜻과 비유적인 뜻 등을 정리하여 사의(詞意)의 "계보"를 세워야 한다는 말이다. 이러한 편찬 과정 중 단지 어휘를 뽑기 위해서 작성된 카드만 880여 만 장에 달하고, 다시 그 가운데 200여 만 장을 정선하여 1차 자료로 삼았다. 이렇게 방대한 기초 작업은 기존의 어떤 사서 편찬에서도 거의 볼 수 없던 것이다. 1차 자료에 근거하고 간접자료를 인용하지 않았기 때문에 이 사전은 사서 편찬 중 상존하는 서로 베끼기, 오류 답습의 병폐에서 벗어날 수 있었을 뿐 아니라, 여러 중요 사전의 착오를 바로잡고, 그 누락을 보충할 수 있었다. 예컨대 "戰掣" 항목을 보면, ≪大漢和辭典≫과 ≪中文大辭典≫은 모두 ≪畵品≫을 인용했는데, ≪畵品≫의 저자는 세 명으로 그 중 누구의 ≪畵品≫의 예문을 인용한 것인지 알 수 없다. 이는 ≪大漢和辭典≫과 ≪中文大辭典≫이 모두 ≪佩文韻府≫를 보고 그대로 옮긴 것이기 때문이다. 그러나 ≪漢語大詞

典≫은 "李煜好金索畫, 唐希雅常效之, 乘興縱奇, 因具戰掣之勢。" 라는 구절이 실제로 宋의 유도순(劉道醇)의 ≪畫品≫에서 인용한 것임을 조사하여 밝혔다. '儒職' 항목에서, 다른 책은 ≪漢書.儒林傳≫ "儒職多非其人"을 인용했는데, 사실 원전에는 이 문장이 없고 ≪後漢書.儒林傳序≫에 있다.

2. 전면적인 내용과 풍부한 자료

≪漢語大詞典≫은 한어 어휘와 구[詞語]의 집대성으로 볼 수 있다. 고대 어휘 중 계속 전해져 사용되어 온 기본 어휘가 있고, 의미가 이미 파생 전환된 어휘가 있으며, 대량의 문어(文語) 어휘와 구어, 숙어와 방언이 있다. 이 가운데 어떤 것을 수록하고 어떤 것을 수록하지 않을 지 ≪漢語大詞典≫은 자신만의 대답을 내놓았다. 그것은 고대어휘[古詞]와 현대어휘[今詞]를 모두 수록하고, 또 不古不今의 어휘를 수록하니 고금 한어 어휘의 "문서파일[檔案庫]"이라고 할 수 있다. 총 37만 5천여 어휘와 구를 수록하였고, 그 중 단자(單字)가 약 3만, 총 5천 여 만자, 삽도 2253매로 그 규모가 기존의 모든 어문사전과 대다수의 종합적 성격을 띤 사전을 크게 뛰어넘는다. "市"자를 예로 들면, ≪辭海≫는 50 항목의 복합어[複詞]를 수록했고, ≪辭源≫은 66 항목의 복합어를 수록했으며, ≪中文大字典≫은 141 항목의 복합어를 수록했는데, ≪漢語大詞典≫은 219 항목의 복합어를 수록했다. 제1권 첫 번째 표제자인 "一"을 예로 들자면 편찬자들은 4000여 장의 카드를 작성하여 네 번 바꾼 끝에 24개의 의항(義項)을 수록했다. 이 사전이 어휘를 수록한 기본

원칙은 다음과 같다. "음과 뜻이 명확하고, 용례가 있는 어의를 수록한다: 상용사를 광범위하게 수록한다: 벽자도 수록한다: 보편적으로 사용하는 신조어[新詞]를 수록한다: 통용 범위가 비교적 넓고 사용 빈도가 비교적 높은 전문 용어들을 적당히 선택하여 수록한다: 의미의 파생 전환이 있는 자유로운 구[自由詞組]와 중요 작가 작품에 보이고 사용 빈도가 일정하면서 어휘[詞]와 구[詞組]의 경계를 구분하기 어려운 경우 수록한다: 고정적으로 쓰이는 구[固定詞組]도 일반적으로 수록한다: 통용 범위가 넓으면서 일반 작품에 보이는 방언도 수록한다."(謝芳慶 : ≪우리나라 문화건설의 역사적 이정표-〈漢語大詞典〉을 평하여≫ ≪安徽師大學報≫ 1994년 제3기)

3. 석의가 정확하고 의항이 완비되었다.

석의 방면은 여러 장점을 두루 취해서 역대 언어학자의 의미[語義] 연구 성과를 계승하고 현대 의미학[語義學] 이론을 흡수하여 어의에 대해서 정확히 개괄했다. 또한 共識性과 역사성의 각도에서 한어 어휘의 어의 구조를 전면적으로 밝혔다. "고금 저작 중 용례가 있어서 의항을 개괄하여 세울 수 있으면 최대한 수록했다. 현대 보통화 구어 중 이미 비교적 많이 사용되었으나 단시간에 문헌상의 증거를 찾을 수 없는 뜻갈래는 의항으로 수록했다."(≪〈漢語大詞典〉 편찬 체계≫) 이를테면 "崇"자의 기본 의미는 "高(높다)"이며, 각 사서(辭書)의 해석은 이에 그친다. 하지만 ≪漢語大詞典≫ 편찬원들은 예문에서 같은 "高"라도 함의가 다르다는 것을 감지했다. "高"자는 일반적으로 崇山, 崇峰, 崇嶺처럼 아래로부터 위로 지면에서 비교적 멀리 떨어진 것을 이른다. “殷入重屋, 堂修七尺, 堂崇三尺.”(≪周禮 · 考工記 · 匠人≫)의 예에서처럼 위와 아래 사이의 거리를 이르기도 한다. 그래서 이 사전은 “崇”을 두 의항으로 나누었다. “高, 高大。高度。” 여기서 또 “高大”의 의항이 지금까지 사용되고 있지만 高度 의항은 고어 안에 그친다는 것을 발견할 수 있다. 이 사전은 의항 방면에서 과학적으로 구분했을 뿐만 아니라 또한 의항을 세우는 과정에서 어휘 발전 변화의 내부 규율을 드러내고 있음을 알 수 있다.

4. 문헌근거가 풍부하고 인증이 믿을 만하다.

편집장 나죽풍은 문헌 근거자료를 매우 중시했다. 그는 “자료가 부족하면 편찬된 사전은 선천성 빈혈아와 마찬가지로 품질이 높을 수가 없다.”고 했다. 그는 문헌 근거가 합당하고 정확해서 “마치 판자에 못을 박은 것처럼 모든 글자에 행방이 있어야 한다.” 단지 제2, 제3차 자료에 근거해서는 안 되고 원서에서 뽑은 1차 자료를 인용해야 하며 반복해서 대조하여 엄격하고 실제를 추구하는 편찬 작풍을 구현할 것을 당부했다.(羅竹風 : ≪〈漢語大詞典〉 완간기념회 강화≫, ≪語文建設≫ 1994년 제9기) 예컨대 ≪大漢和辭典≫과 ≪中文大辭典≫ 중에 모두 “戰逐”이라는 항목이 있다. 예문은 “是時越欲與漢用船戰逐, 乃大修昆明池, 列觀環之”를 들었고, “[戰逐]戰鬥角逐也。”라고 주석을 하였다. 그러나 ≪漢語大詞典≫의 편찬원은 “逐”은 “遂”을 잘못 넣은 것으로, 원래 원문은 “是時越欲與漢用船戰, 遂乃大修昆明池, 列觀環之。”라는 것을 발견했다. 따라서

“戰逐”은 하나의 어휘 항목이 될 수 없고, “遂乃”는 곧 “乃遂”와 同義虛詞疊用에 속하며, 어휘의 뜻은 “於是”에 해당한다.(陳增傑 : ≪漢語大詞典論集≫ 10쪽, 吉林人民出版社, 2001년 12월 판)

≪漢語大詞典≫은 매 글자의 각각의 의미가 모두 합당한 문헌의 예를 들었을 뿐만 아니라, 또한 그 의미로 사용된 최초 문헌의 문장을 예문으로 취했다. 소위 “始見書例(그 어휘가 처음 보이는 문헌을 예로 든다)”인데, 이는 대단히 어려운 일이지만, 이 사전의 편찬자들은 이러한 원칙에 따르고자 노력했다. 그들은 이러한 예가 있는 서적을 찾아야만 했고, 그 중에서도 가장 이른 시기에 보이는 책을 골라야 했는데, 이는 “사원학(史源學)”에 주의하지 않을 수 없었다. 예컨대 ≪資治通鑒≫과 ≪續資治通鑒≫, 각종 기사본말의 사서는 그 사료에 상응하는 정사에서 취하는데, 그 중 ≪明史紀事本末≫이 ≪明史≫보다 이르다는 것만이 예외이다. ≪南史≫는 ≪晉書≫·≪宋書≫·≪南齊書≫·≪梁書≫·≪陳書≫와 ≪隋書≫를 취사 정리한 것이고, ≪北史≫는 ≪魏書≫·≪周書≫·≪北齊書≫를 종합 편집한 것 따위가 그 예이다. 문헌의 예를 인용할 때 이러한 실마리에 근거하여 실상을 밝히고 원인을 철저히 따졌다.

Ⅲ. 原杭州大學의 공헌

특별히 언급할 가치가 있는 것은 절강(浙江)이 편찬에 참여한 다섯 개의 성 중 하나로서 이 임무의 완성에 커다란 공헌을 했다는 것이다. 필자가 소속되어 있는 원항주대학은 구체적인 편찬 업무를 맡아서 ≪漢語大詞典≫ 편찬팀을 전적으로 담당했는데, 중문과와 부서를 합쳐 사무를 보았으며, 전임 편찬원이 30여 명에 달했다. 저명한 학자 강량부(姜亮夫)는 14명으로 구성된 고문위원회 위원 중 한 분이었다. ≪漢語大詞典≫ 부편집장인 장례홍(蔣禮鴻) 선생은 원항주대학 중문과 교수로 문자, 훈고, 음운, 목록, 교감학에 정통했으며, 속어 연구, 고서교감에 능통했다. 그의 대표작 ≪敦煌變文字義通釋≫은 교육부 제1기 인문사과(人文社科) 일등상을 수상했다. 장 선생님은 이 사전 초기 사업의 일련의 중요한 회의에 참여하여 ≪關於收詞原則和編寫條例的一些問題(어휘 수록 원칙과 편찬 조례에 관한 몇 가지 문제)≫라는 제목으로 논문을 발표하였고, 강령적 성격을 띤 두 문건－≪漢語大詞典收詞原則≫과 ≪編寫體例≫을 조목조목 심의하고 수정했다. 이 사전의 석문(釋文) 작업이 전면적으로 펼쳐지기 전에 절강성은 2개월 간의 편찬 연구 토론회를 주최하였는데, 장 선생님의 훈고학, 목록학 두 주제에 대한 강연은 편찬 참여자들의 방향타가 되었다. 1979년, 절강성은 첫 번째 석문 출고본－"寸" 자부를 먼저 내어 漢語大詞典의 성공 매진의 제일보를 내딛었으며 다른 성과 시의 편찬원들을 위해서 하나의 모범을 보여주었다. 원≪杭大學報≫는 ≪〈漢語大詞典〉編纂出版慶功會隆重舉行－我校曾華強、洪波兩先生應邀出席≫를 주제로 기사를 내보냈다. 기사는 "우리 학교 30여 명이 ≪漢語大詞典≫의 편찬 사업에 참여했고, 그 중 고적연구소 강량부 선생이 학술고문을 맡았으며, 중문과 장례홍 선생, 증화강(曾華強) 선생이 각각 부주편과 편찬위원을 맡아서 이 거작에 공을 세웠다."는 내용이다.(≪杭州大學學報≫1994년, 제2기)

끝으로 언급해야 할 것은 다음과 같다. "장장 18년의 편찬 역정에서 ≪漢語大詞典≫ 사업위원회의 主任은 3차례 바뀌었고, 14명의 학술고문 중 7명이 작고하셨으며, 8명의 부편집장 중 4분이 완간을 보지 못했다. 사전 한 권이 출판되어 나올 때마다 책머리 명부 중 검정 테두리가 몇 개씩 더해졌다. 그들은 중화문화를 위해 성전을 축조하였으며 숭고한 민족정신을 이 기념비에 영원히 세웠다."(柳堤 : ≪中國文化史上一座新豐碑－〈漢語大詞典〉 編纂紀實≫, ≪新聞出版報≫ 1994년 5월 9일)

[번역 : 김지영(단국대)]

《汉语大词典》的编纂过程和内容特点

金 健 人[*]

一、编纂过程

1964年 12月 20日，第三届全国人民代表大会第一次会议上，一位安徽代表的提案引起了人们的注意,此提案要求立即由国家组织人力编写一部大型工具书“汉语大词典”。提案人即为后来的《汉语大词典》副主编的安徽师大教授张涤华。而著名语言学家王力在同时召开的政协会议上也提出了相同的提案。周恩来总理得知后，非常关心，但由于“文化大革命”的爆发，此事无法落实。1975年 3月，周总理在广州的一次会议上提出：我们要编一部‘为国争气’的大词典！他说世界上许多小国都送给我们一部部大词典，而我们却只有一本小字典(而不是辞典)，这与大国地位太不相称。”(李广连：《闪耀着人品与文品的光辉一及〈汉语大词典〉副主编张涤华先生》，《江淮文史》1996年 第2期）1975年夏，邓小平

* 浙江大学

主持中央工作，为了改变“文革”期间全国只有一部小型的《新华字典》的状况，1975年 5月 23日，由国家出版局和教育部以及华东部分省市在广州联合制定了编写出版 160 种中外文辞书的十年规划，《汉语大词典》即其中之一。周恩来总理在病中批准了这一规划，并以国务院(1975) 137号文件下达执行。同年 9月，国家出版局在上海召开浙江、山东、江苏、安徽、福建和上海有关方面负责人会议，商定《汉语大词典》由五省一市协作编写，上海负责出版。会上成立了编写领导小组，由国家出版局代局长陈翰伯任组长，五省一市各有一位副组长和一位成员参加。1977年 9月，在青岛召开了第三次编写工作会议，统一对资料搜集工作的重要认识，进一步落实资料工作任务。1978年 2月，国务院22号文件把《汉语大词典》列入国家重点科研项目，提出代表国家水平的要求。1979年 5月 15日，国家出版局就加强编纂领导工作给中央宣传部写了报告，次日，胡耀邦批示：“原则同意，请努力进行。”于是开始组建编委会工作，确定著名语言学家、上海市哲学社会学界联合会主席罗竹风任主编，编纂处于 1980年 1月 1日正式成立。中央书记处和办公厅多次下达指示和文件，帮助组建了三委会：由新闻出版署副署长刘杲等39位领导组成工作委员会；由语言学大师吕叔湘为首的14位中国语言学家组成学术顾问委员会；由华东五省一市43个编写单位的72位学者组成编辑委员会。作为主编，罗竹风通览了古今中外的汉语辞书，从最早的字典《说文》，最早的词典《尔雅》，以及保留义训资料最多的《广韵》，一直到《康熙字典》，乃至1915年开始编纂的《辞源》，一一指出它们各自值得借鉴和继承的传统，对中国历史上包括字典、词典和韵书在内的三大类辞书作出了详尽的考察。正是在这样的基础上，他为 ≪汉语大词典≫ 勾勒出了一个粗略的轮廓，确立了 ≪汉语大词典≫ 以“共时性”与“历时性”作为“收词立目”的总方针。他说：“应当从共时性和历时性两个方面反映汉语在长期演变过程中的总面貌，反映其历史状况与现实状况。”(≪中国出版≫ 1997年 第9期 第27-28页)。1979年 9月下旬，苏州会议确定了 “古今兼收、源流并重”，按历史原则进行编纂的方针，并讨论了浙江编写的第一个初稿本(“寸” 部)。1980年 11月在杭州召开第二次编委会，进一步明确了该词典的“语文性”和“历史性”，对百科词的收录以已经进入一般语词范围的为限。特别是针对 ≪汉语大词典≫ 在特殊历史条件下所形成的特殊问题采取了有效措施，如：任命了一批定稿编委；集中上海定稿；实行分卷主编制……等等。1981年 9月 8日，编写领导小组组长陈翰伯、首席学术顾问吕叔湘和主编罗竹风给中央书记处写了 ≪关于加强〈汉语大词典〉工作的报告≫，10月 28日，中央办公厅以(秘) 发[1981]43号文件，要求国家出版局、教育部和五省一市研究执行，“请各有关部门和有关省、市委予以更大的支持，努力保证 ≪词典≫ 按计划、高质量地完成出版”。1983年 9月 11日 在厦门召开了第三次编委会会议，审议通过了 ≪〈汉语大词典〉 编写体例≫ 和≪〈汉语大词典〉首次原则≫ 两份文件。同年年底，五省一市各编写组已写出初稿20万条，3000多万字，陈翰伯、吕叔湘和罗竹风又向中央书记处写了 ≪关于〈汉语大词典〉定稿出版工作的请示报告≫。1984年 1月 6日，中央办公厅以厅发2号文件批转给文化部、教育部党组以及五省一市党委，指出“≪报告≫ 业经中央书记处同意，请遵照执行”。1984年 4月，在无锡召开各省市词典办公室工作会议，研究讨论定稿方案问题，至此，≪汉语大词典≫ 进入定稿阶段。但此时，也是编纂工作的最困难时期，特别是上海定稿编委抽调一起的编纂处的生活条件极差："三个人共住一间用塑料板材组装成的10平米左右的二层楼房里。初夏即觉骄阳似火，熏炙得难以午休；隆冬则四壁空穴来风，令人瑟瑟发抖。同仁们苦中作乐，谑称之为'风雨楼'"(吉常宏：≪〈汉语大词典〉 往事拾零≫，≪辞书研究≫ 1994年 3期) 1986年，≪汉语大词典≫ 首卷问世，在11月 25日首卷出版新闻发布会上，江泽民指出："出版发行 ≪汉语大词典≫ 是国家的一件大事，是国家文化建设和精神文明建设所取得的一项重要成果"。(见阮锦荣：≪〈汉语大词典〉 编纂出版工作的回顾≫，≪辞书研究≫ 1994年 3期) 在罗竹风先生的带领下，在千余名工作人员的共同努力下，自1975年到 1994年 4月，华东五省一市的千余人经过18年的努力，终于全部出齐。1994年 4月 全书12卷出版(另有 ≪附录 · 索隐≫ 一卷)，同年5月 10日，≪汉语大词典≫ 的编纂出版庆功会在北京人民大会堂隆重举行，当时的中央领导人江泽民、李鹏等到会祝贺。

二、内容特点

≪汉语大词典≫ 在搜集、整理、分析大量语言资料的基础上，对汉语语言的发展演变过程作了全面、科学、历史的总结，是一部科学性、知识性、实用性兼备的高质量的工具书，它作为一部反映了汉民族语言词汇全貌的大型语言工具书，使中国特色的现代化辞书编纂方法和经验得到了集中体现，也是在国际文化交流中能代表中国语文辞书编纂水平的巨著。他曾荣获了第一届国家图书一等奖。该书形成了如下四方面的特点：

1、原初材料，内在联系

如果是面对随机而遇的语言材料稍加整理，或者是搜集几本相关词典选取加工，那就不会是非常困难的事情。而 ≪汉语大词典≫ 要求充分体现"古今兼收，源流并重"的编纂原则，尽可能全面地收录汉民族所使用过的语文词汇，注意揭示汉语语词的起源、发展和在实际使用过程中的历史演变状况，并对此作出较为全面科学的历史总结，那就成为非常艰难的任务。为此，该词典在编写初期，用了三年时间集中做资料工作，先将以往所有的辞书按词头剪下，制成剪贴式卡片，还组织近千人从先秦至近代的主要典籍中增补材料，经、史、子、集四部书外，特别注意从早期白话作品和佛教、道教、科技、地理等类书籍和出土简帛书中进行补充，所涉书刊当在万种以上。在这些第一手的原初材料中，编写者从中寻觅词汇意义间的内在联系，面对如此浩繁的语言材料，把各个词的众多意义罗列出来，分析比较，辨析其中的细微差别，恰当地确立和区分义项，既要通过义序的适当编排显示这些意义的内部联系和历史演变过程，又要做到义界清晰条理明顺，避免义项间的相互交叉重叠。吕叔湘先生说："把一个词的历史从头到尾写一遍，等于给一个人写传记。"(吕叔湘：≪辞书工作的艰苦和愉悦≫，≪辞书研究≫ 1981年 第2期。）这就要求尽可能按历史发展的顺序安排词目释义，先探求词的本义(语源)，然后根据时代顺序理清引申义和比喻义等，建立起词义的"谱系"。就这样，编纂过程中光为了选词，所做成的卡片就多达880多万张，然后再从其中精选出200多万张作为第一手资料。如此浩大的基础工作，为以往任何辞书编纂所绝无仅有。因为是根据第一手资料，而非援引间接资料，所以该词典不仅避免了辞书编纂中常有的辗转相抄、讹误沿承的通病，而且纠正了多部重要词典中的错误或补正了其中的缺失。如"战掣"条，≪大汉和词典≫ 和 ≪中文大辞典≫ 都引 ≪画品≫，但同为 ≪画品≫ 的作者有三，到底引自谁的 ≪画品≫？无法言明，因它们都抄诸 ≪佩文韵府≫，该词典编写查明："李煜好金索画，唐希雅常效之，乘兴纵奇，因具战掣之势。"实出之于宋刘道醇之手。又如"儒职"条，他书引 ≪汉书・儒林传≫ "儒职多非其人"，便翻该传无此文，其实在 ≪后汉书・儒林传序≫ 中。

2、内容全面、资料丰富

≪汉语大词典≫ 可看作汉语词语的总汇。在古代词汇中，有一直流传沿用下来的基本词汇，也有意义已引申转换的词汇，有大量的书面词语，也都有大量的口语、熟语和方言。凡此种种，该收什么，不收什么 ≪汉语大词典≫ 作出了自己的回答。它既收古词，又收今词，还收不古不今的词，可谓古往今来汉语词汇的"档案库"。全书共收录了三十七万五千余条词语，其中单字约三万条，共五千余万字，并配有插图2253幅，其规模大大超过以往的任何语文词典、乃至大多数综合性词典。如以"市"字为例， ≪辞海≫ 收录了50条复词，≪辞源≫ 收录了66条复词，≪中文大字典≫ 收录了141条复词，而 ≪汉语大词典≫ 则收录了219条复词。以第一卷第一个领头字“一”字为例，编写人员就做成了4000多张卡片，四易其稿，收列了24个义项。该词典的收词的基本原则为：“音义明确，并有用例的语义收列；常用词广泛收列；另辟难懂的酌予收列；普遍使用的新词注意收列；通行范围较广、使用频率较高的专科词语适当选手；意义有引申转换的自由词组和见于重要作家作品，有一定使用频率，难以划分词或词组界限的词组应予收列；固定词组一般应予收列；通行范围广、见于一般作品的方言词应予收列。”(谢芳庆：≪我国文化建设的历史性里程碑——评〈汉语大词典〉≫，≪安徽师大学报≫ 1994年 第3期)

3、释义精确、义项齐备

释义方面博采众长，做到了继承历代语言学家的语义研究成果与吸收现代语义学理论对语义的精确概括并重，从共识性和历史性的角度全面揭示了汉语词语的语义结构。“凡是古今著作中有用例，能够概括确立义项，都应尽量收列。现代普通话口语中已较多使用而一时还找不到书证的词义，也应作为义项收列”(见 ≪〈汉语大词典〉 编写体例≫。如“崇”字，基本义是“高”，各辞书的解释都停留于此。但编写人员从例句中感觉到，尽管同样是“高”，但涵义却又别：一般都指的是从下向上离地面较远，如崇山、崇峰、崇岭等；但还有仅指上下间的距离：如“殷入重屋，堂修七尺，堂崇三尺。”(≪周礼・考工记・匠人≫)。所以，该词典将“崇”分为两个义项："高，高大。高度。"从中又可以发现，"高大"的义项一直沿用至今，而高度的义项，则仅仅保留在古语里了。可见该词典不仅义项方面划分科学，而且在建立义项的过程中展示出词义发展演变的内部规律。

4、书证丰富、印证可靠

主编罗竹风十分重视书证资料。他说："资料贫乏，编出来的词典，等于先天不足的贫血儿，质量肯定不会高的。"他要求书证必须引用得当，准确无误，"犹如板上钉钉，字字都有着落"，不能只凭第二，第三手的资料，而是要引用从原书摘录的第一手资料，并经反复核对，体现了严谨求实的编纂作风。(罗竹风：≪在〈汉语大词典〉全书出版庆祝大会上的讲话≫，≪语文建设≫ 1994年 第9期)如 ≪大汉和词典≫ 和 ≪中文大辞典≫ 中都有"战逐"条。例句为："是时越欲与汉用船战逐，乃大修昆明池，列观环之"。所以，两词典都作："[战逐]战斗角逐也。"但 ≪汉语大词典≫ 的编纂人员发现，"逐"乃"遂"之误，原文应为"是时越欲与汉用船战，遂乃大修昆明池，列观环之"。所以，"战逐"就不能成为一个词条，而"遂乃"则与"乃遂"属同义虚词叠用，其词义相当于"于是"(陈增杰：≪汉语大词典论集≫ 第10页，吉林人民出版社 2001年 12月版)。≪汉语大词典≫ 不仅要求每个字词的各个意义都得例举出恰当的书例，而且要求举出最早出现这个意义的书例，所谓"始见书例"，那就太难了。可该词典的编纂者们就是按这个要求去努力的。所以，他们不仅要寻找到有这些书例的书，而且在其中挑选出始见书，这就不能不注意"史源学"。如《资治通鉴》和《续资治通鉴》和各种纪事本末，其史料多取自相应正史，其中只有《明史纪事本末》早于《明史》是个例外。《南史》是对《晋书》、《宋书》、《南齐书》、《梁书》、《陈书》和《隋书》的取舍整理。《北史》是对《魏书》、《周书》、《北齐书》的综合剪裁，等等。援引书例时得根据这样的线索顺藤摸瓜、寻根究底。

三、原杭州大学的贡献

特别值得一提的是，浙江作为参与编纂的五省之一，对此任务的完成做出的杰出的贡献。笔者所在的原杭州大学承担了具体的编纂工作，专门成立了《汉语大词典》编纂组，与中文系合署办公，专任编写人员达30余人。著名学者姜亮夫为顾问委员会的14位委员之一。作为《汉语大词典》副主编的蒋礼鸿先生，是原杭州大学中文系教授，他精通文字、训诂、音韵、目录、校勘之学，尤擅俗语词研究、古书校释，其代表作《敦煌变文字义通释》曾获教育部第一届人文社科一等奖。蒋先生参加了该词典初期工作的一系列重要会议，作了《关于收词原则和编写条例的一些问题》的发言，对两个纲领性文件—《汉语大词典收词原则》和《编写体例》逐项审订。在词典的释文工作全面铺开之前，浙江省举办了为期两个月的编写研讨会，蒋先生在会上主讲训诂学、目录学两个专题，为编写参与者拨开迷雾。1979年，浙江省率先推出了第一个释文出稿本—“寸字部, 标志着这部大词典成功迈出的第一步, 也为其他省市的编写者树立了一个榜样。原 ≪杭大学报≫ 以 ≪〈汉语大词典〉 编纂出版庆功会隆重举行——我校曾华强、洪波两先生应邀出席≫ 为题, 报道说 : “我校先后有30余人参与 ≪汉语大词典≫ 的编纂工作, 其中古籍研究所姜亮夫先生任学术顾问, 中文系蒋礼鸿先生、曾华强先生分别任副主编和编委, 为这部巨著立下了汗马功劳。”(≪杭州大学学报≫ 1994年 第2期) 最后需要提到的是 : “在长达18年的编纂历程中, ≪汉语大词典≫ 工作委员会的主任换了三届, 14名学术顾问中有7位与世长辞, 8位副主编中有4位没能看到全书的最后付梓。几乎每一卷出版时, 卷首的名录中都会增加几个黑色的方框。他们为中华文化修筑圣殿, 也把崇高的民族精神永筑在这纪念碑中。”(柳堤 : ≪中国文化史上一座新丰碑—〈汉语大词典〉 编纂纪实≫, ≪新闻出版报≫ 1994年 5月 9日)

[『동양학』 46집(2009) 수록]

중국 역사언어사전(詞典)의 현황과 과제
- 근대중국어를 중심으로 -

姜 勇 仲*

Ⅰ. 서 론

이 논문은 중국 역사언어사전[1]의 현황과 과제를 살펴봄으로써 중국에서 수행한 역사언어연구와 그 사전화 작업의 맥락을 소개하고 나아가 국내에서 기획하고 있는 다양한 대형 사전 작업에 일조하고자 준비되었다.

우선 우리나라와 중국의 사전 편찬과 관련한 학술적 배경이나 개념 및 술어 등이 다르고 목적 또한 일정한 차이가 있어 이에 대한 정리나 연구사의 검토가 필요하다. 또한 한자로 된 전적의 대다수를 차지하는 중국의 문헌은 너무나도 방대하고 언어도 고금의 현격

* 성균관대학교 현대중국연구소 연구교수

1) 중국어로는 '斷代語言詞典'이라고 하며(方一新 2008) 일본에서는 '時代別' 언어사전이라고 한다.

한 차이가 있어 그 해독에도 많은 어려움이 있다. 이러한 문제들에 대한 유효한 접근을 위해서는 적절한 분류와 계통을 수립할 필요성이 제기되며, 이를 통해 중국의 연구 성과를 제대로 이해하고 그것을 적절히 활용할 수 있으며 나아가 부족한 부분을 보완하고 개진할 여지를 마련해야 할 것이다.

이에 본 논문은 우선 2장에서 역사언어사전과 관련한 제 개념들에 대한 간단한 구분과 소개를 진행할 것이다. 그 내용으로는 (1) 辭典과 詞典; (2) 言語詞典과 語文詞典, 專科詞典; (3) 專書詞典, 斷代詞典 그리고 專類詞典; (4) 歷時, 共時와 歷史言語詞典 등이 있다. 중국의 언어학 및 사전학 술어가 우리와 차이가 나므로 이러한 개념의 정리는 이후 중국의 상관 자료를 활용하는 데 적지 않은 도움을 줄 것이라고 생각한다.

3장에서는 중국 역사언어사전의 전사(前史)와 근대중국어[2] 언어사전 연구의 맥락에 대해 살펴 볼 것이다. 우선 '중국 역사언어사전의 전사'에서는 현대 중국 언어학계에서 수행한 각종 역사언어 연구의 경과를 소개하고 이러한 작업이 어떻게 사전화 작업에 기초가 되었는지를 소개할 것이다. 다음으로 '근대중국어 언어사전 연구의 맥락'에서는 역사언어연구 중 중국이나 우리나라에서 가장 연구기반이 취약한 근대중국어 연구와 관련하여 사전과 직접적인 연관관

---

2) 중국 학계에서는 일반적으로 近代中國語를 '初唐부터 18세기 중엽에 이르는 시기에 생겨난 口語나 口語를 반영한 書面語에 사용한 중국어'로 규정하고 있다. 즉 近代中國語란 시기적으로 中古中國語와 現代中國語의 사이에서 이 두 시기를 이어주는 교량적 위치에 있으며, 구체적인 시기는 中古의 경우 東漢時代(서기 1세기)에서 隋代(7세기 초)이고, 近代는 初唐부터 18세기 중엽에 이르는 시기이며, 현대는 그 이후에 해당한다(蔣紹愚 2005와 朱慶之2005 참조). 근대중국어에 대한 보다 상세한 논의는 강용중(2007a) 「근대중국어 어휘연구의 구성과 요건에 대한 시론」 참고.

계가 있는 어휘 및 사전 연구의 주요 구성과 그 내용을 살펴 볼 것이다. 그 내용은 1) 어휘풀이(考釋), 주석; 2) 상용사(常用詞) 연구; 3) 고전텍스트사전(專書詞典); 4) 어휘계통 연구; 5) 시대별(斷代) 어휘의 묘사 및 이론화 등이다. 사실 이 다섯 가지 분류는 중국의 근대중국어 연구의 분야이기도 하므로 연구 성과 또한 이 체계에 따라 정리할 수 있다. 즉 1~5까지의 연구 구성은 우리가 중국의 연구 성과를 활용할 때 계통성과 편의성을 동시에 제공해 줄 것이다.

4장 '근대중국어 언어사전의 현황'에서는 먼저 근대중국어 언어사전의 성과물을 소개하고 간단한 평가를 진행한다. 다음으로 근대중국어 언어사전의 편찬 원칙 및 구성을 다룬다. 이 부분은 중국학자들의 역사언어사전 편찬 방식을 살펴보는 동시에 우리의 향후 상관 사전편찬에서 귀감이 되거나 지양할 점을 파악할 기회가 될 것이다.

5장 근대중국어 언어사전의 과제에서는 우선 중국의 언어연구와 사전화 작업의 결합과 관련한 과제를 정리할 것이다. 다음으로 근대중국어 언어사전의 새로운 전형에 대한 제언에서는 필자가 준비하고 있는 약 15만 개의 중고·근대 어휘연구 DB를 소개하고 그간 한·중·일 삼국에서 간행된 대형 사전의 취약점인 중고·근대중국어 어휘의 사전화 작업에 대한 나름대로의 대안을 제시한다.

6장에서는 본 논문의 요지를 정리한다.

마지막으로 논문의 말미에 필자가 조사한 중국 역사언어사전(詞典) 관련 저작과 논문 목록을 분류하여 부록으로 실었다.

Ⅱ. 역사언어사전(詞典)의 상관 개념

본 장에서는 중국의 역사언어사전과 관련된 주요 술어를 살펴보기로 한다. 이 작업의 일차적인 목적은 본고에서 사용하는 기본 개념의 이해를 위한 것이지만 다른 한편으로는 중국 사전학 및 언어학의 술어를 살펴보는 기회도 될 것이다.

1. 辭典과 詞典

『漢語大詞典』에 보이는 辭典과 詞典의 정의는 각각 '收集詞彙加以解釋供人檢查參考的工具書'(수집한 어휘에 풀이를 더해 사람들이 찾아 참고할 수 있도록 한 공구서)와 '彙集詞語, 按某種次序排列, 加以解釋, 供人查閱的工具書(어휘를 다 끌어 모아 정해진 순서에 따라 배열하고 풀이해 사람들이 찾아 볼 수 있도록 한 공구서)'로 되어 있어 차이가 없는 듯하다. 한편 『現代漢語規範詞典』(2004)에서는 이 두 술어를 다음과 같이 정의하고 있다.

> **辭典**：收集專科或百科詞語, 按一定順序編排, 竝給予解釋, 供人查閱參考的工具書
> (辭典 : 전문용어 혹은 백과어휘를 수집하여 정해진 순서에 따라 배열하고 해석을 달아 참고할 수 있도록 한 공구서)
> **詞典**：收集詞語, 按一定順序編排, 竝注音·釋義, 供人查閱參考的工具書

(詞典 : 단어를 수집하여 정해진 순서에 따라 배열하고 발음과 풀이를 달아 참고할 수 있도록 한 공구서)

앞의 정의에 따르면 辭典이란 전문용어 또는 백과어휘를 모아 풀이한 사전이고, 詞典이란 언어학적 단위인 단어(word)나 구(phrase)[3]에 음과 사전적 풀이(釋義)를 한 사전이다. 이 두 종류의 사전을 구분할 수 있는 키워드는 '辭'와 '詞'이다. 1949년 이전 중국에서는 '辭'라는 술어로 앞의 두 유형의 사전을 개괄해 사용했다. 우리가 알고 있는 民國時期에 간행된 『辭海』가 그 예이며, 우리나라에서 사용하는 '辭典'이라는 말도 '辭'와 '詞'를 구분하지 않고 개괄해서 쓰는 경우이다. 그러나 신중국 성립 이후부터 서방언어학의 영향을 받아 언어의 계통에서 기본적이고 상용하는 일반어휘 또는 어법의 기본단위인 단어(word)를 '詞'라고 한데서 착안하여 辭典과 구별되는 詞典이라는 용어를 사용하기 시작했다. 중국에서 가장 권위 있는 『現代漢語詞典』이나 『漢語大詞典』이 바로 그 예이다. 그러므로 이러한 사전에는 辭典과 달리 전문용어 또는 백과 용어가 배제되어 있다. 물론 이러한 구분에 대한 평가는 우리의 몫이 아니다. 이는 이미 현대 중국 사전학계 또는 언어학계의 독특한 전통이 되었다.

한편 辭典과 詞典 이외에도 유사한 술어로 辭書(dictionary; word book)와 工具書(reference books)라는 말을 쓰기도 한다. 이 두 술어에 대한 정의는 아래와 같다.

3) '詞典'의 풀이에 보이는 '詞語'는 '詞'(단어 : word)와 '短語'(구 : phrase)의 合稱이다.

> **辭書：**字典・詞典・百科全書・專科辭典等工具書的統稱
> (辭書 : 자전, 사전, 백과전서, 전문용어사전 등 공구서의 통칭)
> **工具書：**專爲讀者查考字義・詞義・字句出處和各種事實而編纂的書籍, 如字典・詞典・索引・歷史年表・年鑒・百科全書等
> (工具書 : 독자가 글자의 의미나 단어의 의미 또는 자구의 출처 및 각종 사실을 찾기 위해 전문적으로 편찬된 서적으로 자전, 사전, 색인, 역사 연표, 연감, 백과전서 등이 있다)

辭書란 자전, 사전, 백과전서, 전문사전 등의 통칭이고, 工具書는 앞의 辭書와 索引, 歷史年表, 年鑒 등을 포함하는 개념이다. 한편 詞書라는 말은 없다.

그밖에 우리나라나 일본에서는 事典이라는 술어도 쓰고 있으나 본고의 주제인 언어사전과 거리가 있으므로 다루지 않는다.

2. 言語詞典과 語文詞典, 專科詞典

다음으로 구분할 필요가 있는 것은 言語詞典과 語文詞典, 專科詞典의 차이이다. 우선 대범주의 대립 개념인 語文詞典과 專科詞典의 차이에 대해 살펴보기로 하자.[4] 語文詞典은 한 언어의 전체 계통 중의 단어의 의미를 학습하는 데 사용하는 사전으로 학습용 사전(4~6만 어휘), 참고용 사전(14~18만 어휘), 연구용 사전(40~60만 어휘) 등이 있다. 專科詞典은 하나의 語種에 국한되지 않는

4) 이 부분의 서술은 百度百科 http://baike.baidu.com/view/469039.htm (검색일 : 2011.7.1)의 '詞典學'을 참조함.

상관 지식을 제공하는 사전으로 다음의 유형이 있다.

百科詞典 : 百科全書 · 百科性語文詞典 · 書目總彙 · 分類書目 等

人文學科詞典 : 哲學 · 宗教 · 語言學 · 語文學 · 文學 · 美術 · 藝術 · 音樂 等

社會科學學科詞典 : 教育學 · 社會學 · 人類學과 民俗學 · 神話學 · 風俗研究, 統計學 · 經濟學 · 政治科學 · 法律學 · 地理學 等

人類歷史學科詞典 : 世界通史 · 地區歷史 等

基礎科學과 應用科學學科詞典 : 天文學 · 生物科學 · 化學 · 地文科學 · 數學 · 物理學 · 心理學 · 工程學 · 醫學科學 · 農業科學 等

결국 廣義의 사전은 語文詞典과 專科詞典의 합이라고 볼 수 있다. 그렇다면 言語詞典은 어떻게 정의할 것인가? 言語는 중국어로 '語言'이라고 하며 이 말은 소쉬르 언어학의 'langue'에 해당하고, 중국어로 '言語'는 'parole'에 해당하는 개념이다. 그러므로 言語詞典이란 '언어 공동체 구성원들의 머릿속에 내재화되어 언어활동을 지배하고 조정하는 규칙들의 체계'인 'langue'를 대상으로 체계화하여 만든 사전이 되는 것이다. 일반적으로 중국의 言語詞典에는 구어와 방언, 名物詞(사물의 명칭), 단어와 구, 실사와 허사 등의 한 언어를 구성하는 기본단위의 전반을 수록하고 있다. 우리의 표준국어사전류의 어문사전이 이에 해당한다고 볼 수 있다. 이런 의미에서 言語詞典은 語文詞典의 한 종류(학습용 사전)라고 해도 무방할 것이다.

3. 專書詞典, 斷代詞典 그리고 專類詞典

중국어사와 관련한 언어연구 및 고전의 주석서들은 사전편찬의 좋은 참고자료가 될 수 있다. 일반적으로 우리가 아는 고전 이를테면 『四書三經』, 『史記』, 『世說新語』, 『李白詩全集』 등의 경우 우선 해당 전문가가 교감하고 주석을 달아 그 문헌을 잘 이용할 수 있게 도와준다. 이 단계는 언어학자가 참여하기보다는 해당 텍스트의 권위자인 문학 철학 역사학자 등이 참여하므로 심도 있는 전문적 지식을 얻을 수 있다.

한편 언어학자가 어떤 고전 텍스트의 언어를 연구한다면 그 작품에 반영된 언어적 특색이나 전모를 살필 것이다. 예를 들어 『戰國策言語硏究』라는 저작이 있다면 이는 주로 언어연구자가 언어학적 측면에서 『戰國策』을 분석할 것이다. 여기에는 어휘·어법·성운 등의 제 방면을 다룬다. 그중 우리의 관심사인 어휘의 경우 어려운 낱말이나 단어를 구성하는 원리(중국어로는 構詞法이라고 함)를 연구하거나, 동의어·반의어 또는 어휘계통론에 입각한 어휘 분류까지도 다룰 것이다. 그리고 현재 많이 이용되고 있는 『漢語大詞典』과의 대비를 통해 이 사전의 문제점을 지적하기도 한다. 이런 의미에서 이 작업은 '특정텍스트' 언어연구라고 규정할 수 있다. 즉 하나의 텍스트를 대상으로 언어학적 방법을 총동원하여 분석한다는 의미이다.

專書詞典이란 바로 이 특정텍스트의 언어연구를 사전화한 것이다. 중국어로 專書란 '한 종의 책(書)만(專)'이라는 의미이다. 이 專書라는 용어의 상응하는 우리말은 아직 확정되지 않았다.[5] 專書

5) 이동철 교수는 '전문서적' 또는 '고전텍스트'라는 술어를 사용하고 있으며

詞典에서 詞典이란 앞서 살펴 본대로 언어학에서 말하는 단어(word)나 구(phrase)를 수록한 사전이라는 뜻이다. 그러므로 專書詞典은 하나의 전적을 언어학적 방법으로 어휘를 선별하여 표제어로 삼고 이에 주음과 풀이를 부가한 사전이라고 볼 수 있다. 예를 들어 『祖堂集言語詞典』이라는 책이 있다면 이 책은 『祖堂集』만을 대상으로 그 책에 수록된 단어(word)나 구(phrase)를 표제어로 하고 거기에 음과 풀이를 단 사전이 되는 것이다. 그러므로 이 『祖堂集言語詞典』은 『祖堂集』의 專書詞典이 된다. 만약 『祖堂集辭典』이라는 책이 있다면 『祖堂集』의 언어적 정보 즉 단어의미를 다룬다기보다는 『祖堂集』과 관련한 지식을 제공하는 辭典이 될 것이다. 이 辭典에는 『祖堂集』과 관련한 禪宗 역사나 주요 禪語의 풀이, 板本, 書誌, 성립과정 등의 지식을 주로 수록할 것이다.

斷代詞典에서 斷代란 우리가 사용하는 '時代別'이라는 의미이다. 즉 斷代란 시대(代)를 나눈(斷)다는 것이다. 이 시대는 唐代, 宋代 등과 같이 朝代로 볼 수도 있다. 그러나 중국어사의 입장에서 본다면 이 시대는 단순한 조대의 문제가 아니라 중국어사의 시기 구분에 따라야 할 것이다. 일반적으로 중국어사에서는 상고(고대), 중고, 근대, 현대 등의 사분법을 사용한다.[6] 그러므로 斷代詞典의 종류로는 상고중국어사전, 중고중국어사전 등이 있을 수 있으며 중국학계에서는 일반적으로 '언어'라는 술어를 부가하여 『近代中國語言語詞典』 등이라 명명한다. 『近代中國語言語詞典』의 내용은 근대시기 중국어의 어휘(단어나 구)를 언어학적 계통성이나

필자는 '특정텍스트'라는 용어를 쓴다. 단국대학교 동양학연구소 제5회 학술심포지움(2011년 2월 18일) '동아시아의 사전학(2): 동아시아 한자사전의 현황과 과제' 논문집 41쪽 참조.

6) 각주2 참조.

분류에 따라 어휘를 선별하고 주음, 풀이한 사전이 될 것이다.

그밖에도 專類詞典이 있다. 여기서 專類란 특정한(專) 유형(類) 또는 부류의 문헌이라는 말로 파악할 수 있다. 예를 들면 漢譯佛典, 禪宗 등의 경우 내용이나 문체에서 하나의 유형이 될 수 있다. 『漢譯佛典言語詞典』이라는 책이 있다면 이 책에서는 동한시기 불경이 번역된 초기부터 원나라까지의 佛典언어를 다룰 것이다. 마찬가지로 『禪宗言語詞典』에서는 당나라부터 원대까지의 선종문헌 언어를 사전화할 것이다. 이 두 경우는 하나의 장르(漢譯佛典이나 禪宗)를 기준으로 서로 다른 시대의 것을 망라한 언어사전이다. 그러나 『唐詩言語詞典』이나 『元曲言語詞典』의 경우 비록 하나의 장르를 다루지만 시대적으로는 唐이나 元에 국한 될 것이다. 이러한 專類詞典은 의학 · 농학 · 철학 등의 전문용어 사전으로 파악해도 무방할 것이다.

4. 歷時, 共時와 歷史言語詞典

소쉬르 언어학의 기본개념 중의 하나인 통시언어학(通時言語學 : diachronic linguistics 또는 역사언어학)과 공시언어학(共時言語學 : synchronic linguistics)은 각각 언어연구의 시간축의 설정에서 전자는 서로 다른 두 시대 이상의 언어관계나 발전을 연구하고, 후자는 한 시기 내의 언어현상을 연구한다. 通時는 중국어로 歷時라고 하고 共時는 우리와 같이 共時라고 한다.

그러므로 『現代漢語詞典』은 현 시점의 중국어 어휘를 다룬 共時詞典이 되며 『近代漢語詞典』은 근대시기 중국어 언어사전이 되는 것이다. 『漢語大詞典』은 고대부터 현대의 중국어를 다 다루므로 歷時詞典이 될 것이다.

본고에서 사용하는 歷史言語詞典의 개념은 앞의 通時言語學(또는 역사언어학)과는 직접적인 관련이 없다. 여기서 歷史言語詞典이라고 하는 것은 斷代言語詞典의 개념으로 사용하기로 한다. 즉 歷史言語詞典은 시대별 언어사전인 것이다. 『近代漢語詞典』은 근대시기를 하나의 共時적 형태로 두고 그 내부에서 사전화 한 것이다.

Ⅲ. 중국 역사언어사전의 전사(前史)와 근대중국어 언어사전 연구의 맥락

고대중국의 字書나 韻書를 제외하고 현대적 의미의 역사언어사전(斷代言語詞典)이 편찬된 것은 그다지 오래 전의 일이 아니다. 대륙 학계의 일반적인 견해(徐時儀 2002)에 따르면 최초의 역사언어사전(共時言語詞典)은 1978년 간행된 『現代漢語詞典』(商務印書館)이다. 이 사전은 현대에 통용되는 중국어를 언어학적 분류를 통해 표제어를 선정하고 주음, 풀이하였다. 이전의 현대중국어 사전들은 言語詞典이라기보다는 지식적 정보를 포함한 종합 辭典의 성격이 강했다.

우리의 관심사인 현대중국어 이전의 역사언어사전은 당연히 1978년 이후에 간행 되었다. 본 장에서는 이러한 현대중국어 이전의 역사언어사전의 전사(前史)를 살펴보고 그중 연구가 가장 활발하고 대형 사서들에서 반영률이 가장 낮은 근대중국어 언어연구 및 사전화의 맥락을 살펴보고자 한다.

1. 중국 역사언어사전의 전사(前史)

1978년 『現代漢語詞典』이 간행된 이후에 발간된 역사언어사전을 순서대로 소개하면 다음과 같다(徐時儀 2002).

A. 龍潛庵 『宋元語言詞典』, 上海辭書出版社 1985.
B. 蔡鏡浩 『魏晉南北朝詞語例釋』, 江蘇古籍出版社 1990.
C. 王雲路 方一新 『中古漢語詞語例釋』, 吉林教育出版社 1992.
D. 高文達主編 『近代漢語詞典』, 知識出版社 1992.
E. 許少峰主編 『近代漢語詞典』, 團結出版社 1997.[7)]
F. 鐘旭元 許偉建 『上古漢語詞典』, 海天出版社 1997.
G. 江藍生曹廣順 『唐五代語言詞典』, 上海教育出版社 1997.
H. 袁賓 等 『宋語言詞典』, 上海教育出版社 1997.
I. 李崇興 等 『元語言詞典』, 上海教育出版社 1998.

이상의 역사언어사전에서 중고(B, C)와 상고(F)를 제외하면 다 근대중국어 언어사전들이다. 이처럼 연구 성과가 근대중국어에 집중된 이유는 다음의 두 가지 원인으로 설명할 수 있을 것이다. 우

7) 이 책은 2008년 『近代漢語大詞典』이라는 서명으로 증보되어 중화서국에서 간행되기도 했다.

선 1990년을 전후해 출판된 『漢語大詞典』의 경우 근대중국어 어휘가 많이 수록되지 않았다. 즉 『漢語大詞典』이 고대와 현대중국어에 역점을 두어 근대중국어 시기의 어휘는 상대적으로 부족했던 것이다. 이 점은 우리나라의 대형 사전작업에서 주의해야할 부분이다. 다음으로 1985년 『宋元語言詞典』이 간행되기 이전에 근대중국어의 연구 성과가 적지 않게 축적되어 있었다. 이 두 가지 사실은 현대 중국의 역사언어 사전학 분야에서 근대중국어 연구에 많은 역량이 집중된 이유와도 관련이 있다.

상고와 현대에 비해 상대적으로 각광을 받지 못한 근대중국어 언어 연구는 주로 변문이나 원곡 명대소설 등의 문학작품의 어휘연구에서 그 초기 형태가 발견된다. 蔣紹愚(2005)에 보이는 근대중국어 역사언어사전의 본격적인 전사에 해당하는 저작으로는 다음의 두 책을 들 수 있다.

張相『詩詞曲語辭匯釋』, 中華書局 1953

蔣禮鴻『敦煌變文字義通釋』, 中華書局 上海古籍出版社增補定本(1959: 1997)

이 두 저작은 신중국 사회주의 초기 俗文學과 俗語 연구에 많은 관심을 기울였던 사회적 분위기와 박약했던 근대중국어 연구의 조건과 결합해 볼 때 중요한 의의를 가진다 하겠다. 그리고 저작에 보이는 어휘 풀이 방법이나 난해한 어휘의 명확한 해설로 지금도 근대중국어 어휘연구의 경전적 저작으로 평가받고 있다.

1985년 이후의 근대중국어 어휘연구는 비약적으로 발전한다. 지금 대륙학계도 적어도 역사언어 연구 영역에서 이 근대가 상고나 중고보다 더 많은 연구 성과를 내고 있다. 1985년 이후 연구 성과의 소개는 5장 2절(근대중국어 언어사전의 새로운 전형에 대한 제언)에서 든 목록과 거의 일치하므로 여기서는 생략한다.

2. 근대중국어 언어사전 연구의 맥락

그렇다면 대륙학계의 근대중국어 어휘연구 및 사전 작업의 주요 맥락 또는 분야는 무엇인가? 만약 이 맥락들에 대한 이해가 전제된다면 수많은 중국 자료들에 대한 계통적인 이해가 가능할 뿐만 아니라 우리의 사전학계에도 이론적인 참고 근거를 제공해 줄 것이다. 이 문제에 대한 논의는 蔣紹愚(2005)에 상세히 기술되어 있고 이에 근거해 필자가 정리해 보면 다음과 같다.[8]

1) 어휘풀이, 주석

일차적으로 가장 중요한 작업은 개별 어휘의 고석(考釋 : 우리말로는 '풀이'에 해당함)이다. 근대중국어시기의 저작은 매우 많으며 각 연구자가 개별적인 문헌에서 난해한 어휘를 찾아 풀이를 하는 과정이다. 그리고 하나의 중요한 저작을 대상으로 校註를 한다면 자연 그 속의 근대중국어 언어성분에 대해 전면적으로 풀이할 것이다. 이 자료들은 이후 근대중국어 역사언어사전의 편찬과정에서 직접적으로 영향을 주게 된다.

한편 어휘 풀이의 방법으로는 因聲求義,[9] 排列을 利用한 歸納

8) 아래의 각 항에 해당하는 연구 성과는 부록 참조.

法, 演繹法, 文脈利用法, 辨字辨音法,[10] 方言例證法, 舊註參照法, 語源追跡法 등이 보편적으로 사용된다.

이 영역의 연구 성과는 양적으로 다른 것에 비해 가장 많은 비중을 차지한다. 그리고 응용 연구로 한 연구자가 풀이한 내용을『漢語大詞典』등과 같은 대형 辭書와 비교하여 문제점을 지적하기도 한다.

2) 상용사 연구

상용사란 공시언어 형태에서 근간이 되는 어휘를 말한다. 기본어휘 보다는 넓은 개념이며 한 역사시기의 상용사가 확정되면 다른 시기의 상용사와의 대비를 통한 역사언어학적 묘사가 가능해질 뿐만 아니라 공시적 언어에 대한 직관적인 접근도 가능하게 하므로 이 분야의 연구는 대단히 중요하다 하겠다. 그러나 현 중국 학계의 이 부분에 대한 연구는 아직 큰 성과를 내고 있지 못하다. 대표적인 저작으로는 아래의 두 책을 들 수 있다.

汪維輝『東漢-隋常用詞演變研究』, 南京大學出版社, 2000.
李宗江『漢語常用詞演變研究』, 漢語大詞典出版社, 1999.

전자의 경우 중고중국어의 상용사를 역사적으로 조망했다는 점에서 큰 의의를 가지나 복음절어를 배제했다는 것과 조사 대상 범위가 많지 않다는 한계도 동시에 가지고 있다. 후자는 상용사 연구

9) 의미(義)의 파생관계를 소리(音)의 연관성에서 찾는 훈고방식의 하나임.
10) 난해한 글자를 풀이해 내거나(辨字) 파음자(破音字-한 글자에 둘 이상의 음이 있는 글자)의 다른 의미를 활용하여 어휘의미를 풀이하는 방식.

의 이론과 의의를 밝힌 점에서 긍정적인 평가를 할 수 있으나 실제 분석어휘는 몇 개에 지나지 않아 활용가치는 낮다.

3) 고전텍스트사전(專書詞典)

근대중국어 역사언어사전의 가장 직접적인 영향을 줄 수 있는 연구 성과는 고전텍스트 언어연구 또는 사전이라고 말할 수 있다. 예를 들어『水滸志』에 대한 언어연구 또는 사전이 있다면 이 성과들은 적어도 송말 혹은 명대 구어소설의 언어적 면모에 대한 가장 구체적이고 전면적인 분석을 한 것이 되므로 역사언어사전의 편찬에서 매우 유용하게 활용될 수 있는 것이다. 고전텍스트의 언어연구는 현재 중국의 박사학위 논문으로 대량으로 양산되고 있다. 사전의 경우는 관록있는 언어 연구자에 의해 다수 출판되었다.

4) 어휘계통 연구

어휘계통연구는 상용사 연구의 핵심 분야[11]로 현재 중국학계에서 매우 중요하게 다루고 있으나 국내 학자들의 관심은 비교적 낮다. 意味場 또는 概念場(蔣紹愚 2005) 이론을 근간으로 하는 이

11) 여기서 확인할 부분은 상용사연구와 어휘계통연구의 상관성에 관한 문제이다. 상용사란 한 언어의 기본 골격을 이루는 어휘로 일정한 수량을 가지고 있으며, 그 연구는 동의(同義) 또는 근의(近義-비슷한 말)관계를 이용해 역시적인 또는 공시적인 연구를 수행하는 것이다. 어휘계통연구는 인간이 인식하는 개념체계에 따라 한 언어의 모든 어휘를 분류하는 방법이다. 그러므로 이 양자간의 관계는 일방적인 포함이나 병렬로 보아서는 안된다. 역대 어휘는 주로 死言語에서 취해 오는데 그들 내부 관계의 계통을 개념적으로 분류하기 위해서는 개별어휘의 풀이, 상용사연구, 한 시기 언어의 전반적인 묘사 등이 전제되어야 가능하기 때문이다.

연구 영역은 하나의 상위 개념 아래의 구체적 어휘들 간의 역사적 변천이나 내부적 성원간의 조정을 연구하며 의미역(意味域)의 변화 관계도 다룬다. 아래 두 편의 박사학위 논문이 여기에 해당된다.

吳崢嶸 『『左傳』 索取·給予·接受義類詞彙系統研究』, 華中師範大學 2006.

王洪湧 『先秦兩漢商業詞彙－語義系統研究』, 華中師範大學 2006.

어휘계통연구는 중국어 역사언어학의 중요한 구성 부분이자 역사언어사전의 편찬과정에서 언어성분의 의미관계나 파생의미의 발생과정을 보여준다는 점에서 적지 않은 가치가 있다고 볼 수 있다.

5) 斷代(시대별) 어휘의 묘사 및 이론화

앞에서 살펴본 네 과정의 작업이 축적되면 사전의 편찬뿐만 아니라 그 시기의 전반적인 언어학적 특성들을 묘사하고 이론화할 수 있다. 이 작업은 최상위의 총괄작업이며 만약 이 분야에 대한 이론적 정립이 있다면 개별적 작업과의 연역이 가능해져 연구를 한 단계 더 격상할 수 있다는 장점이 있으나, 현 단계의 연구 성과로 볼 때 아직은 시기상조이다. 상고중국어[12]는 상대적으로 문헌의 양이 많지 않아 서술의 난이도가 크지 않으나, 중고나 근대의 경우는 그와 반대로 상당한 어려움이 따를 것이며 앞으로도 많은 시일이 걸릴 것이

12) 상고중국어 어휘의 역사언어학적 묘사는 葉正渤, 『上古漢語詞彙研究』(中央文獻出版社, 2007) 참조.

다. 근대중국어의 시대별 묘사로는 유일하게 아래의 저작이 있다.

顧之川『明代漢語詞彙研究』, 河南大學出版社 2000.

그러나 이 책에서 다루고 있는 문헌이나 시대적 묘사는 제한적이므로 향후 더 완결적인 저작을 기대할 수밖에 없다.

Ⅳ. 근대중국어 언어사전의 현황

중국어사에서 근대(唐나라부터 淸중기)시기는 상고중국어와 확연히 다른 면모를 가지고 있고 또 현대중국어의 직접적인 모태가 된다는 점에서 매우 중요한 지위를 차지하고 있다. 그러나 지금까지의 대형 辭書에서 수록한 부분이 많지 않아 향후 이점을 보강해야 한다. 그런 점에서 근대중국어 언어사전의 현황을 살피고 평가하는 작업은 의미 있는 일이 될 것이다. 본 장에서는 사전형태의 성과에 국한하여 이 문제를 다루고자 한다.

1. 근대중국어 언어사전의 성과와 평가

근대중국어 역사언어사전은 다음의 표에 제시한 7종이 있다.

번호	사전명	저자	출판사	발행년도	수록어휘수
1	『宋元語言詞典』	龍潛庵	上海辭書出版社	1985	11,000
2	『近代漢語詞典』	高文達	知識出版社	1992	13,000
3	『近代漢語詞典』	許少峰	團結出版社	1997	25,000
4	『唐五代語言詞典』	江藍生	上海教育出版社	1997	4,500
5	『宋語言詞典』	袁賓	上海教育出版社	1997	4,100
6	『元語言詞典』	李崇興	上海教育出版社	1998	5,296
7	『近代大漢語詞典』	許少峰	中華書局	2008	50,306

표에서 보는 대로 간행 시기는 1985년부터 2008년 사이이며 수록어휘는 적게는 4,000여 개에서 많게는 50,000여 개에 이른다. 시기적으로는 唐五代(4번)가 1종, 宋元代(1 · 5 · 6)가 3종이며 明淸代는 아직 간행되지 않았다. 나머지 2 · 3 · 7은 近代 전체를 수록대상으로 했다.

저술 동기별 평가는 다음과 같다. 1 『宋元語言詞典』은 저자가 1960년대부터 元雜劇을 공부하면서 흥미있고 난해한 어휘를 저록하면서 확대한 경우이다. 2 『近代漢語詞典』은 『漢語大詞典』의 主編 羅竹鳳 등이 지지하고 발기하여 산동성 7개 대학의 연구진이 1988년부터 1990년까지 3년간 편찬한 것이다. 3과 7은 許少峰이 개인적으로 희곡소설사전을 구상하면서 확대한 작품이다. 앞의 네 저작은 문학작품 위주의 언어사전으로 언어학적 소양이 적은 작가들에 의해 저술되었다. 반면 4 · 5 · 6의 『唐五代語言詞典』 · 『宋語言詞典』 · 『元語言詞典』 등은 중국 당대 최고의 언어전공자들이 역사언어사전의 편집원칙을 정하고 저술한 것들이다. 그러므로 형식에 있어서나 수록어휘의 선별에서 일관성이 있다. 만약 이 세 저작을 하나의 책으로 본다면 앞의 네 저작보다는 훨씬 더 뛰어난 작업으로 평가할 수 있을 것이다.

개별 저작들에 대한 평가는 수록 어휘의 범위나 풀이의 문제 또는 예증의 착오 유무 등으로 평가할 수 있다. 아래에서는 중국 학자의 평가를 중심으로 각 저작을 개략적으로 소개하고자 한다.13)

① 『宋元語言詞典』에 대해서는 徐時儀(2002)에서 수록어휘의 편면성, 의미항의 누락, 풀이와 예증의 문제 등을 지적하였다. 方一新(2008)에서는 수록어휘의 편면성과 풀이의 문제점을 지적하였다.
② 『近代漢語詞典』에 대해서는 邵則遂(1995)에서 수록어휘가 명청소설에 편중되어 진정한 근대중국어 사전의 면모를 갖추지 못했다고 평가했다. 그리고 개별 표제어의 풀이에 보이는 착오와, 의미항과 예문이 호응하지 못하는 점도 지적했다.
③ 『近代漢語詞典』의 경우 周志鋒(2001)에서는 풀이의 오류, 예증의 문제, 표제어 선정의 문제, 주음의 문제 등을 지적하였다.
④ 『唐五代語言詞典』에 대해서는 張永言·董志翹(1999)에서 풀이의 오류, 표제어 선정의 문제, 어원의 잘못된 이해, 의미항과 예문이 호응하지 못하는 점, 표제어 간의 호응 문제 등을 지적했다.
⑤ 『宋語言詞典』의 경우 方一新(2008)에서는 표제어 선정의 기

13) 필자의 의견을 배제한 이유는 우선 필자 자신의 淺學菲才를 들 수 있고, 다음으로 여기에서의 평가가 단순히 각 저작에 대한 우열을 가리는 차원의 문제가 아닌 역사언어사전의 주요 문제를 드러내는 데 있기 때문이다.

준, 풀이의 오류, 어원의 문제 등에 대해 지적하고 있다.

⑥ 『元語言詞典』에 대해서는 汪維輝(2000)에서 의미항의 첨삭, 풀이의 문제, 수록어휘의 범위 등을 지적하였다.

⑦ 『近代大漢語詞典』에 대한 평가는 필자가 확보하지 못했으나 이상의 제 문제를 다 해결했다고 보기는 힘들 것이다.

종합해보면 앞의 7종의 저작에 대한 평가는 결국 사전 편찬에서 노정되는 일반론적 문제인 수록어휘의 선정, 의미항의 분립, 풀이의 착오, 의미항과 예증의 불일치, 주음문제 등으로 정리할 수 있다. 그러나 이러한 문제들이 발생하는 기본적인 원인이 무엇인가를 생각한다면 개별 오류에 대해서 초보적이나마 올바른 인식을 해 낼 수 있다.

근대중국어 시기의 방대한 문헌과 현재의 연구수준 간의 괴리가 바로 이러한 문제의 가장 근원적인 원인이 될 수 있다. 그리고 언어사전의 장점이자 단점인 방언 속어 중심의 표제어 수록 원칙과, 각 시기별 상용사 연구의 미비와 어휘계통 연구의 미성숙 또한 문제의 원인이 될 수 있다. 풀이의 오류와 같은 문제는 어휘 풀이라는 작업의 어려움과 관련이 있을 것이다.

2. 근대중국어 언어사전의 편찬 원칙 및 구성

이 절에서 다루는 내용은 중국의 근대중국어 역사언어사전의 편찬 원칙과 이와 관련한 구성이다. 사전의 편찬 원칙은 사전의 얼굴이자 효용성의 척도가 될 것이다. 다른 한편으로 이 원칙의 이해는 중국 사전 학계의 독특한 영역인 역사언어사전의 장단점을 파악할 수 있는 계기를 제공할 수도 있다. 여기에서는 각종 사전의 범례를 참고하여 귀납하고 각 항의 말미에 필자의 간단한 평가를 서술한다.

우선 수록어휘의 범위와 관련한 원칙을 살펴보기로 하자. 言語詞典이라는 이름에서 알 수 있는 것은 두 가지 사실이다. 1. 言語라는 말은 구어로 대별되는 속어나 방언이다. 2. 詞典이라 했으므로 수록대상은 단어나 구이다. 이 두 가지를 다른 의미로 보면 전문용어는 다루지 않는다는 뜻이 된다. 그러나 이 원칙을 더 들여다보면 또 다른 문제를 발견할 수 있다. 이를테면 구어, 속어, 방언 등의 성분에 대한 정확한 변별은 결코 수월한 일이 아니다. 또한 기본어휘나 상용사는 속어나 방언과는 차이가 있을 수 있는데 이 문제는 어떻게 처리할 것인가? 사실 이러한 문제들로 말미암아 하나의 사전이 출판되고 나면 무수히 많은 논문들에서 그 한계를 끊임없이 지적하는 것이다.

다음으로 수록 대상 문헌의 문제이다. 일단 근대중국어 시기 전반의 문헌들은 비교적 확정적이다. 즉 變文, 唐詩, 元曲, 明清小說, 禪宗語錄, 宋儒語錄, 會話書, 筆記, 史傳, 文書 등의 근대중국어 시기 구어 중심의 문헌이 그 대상이다. 그러나 세분하여 본다면 이 문제는 간단하지 않다. 예를 들면 話本小說의 경우 송대에 이미 출현하였으나 현전하는 작품들은 명대 이후의 것들이 대부분이다. 이 경우 특정한 한 단어의 정확한 출현 시기를 확정하기란 쉽지 않다. 여기에서 파생되는 문제도 있다. 禪宗語錄의 경우 송대의 많은 禪語錄이 『祖堂集』을 답습하여 일부 어휘를 그대로 사용할 수도 있는데 이 경우 그 언어성분이 송대의 구어에도 그대로 쓰이고 있었는지는 문헌만으로 규정할 수 없다.

세 번째로 한 표제어 아래의 의미항은 구분하되 가장 전형적이고 이른 시기의 용례를 단다. 이 원칙은 언어사전이 갖추어야 할 기본 요소이다. 그러나 지금까지 간행된 거의 모든 근대중국어 역사언어사전이 이미 출판된 권위 있는 저작이나 논문을 참고하여 정리한 것이므로 계통성을 확보했다고 보기 힘들다. 예를 들면 주석서나 어휘풀이 논문에 나오는 특정 단어를 표제어로 삼는 경우, 다른 문헌이나 전후 시기의 자료를 귀납한 것이 아니므로 왕왕 고립적인 의미만을 수록할 수 있다. 더 엄중한 문제는 두 개 이상의 의미가 있는 경우 어원의 고찰에서 근거가 없으므로 파생의미와 본의를 혼동하는 경우도 발생할 수 있다. 이 문제는 대단히 심각해 별도의 대안이 없이는 해결 자체가 불가능하다.

네 번째, 근대중국어의 특징 중의 하나인 一詞多形(하나의 단어이지만 방음이나 서사 표준의 미비로 생기는 이체자등의 變體)의 처리에서 어떤 자형을 표제자로 올릴 것인가 하는 문제를 들 수 있다. 이 문제를 처리하는 방식은 단순히 平易한 자형을 기준으로 삼아서는 안 되며 반드시 성운학이나 어원학을 활용해 처리해야 한다.

그밖에도 주음 원칙이나 인용문 표기 방식 등이 있으나 이는 일반적인 사전의 체례이자 우리의 관심사와 거리가 있으므로 더 다루지 않는다.

첫째부터 넷째까지의 문제들은 일회적인 대응이나 편집원칙의 간단한 변용으로는 해결할 수 없는 것들이다. 이들 문제에 대해서는 반드시 전반적인 대응책이 필요하다. 그밖에도 상관 언어학 이론의 재정비나 사전학적 원리를 활용해야만 적절히 대응하거나 해소할 수 있을 것이다.

V. 근대중국어 언어사전의 과제

4장에서 다룬 근대중국어 역사언어사전의 현황과 문제점에 근거해 앞으로의 과제를 살펴보기로 하자.

1. 언어연구와 사전화 작업의 결합과 관련한 과제

필자가 관찰한 바로는 근대중국어 역사언어사전의 가장 큰 문제점은 사전의 편찬과정이다. 張相의 『詩詞曲語辭匯釋』이나 蔣禮鴻의 『敦煌變文字義通釋』은 비록 역사언어사전은 아니지만 편찬 과정에서 철저히 텍스트에 기초하여 귀납한 것이므로 표제어의 선정이나 예증과의 호응이 대단히 정연하고 높은 완성도를 보여준다. 그러나 대부분의 역사언어사전은 타인의 연구 성과를 가지고 정리한 수준을 벗어나지 못하고 있어 표제어 수록의 제한, 예문과의 호응성 문제, 의미항 간의 관련성 등에서 치명적인 한계를 가질 수밖에 없다. 이 문제는 언어연구와 사전화 작업의 결합과 관련한 문제로 파악할 수 있으며 그 대안으로 다음의 두 가지 방안을 제시하고자 한다.

첫째, 보다 다양한 언어연구 성과에 대한 조사와 더불어 근대중국어 기본 텍스트 중 아직 연구되지 않은 것에서 수록어휘를 확보해야 한다. 아울러 상용사나 어휘계통연구 성과도 동시에 참조할 필요가 있다. 실제 최근에 각 대학의 박사학위 논문 중 적지 않은 고전텍스트 언어연구가 나와 있다. 이들 중 근대중국어 시기의 기본 텍스트의 범위에 속하는 것들을 선별하여 채록할 필요가 있다.

둘째, 기존의 7종에 달하는 근대중국어 역사언어사전은 구어(속어 및 방언)를 수록한다는 원칙 이외에도 실사와 허사를 같이 수록한다는 원칙이 있다. 허사는 흔히 語法詞라고도 하며 이 부분은 비록 매우 높은 빈도를 보이고 있으나, 지금까지의 어법연구 성과를 활용한다면 무난히 처리할 수 있다. 근대중국어 역사언어사전의 표제어 중 절대 다수를 차지하는 실사의 경우 허사에 비해 상대적으로 낮은 빈도를 보인다. 기존의 사전에 보이는 실사의 가장 두드러진 문제점은 그것이 대부분 주석이나 타인의 저작에서 왔으므로 계통적 분석이 가해지지 않은 상태에서 사전의 표제어로 선정되었다는 것이다.

이에 대한 대처 방안으로는 기존의 사전에서 이미 상당량의 표제어를 확보했으므로 일정 범위의 원문 DB를 활용해 해당 표제어의 충분한 용례를 확보하고 이를 다시 귀납해야 한다는 것이다. 원문 DB의 활용방식은 연구기관에서 자주적으로 DB를 구축할 수도 있고 아니면 기존의 공개된 DB를 활용할 수도 있다. 전자는 필자의 의지대로 되는 것이 아니므로 후자의 방안에 대해 소개하기로 한다.

현재 공개된 원문 DB 중 접근성이나 문헌의 양으로 볼 때 근대중국어 연구에 비교적 수월하게 적용할 수 있는 것은 CCL(北京大學漢語語言學硏究中心)의 고대중국어 데이터베이스[14]이다. 이 중 근대중국어 관련 목록을 제시하면 다음과 같다.

---

14) 北京大學漢語語言學硏究中心 http://ccl.pku.edu.cn:8080/ccl_corpus/index.jsp?dir=gudai(검색일 : 2011.2.12)에서 정리한 것임.

●08唐

¶ [佛經]禪源詮序/地藏本願/佛說譬喻/華嚴經唐/楞伽師資/療痔病經/入唐求法/首楞嚴經/心經法成/心經法月/心經共利/心經玄奘/心經智慧/原人論/ ¶ [佛語錄]黃檗山斷際禪師傳心法要/筠州洞山悟本禪師語錄/六祖壇經/馬祖語錄/神會語錄/小止觀/鎮州臨濟慧照禪師語錄/ ¶ [史書]北齊書/ ¶ [唐詩]白居易詩/陳子昂詩/崔顥詩/杜甫詩/杜審言詩/寒山詩/李白詩/李賀詩/李商隱詩/拾得詩/唐詩三百首/王梵志詩/王維詩/薛濤詩/ ¶ [小說]大唐創業起居注/大唐新語/霍小玉傳/明皇雜錄/南嶽小錄/隋唐嘉話/唐國史補/五代新說/野朝僉載/遊仙窟/

●09五代

敦煌變文集新書/ 十六國春秋別本/ 祖堂集/

●10北宋

¶ [佛語錄]禪林僧寶傳/ ¶ [史書]舊五代史/新五代史/資治通鑒/ ¶ [宋詞]李煜詞/柳永詞/歐陽修詞/秦觀詞/蘇軾詞/晏幾道詞/晏殊詞/ ¶ [宋詩]宋詩一百首/ ¶ [小說]大金吊伐錄/大宋宣和遺事/話本選集1/江南野史/靖康傳信錄/靖康紀聞/遼志/夢溪筆談/南北朝雜記/南遷錄/南征錄彙/三國雜事/宋朝事實/太平廣記/五代春秋/五代史闕文/五國故事/西夏事略/湘山野錄/

●11南宋

¶ [佛語錄]古尊宿語錄/無門關/五燈會元/ ¶ [詩詞]李淸照詞/辛棄疾詞/元好問詞/朱敦儒詞/朱淑真詞/¶ [語錄]朱子語類/

●12元

¶[口語]老乞大新釋/老乞大諺解/ ¶ [戲劇]倩女離魂/西廂記雜劇/ ¶[小令散曲]元人小令/元散曲/ ¶ [小說]話本選集2/

●13明

[小說]包公案/初刻拍案驚奇（上）/初刻拍案驚奇（下）/大同紀事/東漢秘史/二刻拍案驚奇（上）/二刻拍案驚奇（下）/封神演義（上）/封神演義（下）/封神演義（中）/皇明本紀/皇明紀略/皇明奇事述/皇明盛事述/皇明異典述/薑氏秘史/今古奇觀（上）/今古奇觀（下）/金瓶梅崇禎本/警世通言（上）/警世通言（下）/兩晉秘史/清暑筆談/三寶太監西洋記（二）/三寶太監西洋記（三）/三寶太監西洋記(四）/三寶太監西洋記（一）/三國演義（上）/三國演義（下）/三國演義（中）/蜀王本紀/水滸全傳(上）/水滸全傳（下）/水滸全傳（中）/隋唐野史/萬曆野獲編/五代秘史/西遊記（上）/西遊記（下）/西遊記（中）/夏商野史/醒世恒言（上）/醒世恒言（下）/醒世姻緣傳（上）/醒世姻緣傳（下）/醒世姻緣傳（中）/續英烈傳/野記/英烈傳/喻世明言（上）/喻世明言（下）/雲中紀變/雲中事記/周朝秘史/

●14清

¶ [詩詞]納蘭詞/ ¶ [小說]八仙得道（上）/八仙得道（下）/狄公案/狄青演義/東度記（上）/東度記（下）/東南紀事/東周列國志（上）/東周列國志（下）/東周列國志（中）/兒女英雄傳（上）/兒女英雄傳（下）/二十年目睹之怪現狀（上）/二十年目睹之怪現狀（下）/二十年目睹之怪現狀（中）/官場現形記（上）/官場現形記（下）/海公大紅袍傳/海公小紅袍傳/海國春秋（上）/海國春秋（下）/紅樓夢（上）/紅樓夢（下）/紅樓夢（中）/呼家將/濟公全傳（二）/濟公全傳（三）/濟公全傳（四）/濟公全傳（一）/鏡花緣（上）/鏡花緣（下）/九尾龜（二）/九尾龜（三）/九尾龜（四）/九尾龜(一）/康熙俠義傳（上）/康熙俠義傳（下）/康雍乾間文字之獄/老殘遊記/老殘遊記續/聊齋志異（上）/聊齋志異（下）

/綠野仙蹤（上）/綠野仙蹤（下）/綠野仙蹤（中）/滿清外史/木蘭奇女傳/南朝秘史/孽海花（上）/孽海花（下）/彭公案（二）/彭公案（三）/彭公案（四）/彭公案（一）/七劍十三俠(上）/七劍十三俠（下）/七俠五義（上）/七俠五義（下）/乾隆南巡記（上）/乾隆南巡記（下）/清代野記/清宮禁二年記/儒林外史（上）/儒林外史（下）/三俠劍（上）/三俠劍（下）/三俠劍（中）/施公案（二）/施公案（三）/施公案（四）/施公案（一）/說唐全傳（上）/說唐全傳（下）/說唐全傳(中）/說嶽全傳（上）/說嶽全傳（下）/隋唐演義（上）/隋唐演義（下）/太平天國戰記/外交小史/文明小史/西夏書事/西巡回鑾始末/熙朝新語/俠女奇緣（上）/俠女奇緣（下）/湘軍志/小八義（上）/小八義（下）/小五義（上）/小五義（下）/小五義（中）/繡雲閣（上）/繡雲閣（下）/續濟公傳（上）/續濟公傳（下）/續濟公傳（中）/薛剛反唐/鴉片事略/楊家將/閱微草堂筆記（上）/閱微草堂筆記(下）/張文襄公事略/趙太祖三下南唐/

8~14는 시대별 구분이고 그 아래 ¶는 장르를 나타낸다. 여기에서 보듯 대다수가 근대중국어 구어 관련 문헌들이다. 만약 이 DB를 활용한다면 각 표제어의 의미체계 전반에 대한 자료를 확보하여 보다 완결적인 사전을 만들 수 있을 것이다. 아울러 기존의 주석단계의 어휘 풀이에 대한 수정도 가능하게 될 것이다.

2. 근대중국어 언어사전의 새로운 전형에 대한 제언

사전의 직접적 단위인 어휘는 그 속성이 개별적이고 양 또한 너무 방대해 계통적 연구에 많은 장애를 초래한다. 역사언어사전의 성패와 직결되는 것은 표제어의 대표성 또는 전면성에 있다. 중고나 근대 시기의 어휘연구는 상고나 현대의 그것에 비해 많은 취약점을 가지고 있다. 이 문제에 대처하는 방법 중의 하나가 바로 다양한 장르의 언어 연구나 고전텍스트사전을 귀납 정리하는 것이다. 이에 필자는 중고 및 근대중국어 시기의 상관 저작을 대상으로 다양한 장르의 대표성이 있는 언어연구 저작을 정리하고 이를 DB화하는 작업을 진행하고 있다. 다음은 필자가 수행하고 있는 DB의 資料目錄이다(각 항의 첫 부분 영문은 그 문헌의 약호임).

1. CYYZ 袁賓, 1999 :『禪語譯注』, 語文出版社.
2. CZCD 袁賓, 1994 :『禪宗詞典』, 湖南人民出版社.
3. DHBJ 黃征 · 張湧泉, 1997 :『敦煌變文校注』(敦煌變文語詞索引), 中華書局.
4. DHBWZ 蔣禮鴻, 1997 :『敦煌變文字義通釋』(增補定本), 上海古籍出版社.
5. DHFD-HU 胡敕瑞, 1999 :『論衡』與東漢佛典詞語比較研究, 北大中文系博士論文.
6. DHW 蔣禮鴻, 1994 :『敦煌文獻語言詞典』, 杭州大學出版社.
7. DWCYC-WWH 汪維輝, 1997 :『東漢隋常用詞演變研究』, 四川大學博士論文南京大學出版社, 2000年.
8. DWSS 方一新, 1997 :『東漢魏晉南北朝史書詞語箋釋』, 黃山書社.
9. EZ E.Zurcher, 1977 :「最早的佛經譯文中的東漢口語成分」, 蔣紹愚譯, 『語言學論叢』 第14輯.

10. FJSC 李維琦, 1993 :『佛經釋詞』, 嶽麓書社.
11. FJWX 俞理明, 1993 :『佛經文獻語言』, 巴蜀書社.
12. FJXSC 李維琦, 1999 :『佛經續釋詞』, 嶽麓書社.
13. FJYY 顏洽茂, 1997 :『佛教語言闡釋 - 中古佛經詞彙研究』, 杭州大學出版社.
14. GSZ 王小辛, 1999 :『高僧傳』 詞彙研究, 『語言學論叢』 第22輯.
15. HWSG 王雲路, 1997 :『漢魏六朝詩歌語言論稿』, 陝西人民教育出版社.
16. JDHYGY 蔣冀騁, 1997 :『近代漢語綱要』 湖南教育出版社.
17. LCSG 王雲路, 1999 :『六朝詩歌語詞研究』, 黑龍江教育出版社.
18. LH-HU 胡敕瑞, 1999 :『論衡』與東漢佛典詞語比較研究, 北大中文系博士論文.
19. RTQF 董志翹, 1997 :『入唐求法巡禮行記』 詞彙研究, 四川大學博士論文.
20. SCQH 張相, 1979 :『詩詞曲語辭彙釋』 中華書局.
21. SCQL 王鍈, 1986 :『詩詞曲語辭例釋』 中華書局.
22. SSXY 殷正林, 1984 :『世說新語』 中所反映的魏晋時期的新詞和新義 『論叢』.
23. SYYY 龍潛庵, 1985 :『宋元語言詞典』, 上海辭書出版社.
24. SYY 袁賓 等, 1997 :『宋語言詞典』 上海教育出版社.
25. TSBJ 王鍈, 1990 :『唐宋筆記語辭彙釋』 中華書局.
26. TSCC 溫廣義, 1988 :『唐宋詞常用詞詞典』 內蒙古人民出版社.

27. TSCY 顧國瑞·陸尊梧, 1992:『唐代詩詞語詞典故詞典』社會科學文獻出版社.

28. TSYY 蔣紹愚, 1990:『唐詩語言硏究』, 中州古籍出版社,『唐詩詞語小劄』310~408쪽.

29. TWYY 江藍生·曹廣順, 1997:『唐五代語言詞典』, 上海教育出版社.

30. WJCY 蔡鏡浩, 1990:『魏晉南北朝詞語例釋』, 江蘇古籍出版社.

31. WJLC 劉世儒, 1965:『魏晉南北朝量詞硏究』, 中華書局.

32. WJS 周一良, 1985:『魏晉南北朝史劄記』, 遼寧教育出版社, 1999.

33. WJXCH 江藍生, 1988:『魏晉南北朝小說詞語彙釋』, 語文出版社.

34. WXCT 段觀宋, 1994:『文言小說詞語通釋』廣西人民出版社.

35. YSJX 周日健·王小莘, 1998:『顔氏家訓』詞彙語法硏究, 廣東人民出版社.

36. ZBQJ 朱慶之, 1992:『佛典與中古漢語詞彙硏究』, 台灣文津出版社.

37. ZFHJ 辛嶋靜志, 1998:『正法華經詞典』, 創價大學·國際佛教學高等硏究所.

38. ZGXC 董志翹·蔡鏡浩, 1994:『中古虛詞語法例釋』吉林教育出版社.

39. ZGYC 王雲路·方一新, 1992:『中古漢語語詞例釋』吉林教育出版社.

40. ZLSYJ『諸錄俗語解』, 1674.

41. ZSYF 志村良志, 1984 :『中國中世語法史研究』, (江藍生 · 白維國譯 1995), 中華書局.

이상에서 보듯 중고와 근대 시기의 제반 장르가 포괄된 그리고 언어학 연구자에 의해 수행된 저작들이 망라되어 있다. 만약 이 자료들을 기존의 근대중국어 역사언어사전과 결합한다면 중고 및 근대중국어 어휘의 상당한 부분을 장악할 수 있을 것이다.

Ⅵ. 결 론

근대중국어 역사언어사전은 이미 7종이 출판되었다. 그러나 편찬과정의 문제점과 방대한 장르의 문헌으로 말미암아 아직 이상적인 사전은 보이지 않는다. 이 문제는 대형 중국어 역사언어사전의 편찬 작업에 시사하는 바가 크다. 우선 기존의 대형 辭書에서 근대중국어 어휘의 수록 비율이 낮으므로 만약 이 근대중국어 어휘의 처리에서 효율성을 제고한다면 기존의 한계를 타파할 수 있는 계기를 만들 수도 있다.

본 논문은 중국 언어학계에서 이룩한 근대중국어 역사언어사전을 대상으로 우선 사전학 개념 술어를 정리하였다. 중국어의 詞典은 우리가 사용하는 辭典의 의미와 차별성을 가지는 개념으로 언어학적 가공을 거친 단어 및 구를 수록한 사전임을 알았다. 이런 의미에서 言語詞典이란 專科詞典과는 대별되는 것이다. 專書詞典

과 斷代詞典은 우리말의 적절한 대응어가 없으나 각각 고전텍스트 언어사전 및 시대별/역사언어사전으로 옮길 수 있다.

본론 중 3장에서는 근대중국어 역사언어사전의 성립과정을 소개하고 사회적 배경을 살펴보았다. 이어 연구의 구성부분을 '맥락'으로 개괄하여 어휘풀이 단계, 상용사연구 단계, 고전텍스트 연구 및 사전 단계, 어휘계통연구 단계, 시대별 어휘의 묘사 단계 등으로 구분하여 서술했다.

다음으로 근대중국어 언어사전의 현황과 문제점에 대해 7종의 사전을 통해 개괄적으로 소개하고 그 원인이 근대중국어 시기의 방대한 문헌과 현재의 연구수준 간의 괴리 및 어휘 풀이라는 작업의 어려움과 관련이 있을 것이라고 진단했다. 이어 역사언어사전의 체례 분석과 평가를 통해 각 사전들이 공통적으로 가지고 있는 한계와 문제점도 아울러 지적했다.

마지막으로 근대중국어 역사언어사전의 한계적 상황을 극복할 수 있는 대안을 두 가지로 제시했다. 즉 (1) 원문DB의 활용을 통한 표제어 의미체계의 재구성 및 정련화와 (2) 중고 및 근대중국어 시기의 상관 저작을 대상으로 다양한 장르의 대표성이 있는 언어연구 저작을 정리하고 이를 DB화하는 작업 등이다.

부록으로 본문에서 인용하지 못한 관련 연구 목록을 제시해 편의를 도모했다.

〈참고문헌〉

高雲海, 「『宋元語言詞典』 商補」, 『河北師範大學學報(哲學社會科學版)』, 1998年 第4期.

顧之川, 『明代漢語詞彙研究』, 河南大學出版社, 2000.

董志翘, 「評『宋語言詞典』: 兼論斷代語言詞典編寫的有關問題」, 『辭書研究』, 2000年 第1期.

劉堅 外, 『近代漢語虛詞硏究』, 語文出版社, 1992.

劉堅, 『近代漢語讀本』, 上海教育出版社, 1985.

劉堅, 蔣紹愚, 『近代漢語語法資料彙編』, 商務印書館, 1990.

劉秀, 吳開兵, 「『宋元語言詞典』 的凡例及釋義體例商榷」, 『衡水學院學報』, 2009年 第6期.

李立成, 「近代漢語詞典的收詞立目」, 『辭書研究』, 1997年 第6期.

李宗江, 『漢語常用詞演變研究』, 漢語大詞典出版社, 1999.

馬蓮, 「談談兩漢詞彙的分期歸屬問題」, 『學術論壇』, 2006年 第2期.

박재연, 『中朝大辭典』, 선문대학교출판부, 2002.

方一新, 「中古近代漢語詞彙研究的總結性成果: 以幾部斷代詞語通釋和專書語言詞典爲例」, 『合肥師範學院學報』, 2008年 第4期.

白冰, 「宋元兩『語言詞典』漏收量詞考補」, 『河南師範大學學報』, 2002年 第3期.

徐時儀, 「古代白話詞彙研究與漢語詞典的編纂」, 『喀什師範學院學報』, 1997年 第3期.

徐時儀, 「漢語斷代語言詞典編纂蠡論」, 『寧夏大學學報(人文社會科學版)』, 2002年 第5期.

邵則遂, 「『近代漢語詞典』 拾誤」, 『培訓與硏究 - 湖北教育學院學報』, 1995年 第3期.
楊永龍, 金朝霞, 「『宋元語言詞典』 釋義獻疑」, 『周口師範學院學報』, 1995年 第S1期.
呂叔湘, 『近代漢語指代詞』, 學林出版社, 1985.
王力, 『漢語史稿』, 『王力文集』 第九卷, 山東教育出版社, 1988.
王紹峰, 「讀 『唐五代語言詞典』 劄記」, 『阜陽師範學院學報(社會科學版)』, 2003年 第3期.
王雲路, 「從 『唐五代語言詞典』 看附加式構詞法在中近古漢語中的地位」, 『古漢語硏究』, 2001年 第2期.
汪維輝, 「『元語言詞典』 評介」, 『辭書硏究』, 2000年 第1期.
汪維輝, 「『中古漢語語詞例釋』 讀後」, 『語言硏究』, 1994年 第2期.
汪維輝, 『東漢 - 隋常用詞演變硏究』, 南京大學出版社, 2000.
袁賓, 「論近代漢語」, 『廣西大學學報』, 1987年 第1期, 1987.
尹波, 「一部斷代語言硏究的創新之作: 評介 『宋代語言硏究』」, 『中國圖書評論』, 2002年 第4期.
李無未 · 邸宏香, 「漢語史硏究基本理論範疇問題」, 『吉林大學社會科學學報』, 2006年 第2期.
蔣紹愚, 「兩次分類 : 再談詞彙系統及其變化」, 『中國語文』, 1999年 第5期.
蔣紹愚, 「漢語詞義和詞彙系統的歷史演變初探: 以 "投" 爲例」, 『北京大學學報』, 2006年 第4期.
蔣紹愚, 『古漢語詞彙綱要』, 商務印書館, 1989.
蔣紹愚, 『近代漢語硏究槪況』, 北京大學出版社, 1994.
蔣紹愚, 『近代漢語硏究槪要』, 北京大學出版社, 2005.

張永言, 董志翹, 「『唐五代語言詞典』 讀後」, 『中國語文』, 1999年 第3期.

趙逵夫, 「用歷史語言學於古文獻斷代的一個成功例證 : 『〈逸周書〉的語言特點及其文獻學價值』 序」, 『甘肅高師學報』, 2006年 第4期.

鍾小勇, 「略論『唐語林』 在近代漢語詞彙研究中的價值: 以『唐五代語言詞典』 爲參照」, 『綏化學院學報』, 2005年 第1期.

朱慶之編, 『中古漢語研究』, 第二集, 商務印書館, 2005.

周志鋒, 「許編『近代漢語詞典』 的成就和不足」, 『辭書研究』, 2001年 第3期.

鄒德文, 汪銀峰, 「漢語史分期問題分岐探因」, 『吉林大學社會科學學報』, 2006年 第2期.

太田辰夫, 『漢語史通考』, 江藍生, 白維國譯, 重慶出版社, 1991.

韓國勝, 「宋代語言現象概述」, 『河南社會科學』, 2003年 第5期.

胡明揚, 「近代漢語的上下限和分期問題」, 胡竹安 等編 『近代漢語研究』, 商務印書館, 1992.

姜勇仲 『朱子語錄解研究』, 成均館大學校 碩士學位論文, 1995.

姜勇仲, 『朱子語類詞彙研究』, 北京大學 博士學位論文, 2006.

강용중a, 「근대중국어 어휘연구의 구성과 요건에 대한 시론」, 『중국문화연구』 제10집, 중국문화연구학회, 2007.06.

강용중b, 「宋儒語錄詞彙研究和 『漢語大詞典』 : 以 『二程集』 與 『朱子語類』 爲中心」, 『중국문학연구』 제35집, 한국중문학회, 2007.12.

강용중, 「어휘계통연구와 중국 역대 상업어휘 연구 방법」, 『중국문학연구』 제36집, 한국중문학회, 2008.06.

강용중, 「朝鮮時代 類解類 譯學書 商業語彙 收錄 樣相과 對比」, 『중국언어연구』 제30집, 한국중국언어학회, 2009.11.

강용중, 「『譯語類解』 '買賣' 門 상업어휘의 분류와 풀이」, 『중국문학연구』 제41집, 한국중문학회, 2010.12.

부록 : 중국 역사언어사전(詞典) 관련 저작과 논문 목록

설명 : 다음은 본 논문에서 직접 인용하지는 않았으나 논문의 구체적 내용과 관련이 되는 참고 서목이다. 역사언어사전 및 고전텍스트사전과 관계된 것이 대부분이며 중국어 역사언어연구 분야의 기초적인 자료로 활용할 수 있다.

1. 최근 작성된 고전텍스트 언어연구 박사학위논문(CNKI검색)

江傲霜, 「六朝筆記小說詞彙研究」, 山東大學, 2007.

季琴, 「三國支謙譯經詞彙研究」, 浙江大學, 2004.

曲冰, 「『上海博物館藏戰國楚竹書』(1~5) 佚書詞語研究」, 吉林大學, 2010.

郭穎, 「『諸病源候論』 詞語研究」, 浙江大學, 2005.

郭作飛, 「『張協狀元』 詞彙研究」, 四川大學, 2007.

金河鍾, 「殷商金文詞彙研究」, 山東大學, 2008.

唐德正, 「『晏子春秋』 詞彙研究」, 山東大學, 2006.

呂志峰, 「東漢石刻磚瓦等民俗性文字資料詞彙研究」, 華東師範大學, 2005.

魯六, 「『荀子』 詞彙研究」, 山東大學, 2005.

雷莉, 「『國語』 單音節實詞同義詞研究」, 四川大學, 2003.

賴積船, 「『論語』 與其漢魏注中的常用詞比較研究」, 四川大學, 2004.

廖揚敏, 「『老子』 專書反義詞研究」, 四川大學, 2003.

劉傑, 「『朱子語類』 文獻語言研究」, 上海師範大學, 2010.

劉傳鴻, 「兩『唐書』 列傳部分詞彙比較研究」, 南京師範大學, 2006.

劉祖國, 「『太平經』 詞彙研究」, 華東師範大學, 2009.

劉進, 「唐代傳奇詞彙研究」, 四川大學, 2003.

李麗, 「『魏書』 詞彙研究」, 南京師範大學, 2006.
李娟, 「『漢書』 司法語義場研究」, 四川大學, 2006.
李泰洙, 「『老乞大』 四種版本語言研究」, 中國社會科學院研究生院, 2000.
孟曉妍, 「若幹組先秦同義詞的研究」, 蘇州大學, 2008.
敏春芳, 「敦煌願文詞彙研究」, 蘭州大學, 2006.
傅海燕, 「『黃帝內經』 首見醫學詞彙研究」, 遼寧中醫學院, 2003.
徐小婷, 「晚淸四大譴責小說稱謂詞語研究」, 山東大學, 2009.
徐朝暉, 「『國語解』 詞彙語法專題研究」, 復旦大學, 2009.
孫欣, 「漢墓遣策詞語研究」, 華東師範大學, 2009.
楊繼光, 「『萬曆野獲編』 詞彙研究」, 廈門大學, 2007.
楊世鐵, 「先秦漢語常用詞研究」, 安徽大學, 2007.
楊會永, 「『佛本行集經』 詞彙研究」, 浙江大學, 2005.
楊懷源, 「西周金文詞彙研究」, 四川大學, 2006.
於建華, 「『集韻』 及其詞彙研究」, 南京師範大學, 2005.
葉貴良, 「敦煌道經詞彙研究」, 浙江大學, 2005.
芮東莉, 「上古漢語單音節常用詞本義研究」, 浙江大學, 2004.
倪永明, 「中日『三國志』今譯與中古漢語詞彙研究」, 復旦大學, 2006.
吳金花. 「中古漢語時間介詞研究」, 福建師範大學, 2006.
烏仁其木格, 「『蒙古源流』 語言研究」, 內蒙古大學, 2004.
吳崢嶸, 「『左傳』 索取·給予·接受義類詞彙系統研究」, 華中師範大學, 2006.
吳欣, 「高誘『呂氏春秋注』 詞彙研究」, 浙江大學, 2008.
阮劍豪, 「『元典章』 詞語研究」, 浙江大學, 2009.
王建莉, 「『爾雅』 同義詞考論」, 浙江大學, 2005.

王建設, 「明刊閩南方言戲文中的語言研究」, 暨南大學, 2002.
王東, 「『水經注』 詞彙研究」, 四川大學, 2003.
王彤偉, 「『三國志』 同義詞研究」, 復旦大學, 2007.
王穎, 「包山楚簡詞彙研究」, 廈門大學, 2004.
王閏吉, 「『祖堂集』 語言問題研究」, 上海師範大學, 2010.
王啟濤, 「中古及近代法制文書語言研究」, 四川大學, 2002.
王洪湧, 「先秦兩漢商業詞彙-語義系統研究」, 華中師範大學, 2006.
王卉, 「漢代銅器銘文詞語通釋與研究」, 華東師範大學, 2009.
汪禕, 「中古佛典量詞研究」, 南京師範大學, 2008.
姚美玲, 「唐代墓誌詞彙研究」, 南京師範大學, 2004.
于飛, 「兩漢常用詞研究」, 吉林大學, 2008.
張建勇, 「中古漢譯佛經反義詞研究」, 浙江大學, 2007.
張慶慶, 「近代漢語幾組常用詞演變研究」, 蘇州大學, 2007.
張凡, 「魏晉南北朝志怪小說同義詞研究」, 浙江大學, 2006.
長山, 「滿蒙書面語詞彙比較研究」, 中央民族大學, 2007.
張小豔, 「敦煌書儀語言研究」, 浙江大學, 2004.
張巍, 「中古漢語同素逆序詞演變研究」, 復旦大學, 2005.
張威, 「晚清四大譴責小說詞彙研究」, 山東大學, 2008.
張占山, 「語義角色視角下的謂詞同義詞辨析」, 廈門大學, 2006.
張夏, 「『紅樓夢』 詞彙研究」, 山東大學, 2009.
張豔, 「帛書『老子』 詞彙研究」, 復旦大學, 2008.
鄭東珍, 「『羅末麗初金石文』 詞彙語法專題研究」, 華東師範大學, 2007.
丁喜霞. 「中古常用並列雙音詞的成詞和演變研究」, 浙江大學, 2005.
周建姣. 「東漢磚文虛詞研究」, 華東師範大學, 2006.

周文德, 「『孟子』 單音節實詞同義詞研究」, 四川大學, 2002.
朱湘雲, 「『梁書』 詞語研究」, 廈門大學, 2008.
朱習文, 「古天文詞彙研究」, 浙江大學, 2005.
周俊勳, 「魏晉南北朝志怪小說詞彙研究」, 四川大學, 2003.
陳文傑, 「早期漢譯佛典語言研究」, 四川大學, 2000.
陳長書, 「『國語』 詞彙研究」, 山東大學, 2005.
車淑婭, 「『韓非子』 詞彙研究」, 浙江大學, 2004.
詹緒左, 「『祖堂集』 詞語研究」, 上海師範大學, 2006.
焦毓梅, 「『十誦律』 常用動作語義場詞彙研究」, 四川大學, 2007.
崔泳准. 「『三國志』 今譯與古漢語專題研究」, 復旦大學, 2003.
沈小仙, 「古代官名的語言研究」, 浙江大學, 2005.
湯勤, 「『史記』 與 『戰國策』 語言比較研究」, 華中科技大學, 2006.
彭達池, 「『黃帝內經』 注釋與大型辭書編纂」, 陝西師範大學, 2007.
馮利華, 「中古道書語言研究」, 浙江大學, 2004.
夏鳳梅, 「『老乞大』 四種版本詞彙比較研究」, 浙江大學, 2005.
胡曉華, 「郭璞注釋語言詞彙研究」, 浙江大學, 2005.
呼敘利, 「『魏書』 複音同義詞研究」, 浙江大學, 2006.
化振紅, 「『洛陽伽藍記』 詞彙研究」, 四川大學, 2001.
閆從發, 「基於 『漢語大詞典』 語料庫的時代漢語詞彙研究」, 山東大學, 2009.

2. 개별 어휘연구를 통한 언어사전의 비판(CNKI논문검색)

顧之川, 「明代漢語詞彙與辭書編纂」, 『古漢語研究』, 1996年 第1期.
高興, 「古人筆記與辭書編纂」, 『辭書研究』, 2000年 第5期.
李茂康, 「『釋名』 的說解與辭書編纂」, 『四川教育學院學報』, 1998

年 第1期.
李申, 「『漢語大詞典』 近代漢語條目訂補」, 『徐州師範大學學報(哲學社會科學版)』, 1997年 第2期.
李申, 「『漢語大詞典』 近代漢語條目再訂補」, 『徐州師範大學學報(哲學社會科學版)』, 2000年 第2期.
李傳書, 「『說文解字注』 與辭書編纂」, 『湘潭師範學院學報(社會科學版)』, 1997年 第2期.
林玲, 「『祖堂集』 新詞研究與辭書編纂(一) : 『漢語大詞典』 未收及商榷之新詞義項」, 『成都大學學報(社會科學版)』, 2010年 第1期.
林玲, 「『祖堂集』 新詞研究與辭書編纂(二) : 『漢語大詞典』 未收之新詞」, 『成都大學學報(社會科學版)』, 2010年 第4期.
范崇俊, 「『毛詩故訓傳』 與辭書編纂」, 『辭書研究』, 1996年 第5期.
徐復嶺, 「『漢語大詞典』 近代漢語條目釋義摭誤」, 『濟寧師範專科學校學報』, 2007年 第1期.
楊會永, 「『漢語大詞典』 近代漢語條目釋義商榷」, 『吉林師範大學學報(人文社會科學版)』, 2003年 第2期.
王雯, 「『世說新語』 劉孝標注與辭書編纂」, 『現代語文(語言研究版)』, 2009年 第8期.
張能甫, 「從『舊唐書』 看史書語料在辭書編纂中的地位和價值」, 『四川師範大學學報(社會科學版)』, 2003年 第3期.
張小豔, 「『漢語大詞典』 近代漢語條目補證」, 『湖州師範學院學報』, 2000年 第4期.
張巍, 「『三國志』 同素逆序詞研究與辭書編纂」, 『唐都學刊』, 2006年 第5期.

蔣宗許, 「論近代漢語研究與『漢語大詞典』的修訂」, 『辭書研究』, 2004年 第1期.

張泰, 「『漢語大詞典』 近代漢語條目指瑕」, 『寧夏大學學報(人文社會科學版)』, 2008年 第2期.

儲小旵, 「中古佛經文獻在大型辭書編纂中的價值」, 『黃山學院學報』, 2008年 第1期.

程志兵, 「談許少峰『近代漢語大詞典』的成就與不足: 兼與『漢語大詞典』 相比較」, 『隴東學院學報』, 2010年 第3期.

趙紅梅, 「『漢語大詞典』『辭源』 收釋近代漢語詞語之不足」, 『伊犁師範學院學報』, 1998年 第1期.

周文, 「宋元話本詞語研究概論: 以『全相平話五種』與辭書編纂爲例」, 『咸寧學院學報』, 2006年 第1期.

周阿根, 「『漢語大詞典』 近代漢語方言詞誤釋例說」, 『學術界』, 2006年 第3期.

曾昭聰, 「談明清俗語辭書在當代大型語文辭書編纂方面的作用」, 『貴州文史叢刊』, 2003年 第1期.

陳東輝, 「『經籍籑詁』 與漢語辭書編纂」, 『古籍整理研究學刊』, 2003年 第1期.

陳芳, 「『漢語大詞典』 近代漢語條目拾遺」, 『玉溪師範學院學報』, 2010年 第1期.

秦存鋼, 「『漢語大詞典』 前三卷近代詞語閱讀劄記」, 『泰山學院學報』, 2008年 第1期.

陳春風, 「中古佛經詞語在大型語文辭書編纂上的價值: 以西晉竺法護譯經爲例」, 『求索』, 2008年 第8期.

肖嵐, 「『漢語大詞典』 近代漢語條目釋義商榷」, 『語文學刊』,

2006年 第9期.

3. 언어연구 단행본(화문서적 검색)

3-1. 語彙, 言語研究

『甲骨文動詞詞匯研究』, 巴蜀書社.
『古白話詞匯研究論稿』, 上海教育出版社.
『明代漢語詞匯研究』, 河南大學出版社.
『佛教語言闡釋－中古佛經詞匯研究』, 杭州大學出版社.
『儒林外史詞匯研究』, 北京大學出版社.
『入唐求法巡禮行記詞匯研究』, 社會科學出版社.
『鄭玄注釋語言詞匯研究』, 巴蜀書社.
『睡虎地秦墓竹簡辭彙研究』, 華夏出版社.
『舊唐書辭彙研究』, 巴蜀書社.
『左傳辭彙研究』, 西南師范大學出版社.
『敦煌變文辭彙研究』, 四川民族出版社.
『洛陽伽藍記辭彙研究』, 中國文史出版社.
『佛經音義與漢語詞彙研究』, 商務印書館.
『魏晉南北朝志怪小說詞彙研究』, 巴蜀書社.
『上古漢語詞彙研究』, 中央文獻出版社.
『敦煌道經寫本與辭彙研究』, 巴蜀書社.
『西周金文詞彙研究』, 巴蜀書社.
『墨子詞彙研究』, 社會科學出版社.
『包山楚簡詞彙研究』, 廈門大學出版社.
『張協狀元詞彙研究』, 巴蜀書社.
『韓非子詞彙研究』, 巴蜀書社.

『呂氏春秋詞彙研究(修訂本)』, 商務印書館.
『「新書」 唐代墓志詞彙研究』, 華東師範大學出版社.
『跨文明對話書系－中古漢語辭彙研究綱要』, 巴蜀書社.
『中日三國志今譯與中古漢語詞彙研究』, 鳳凰出版社.
『佛教與中古漢語詞匯研究』, 文津出版社.
『搜神記語言研究』, 人民大學出版社.
『老乞大四種版本語言研究』, 語文出版社.
『隋唐醫用古籍語言研究』, 廣東經濟出版社.
『西域敦煌回鶻文獻語言研究』, 甘肅文化出版社.
『甲骨文祭祀卜辭語言研究』, 巴蜀書社.
『近代漢語語言研究』, 天津教育出版社.
『金瓶梅文學語言研究(修訂版)』, 暨南大學出版社.
『中古及近代法制文書語言研究－以敦煌文書爲中心』, 巴蜀書社.
『世說新語語言研究』, 巴蜀書社.
『出土文獻語言研究』, 廣東高等教育出版社.
『宋代語言研究』, 線裝書局.
『唐詩語言研究』, 語文出版社.
『簡帛文獻語言研究』, 社會科學文獻出版社.
『禪宗語言研究入門－研究生學術入門手冊』, 復旦大學出版社.
『敦煌書儀語言研究』, 商務印書館.
『秦漢簡帛語言研究』, 巴蜀書社.
『姚秦譯經助詞研究－魏晉南北朝漢譯佛經語言研究叢書』, 湖南師范大學出版社.
『龍龕手鏡研究－魏晉南北朝漢譯佛經語言研究叢書』, 湖南師范大學出版社.

『佛經詞語彙釋－魏晉南北朝漢譯佛經語言研究叢書』, 湖南師范大學出版社.
『祖堂集文獻語言研究』, 巴蜀書社.
『三言二拍語言研究』, 巴蜀書社.
『後漢書語言研究』, 巴蜀書社.

3–2. 語彙語法

『顔氏家訓詞匯語法研究』, 廣東人民出版社.
『金瓶梅詞話和明代口語詞匯語法研究』, 上海古籍出版社.
『齊民要術詞彙語法研究』, 上海教育出版社.

[『동양학』 50집(2011) 수록]

일본 한자사전의 역사

모리 히로미치(森 博達)*

Ⅰ. 한자 - 한자문화권의 공유재산

은(殷)나라 때 생겨난 한자는 중국 각 지역과 주변 여러 나라에 전해져 동아시아의 한자문화권이 성립되었다. 한자는 고립어인 중국어를 위해 만들어진 문자이다. 한편, 한국어나 일본어는 교착어로 어순 등에 있어서 중국어와 다르다. 따라서 고대 한국과 일본에서는 한자, 한어, 한문을 독해하거나 사용할 때 다양한 방법이 강구되었다. 고대 일본은 한반도에서 한자문화가 전해져 훈독이나 표기면에서도 그 영향을 받았다. 그러나 문화의 흐름은 일방적이 아니다. 19세기 일본에서는 서양의 문물을 번역한 일본제 한자어(和製漢語)가 많이 만들어지고 중국이나 한국에 역수출되었다. '인민, 민족, 사상, 경제, 과학' 등 셀 수 없이 많다. 또 일본어 훈독으로 만들어진 '할인(割引), 흑자(黑子), 견적(見積), 입장(立場), 수속(手

* 京都産業大學 外國語學部 研究教授

續)'과 같은 일본제작 한자어는 한국어에서도 사용되고 있다. 한자문화는 한자문화권의 사람들이 서로 발전시켜온 공유의 지적재산이다.

Ⅱ. 한자문화의 일본화(和化)

일본어는 한자문화를 수용하면서 크게 변화되었다. 한편, 전래된 한자문화도 일본어에 적응하는 과정에서 변화가 일어났다. 한자, 한어, 한문의 일본화(和化, 倭化)가 바로 그것이다. 한자에는 형, 음, 의 세 요소가 있는데, 이 세 요소에 모두 일본화가 발생했다.

글자 형태의 일본화는 그 성질상 많지 않은데, 예를 들어 '예(藝[gei])'를 '예(芸)'로 축약한 결과, 본래 향초(香草)를 나타내는 '예(芸[ung])'과 구별하지 않게 되었다. '십(辻)' '전(畑)' '동(働)'과 같은 일본제 한자어도 자형이 일본화 된 예이다. '동(働)'과 같은 글자는 중국이나 한국에 역수입되어 사용되고 있다. 가타가나(片仮名)와 히라가나(平仮名)는 극단적으로 일본화 된 예라고 할 수 있다.

글자의 음도 전래초기에는 중국어 원음에 가깝게 발음되다가 서서히 일본화 되어갔다. 자음과 모음의 수는 중국어 쪽이 더 많았기 때문에 일본의 한자음(倭音)에서는 중국어 원음의 음운구별을 하지 않게 되었다. 예를 들면 일본 한자음의 모태가 된 당대(唐代)북방음에서 '가(歌), 가(訶), 가(軻), 가(加)'는 모두 다른 음이었다. 그러나, 일본 한자음에서는 모두 [ka]로 원음의 구별이 없어졌다. 또

'왜(倭)'를 '화(和)'로 고치는 것 자체도 한자음의 일본화(倭化, 和化)라고 할 수 있다. 원음의 성모인 영모(影母)와 갑모(匣母)를 구별하지 않는 왜음(倭音・和音) [ワ(wa)]에 근거한 결과이다.

자의(字意)의 일본화는 왜훈(倭訓)・화훈(和訓)의 발생으로 나타난다. 왜훈은 한자에 대한 일본어역(和譯)이 고정화된 것이다. 중국어는 일본어에 비하여 어휘수가 훨씬 더 많다. 따라서 여러 개의 한자에 동일한 화훈이 부여되는 것도 피할 수 없다. 예를 들어 '우(憂)'와 '수(愁)'의 왜훈이 모두 [ウレフ(u-re-u)]로 본래 한자의 의미와 다르다. '우'는 '걱정하다'라는 의미이고 '수'는 '쓸쓸하다'라는 의미이다. 그리고 '수'는 타동사로 사용되지도 않는다. 그러나 일본에서는 종종 이 왜훈에 의존하여 이 두 글자를 혼동하고 있다. 『일본서기(日本書紀)』(720년撰)의 예를 보면 다음과 같다.

① 「愁國之不治」(卷5), 「唯愁太子不在」(卷12)

'유(有)'와 '재(在)'도 동훈이의이다. 본래 용법은 '유'는 불특정 사물의 존재를 나타내고, '재'는 특정 사물의 소재를 나타낸다. 어순에 있어서도 '성중유인(城中有人)'과 '오재성중(吾在城中)'은 서로 다르다. 그러나 일본훈에서는 모두 [アリ(a-ri)]이므로 혼동이 발생한다. 『일본서기』에서 다른 예도 볼 수 있다.

② 「是玉今有石上神宮」(卷6), 「是時百姓一家有岡上」(卷29)

위 문장은 정식 한문이 아닌 변체한문으로 표기된 것이다.

Ⅲ. 한자사전의 전사(前史) - 음의(音義)목간

일본 한자사전의 원시적 형태는 7세기의 목간 2점에서 볼 수 있다. 하나는 시가(滋賀)현 키타오쓰(北大津)의 유적에서 출토된 7세기후반의 '음의(音義)' 목간으로 의주(義注)와 왜훈(倭訓)이 표기되어 있다. 「채 취(采 取)」나 「피 개(披 開)」는 한어에 의한 훈고(訓詁)로써 경서의 주석이나 서류의 훈고에 의거하고 있다. 또 「찬 전수구(賛 田須久)」(タスク, ta-su-ku)나 「무(무) 아좌무가무이모[誈(誣) 阿佐ム加ム移母]」(アザムカムヤモ, a-za-mu-ka-mu-ya-mo)는 만엽가나(萬葉仮名)로 표기된 왜훈이다.(小字는 분주). 이것도 「찬 좌야(賛 佐也)」나 「무 기야(誣 欺也)」와 같은 훈고에 의거한 다음 왜훈으로 고쳐졌을 것이다. 그리고 「무(誈)」의 왜훈으로 사용된 '이(移)'자는 만엽가나 [ヤ(ya)]인데, '다(多)' 음부로 중국의 상고음에서는 歌부에 속한다. 고대 한국의 고한음(古韓音)에 의거한 문자사용법일 것이다.

또 다른 목간은 나라(奈良)현 아스카이케(飛鳥池) 유적에서 출토된 7세기말의 '자서(字書)'목간으로 목간의 앞뒤에 음주가 표기되어 있다.

③ (앞) 「熊汗吾 羆彼下 迊ナ布 戀累尓 蔦上 横詠 營詠」
(뒤) 「蜚皮伊 尸之忤懼」

위 표기 중에 '비피(羆彼)' '횡영(横詠)' '영영(營詠)' '시지(尸之)' '오구(忤懼)'는 직음주(直音注)인데, 중국의 원음이 아니라 왜음(倭

音)으로 표기된 것이다. '오구(忤懼)'는 둘 다 [グ(gu)]로 읽히며 일본의 오음(吳音)이다. 또 '웅한오(熊汗吾)' '잡좌포(迊ナ布)' '연루이(戀累尓)' '비피이(蜚皮伊)'는 두 글자의 만엽가나로 표기된 왜음주(倭音注)이다. '한오(汗吾)'는 [ウグ(u-gu)], '나포(ナ布)'는 [サフ(sa-hu)] '루이(累尓)'는 [レニ(re-ni)]로 읽힌다. 일본어는 개음절 구조이므로 중국어 원음의 운미 [n], [ng], [p]를 각각 '이(尓)' '오(吾)' '포(布)' 로 표기할 수밖에 없었다. 또 '한오(汗吾)'를 [オゴ(o-go)]가 아니라 [ウグ(u-gu)]로 읽는 것은 만엽가나가 오음계통이기 때문이다. '잡좌포(迊ナ布)'의 '좌(ナ)'는 '좌(佐)'의 일부를 생략한 글자이다. '비피이(蜚皮伊)'의 '皮伊'는 [ハイ(ha-i)]일 것이다. '皮'를 [ハ(ha)]로 읽는 것은 중국 상고음의 특징을 보존한 것이다. '피(皮)'자는 '파(波)'자의 음부로 상고음에서는 가(歌)부에 속한다. 이것도 고대 한국음에 의거한 문자사용법 일 것이다. 한반도의 한자문화에서 크게 영향을 받았음을 알 수 있다.

위 두 가지 목간의 표기방법을 모두 가지고 있는 현존 서본으로 나라시대말(8세기말)에 찬술된 『신역화엄경음의사기(新訳華厳経音義私記)』(2권)이 있다. 당(唐)대 불전의 음과 뜻을 재료로 해서 작성된 것인데, 글자의 음과 왜훈이 만엽가나로 표기되어 있어 나라시대의 일본어와 한자음을 알 수 있다.

Ⅳ. 일본 최고(最古)의 한자사전

한자에는 형, 음, 의 세 요소가 있다. 한자사전도 편집할 때 어느 요소에 중점을 두느냐에 따라 자서(字書) · 운서(韻書) · 의서(義書)로 구별된다. 중국의 『설문해자(說文解字)』『절운(切韻)』『이아(爾雅)』가 각각의 전형이다. 학습은 모방에서 시작되는데 일본의 한자사전도 마찬가지이다.

현존하는 일본에서 제일 오래된 자서(字書)는 『전예만상명의(篆隷万象名義)』(30권, 830년경 쿠우카이(空海)지음)이다. 약 15,000자의 표출자(標出字)를 부수로 분류하고 반절에 의한 음주와 의주를 달았다. 표출자는 전서(현존본에는 일부만)와 예서(현행의 해서)로 표기하고 있다. 나라시대와 헤이안시대에는 중국 양(梁)나라의 고야왕(顧野王)이 저술한 『옥편(玉篇)』[원옥편본(原本玉篇)]이 많이 이용되었는데, 『전예만상명의(篆隷万象名義)』는 이 「원본옥편(原本玉篇)」을 초록 개편한 것이다. 왜훈도 달려있지 않아서 일본의 독자적인 자서로 볼 수 없다.

운서도 마찬가지이다. 일본 최고의 운서는 십삼가(十三家)의 『절운』을 집성한 『동궁절음(東宮切韻)』[30권?, 860년경, 스가와라노코래요시(菅原是善)지음]이다. 일서(逸書)인데 전형적인 일문(逸文)에 의하면 체재는 먼저 제가의 『절운』을 순차 인용한 다음 「금안(今案)」에서는 『증가옥편(增加玉篇)』(唐 · 손강(孫强)지음)을 인용하고 있다. 그러나 왜훈이 달려있지 않아 『절운』을 개편 증보한 것에 지나지 않는다.

현존하는 일본 최고의 의서는 『화명류취초(和名類聚抄)』(934년경, 미나모토노 시타고우(源順) 지음)이다. 이 사전은 중국에 특정 남본(藍本)이 없다. 천(天)부 · 지(地)부 등의 대분류 아래 경숙류(景宿類) · 운우류(雲雨類)와 같은 하위분류가 있으며 표제어가 되는 한자와 한어를 배열하고 있다. 각 표제어에는 출전 · 음주 · 의주를 기술하고 만엽가나로 된 왜훈이 덧붙어져 있다. 『화명류취초』는 일본어를 한자, 한어로 표기하기 위한 자서(字書)라고 할 수 있다. 이와 같은 성격의 자서(字書)로 가장 이른 시기의 것은 나라시대 『양씨한어초(楊氏漢語抄)』(720년경)의 「한어초(漢語抄)」에서 찾아볼 수 있다.

『양씨한어초』는 10개 부문으로 구성된 분류체사전으로 추정되는데, 그 일문은 나중에 언급하게 될 『신찬자경(新撰字鏡)』의 「임시잡요자(臨時雜要字)」에서 많이 볼 수 있다. 그 「친족부(親族部)」의 1예는 다음과 같다.

④ 阿耶父也/父 尒雅云父為考和名知々日本紀私記云加曾楊氏漢語抄云阿耶和名上同

'아야(阿耶)'는 문언(文言)이 아니라 백화(白話)어휘이다. 이와 같이 『양씨한어초』의 일문에는 백화어휘가 적지 않다. 고대일본에서도 한어학습이 폭넓게 이루어지고 있었음을 알 수 있다.

Ⅴ. 초기의 한화자전(漢和字典) - 헤이안시대(9~12세기)

한화자전이라는 자서(字書)는 『신찬자경(新撰字鏡)』[898~901년간, 쇼우주우(昌住)지음]에서 시작된다. 현존사본은 1124년(天治元年)의 것으로 천치본(天治本)이라고 한다. 서문에 의하면 본래 현응(玄應)의 『일체경음의(一切經音義)』를 3권으로 개편한 것이 초찬본(892년)인데, 다시 『옥편』이나 『절운』에 의해 증보하여 현존본 12권이 되었다고 한다. 표출자 약 21,000자를 160개의 부수로 분류하고 반절 음주와 한문 석의가 있으며, 만엽가나로 표기된 왜음(倭音)와 왜훈(倭訓)의 시주(施注)가 적지 않다. 왜훈은 『문선(文選)』『일본영이기(日本靈異記)』『유선굴(遊仙窟)』 등의 훈독에서 채록되었다. 한문을 훈독한 성과가 자서에 반영된 것이다. 『신찬자경』은 부수 분류체의 자서인데, 부수는 천상(天象)·인사(人事)·자연동물과 같은 의미에 따라 분류 배열되어 있다. 이밖에도 화제(和製)한자가 약400자 수록되어 있으며 후세의 한화자서로 이어지는 체재가 만들어졌다.

헤이안시대에는 한적(漢籍)·불전(佛典)에 대한 학습이 활발해지고 중국에서 사서(辭書)와 음의(音義)도 많이 수입되었다. 또 가타카나가 창제되고 한문훈독도 축적되었다. 이와 같은 토대 위에 헤이안 후기부터 원정기(11~12세기말)에 이르러 본격적인 한화자전(漢和字典)인 『유취명의초(類聚名義抄)』가 편찬되었다.

이 「명의초」에는 원본계와 개편본계 2종류가 있다. 현존하는 원본계에는 『도서료본유취명의초(図書寮本類聚名義抄)』[11세기말경 편찬, 영본(零本)]가 있으며, 개편본계로는 『관지원본유취명의초(觀智院本類聚名義抄)』(12세기말경 편찬, 완본)이 대표적이다. 모두 120부의 부수 분류체이며 부수는 『옥편』을 모방하여 유사한 자형끼리 배열하고 있다.

도서료본(図書寮本)과 관지원본(觀智院本)은 체재에 있어서 크게 차이가 난다. 도서료본은 표제어에 단자(單字)와 숙어를 내세우고 해설은 여러 문헌을 인용하였으며 음주와 석의를 달아놓았다.

이 주기에는 『일체경음의』이나 『옥편』에서 발췌한 것이 많다. 또 만엽가나와 가타카나로 표기한 왜훈 시주(施注)도 있다. 관지원본은 완본으로 약 32,000개의 표출자가 있다. 도서료본은 표제어의 75%가 숙어인데 비하여 관지원본은 대부분 단자로 이루어져 있다. 또 관지원본은 출전명이 생략되고, 가타카나로 표기된 왜훈이 급증하여 주기의 대부분을 차지한다. 헤이안시대의 왜훈을 집대성했다고 할 수 있다. 따라서 불전음의(佛典音義)와 같은 색채를 띠는 도서료본에 비하여 관지원본은 좀 더 일반적인 한화자전이라고 할 수 있다. 그리고 둘 다 왜훈에 성점(액센트 부호)가 표시되어 있어서 당시 일본어의 액센트를 복원할 수 있다.

원정기에는 『색엽자류초(色葉字類抄)』[12세기중엽, 타찌바나타다카네(橘忠兼)지음]이라고 하는 일종의 의서(義書)도 편찬되었다. 표제어 첫 글자의 음을 이로하[イロハ, 가나의 자모표(子母表)]순으로 47편으로 분류한 다음 각 편을 천상(天象)·지의(地儀) 등 21부로 분류하고 일상적인 일본어와 한어를 수록한 것이다. 한어에는 의주(義注)와 가타카나로 음훈이 표기되어 있다. 본래에는 2권본이었는데, 증보하여 3권본이 되었고 가마쿠라초기에는 서명을 『이려파자류초(伊呂波字類抄)』로 고친 10권본도 편찬되었다. 당시 남성이 쓰는 일본어문은 한국의 이두문과 같은 변체한문이었다. 『색엽자류초(色葉字類抄)』는 변체한문을 쓸 때 적절한 문자사용법, 용어를 검색하기에 편리한 사전이었다. 한문의 일본화에 대응하여 등장한 사전이라고 할 수 있다.

Ⅵ. 신구의 교착 - 가마쿠라, 무로마치시대(13~16세기)

『유취명의초(類聚名義抄)』 이후 『자경(字鏡)』 『자경집(字鏡集)』 등 유사한 종류의 사전이 나왔는데, 무로마치시대에는 많은 종류의 『왜옥편(倭玉篇)』이 출현했다. 「연덕본(延德本)」은 현존최고의 사본으로 서사(書寫)에 1491년으로 기록되어 있다. 부수로 분류한 표출자를 가타카나로 글자의 음과 왜훈을 표기한 한화자전이다. 음주와 왜훈은 『대광익회옥편(大廣益会玉篇)』(1013년, 진팽년(陳彭年)등 봉칙찬)의 반절과 주문을 일본어로 번역한 것 같다.

이 시대를 대표하는 운서는 『취분운략(聚分韻略)』[5권, 1306년 코칸시렌(虎関師錬) 지음]이다. 漢詩文을 작성할 때 한자의 운이나 평측을 참고하기 위하여 편찬된 것이다. 운목(韻目)은 113개, 검색하기에 편리하도록 각 운목을 의미에 따라 다시 12부문으로 분류하고 한자주를 간단하게 덧붙였다. 원형본은 5권으로 각각 상평(上平), 하평(下平), 상성(上聲), 거성(去聲), 입성(入聲)을 배치하였는데, 15세기후반부터는 '삼중운(三重韻)'이라는 여러 종류의 개편본이 출현했다. 이것은 동일한 운자를 평상거(平上去) 3단으로 하고 입성만 제5권에 모았다. 이 체재는 『삼운통고(三韻通考)』와 같은 조선판 운서에서 영향을 받은 것으로 생각된다. 그리고 『취분운략』의 증보본에서는 음훈을 가타카나로 표기하거나 당음(唐音 : 당시 새로 유입된 최신 중국음)을 대량으로 보강하기도 했다.

이 시기의 대표적인 의서(義書)로 『下學集』[1444년, 토로쿠노하노(東麓破衲) 찬]을 꼽을 수 있다. 통속 실용서로써 가장 많이 보급되었다. 무로마치시대의 통용어 약 3,000어를 의미에 따라 천

지(天地)·시절(時節) 등 18문(門)으로 분류하고 독법을 가타카나로 표기하고 한자로 어의와 어주를 달았다. 이른바 국어에 관한 한자한어사전이라고 할 수 있다. 그리고 『하학집(下學集)』에는 '행정(行灯)アンドン(an-don)' '교자(椅子)イス(i-su)'와 같이 당음으로 된 글자의 음어도 많이 수록되었다.

또 이 시기에는 전시대의 사전인 『색엽자류초』의 체재를 답습한 『절용집(節用集)』(15세기후반撰)이 출현하여 대표적인 국어사전으로 자리매김하였다.

Ⅶ. 보급과 발전 - 에도시대(1603~1867년)

에도시대에는 식자층이 확대되고 출판업이 활발해져서 학문이 심화되고 보급되었다. 그 위에 정판기술의 진보와 조선의 활자 인쇄술이 전래되어 인쇄기술이 비약적으로 발전했다. 그 결과 다양한 종류의 사전이 대량으로 편찬, 출판되기에 이르렀다. 이 장에서는 의서(義書)나 국어사전류에 관한 내용은 생략하고 자서(字書)를 중심으로 소개하고자 한다.

이 시기의 자서의 가장 큰 특징은 표제 글자의 배열에 획수를 도입했다는 것이다. 이로써 종래보다 검색이 훨씬 더 쉬워졌다. 그것은 명나라 만력연간에 나온 『자휘(字彙)』[14권, 1615년, 매응조(梅膺祚)지음]의 영향을 받은 것이다. 『자휘』는 214개의 부수로 분류하는데, 부수를 획수에 따라 배열하고 동일한 부수의 표제 글자도 다시 획수에 따라 배열했다. 이 획수 배열법은 획기적이어서 고전 자서의 총결산이라고 할 수 있는 『강희자전(康熙字典)』(1716년찬)이나 현대의 다른 자서에서도 모방되었다. 이들 자서는 출판된 후 곧 일본으로 가는 배에 실렸고, 일본에서 다시 화각본(和刻本)으로도 출판되었다. 그 결과 전시대 한화자서(漢和字書)의 대표이었던 『왜옥편(倭玉篇)』도 『수진왜옥편(袖珍倭玉篇)』(1664년간) 등도 획수순 배열로 개편되었다. 에도시대 가장 유행된 자서인 『증속대광익회옥편대전(增續大廣益会玉篇大全)』[모리테이사이(毛利貞斎)지음, 1659년 간행]도 획수로 검색하게 되어 있다. 이 자서는 일본에서 가나 음훈을 덧붙인 『대광익회옥편(大廣益会玉篇)』의 판본을 검자를 획수에 따라 재편집한 것으로 메이지시대에도 거듭 인쇄되었다.

이 시대에는 유학자들 중에 실증적인 연구를 표방하는 학파가 출현했다. 경서를 올바르게 해석하려면 먼저 소학에 통달하지 않으면 안 된다. 따라서 조자(助字)나 동훈이의어 등을 연구하는 어학서가 많이 나오게 되었다. 오규소라이(荻生徂徠)의 『역문전제(訳文筌蹄)』『훈역시몽(訓訳示蒙)』, 이토토가이(伊藤東涯)의 『조고자결(操觚字訣』『문자사용법格』, 석대전(釈大典)의 『시어해(詩語解)』『문어해(文語解)』 등 수없이 많다. 현대일본의 한화자전을 보면 부록으로 '조자해설(助字解說)'이나 '동훈이의어해설(同訓異義語解說)'을 수록하고 있는데, 이것은 에도시대 어학서의 성과에 따른 것이다.

일본인은 왜훈을 고정시킴으로써 한문훈독법도 발달되었다. 그 결과 한적을 대량으로 빨리 독해할 수 있게 되었다. 그러나 고정된 왜훈은 동훈이의어을 양산하여 종종 한어와 한문을 오독하는 상황이 발생하기도 한다. 이러한 결점을 극복하기 위하여 위와 같은 어학서가 편찬된 것이다.

그리고 이 시대에는 문언뿐만 아니라 당시 중국어의 백화어휘나 백화문을 수록한 당화사서류(唐話辭書類)도 많이 편찬되었다. 그 중에서도 당통사(唐通事) 출신인 오카지마칸잔(岡島冠山)이 찬술한 『당음아속어류(唐音雅俗語類)』나 『당화찬요(唐話纂要)』가 유명하다.

Ⅷ. 자서(字書)의 근대화 - 메이지시대(1867년~)

메이지시대에 개국이 되자 서양의 근대문화가 물밀듯이 밀려들어오고 자서도 근대화되었다. 메이지시대의 대표적인 한화사전(漢和辭典)은 삼성당(三省堂)이 편수한 『한화대사전(漢和大辭典)』(1903년간)이다. 이것이 '한화(漢和)'라는 두 글자를 달게 된 최초의 자서이다. 감수자는 이 사전을 '서양의 가장 진보된 사전의 체재에 따라 한자를 평이하고 질서정연하게 훈석한 것'이라고 서술하고 있다. 권두에 검자색인을 두고, 표제한자에 모든 글자의 음과 자의를 표기하였으며 그 표제한자를 첫 글자로 사용하는 숙어를 배열하고 있다. 현대 한화사전의 구성이 여기에서 비롯되었다.

다이쇼시대의 대표적인 한화사전은 계성사(啓成社)에서 출간된 『대사전(大辭典)』(1917년)이다. 독자의 편의를 돕기 위해 글자의 획, 총획, 음훈과 같은 3종의 검색법을 수록했다.

쇼와시대의 대표적인 한화사전은 대수관서점(大修館書店)에서 간행된 모로하시테쓰지(諸橋轍次)의 『대한화사전(大漢和辭典)』(1955~1960년)이다. 약5만개의 표제문자, 약53만개의 숙어를 수록한 세계최대의 한자사전이었다.

Ⅸ. 일본 한자사전의 미래－고한어사전(古漢語辭典)과 한자어사전

약 2천년전에 일본열도에 한자가 전래되었다. 한자, 한어가 왜음과 왜훈을 획득하면서 일본어에 있어서 불가결한 구성요소가 되었다. 일본어를 말하거나 표기할 때 사용되는 한자와 한어는 한자어로써 일본어가 되었다. 중국에서 본래 사용되던 발음이나 의미, 용법과는 상당히 괴리된 일본어이다. 따라서 한화사전은 국어(일본어)사전의 역할을 겸하게 되었다. 즉 한화사전은 고한어사전과 일본어한자어사전이라는 두 가지 측면을 가지고 있다.

앞으로 한화사전이 어떻게 전개되어 갈 것인가? 아마 이 두 가지 측면이 분화되어 각각 더 세련되어 갈 것이다. 이 문제를 염두에 두고 고한어사전의 길을 선택한 한자사전이 출현했다. 삼성당(三省堂)의 『한사해(漢辞海)』(2000년간)가 바로 그것이다. 감수자 도가와요시오(戸川芳郎)는 다음과 같이 서술하고 있다.

한자를 단순히 화훈(和訓)으로 치환하는 것이 아니라 한어[漢語(Chinese word)]로 파악하고 적확한 예문으로부터 실제 문맥에 맞추어 어의를 독해한다. 따라서 고한어를 품사별로 분류하고 문법을 토대로 해설하고, 용례는 현대일본어로 완전 번역했다. 『한사해(漢辞海)』는 이 두 가지 점에 있어서 획기적이다.

일본의 한자수용역사와 격투 끝에 얻은 승리의 선언이다. 그러나 일본의 한자수용 전통을 무시할 수도 없다. 따라서 위 선언 직후 다음과 같은 말로 보충하고 있다.

물론 종래 일본어한자어에 관한 상식도 한자정보로써 수용하였다.

이 말은 '일본어한자어' 지식의 수용에 소극적이라는 인상을 준다. 그러나 '일본어한자어'의 지식 중에는 일본한자음과 같이 한자음 본래의 모습을 알 수 있는 재료도 있다. 실제로 『한사해』의 일본한자음은 운서음도(韻書音図)에서 연역적으로 도출된 것이 아니라 훈점자료 등에 실재하는 글자의 음을 게재하고 있다. '일본어한자어'의 지식을 효과적으로 이용함으로써 고한어사전의 길은 왕도가 될 것이다.

[번역 : 김인홍(단국대)]

日本における漢字辞典の歴史

森 博 達*

I．漢字－漢字文化圏の共有財産

殷代に生まれた漢字は中国各地や周辺諸国に伝わり、東アジアの漢字文化圏が成立した。漢字は孤立語たる中国語のために作られた文字である。一方、韓国語や日本語は膠着語で語順なども中国語とは異なる。それゆえ漢字・漢語・漢文の読解や使用に際して、古代の韓国や日本ではさまざまな方法が講じられた。古代の日本では韓半島の漢字文化が伝えられ、訓読や借字表記においてもその影響を受けた。しかし文化の流れは一方的ではない。日本では19世紀に、西洋の文物を翻訳した和製漢語が多く作られ、中国や韓国に逆輸入された。「人民・民族・思想・経済・科学」など枚挙に遑がない。また日本語の訓読によって作られた和製漢語もあり、「割引・黒字・見積・立場・手續」などは韓国語でも使われ

* 京都産業大學 外國語學部 研究教授

ている。漢字文化は漢字文化圏の人々が相互に発展させた共有の知的財産なのである。

Ⅱ．漢字文化の和化

日本語は漢字文化を受容して大きく変化した。一方、伝来した漢字文化も日本語に適応するように変化を遂げた。漢字・漢語・漢文の和化（倭化）がそれである。漢字には形・音・義の三要素があるが、和化はそのいずれにも及んだ。

字形の和化はその性質上多くないが、それでも「藝（ゲイ)」を「芸」と略体化した結果、香草を表す本来の「芸（ウン)」との区別が失われるという事態も起きた。「辻」「畑」「働」などの国字（和製漢字）も字形の和化の一種である。「働」などは中国や韓国に逆輸入されて用いられた。片仮名や平仮名に至っては究極の和化といえる。

字音も中国から伝来した当初は原音に近く発音されていたが、これも次第に和化した。子音や母音の数は中国語の方が多かったので、日本の漢字音（倭音）では原音における音韻の区別が消失することにもなった。たとえば、日本漢音の母胎となった唐代北方音では、「歌・訶・軻・加」はそれぞれ異なる四つの音であった。しかし日本漢音ではいずれも「カ（ka)」となり、原音の区別が失われてしまった。そもそも「倭」を「和」に改めること自体が、漢字音の倭化（和化）の表れといえる。原音声母の影母と匣母の区別を失った倭音（和音）の「ワ（wa)」に基づいた結果である。

字義の和化はすなわち倭訓（和訓）の発生である。倭訓は一つひとつの漢字の和訳（日本語訳）が固定化したものである。中国語は日本語に比べてはるかに語彙の数が多い。それゆえ、複数の漢字に同一の和訓が付けられることも避けられなかった。たとえば、「憂」と「愁」の倭訓はともに「ウレフ」であるが、本来の意味は異なる。「憂」は「心配する」という意味であり、「愁」は「ものさびしい」という意味である。また「愁」は他動詞には用いられない。ところが日本ではしばしば倭訓に基づいて両者を混同している。『日本書紀』(720年撰）の例を見よう。

①「愁國之不治」(巻5)、「唯愁太子不在」（巻12)

「有」と「在」も同訓異義である。本来の用法では、「有」は不特定の物の存在を表し、「在」は特定の物の所在を表す。語順についても、「城中有人」と「吾在城中」との相異がある。しかし和訓はともに「アリ」となるので、しばしば両者の混同が生じる。次も『日本書紀』の例である。

②「是玉今有石上神宮」(巻6)、「是時百姓一家有岡上」(巻29)

これらの文章は正格漢文ではなく、変体漢文で表記されたのである。

Ⅲ. 漢字辞典の前史－音義木簡

日本の漢字辞典の萌芽は7世紀の出土木簡２点に見られる。ひとつは滋賀県北大津遺跡から出土した７世紀後半の「音義」木簡であり、義注や倭訓が施されている。「采 取」や「披 開」は漢語による訓詁である。経書の傳注や字書類の訓詁に拠っているのだろう。また「賛 田須久」(タスク) や「誈(誣) 阿佐ム加ム移母」(アザムカムヤモ) は万葉仮名による倭訓である (小字は分注)。これらもまず「賛 佐也」や「誣 欺也」といった訓詁に拠り、次に倭訓に改めたのだろう。なお、「誈」の倭訓に用いられた「移」字は「ヤ (ya)」の万葉仮名であるが、「多」という音符をもち、中国上古音では歌部に属する。古代韓国の「古韓音」に基づく用字であろう。

もうひとつは奈良県飛鳥池遺跡から出土した７世紀末の「字書」木簡であり、表と裏に音注が施されている。

③ (表) 熊汙吾羆彼下迊ナ布戀累尓蔦上横詠營詠
(裏) 蜚皮伊尸之忤懼

このうち、「羆彼」「横詠」「營詠」「尸之」「忤懼」は直音注であるが、中国原音ではなく倭音によるものである。「忤懼」はともに「グ」で、日本呉音に拠ったものである。また、「熊汙吾」「迊ナ布」「戀累尓」「蜚皮伊」は万葉仮名二字による倭音注である。「汙吾」は「ウグ」、「ナ布」は「サフ」、「累尓」は「レニ」と読まれる。開音節の日本語では、原音の韻尾のnやngやpをそれぞれ「尓」や「吾」や「布」

で表記せざるを得なかったのである。また「汙吾」を「オゴ」ではなく「ウグ」と読むのは呉音系の万葉仮名である。「迊ナ布」の「ナ」は「左」の省画である。「蜚皮伊」の「皮伊」は「ハイ」であろう。「皮」を「ハ」と読むのは、中国上古音の特徴を保ったものである。「皮」字は「波」字の音符となっており、上古音では歌部に属す。これも古韓音に基づく用字であろう。韓半島の漢字文化の大きな影響が窺える。

この二つの木簡の方法を併せもった現存する書本として、奈良時代末（八世紀末）に撰述された『新訳華厳経音義私記』(2巻）がある。唐代の仏典の音義を材料として作成したものであるが、万葉仮名で字音と倭訓が書き加えられており、奈良時代の日本語や漢字音の一斑を窺える。

Ⅳ. 日本最古の漢字辞典

漢字には形音義の三要素がある。漢字辞典も編集の重点をどの要素に置くかによって、字書・韻書・義書に分けられる。中国でいえば、『説文解字』・『切韻』・『爾雅』がそれぞれの典型である。学習は模倣から始まるのであるが、日本の漢字辞典でも同様である。

現存する日本最古の字書は、『篆隷万象名義』(30巻、830年頃、空海撰）である。標出字約15,000字を部首によって分類し、反切による音注と義注を施している。標出字は篆書　(現存本では一部のみ）と隷書（現行の楷書）で示している。奈良時代と平安時代には、梁の顧野王が撰述した『玉篇』(原本玉篇) が大いに利用されたが、『篆隷万象名義』はこの「原本玉篇」の抄録改編本なである。倭訓も加えられておらず、日本の字書としての独自性には欠けている。

韻書についても同様で、日本最古の韻書は十三家の『切韻』を集成した『東宮切韻』(30巻?、860年頃、菅原是善撰) である。佚書ではあるが、典型的な佚文によれば、その体裁はまず諸家の『切韻』を順次引用し、次に「今案」で『増加玉篇』(唐・孫強撰) を引用している。ただし倭訓等は加えられておらず、『切韻』の改編増補本に過ぎない。

現存する日本最古の義書は、『和名類聚抄』(934年頃、源順撰) である。この書は、中国に特定の藍本があるわけではない。天部・地部などの大分類の下、さらに景宿類・雲雨類等に下位分類し、見出しの漢字・漢語を掲出している。各見出しの後には、出典・音注・義注を記し、さらに万葉仮名で倭訓が加えられている。『和名類聚抄』は日本語を漢字・漢語で表記するための字書といえる。このような性格の字書の先駆はすでに奈良時代の『楊氏漢語抄』(720年頃撰) などの「漢語抄」類に見られる。

『楊氏漢語抄』は10の部門からなる分類体辞書と推測され、その佚文は後述する『新撰字鏡』の「臨時雑要字」に多く見られる。その「親族部」から一例を挙げよう。

④ 阿耶父也/父　尓雅云父為考和名知々日本紀私記云加曽楊氏漢語抄云阿耶和名上同

「阿耶」は文言ではなく白話語彙である。『楊氏漢語抄』の佚文にはこのような白話語彙が少なくない。古代日本の漢語学習の幅広さが窺える。

V. 漢和字典の始まり－平安時代(9~12世紀)

漢和字典といえる字書は『新撰字鏡』(898~901年間、昌住撰）から始まる。現存する写本は1124年（天治元年）のもので、天治本と呼ばれる。序文によれば、本来は玄應『一切経音義』を3巻に改編したのが初撰本(892年)で、これを『玉篇』や『切韻』によって増補したものが現存本12巻である。標出字21,000字弱を160部首に分類し、反切による音注と漢文による釈義を加えるのみならず、万葉仮名による倭音や倭訓の施注も少なくない。倭訓は『文選』『日本霊異記』『遊仙窟』などの訓読から採録されている。漢文訓読の成果が字書に反映されているのである。『新撰字鏡』は部首分類体の字書であるが、その部首は、天象・人事・自然動植物といった意味によって分類排列されている。他にも和製漢字（国字）が約400字収録されており、後世の漢和字書に繋がる字書の体裁が整ってきた。

平安時代は漢籍・仏典の学習が盛んになり、辞書や音義も数多く将来された。また片仮名が創製され、漢文訓読の蓄積も増えてきた。このような土壌に恵まれて、平安後期から院政期（11~12世紀末）になると、本格的な漢和字典である『類聚名義抄』が編纂された。この「名義抄」には原本系と改編本系の2種がある。現存する原本系には『図書寮本類聚名義抄』(11世紀末頃撰、零本) があり、改編本系では『観智院本類聚名義抄』(12世紀末頃撰、完本) が代表的なものである。ともに120部の部首分類体であり、部首は『玉篇』に倣い、字形の類似によって排列している

図書寮本と観智院本とではその体裁に大きな相違がある。図書寮本は見出しに単字と熟語を掲げ、説解は諸種の文献を引用して音注と釈義を加えている。それらの注記は『一切経音義』と『玉篇』からの抜粋が多い。また万葉仮名や片仮名による倭訓の施注も存する。観智院本は完本で標出字は約32,000字。図書寮本では見出しの75%が熟語であったのに対し、観智院本では大多数が単字である。また観智院本では出典名が明記されなくなり、片仮名による倭訓が激増して注記の中心となった。平安時代の倭訓の総集成という趣きがある。仏典音義的な色彩を残す図書寮本に対して、観智院本はより一般的な漢和字典といえる。なお両者とも倭訓に声点 (アクセント符号) が施されており、これによって当時の日本語のアクセントを復元できる。

院政期には『色葉字類抄』(12世紀中頃、橘忠兼撰) という一種の義書が編纂された。まず見出し語の一字目の音にしたがってイロハ (仮名の字母表) の47篇に分け、さらに各篇を天象・地儀など21部に分類して、日常的な和語と漢語を収録したものである。漢語には義注や片仮名による音訓が加えられている。本来は2巻本であったが、増補されて3巻本となり、さらに鎌倉初期には書名を『伊呂波字類抄』と改めた10巻本も編纂された。当時、男性が書く日本語文は韓国の吏讀文のような変体漢文であった。その変体漢

文を記す際、適当な用字・用語を検索するのに便利なのが『色葉字類抄』であった。漢文の和化に対応して現れた辞書といえる。

Ⅵ. 新旧の交錯－鎌倉室町時代(13~16世紀)

『類聚名義抄』の後、『字鏡』や『字鏡集』など同類の字書が生まれたが、室町時代には数多くの『倭玉篇』が現れた。現存最古の写本である「延徳本」は1491年の書写にかかる。部首分類した標出字に片仮名によって字音と倭訓を施した漢和字典である。この音注と倭訓は『大廣益会玉篇』(1013年、陳彭年等奉勅撰）の反切・注文を和訳したらしい。

この時期を代表する韻書は、『聚分韻略』(5巻、1306年、虎関師錬撰）である。漢詩文作成の際、漢字の韻や平仄を知るために編纂されたものである。韻目は113、検索に便利なように各韻目内ではさらに12部門に意味分類し、簡単な漢字注を加えている。原形本は5巻にそれぞれ上平・下平・上声・去声・入声を配すが、15世紀後半頃から「三重韻」という改編本が数多く現れた。これは同韻字を平上去の三段に重ね、入声のみを第五巻に集めたものである。この体裁は『三韻通考』などの朝鮮版韻書の影響を受けたものとも考えられている。なお、『聚分韻略』の増補本では、片仮名による音訓を加えたり、唐音（当時の新しい中国音）を大量に付したものもある。

この時期の義書としては、『下学集』(1444年、東麓破衲撰) が第一に挙げられる。通俗実用の書として最も普及した。室町時代の通行語約3,000語を意味によって天地・時節等の18門に分類し、読み方を片仮名で示し、漢字で語義や語注を加えている。国語としての漢字漢語辞典といえる。なお『下学集』には「行燈アンドン」や「椅子イス」など、唐音による字音語も多く収録されている。

またこの時期には、前代の『色葉字類抄』の体裁を踏襲した『節用集』(15世紀後半撰) が現れ、国語辞書の代表的な地位を占めるようになった。

Ⅶ. 普及と発展－江戸時代(1603~1867年)

江戸時代になると、識字層の拡大や出版業の盛行に伴って、学問が普及し深化した。さらに整版技術の進歩や朝鮮の活字印刷術の伝来で、印刷技術が飛躍的に発展した。その結果、多種多様な辞書が大量に編纂・出版されるようになった。ここでは義書や国語辞書類は省略し、字書を中心に紹介しよう。

この時期の字書の最大の特徴は、見出し字の排列に画数を導入したことである。これによって検索が従来よりもはるかに容易になった。それは明の万暦年間に成立した『字彙』(14巻、1615年、梅膺祚撰) の影響を受けたものである。『字彙』は214の部首を立てるが、部首は画数によって排列し、同一部首内の見出し字もまた画数順に排列した。この画数による排列法は画期的なものであり、古典的字書の総決算といえる『康熙字典』(1716年撰)　や現代の字書にも踏襲された。これらの字書は出版後まもなく日本へ舶載され、また和刻本も出版された。その結果、前代の漢和字書の代表であった『倭玉篇』も、『袖珍倭玉篇』(1664年刊) を始めとして、画数順の排列に改編されていった。江戸時代に最も流行した字書の『増続大廣益会玉篇大全』(毛利貞斎撰、1659年刊) も画引きである。この字書は、日本で仮名の音訓が付された『大廣益会玉篇』の版本によって、検字を画数順に再編したものであり、明治時代に入っても版が重ねられた。

この時代には儒学者の中にも実証的な研究を標榜する学派が生まれた。経書を正しく解釈するにはまず小学に通じなければならない。かくて助字や同訓異義語などを研究する語学書が数多く生まれることになった。荻生徂徠の『訳文筌蹄』『訓訳示蒙』、伊藤東涯の『操觚字訣』『用字格』、釈大典の『詩語解』『文語解』など数多くある。現代日本の漢和字典は付録として、「助字解説」や「同訓異義語解説」を載せているが、江戸時代の語学書の成果に依拠する所が少なくない。

日本人は倭訓を固定化することによって、漢文訓読法を発達させた。その結果、漢籍を早く大量に読解できるようになった。しかし、倭訓の固定化は同訓異義語の増加を招き、しばしば漢語・漢文の誤読を生じることになる。その欠点を克服するために、これらの語学書が編纂されたのである。

なお、この時代には文言のみならず、当時の中国語の白話語彙や白話文を収めた唐話辞書類も数多く編纂された。なかでも「唐通事」出身である岡嶋冠山が撰述した『唐音雅俗語類』や『唐話纂要』が有名である。

Ⅷ. 字書の近代化－明治時代以後(1867年~　)

明治時代になって開国されると、近代西洋の文化が怒涛の如く押し寄せ、字書も近代化の波に洗われた。明治時代の代表的な漢和辞典は、三省堂編修の『漢和大辞典』(1903年刊) である。これが初めて「漢和」の二字を辞典に冠した字書である。監修者はこの辞典を、「泰西辞書中最も進歩したるものの体裁に則りて、漢字を平易に且つ秩序正しく訓釈したるもの」と説いている。巻頭に検字索引を置き、親字にはすべて字音・字義を示し、その親字を頭にもつ熟語を並べている。現代の漢和字典と共通する構成がここに生まれたのである。

大正期の代表的な漢和辞典は啓成社の『大辞典』(1917年刊) である。読者の便宜を図って画引き・総画引き・音訓引きの三種の検索法を設けた。

昭和期の漢和字典の代表は、大修館書店から刊行された諸橋轍次の『大漢和辞典』(1955~1960年) である。親文字5万余字、熟語53万余語を収録した世界最大の漢字辞典であった。

Ⅸ. 日本における漢字辞典の未来－古漢語辞典と漢字語辞典

約二千年前、日本列島に漢字が伝来した。漢字・漢語は倭音や倭訓を得て日本語の不可欠な構成要素となった。日本語を話し、日本語を書くとき、そこに用いられる漢字・漢語は漢字語として日本語になっているのだ。中国で用いられていた本来の発音や意味や用法とは乖離した日本語なのである。それゆえ漢和辞典は国語（日本語）辞典の役割を兼ねる運命にある。つまり漢和辞典は、古漢語辞典と日本語漢字語辞典という二つの側面を併せもっているのである。

漢和辞典は将来、どのように展開するのだろうか？ おそらくこの二つの側面は分化して、それぞれが洗練されてゆくだろう。この問題を考えて、古漢語辞典の道を選択した漢字辞典が現れた。三省堂の『漢辞海』(2,000年刊)　がそれである。監修者の戸川芳郎氏は次のように述べる。

> 漢字を単に和訓に置き換えるのではなく、漢語（Chinese word）として捉え、適確な例文から、実際の文脈にそって語義を読解する。したがって古漢語を品詞別に分類し、文法をふまえた説解をほどこし、用例は現代日本語で“全訳”した。この二点において『漢辞海』は画期的である。

日本の漢字受容史との格闘を経た後に発した勝利宣言である。

しかし日本の漢字受容の 伝統を無視することもできない。それゆえ宣言の直後に言葉を補っている。

もちろん従来の日本語漢字語についての常識も、漢字情報として組み込まれている。

この補足は「日本語漢字語」の知識を組み込むのに消極的な印象を与える。しかし、「日本語漢字語」の知識の中には、日本漢字音のように漢字音の本来の相貌を窺える材料もある。実際、『漢辞海』の日本漢字音は、韻書音図から演繹的に導き出したものではなく、訓点資料などに実在する字音を掲載している。「日本語漢字語」の知識の効果的な利用によって、古漢語辞典の道は王道となるだろう。 (了)

[『동양학』 46집(2009) 수록]

고금을 아우르고 나라 간에 상호보충하다
-臺灣 ≪中文大辭典≫과 ≪異體字字典≫의 편찬을 예로 하여

沈寶春*

Ⅰ. 전언(前言)

1992년 조선탁(曹先擢)과 진병재(陳秉才) 등이 북경대 도서관에 소장되어 있는 청대(淸代) 이전부터 1988년 12월까지 출판된 중문 사서(辭書) 약 8천 종에 근거하여 북경대학교출판사 출판의 ≪八千種中文辭書類編提要≫를 편찬하였다. 조선생은 또한 책 앞에 ≪中文辭書發展述略(代序)≫을 써서 역대 중문 사서의 발전 맥락을 간략하게 회고하고 평가하면서 말하기를, "1979년부터 지금까지 중문 사서의 출판은 양적으로 풍부하고 종류가 고루 갖추어져 있으며 질적 수준이 높고 성과가 커서 세계적으로 주목할 만하다. 1990

* 國立成功大學 中國文學系 教授

년에 출판된 8권의 ≪漢語大字典≫은 수록된 글자의 수가 많고, 형(形)·음(音)·의(義)의 분석이 전면적이고 내용이 풍부하여 이전의 자전을 뛰어넘었고, ≪漢語大詞典≫ 13권은 수록된 표제 글자가 2만 5천 자, 어휘가 38만 개로 총 6천만 자에 달하며, 내용과 근원에 충실하고 고금이 두루 갖추어져 있어 한자 어휘(주로 서면어)의 전모와 사의(詞義)의 변화 발전을 잘 반영하고 있다."라고 하였다.

그러나 글에서 또한 밝히기를, "자료가 제한적인 관계로 대만과 홍콩의 중문 사서를 함께 소개하지 못하였는데, 대만의 중문 사서 또한 많은 발전을 하였다. 대형 사서로 말하자면 대만의 중국문화대학(中國文化大學)과 중화학술원(中華學術院)이 편찬한 ≪中華百科全書≫는 표제 글자 1만 5천자를 수록하여 전 10권 1천만 자에 달한다…대규모의 ≪中文大辭典≫을 출판하여 표제 글자 5만 자와 어휘 37만 개를 수록하였다."[1]라고 하였다. 그 밖에 책 안의 〈近現代辭書部分·語文詞典·普通語文詞典〉 부분에서 ≪中文大辭典≫에 대하여 "≪中文大辭典≫ 40冊, 中文大辭典編纂委員會編, 林尹·高明主編, 臺灣中國文化研究所1962~1968年版"이라는 간단한 설명을 하고, 뒤에 1972년 대만중국문화연구소의 보급본 10책 및 1973년 대만화강출판유한공사(臺灣華崗出版有限公司)에서 출판한 수정본 40책이 있음을 기록하였다. 마찬가지로 일본의 ≪大漢和辭典≫에 대해서는 "≪大漢和辭典≫,(日) 諸橋轍次編著, 臺灣北一出版社1983年版"[2]이라고 더욱 간략하게 설명하였다. 그

---

1) 曹先擢·陳秉才主編：≪八千種中文辭書類編提要≫(北京：北京大學出版社, 1992年7月第1版), <中文辭書發展述略(代序)>, 12~16쪽 按, 본문에 인명을 인용할 때 "先生"의 경어를 생략하였다.

2) 曹先擢·陳秉才主編：≪八千種中文辭書類編提要≫, 183쪽.

중 대만에서 출판한 ≪中文大辭典≫에 대하여 수록 글자와 어휘의 수량, 편집장, 출판사, 권수 등만을 소개하고 나머지는 일체 언급하지 않은 것은 아마도 신중함을 기하여 아는 것만 언급한 듯하다.

또 한편으로 1988년 이후 대만에서 출판된 지면 사전과 네트워크 사전이 왕성한 발전을 이루었는데, 전면적으로 소개하기에는 편폭 상의 한계와 어려움이 있지만 대략의 내용을 약술하여 일부만이라도 윤곽을 그리는 일은 가능할 것이다. 특히 앞서 발간된, 사서를 집대성한 ≪中文大辭典≫과 뒤이어 발간된, 수록 글자가 세계 최다라고 일컬어지는 ≪異體字字典≫은 대만 사서의 편찬 취지를 가장 잘 반영할 수 있다. 본문은 문자 발전과 확충이 고문자의 맥락에서 기인한다는 측면에서 이 두 사서가 세전(世傳) 문헌과 출토 문물 간의 평형점에 있음을 되돌아 보며 미흡하게나마 간략히 서술하고자 한다.

Ⅱ. 1988년 이후 대만에서 출판된 어문류(語文類) 사서 개황

우선 1988년 이후 대만에서 출판된 어문류 사서의 개황을 되돌아보며, ≪八千種中文辭書類編提要≫에서 누락된 점을 가능한 보충을 하고 더불어 대만에서 출판된 어문류 사서의 특징을 반영하고자 한다.

1. 국어(國語) 사서 부문

현재 서점과 도서관에 소장된 1988년 이후 대만에서 출판된 어문류 사서를 관찰해 보면, 국어사전의 편찬을 계속하는 것 이외에도 다시 새롭게 수정되거나 출판된 어문류 사전이 있다. 예를 들면 ≪辭源≫, ≪辭海≫, ≪國語日報辭典≫, ≪國語活用辭典≫, ≪辭典≫, ≪國民常用標準字典≫(수정본), 이행건(李行健)의 ≪形音義規範字典≫(五南, 2003年7月, 語文出版社 ≪現代漢語規範字典≫의 개정판)[3], 도해(圖解) ≪標準字體國語辭典≫ 등이 있다. 또한 새로운 사서를 편찬하여 사전의 방대한 행렬에 참가한 것도 있다. 예를 들면 ≪新辭典≫(三民, 1989年5月), ≪學典≫(三民, 1991年5月), 양완귀(楊莞皈)의 ≪形音義字典≫(武陵, 2000年3月), 지소천(遲嘯川)·장가문(張嘉文)의 ≪標準體國語大辭典≫(華文網, 2000年8月), 지소천(遲嘯川)·호진성(胡振盛)의 ≪最近彩色國語字典≫(華文網, 2000年11月), 정덕선(丁德先)의 ≪新創標準便利字典≫(北辰, 2001年5月), ≪華杏國語辭典≫(華杏, 2001年7月), 정지민(鄭志民)의 ≪學生一字多音辭典≫(昇旺, 2002年8月), 주하(周何)·구덕수(邱德修)의 ≪國語活用辭典(最新修訂) (三版))≫(五南, 2008年4月) 등이 있다. 이와 같이 사서의 수요는 날로 증가하였다. 특히 중국어 열풍 속에 추가언(鄒嘉彥)·유여걸(游汝傑)의 ≪21世紀華語新詞語辭典≫(麗文文化出版, 2008年9月)은 중국어 문화의 심원함과 역사적 지역적 요인으로 말미암아 각지에서 사용하는 중국어 어휘 또한 현저한 차이가 있다는 점에 착안하여 중국대륙(북경, 상해, 광주), 대만, 홍콩 및 싱가폴 지역에서 2000년 이

3) 이하 저자와 서명 뒤의 출판사는 생략하기로 한다.

후에 생산되었거나 유행한 신조어 1500 개를 수집하여 책으로 엮은 것이다. 이 책은 각 지역 매체의 총 1억 자에 달하는 대규모 중국어 언어자료DB "LIVAC"에 있는, 1만 개가 넘는 있는 신조어DB를 근거로 하여 각 항목마다 주음부호와 한어병음 및 광동어병음을 단 뒤에 주석을 하고 비교를 하여 독자들로 하여금 각지의 중국어에 대한 이해를 깊게 하고 서로 간의 소통을 촉진시킨 것으로, 시대성을 지니고 있다.

한편으로, 사서 또한 특수한 수요에 맞추어 치중하는 바를 달리하였다. 예를 들어 성어사전으로 풍작민(馮作民)·송수령(宋秀玲)의 ≪中國成語名言大辭典≫(星光, 1990年), 사수종(謝秀宗)의 ≪實用成語辭典≫(雷鼓, 1991年), 호여장(胡汝章)의 ≪成語辭海≫(方家, 1993年 修訂版), 웅광의(熊光儀)의 ≪中國成語大辭典≫(遠東, 1995年), 진철군(陳鐵君)의 ≪遠流活用成語辭典≫(遠流, 1996年), 오신훈(吳新勳)·장기운(張奇雲)의 ≪成語典≫(登福, 1998年), 오남성어사전(五南成語辭典) 편집팀의 ≪多功能實用成語典≫(五南, 1998年), 주굉명(周宏溟)의 ≪五用成語大辭典≫(大孚, 2000年), 사구계성(謝邱啟聖)·허진장(許晉璋)의 ≪分類成語辭典≫(五南, 2005年), 후내혜(侯迺慧)의 ≪成語典≫(三民, 2005年), 장가문(張嘉文)의 ≪最新成語字典≫(俊嘉文化, 2007年), 홍숙분(洪淑芬)·임우홍(林于弘)·조천의(趙天儀)의 ≪實用成語辭典≫(臺灣實業, 2007年), 유감평(劉鑑平)의 ≪常用成語八解辭典(修訂)≫(劉鑑平, 國家, 2008年), 심군동(沈君同)의 ≪最新成語大辭典≫(注音大字典藏版) (黃金屋文化, 2008年) 등이 있고, 이 외에 견지(堅智)의 ≪中華辭韻多功能詞庫≫(正展, 2005年), 황돈암(黃墩岩)의 ≪實用分類辭彙≫(上友, 2007年), 유원백(劉元柏)의 ≪常用近義詞·反義詞

應用辭典≫(文國, 2000年), 요혜령(廖惠玲)의 ≪反義詞辭典(進階級)≫(三遠文化, 2006年), 임보귀(林寶貴)의 ≪常用手語辭典≫(教育部, 2008年), 대욱궤(戴郁軌)의 ≪韓華大辭典≫(五洲, 2007年), 장융복(莊隆福)의 ≪21世紀日語漢字辭典－注音符號檢索查詢≫(萬人, 2006年) 등이 있는데, 이들은 자음, 자의, 분류, 대역(對譯) 등에 있어서 각기 치중하는 바를 달리하였다.

2. 민남어(閩南語) 사서 부문

대만은 다민족으로 구성되었는데 그 중에서도 민족(閩族)과 객가족(客家族)이 2대 종족이다. 국가의 주체의식을 건립하면서 국어사서를 편찬하는 것 외에도 여러 방언사전, 특히 민남어사전이 우후죽순처럼 왕성하게 발전하였다. 예를 들면 1954년 심부진(沈富進)의 ≪彙音寶鑑≫이 출판되어 1993년에 39版 ≪增補彙音寶鑑≫(文藝學社)이 나왔고, 1963년 초판된 이목기(李木杞)의 ≪國臺音通用字典≫은 1997년에 7版이 출간되었다. 1988년 이후 대만에서 출판된 민남어사전으로는 임앙민(林央敏)의 ≪簡明台語字典≫(前衛, 1991年), 진수(陳修)의 ≪台灣話大詞典 (閩南話漳泉二腔系部分)≫(遠流, 1991年), 서금송(徐金松)의 ≪台語字典≫(1991年), 허극돈(許極燉)의 ≪常用漢字台語詞典≫(自立晚報社文化出版部, 1992年), 허성장(許成章)의 ≪臺灣漢語辭典≫(自立晚報文化出版部, 1992年), 위남안(魏南安)의 ≪臺語大字典≫(自立晚報文化出版部, 1992年), 황유실(黃有實)의 ≪台灣十五音辭典≫(武陵, 1993年), 이목기(李木杞)의 ≪閩南語有聲彙音字典≫(1995年), 임백년

(林柏年)・임계웅(林繼雄)의 ≪育德通用台音辭典≫(育德文教基金會, 1995年), 양청촉(楊青矗)의 ≪台灣俗語辭典≫(敦理出版社, 1997年), 임건일(林建一)의 ≪實用台語辭典≫(林縱, 1999年), 오청파(吳清波)의 ≪臺語正字≫(臺南縣立文化中心, 1999年), 왕임진(王壬辰)의 ≪台語字彙≫(萬人, 2000年), 국립편역관(國立編譯館)의 ≪臺灣閩南語辭典≫(五南圖書, 2001年), 오곤송(吳崑松)의≪通用台語字典(上・下冊)≫(南天, 2003年), 오금택(吳金澤)의 ≪常用台語字源≫(前衛, 2005年), 시복진(施福珍)의 ≪台語瞬間入門辭典≫(巧兒文化, 2006年), 왕강민(王康旼)의 ≪台音正字彙編(台灣羅馬字版)≫(前衛, 2007年), 진관학(陳冠學)의 ≪高階標準臺語字典(上冊)≫(前衛出版, 2007年) 등으로 끊임없이 새롭게 발전되었다.

그 밖에 국어・민남어 사서로는 진성복(陳成福)의≪國臺音彙音寶典≫(西北, 1991年), 양청촉(楊青矗)의 ≪國台雙語辭典-台華雙語辭典≫(敦理, 1992年), 임계웅(林繼雄)의 ≪簡明台語漢字字典≫(成功大學台語文研究社, 1993年), 구문석(邱文錫)・진헌국(陳憲國)의 ≪實用華語臺語對照典≫(樟樹, 1996年), 진경주(陳慶洲)・진우훈(陳宇勳)의 ≪台華字典≫(1997年), 유진웅(劉辰雄)의 ≪台語通俗字典≫(1998年), 오수례(吳守禮)의 ≪國臺對照活用辭典≫上下冊(遠流, 2000年), 구문석(邱文錫)・진헌국(陳憲國)의 ≪新編華台語對照典≫(樟樹, 2002年), 허극돈(許極燉)의 ≪台語漢字讀音詞典≫(開拓, 2004年), 유진웅(劉辰雄)의 ≪台語中文對照通俗字典≫(2005年) 등이 있다. 그 밖에 민남어 상용어휘 사전으로 왕육덕(王育德)의 ≪臺灣語常用語彙≫[(武陵, 1993年, 이 외에 진항가(陳恒嘉)가 일문판을 번역한 ≪王育德全集≫ 第六冊(前衛, 2007年)이 있다.]가 있고, 민남어 분류 사전으로 호흠린(胡鑫麟)의

≪分類台語小辭典≫(自立晚報社文化出版部, 1994年), 외국어로 풀이된 사전으로 소천상의(小川尙義)의 ≪臺日大辭典(上·下冊)≫(衆文, 1981年)과 임문송(林文松)·허문지(許聞智)의 ≪新台灣人通用字典 (台語·客語·華語·日語多語字典)≫(1999年) 등이 있다. 이들은 각기 다른 편찬 목적을 보여준다.

3. 객가어(客家語) 사서 부문

객가어 사서의 편찬은 민남어에 비하여 다소 늦게 시작되었지만, 1992年 유첨진(劉添珍)의 ≪常用客話字典≫(自立晚報社文化出版部, 1992年), 중원주간사 객가문화학술연구회(中原週刊社客家文化學術研究會)의 ≪客話辭典≫(臺灣客家中原週刊社, 1992年), 팽덕수(彭德修)의 ≪客家話發音字典≫(南天, 1996年), 양정남(楊政男) 등의 ≪客語字音詞典≫(臺灣書店, 1998年), 서조천(徐兆泉)의 ≪臺灣客家話辭典≫(南天, 2001年), 첨익운(詹益雲)의 ≪海陸客語字典≫(2003年), 종유유(鍾有猷)의 ≪標注國語注音符號四縣客音字典≫(張致遠文化工作室, 2005年), 서조천(徐兆泉)의 ≪臺灣四縣腔. 海陸腔客家話辭典≫(南天, 2007年) 등 많은 객가어사서가 현재 왕성하게 출간되고 있다.

4. 원주민언어 사서 부문

민족과 객가족 2대 종족의 언어사전 이외에도 대만에서는 일부 소수종족의 언어사서도 출판되었다. 예를 들면 임생안(林生安)·진약한(陳約翰)의 ≪阿美族圖解實用字典≫(臺北縣政府, 1995年), 이임계(李壬癸)·토전자(土田滋)의 ≪巴宰語詞典≫(中央研究院語言學研究所籌備處 ≪語言暨語言學≫ 專刊甲種之二, 2001年), 하덕화(何德華)·동마녀(董瑪女)의 ≪達悟語：語料·參考語法·及詞彙≫(中央研究院語言學研究所 ≪語言暨語言學≫ 專刊甲種之十, 2006年), 이임계(李壬癸)·토전자(土田滋)의 ≪噶瑪蘭語詞典≫ (中央研究院語言學研究所 ≪語言暨語言學≫ 專刊甲種之十九, 2006年), 채풍념(蔡豐念)·호지현(胡智賢)의 ≪太魯閣族語簡易字典≫(花蓮縣秀林鄉公所, 2006年)과 필리핀의 비사야족(毗舍耶族) 만익가(萬益嘉)가 7년 만에 완성한 ≪西拉雅詞彙初探≫(臺南：臺南縣平埔族西拉雅化協會·臺南縣政府文化處, 2008年) 등이 있다. 이러한 소수종족의 사서는 문화자산을 보존하고자 하는 입장과 "역사의 틈새 가운데 언어를 복원하고 육성하는 작업을 진행"하고자 하는 사명감에서 기인하여 국가기관의 지원을 받아 출판하지 않으면 실로 발행하기가 쉽지 않다.

5. 인터넷 및 CD-ROM 전자사전 부문

컴퓨터 산업이 날로 새롭게 발전함과 동시에 전통적인 지면 사전의 면모와 기능 또한 변화하였다. 특히 인터넷과 CD-ROM 전자사전이 잇따라 개발되어 신속히 퍼져 나갔다. 예를 들어 ≪中文大辭典≫ 인터넷판이 나오고 있고, 교육부국어추진위원회에서 편찬한 "電子辭典"[4]에는 ≪重編國語辭典修訂本≫이 수록되어 있는데, 이들은 "시간적으로 보았을 때 국내에서 비교적 빨리 공포된 전자사전과 인터넷사전"[5]이다. 그후 계속하여 나온 ≪國語辭典簡編本≫은 소리와 그림을 결합하여 내용이 더욱 풍부해지고 다원화되었다. 그리고 ≪國語小字典≫, ≪異體字字典≫, ≪成語典≫, ≪臺灣客家語常用詞辭典≫(試用版), ≪臺灣閩南語常用詞辭典≫(試用版), ≪臺灣原住民族歷史語言文化大辭典≫(試用版),[6] 교육부 ≪常用手語辭典·電子書≫(教育部, 2008年6月) 및 최근에 나온 ≪臺灣閩南語我嘛會≫ (線上有聲功能網)[7](그림 1 참조) 등은 모두 사전의 새로운 장을 열어 막강한 기능과 편리한 검색기능을 갖추어 매우 큰 영향을 끼쳤다.

물론 이러한 사전들이 수없이 많이 나왔다 하더라도 대형 사서로서의 ≪中文大辭典≫과 ≪異體字字典≫의 지위는 흔들리지 않았다. 특히 ≪異體字字典≫은 "정식1판(版)에 총 10만 6천 2자를 수록하였고, 그중 정자(正字)가 2만 9천 7백 11자, 이체자가 7만 6천

4) 웹사이트 주소 : http://www.edu.tw/MANDR/content.aspx?site-content-sn=3391

5) 曾榮汾 : ≪網路版詞典編輯經驗析介≫, ≪佛教圖書館館訊≫, 2003年6月 第34期, 38쪽 참고.

6) ≪重編國語辭典修訂本≫은 86年7月부터 97年10月23日까지 연인원 약 62466175 명, ≪成語典≫은 92年2月17日일부터 97年10月23日까지 연인원 약 24745097 명.

7) 이는 교육부에서 대중이 대만 민남어 발음 및 로마자 병음을 숙달할 수 있도록 특별히 「臺灣閩南語我嘛會線上有聲功能網」(網址 : http://guamae.moe.gov.tw)을 계획한 것으로, 80기 교육부 전자신문의 특별란 ≪臺灣閩南語我嘛會≫을 자료고의 내용으로 하였는데, 대중에게 효과적이고 빠른 학습 자료를 제공하고자 어휘와 예문에 발음이 있고 추가로 "電子報期數"·"筆劃" 및 "條件檢索"(輸入台羅拼音·漢字·華語詞)의 기능을 계획하고 있으며, 앞으로 계속적으로 소리 파일[音檔]을 추가로 건립하고 DB를 확충할 계획이다. 현재 전자신문의 기수는 232~311기, 총80기이며, 매 기수마다 5개의 어휘를 실어 총 400 개의 어휘 항목이 있다.

1백 31자에 달한다……이는 국내 문자 학자의 지혜를 집결한 것이며 현재 세계 최대의 중문문자자료DB이기도 하다."[8] 이에 아래에서는 두 사서를 위주로 간략하게 분석하고 논술하고자 한다.

Ⅲ. ≪中文大辭典≫의 편찬 내용 분석

≪中文大辭典≫은 대만에서 편찬한 지면으로 된 어문사서 가운데 자료의 수집 범위가 가장 광범위하고 편집 체제가 매우 엄밀하여 다른 사서들이 결코 근접할 수 없는 최대 규모의 공구서이다.[9] (그림 2 참조) ≪中文大辭典≫의 편찬에 관한 자세한 내용은 ≪中文大辭典≫의 앞부분에 수록된 1962년 장기윤(張其昀)이 쓴 ≪序≫, 임윤(林尹)의 ≪序≫ 및 ≪中文大辭典重版序≫와 ≪凡例≫를 참고할 수 있는데, 모두 ≪中文大辭典≫의 편찬 동기와 취지 및 "편집 요강", "글자와 어휘의 선록(選錄)", "표제 글자 해석", "어휘 설명", "전례(典例)와 도표(圖表)", "배열과 검색" 등이 명확하게 기술되어 있다. 물론 근본을 살피고자 한다면 장기윤의 ≪景福門回憶錄≫을 먼저 참고해야 할 것이다.[10] 그 밖에 손중온(孔仲溫) 또한

---

8) 웹사이트 주소 http://140.111.1.40 참고.

9) 孔仲溫 : 〈中文大辭典巡禮〉, ≪國文天地≫, 1987年10月1日, 60~62쪽 참고.

10) 張其昀 : ≪景福門回憶錄≫(臺北 : 中國新聞出版公司), ≪中國文化研究所叢書≫, 1962年1月初版, 49쪽 참고. ≪中文大辭典≫은 그가 교육부 장관 재임(1954~1958) 중에 "중국문화연구소(中國文化研究所) 설립

1987년 10월 1일자 ≪國文天地≫에 ≪中文大辭典巡禮≫를 실어 ≪中文大辭典≫을 간략하게 소개하였다.

1. 편찬 계획과 취지

사전을 처음 구상한 장기윤이 ≪景福門回憶錄≫에서 서술한 내용에 근거하면 ≪中文大辭典≫의 편찬 계획과 취지는 다음과 같다.

① 본 책은 ≪中華民國百科全書≫의 기초 작업이며 또한 기점이기도 하다. ≪百科全書≫의 제1기 편찬은 본 책 이외에도 ≪方言大辭典≫, ≪國史大辭典≫, ≪美術大辭典≫, ≪佛學大辭典≫, ≪圖書大辭典≫ 등이 있으며 5, 6년 동안 계속하여 완성할 계획이다. 각 책은 상호 보충 작용을 하며 중복은 피한다.

② 본 책은 중국 문자의 기원을 중시하여 "자원학(字源學)"적인 해석을 한다. 갑골문과 금문까지 거슬러 올라가 문자 구조의 근원 및 형(形)·성(聲)·의(義) 삼자의 상호 관계를 설명한다. 그 다음으로는 어휘의 파생 및 성어와 격언의 유래를 중

의 취지는 중국의 문예부흥에 치력하고자 함에 있다……그 작업의 주요 목표 중 하나는 바로 "中華民國百科全書"를 완성하는 것이다. 이는 중화 학술의 계통적인 정리와 선양임과 동시에 대규모의 역술(譯述) 운동의 전개로써, 세계 각종 문자의 백과전서에서 정화(精華)를 받아들여 널리 응용하여 미래의 "中華民國百科全書"가 "중외(中外) 정화의 집결체"의 특색을 지닐 수 있도록 한다.", 또한 "≪中文大辭典≫의 편찬이 "中華民國百科全書"의 기점"으로써 진(眞)·선(善)·미(美)·성(聖)의 네 가지 목표에 달한다고 말하였다.

시하여 독자들에게 환연빙석(渙然氷釋)한 즐거움을 주고 학교의 국문 교육에도 작은 도움이 될 것이다.

③ 본 책은 좌도우사(左圖右史)의 뜻에 근거하여, 고증된 그림이 있는 경우 모두 취하여 본문에 넣고 혹은 도면을 더 추가하여 명확성을 추구한다. 주석은 간단명료하되 쓰기에 적합하도록 힘쓴다.

④ 본 책의 모든 예문은 체계적으로 선택하여 민족 유산을 정리하고 민족 정신을 발양하는 것을 목적으로 한다. 따라서 본 책은 문헌을 고증하는 공구서일 뿐만 아니라 수천 년간 축적된 우리나라의 위대한 저작물의 결정체로서, 과거를 계승하고 미래를 열어 중국 문예부흥에 도움이 될 수 있기를 바란다.

⑤ 본 책은 언필징신(言必徵信)의 뜻에 근거하여, 각 조항의 중요 출처는 근원이나 저자의 이름을 상세히 밝힌다. 일본의 모로하시 데쓰지(諸橋轍次)의 ≪大漢和辭典≫ 등과 같이 근년에 중요한 공헌을 한 책들은 모두 비교 참고할 만한 자료들로, 인용할 때에도 반드시 출처를 밝히어 남의 공을 가로채는 일이 없도록 한다.[11]

그중 "민족 유산을 정리하고 민족 정신을 발양하는 것을 목적으로 한다"는 것이 ≪中文大辭典≫ 편찬의 핵심적 가치이다. ≪中文大辭典≫은 중화문화가 결집된 "수천 년간 축적된 우리나라의 위대한 저작물의 결정체"로 "과거를 계승하고 미래를 열어 중국 문예부흥에 도움이 될 수 있기를 바란다"고 밝히고, 이러한 취지 아래 장기윤이 감수를 맡고 고명(高明)과 임윤(林尹) 등 두 국학의 석학이 계획하

11) 張其昀 : ≪景福門回憶錄≫, 49쪽 참고.

고 편집장을 맡았다. 또한 당시 "고명과 임윤 두 선생의 제자들"인 석박사 대학원생 60여 명이 편찬진으로 구성되어 서로 협력하여 완성하고 중국문화연구소에서 단독으로 발행하였다. 1962년 10월부터 1968년 8월까지 전질이 완성되어 초판 40책이 발행되었고, 1973년에는 1차 수정판 보급본 10책이 발행되었다. 그 후로 계속하여 개정 간행되었으며, 2003년 7월에는 ≪中文大辭典≫ 디지털화 작업에 착수하였다. 표제글자 49,880자, 어휘 37,1231여 개, 총 글자수 약 8천만 자에 달하는것을 교육부가 1982년 9월에 공표한 상용글자 4,808자에 의거하여 그 글자들을 우선적으로 디지털화하여 표제글자와 어휘가 약 15,000여 항목이 되는 자료를 갖추었다.(≪中文大辭典≫의 판차(版次)는 全國圖書書目資訊網http://nbinet.ncl.edu.tw/ 참조)

2. 자료의 출처

≪中文大辭典≫ 자료의 출처는 주로 경사자집(經史子集)을 망라하고 유서(類書), 총서(叢書), 집일서(輯佚書), 자서(字書), 사서(辭書) 및 자전 겸 사전 등에서 발췌하였다. 자료의 출처를 나누어 기술하면 다음과 같다.

1. 경서 : ≪十三經注疏≫, ≪通志堂經解≫, ≪皇清經解≫, ≪續皇清經解≫ 및 근대의 경학명저(經學名著).
2. 사서 : 정사(正史)로는 ≪史記≫에서 ≪清史≫까지, 정서(政書)로는 ≪資治通鑑≫과 ≪十通≫, 그 외에 고금 중요 사적

(史籒).

3. 자서 : 선진제자(先秦諸子) 및 한위(漢魏) 이후의 제자부(諸子部)에 속하는 중요 서적.
4. 문집(文集) : 저명한 총집(叢集) 및 별집(別集).
5. 유서 : ≪藝文類聚≫, ≪北堂書鈔≫, ≪初學記≫, ≪太平御覽≫, ≪冊府元龜≫, ≪玉海≫, ≪山堂肆考≫, ≪永樂大典≫, ≪古今圖書集成≫, ≪淵鑑類函≫, ≪駢字類編≫, ≪佩文韻府≫, ≪函海≫ 등 수십 종.
6. 총서 : ≪四部叢刊≫, ≪四部備要≫, ≪叢書集成≫ 등 다종.
7. 집일서 : ≪玉函山房輯佚書≫, ≪黃氏逸書≫ 등 다종.
8. 자서 : ≪爾雅≫, ≪小爾雅≫, ≪急就章≫, ≪方言≫, ≪說文≫, ≪說文解字詁林≫, ≪釋名≫, ≪玉篇≫, ≪廣雅≫, ≪康熙字典≫, ≪龍龕手鑑≫, ≪廣韻≫, ≪集韻≫, ≪經籍纂詁≫, ≪甲骨文編≫, ≪續甲骨文編≫, ≪殷虛文字類編≫, ≪鐘鼎字源≫, ≪薛氏鐘鼎款識≫, ≪重訂金文編≫, ≪說文古籒補≫, ≪說文古籒補補≫, ≪說文古籒三補≫, ≪古籒彙編≫, ≪石刻篆文編≫, ≪漢隸字源≫, ≪隸辨≫, ≪草字彙≫, ≪楷法溯源≫, ≪中華大字典≫, ≪古篆文大字典≫.
9. 사서 : ≪經傳釋詞≫, ≪經詞衍釋≫, ≪辭通≫, ≪聯綿字典≫, ≪詩詞曲語辭典≫, ≪中古詞語考釋≫, ≪元劇俗語方言例釋≫, 당대 제가(諸家)의 백과 및 전문 사전.
10. 자전 겸 사전 : ≪辭源≫, ≪辭海≫, ≪國語辭典≫, 일본 모로하시 데쓰지의 ≪大漢和辭典≫.
11. 그림 : ≪漢武梁祠畫像考≫, ≪古玉圖考≫, ≪長沙古物聞見記≫, ≪十二家吉金圖錄≫, ≪南陽漢畫象彙存≫, ≪新鄭彝器≫.[12)]

---

12) 中國文化大學 : ≪中文大辭典≫ 第一次修訂版 · 普及本 · 第十冊, 〈編

위의 자료를 보면 ≪中文大辭典≫은 세전 문헌 자료 이외에도 출토 문헌자료도 효과적으로 취하였다. 예를 들면 ≪甲骨文編≫, ≪續甲骨文編≫, ≪殷虛文字類編≫, ≪重訂金文編≫, ≪新鄭彝器≫ 등으로, 이는 왕국유(王國維)의 이중 증거(二重證據)를 체현한 것이며, 사서의 편찬이 시대와 더불어 나아가 큰 발전을 이룬 것이다.

3. 특징과 결점

≪中文大辭典≫은 체제가 엄밀하고 자료 수집이 풍부하며 교열과 교정에 신중을 기하여 일차 교열이 끝난 뒤에 재차 삼차 교열을 거듭하여 총 4번의 교열과 6번의 교정 과정을 거쳐 오류가 나오면 모두 바로잡으려 했다. 그러나 당시 학자들이 글에서 지적한 결점 또한 적지 않았다. 이에 그 결점들을 나누어 기술하고자 한다.

1) 자형(字形)과 자음(字音)의 오류

≪中文大辭典≫은 문자의 변천에 많은 주의를 기울였다. "자형에는 갑골문(甲骨文), 금문(金文), 주문(籒文), 전문(篆文), 한비(漢碑), 한진죽간(漢晉竹簡) 및 고대 새인(璽印), 고도(古匋), 진(晉)·당(唐)·송(宋)·원(元)·명(明)·청(淸) 서법 명가의 서체 등 나열되지 않은 것이 없어 독창적인 면모를 보였고 참고의 편리를 제공하였다." "한 글자의 이형(異形)이 나오면 '고문은 모자로 썼다[古作某]', '주문(籒文)은 모자로 썼다[籒作某]', '혹은 모자로 썼

後記〉 참고.

다[或作某]', '속자는 모자로 썼다[俗作某]', '와자(譌字)는 모자로 썼다[譌作某]', 또는 '모자와 같다[與某同]', '모자와 통용한다[與某通]' 등과 같은 형식으로 자료를 널리 수집하여 일일이 예를 들어 설명하고 출처를 밝히어 독자에게 책을 찾아보는 번거로움을 덜어주었다." 이 모든 것이 ≪中文大辭典≫의 독창적인 특색이다.[13] 하지만 때로는 판별이 정밀하지 못하고 자형의 해석이 정확하지 않아 오히려 혼란을 초래하기도 하였다. 예를 들면 "世"의 자형 부분에서 "百世"를 "世"로 잘못 인식하였고, "膂"을 "𠂢"로 잘못 인식한 것 따위이다. 혹은 자음 부분에서 본래는 시대에 따른 변화의 특징을 나타내고자 ≪廣韻≫, ≪集韻≫, ≪韻會≫, ≪正韻≫ 등 운서의 반절(反切)을 채용하여 일일이 열거하고 운서에 실리지 않은 글자는 별도로 참작하고 분석하여 발음을 달기도 하고, 발음 기호는 당대의 주음부호(注音符號)와 로마자부호를 병용하여 매우 편리하였지만, 개중에는 음의 분석이 정확하지 않아 오류가 존재하기도 하였다. 예를 들면 "丞"의 자음 부분에서 ≪廣韻≫의 "署陵切"은 "ㄔㄥ"이 아니라 "ㄔㄥˊ"이 되어야 하고, ≪廣韻≫에서 "常證切"이라 하였는데 "ㄓㄥˋ" 음을 누락하였고, ≪集韻≫의 "蒸의 上聲"은 "ㄔㄥˋ"이 아니라 "ㄓㄥˇ"이 되어야 하는 것 따위이다.[14]

2) 어휘의 뜻과 출처의 오류

≪中文大辭典≫의 자해는 본의(本義), 파생의(派生義), 가차의

13) 孫中運은 〈「閻」「閆」的歷史與現狀〉에서 ≪中文大辭典≫을 인용하여 "閆, 姓也, 與閻通."라고 하며 그 견해가 적절하다고 하였다. ≪咬文嚼字·辨字析詞≫, 2003年第9期, 9~19쪽 참고.

14) 이상의 모든 예는 孔仲溫의 ≪中文大辭典巡禮≫ 60~62쪽 참고.

(假借義)의 의미 계통에 따라 순서대로 배열하였다. 파생의와 가차의는 실사(實詞)에서 허사(虛詞)까지 명사, 동사, 형용사, 조사 순으로 배열하였다. 어휘 설명은 직접적인 해석 이외에 전의(轉義), 각종 출전과 예문에 드러난 응용의(應用義)를 제시하고, 예문도 경사자집과 시대의 순으로 배열하여, 조리가 정연하고 구조가 면밀하며 해석이 적절하였다.[15)]

그러나 어휘의 출처에서 소수의 오류를 범하기도 하였다. 평천(平川)은 "祭詩"의 출전이 ≪中文大辭典≫에는 ≪唐書, 賈島傳≫이라고 되어 있는데 실상은 당대(唐代) 풍지(馮贄)의 ≪雲仙雜記≫ 4권에 보인다고 지적하였다.[16)] 또 이명효(李明曉)는 출토된 문헌을 근거로 어휘의 근원을 탐구하여, "餓鬼"는 ≪中文大辭典≫의 "불가어. 범어(梵語) preta의 역어. 프레타(preta). 늘 목마름과 배고픔의 고통을 받는 중생."이라는 뜻의 외래어가 아니라, 수호지(睡虎地) 진묘(秦墓)에서 출토된 죽간(秦簡) ≪日書≫에 이미 존재하는 어휘로 전 백성이 사용하였으며 "게걸스럽거나 몹시 배고픈 사람"[17)]을 이르는 말이라고 지적하였다.

어휘의 의미에서도 다시 검토할 만한 부분이 있다. 봉상희(封常曦)가 〈張冠李戴說 "三川"〉에서 상세히 논한 바가 있는데, ≪中文大辭典≫에서 "三川"은 "당대(唐代)에 검남(劍南) 서쪽 · 검남(劍

---

15) 杜亞非는 〈兒女子「辨」〉에서 ≪中文大辭典≫의 "부인과 어린아이 따위(猶婦孺輩)" 해석을 논하면서 그 의미가 "어떤 때에는 부인(婦人), 어떤 때에는 어린아이, 어떤 때는 어린 부인의 뜻이 있다"고 말하며 "병렬적인 연합구조"라고 하였다. ≪綿陽師範高等專科學校學報≫, 1999年6月, 第18卷第3期, 4546쪽 참고.

16) 平川 : ≪臺灣 ≪中文大辭典≫ 指瑕一則≫, ≪孝感職業技術學院學報≫, 2002年第3期, 74쪽 참고.

17) 李明曉 : ≪「餓鬼」考源≫, ≪古漢語研究≫ 2006年第4期, 92쪽 참고.

南) 동쪽 및 산서(山南) 서쪽의 세 길을 삼천(三川)이라고 함. [唐書, 杜甫傳]祿山亂, 天子入蜀 · 甫避走三川."라고 풀이되어 있지만, 두보(杜甫)가 도피한 "三川"은 실제로는 "관내도(關內道) 부주(鄜州)의 한 현(縣)으로, 옛터는 지금의 섬서(陝西) 낙천현(洛川縣)의 북서쪽이며, 화지수(華池水) · 흑수(黑水) · 낙수(洛水) 세 하천이 만나서 붙여진 이름이다."[18] 혹은 의미를 보충하여 개중의 차이를 상세히 구분해야 한다는 경우도 있다. 만구부(萬久富)는 "何所"가 중고한어(中古漢語)에서 의문사로 쓰여 장소나 사물은 물론 시간까지 물을 수 있으므로, ≪中文大辭典≫의 "何處", "何許", "何所"에 모두 "何時"의 의미가 보충되어야 한다고 지적하였다.[19] 또 황국화(黃國華) 등은 〈"通帛" "雜帛" 釋義辨正〉에서, "通帛"의 "기(旗)"라는 해석은 "정폭(正幅)과 장식물 모두 순적색의 비단을 사용하여 장식한, 손잡이가 굽은 기"라고 보완되어야 하며, "雜帛"의 "흰 비단으로 옆을 장식한 것"이라는 해석은 "진홍색 비단으로 깃발의 정폭을 만들고, 정폭의 가선을 흰색 비단으로 장식한 잡색의 기"라고 보완되어야 한다고 지적하였다.[20]

그 밖에 연면사(聯綿詞)의 해석 또한 주의를 기울일 만하다. 양종규(梁宗奎)는 〈也談"狼狽"〉에서 다음과 같이 지적하였다. ≪中文大辭典≫에서 "狼狽"를 "두 짐승이 서로 붙어서 가다가 떨어지면 고꾸라진다는 데서 일이 틀어져 실패하여 난처함을 비유하는 말.

18) 封常曦 : ≪張冠李戴說「三川」≫, ≪咬文嚼字≫, 2002年第6期, 6~42쪽 참고.

19) 萬久富 : ≪何所「具」「何時」義≫, ≪古漢語研究≫, 1998年第3期, 92쪽 참고.

20) 黃國華 · 朱習文 · 孫淑娟　≪「通帛」「雜帛」釋義辨正≫, ≪漢字文化≫, 2008年第2期, 72~73쪽 참고.

전의되어 실의함, 또는 비참함. 狼跋로도 씀."이라고 해석하였지만, 사실 "狼狽"는 연면사로서 분리할 수 없는 것으로, 본뜻은 "두 다리가 서로 어긋나 순조롭지 않음."이며 전의되어 "진퇴양난" 또는 "황급하다"의 뜻을 지니며 郎貝·狼貝·狼跋·刺癶……등의 자형으로도 쓴다.[21] 곽재이(郭在貽)와 감한전(甘漢銓)은 ≪中文大辭典≫에서는 "摘索"을 "찾다"라고 해석하였는데 "摘索"은 실제로는 첩운 연면사(疊韻聯綿詞)로서 "미미한 진동"이라는 뜻을 나타내어 抖擻·哆嗦·窄索·蹀躞 등과 상통한다고 지적하였다.[22] 이들은 모두 연면사의 특징을 잘 파악하지 못하여 잘못 해석한 사례이다.

3) 표점부호의 오류

≪中文大辭典≫ 디지털화 계획에 "지면 사전에 사용된 표점부호는 중괄호 '[ ]'와 모점 '、' 그리고 마침표 '。' 등 세 개뿐이다"[23]라고 지적하였다. 이러한 조기의 지면 사전의 결함은 디지털화 작업에서 이미 개선되어 새로운 표점부호를 사용하고 있다. 그러나 개중에는 의미를 해독하는 데 있어, 표점부호로 단락을 끊을 때 재고해야 할 것들이 있다. 예를 들어 우리가 신기질의 사(詞) 〈破陣子·為陳同甫賦壯詞以寄〉"八百里分麾下炙，五十弦翻塞外聲"을 읽거나 소식(蘇軾)의 〈約公擇飲是日大風〉詩 "要當啖公八百里，

21) 梁宗奎：≪也談「狼狽」≫，≪文史雜志≫，1997年第4期，29쪽.
22) 郭在貽：≪訓詁學≫(北京：中華書局，2005年)，85~89쪽，≪唐代俗語詞雜釋≫·≪唐詩與俗語詞≫，≪郭在貽文集≫(北京：中華書局，2002年)，第一卷，103쪽·第三卷，63쪽 참고. 甘漢銓：≪摘索與料峭－唐詩聯綿詞釋詁二則≫，≪語言文字與教學國際學術研討會論文集≫(臺中：東海大學中國文學系，2008年11月29~30日)，342~348쪽 참고.
23) 웹사이트 주소 http://ap6.pccn.edu.tw/Dichonary/leam.asp 참고.

豪氣一洗儒生酸"을 읽을 때 "八百里"의 전고가 무엇인지 알고 싶을 것이다. 그러면 ≪中文大辭典≫의 팔부(八部)의 八자를 찾아볼 수 있는데, "八百里"라는 항목은 없고 "八百里駁"에 "소 이름. [晉書 · 王濟傳]王愷有牛, 名八百里駁, 常瑩其蹄角, 王濟請以錢千萬, 與牛對射而賭之, 愷亦自恃其能, 令濟先射, 一發破的, 因據胡牀叱左右, 速探牛心來, 須臾而至, 一割便去."[24]라고 수록하고 있다. 이 출처 중에 "王濟請以錢千萬, 與牛對射而賭之"는 본래 "千萬"과 "牛"를 놓고 도박을 걸어 "활쏘기"의 방식으로 승부를 겨루는 것인데 "千萬"과 "牛" 사이에 구두를 찍어 분리하여 "王濟"와 "牛"가 활쏘기를 겨루는 것처럼 변하여 의미상의 차이가 크게 난다. 이 항목에 관하여 ≪世說新語, 汰侈≫의 다음 부분을 참작할 수 있다. "王君夫有牛, 名『八百里駁駮』, 常瑩其蹄角. 王武子語君夫 :『我射不如卿, 今指賭卿牛, 以千萬對之.』 君夫既恃手快, 且謂駿物無有殺理, 便相然可. 令武子先射. 武子一起便破的 ; 卻據胡牀, 叱左右 :『速探牛心來 ! 』須臾炙至, 一臠便去."[25] 이를 보면 구두가 분명하여 의미가 더욱 명확하다. 이처럼 ≪中文大辭典≫은 표점부호의 구두 문제로 인하여 문헌 해독에 불필요한 오해를 불러일으킬 수 있음을 알 수 있다.

4) 인용 서적 명칭 체계의 불일치

≪中文大辭典≫의 고적 인용은 ≪凡例≫에 따르면 경사자집을

---

24) 林尹 · 高明主編 ≪中文大辭典≫(臺北 : 中國文化大學出版部, 1990年9月8版), 第1冊, 1404쪽 참고.

25) 楊勇 : ≪世說新語校箋≫(臺南 : 平平出版社, 1975年7月再版), 659~660쪽.

포함하여 유서, 총서, 집일서, 자서, 사서 및 자전 겸 사전 등을 근거로 하고 공문설(孔文說)의 ≪方言大辭典≫, ≪圖書大辭典≫, ≪人名大辭典≫, ≪地名大辭典≫ 등 36종은 포함하지 않는다.[26] 그중 사서 부분에 수록된 것으로는 ≪經傳釋詞≫, ≪經詞衍釋≫, ≪辭通≫, ≪聯綿字典≫, ≪詩詞曲語辭典≫, ≪中古詞語考釋≫, ≪元劇俗語方言例釋≫, 당대 제가(諸家)의 백과 및 전문 사전 등인데, 위의 36종은 "당대 제가의 백과 및 전문 사전"에 포함되는 것이 아닌지 의문을 갖게 된다. 비록 교열과 교정을 엄밀히 하여 재차 삼차 교열을 하였다 하더라도 동서이명(同書異名)의 현상이 나오기도 하였다. 예를 들면 ≪易≫, ≪周易≫, ≪易經≫ 등 한 책에 세 가지 이름을 썼고, ≪國策≫, ≪戰國≫ 등 한 책에 두 가지 이름을 썼다. 또는 약칭을 사용하여 ≪昭明文選≫은 ≪文選≫으로, ≪經典釋文≫은 ≪釋文≫으로, ≪大方廣佛華嚴經音義≫은 ≪慧苑音義≫ 등으로 사용하였다. 이는 사용자에게 많은 불편을 제공하였다.[27] 이러한 형식상의 불일치는 Digital화 과정에서 많이 개선되고 있으나 아직 완전하지는 않다.

5) 글자 수록에 있어서 증보(增補)의 필요성

장묘금(蔣妙琴)이 ≪龍龕手鑑引新舊藏考≫ 4장 3절에서 용감수감(龍龕手鑑)이 "≪中文大辭典≫의 수정 보완에 대해 가지는 가치"[28]를 논하였는데, 여기에서는 더 이상 언급하지 않겠다. 그러나

26) ≪中文大辭典≫ 〈凡例〉에 따르면 위의 제서(諸書)는 ≪中華民國百科全書≫의 범주에 들며 ≪中文大辭典≫과 상호 보충 작용을 하는 것이다.

27) 웹사이트 주소 http://ap6.pccn.edu.tw/Dichonary/leam.asp 참고

28) 蔣妙琴 : ≪龍龕手鑑引新舊藏考≫(臺北 : 文化大學印度文化研究所, 1986年).

≪中文大辭典≫은 ≪十三經注疏≫와 ≪說文≫, ≪說文解字詁林≫, ≪說文古籒補≫, ≪說文古籒補補≫, ≪說文古籒三補≫, ≪古籒彙編≫ 등의 서적을 인용하였으므로, 마땅히 ≪儀禮≫에 쓰인 자형, 단옥재주(段玉裁注)에 쓰인 자형, 전서와 예서가 확정된 뒤에 쓰인 자형의 차이에 주의해야 했다. 예를 들면, ≪說文解字≫ 歺部에서 "殔"자는 "瘞也. 从歺, 隶聲."이라 하였고, 단주(段注)에서는 "土部曰, '瘞, 幽薶也.' ≪士喪禮≫ '掘肂' 注曰, '肂, 埋棺之坎也.' 棺在肂中斂屍焉, 所謂殯也, 肂者所以殯, 故其字次於殯, 可證上文將遷葬柩之誤."[29]라고 되어 있는데, ≪中文大辭典≫에는 이 '肂'자를 수록하지 않았다. ≪漢語大詞典≫은 다음과 같다.

肂 [si ㄙˋ]

[≪廣韻≫ 息利切, 去至, 心.]

假葬；暫厝. 亦指埋棺之坎. ≪儀禮・士喪禮≫："掘肂見衽. "鄭玄注："肂, 埋棺之坎也."賈公彥疏："肂, 訓為陳, 謂陳尸於坎." ≪呂氏春秋・先識≫："威公薨, 肂九月不得葬, 周乃分為二."高誘注： "下棺置地中謂之肂." ≪釋名・釋喪制≫："假葬於道側曰肂. "南朝宋・顏延之 ≪宋文皇帝元皇后哀策文≫："戒涼在肂, 杪秋即穸. "宋・司馬光 ≪員外啟殯文≫："爰擇令辰, 肇開旅肂, 遷就祖域, 永有依歸."清・龔自珍 ≪潘阿細碣≫："細悲吟, 淚霪霪；子先肂, 辰以奄."[30]

29) 漢鄭玄注・唐賈公彥疏：≪十三經注疏・儀禮注疏≫(臺北：藝文印書館, 1979年), 第四冊, 433쪽, 許慎著, 段玉裁注：≪說文解字注≫(臺北：藝文印書館, 2005年), 165쪽 참고.

30) 羅竹風：≪漢語大詞典≫(臺北：東華書局, 1997年), 第九卷, 244쪽.

또 앞에서 예로 든 "八百里"의 출전인 ≪世說新語 · 汰侈≫편에서 "汰"는 "忕"로도 쓰는데, ≪中文大辭典≫은 "忕" 또한 수록하지 않았다. 출토된 선진(先秦)의 문자 자료 중에 ≪中文大辭典≫은 ≪甲骨文編≫, ≪續甲骨文編≫, ≪殷虛文字類編≫, ≪鐘鼎字源≫, ≪薛氏鐘鼎款識≫, ≪重訂金文編≫ 등의 서적을 참고하였지만 개중에는 누락된 것도 간혹 있다. 예를 들면 유명한 청동 주기(酒器)인 국차담(國差甔)에서 "甔"자를 "罎"으로 썼는데, 이는 "甔"의 이체자인데(그림 3 참조),[31] ≪中文大辭典≫은 수록하지 않았다. 또한 대만의 겨울 철새인 "高蹺鴴"은 민남(閩南)의 향토 명칭이 "躼腳仔"[32](그림 4 참조)인데 방언 용자로서 "躼"자 또한 수록하지 않았다. 또 중국대륙의 관중(關中)과 감숙(甘肅) 지역의 방언 용자 "塬"[33]도 수록하지 않았다. 또한 일본에서 현재 사용되는 글자를 ≪中文大辭典≫에서는 "뜻 미상"으로 해석하였다. 일본에서 사용하는 한자 "雫"(그림 5 참조)가 바로 그런 예이다. 이러한 각종 현상은 시대적인 요인 및 실수로 인한 것으로 앞으로 수정 보완할 필요가 있다. 이렇게 많은 시간을 필요로 하는 방대한 공정은 부분적

---

31) 馬承源：≪中國青銅器≫(臺北：南天書局, 1991年), 253쪽 "罎字從缶詹聲, 古從缶從瓦常通用, 即甔字.≪廣雅. 釋器≫ 云甔為『瓶也』. ≪史記, 貨殖列傳≫：『醬千甔』, ≪集解≫ 引徐廣云：『甔, 大罌缶.』 字或作擔, ≪後漢書. 明帝紀≫ 註引 ≪埤蒼≫ 謂大罌. ≪方言. 五≫：『甇, ……齊之東北海岱之間謂之甔.』 甇與罌字音相近, 為同類器之異寫. 由此, 甔為瓶形或罌形之大容器, 瓶形器必斂口, 罌為大腹, 是為斂口之大腹器.國差罎銘云：『工師 鑄西郭寶罎四秉, 用實旨酒.』" 참고. ≪漢語大字典≫(臺北：建宏出版社, 1998年), 缶部, 1226쪽 참고.

32) 陳加盛：≪台灣鳥類圖誌≫(臺北：田野影像出版社, 2006年), 184쪽 참고.

33) 李學勤：≪青銅器與古代史≫：「何尊是西周前期最重要的青銅器之一, 1963年出土於陜西寶雞的賈村塬」. 李學勤：≪青銅器與古代史≫(台北：聯經出版事業, 2005年), 183쪽 참고. ≪漢語大字典≫, 土部, 198쪽 참고.

으로 뒤이어 편찬된 ≪異體字字典≫이 대신하였다. 예를 들어, "躼"자는 ≪異體字字典≫에서 다음과 같다.

躼	(身材)高；長，與"矮"相對.	廈門方言詞典.77	字書無

* ≪異體字字典≫ 漢語方言用字參考表 : http://140.111.1.40/fulu/fu7/page15.htm

그리고 "塬"자는 ≪異體字字典≫에서 다음과 같다.

字號	C01762	正字	【塬】 土-10-13
音讀	ㄩㄢˊ		
釋義	因地殼變動・海平面下降或河流下切所形成的階地，地勢平坦，邊緣陡峭. 如關中地區有"頭道塬"・甘肅地區有"董志塬".		

* ≪異體字字典≫土部10畫 : http://140.111.1.40/yitic/frc/frc01762.htm

"雫"자는 ≪異體字字典≫에 다음과 같이 나온다.

字形	雫	部首筆畫數	雨-03-11
音讀	(一)／da (二) ／shizuku		
釋義	水點・水滴. 合雨・下二字構成.		

* ≪異體字字典≫日本特用漢字表 : http://140.111.1.40/fulu/fu5/jap/jap173.htm

위와 같이 ≪異體字字典≫은 막강한 검색과 해석의 기능을 갖추었다.

Ⅳ. ≪異體字字典≫편찬내용에 대한 평술

네트워크 이용이 신속하고 편리하며 정보가 풍부한 현대에 모든 것을 포괄하고 집대성한 네트워크판 어문공구서의 필요성이 절박했고, 게다가 나라 간 네트워크를 통해 어디든 연결되는 이러한 배경에서 ≪異體字字典≫이 세상에 나오게 되었다.

1. ≪異體字字典≫의 편찬

≪異體字字典≫의 편찬 과정에 관해서는 네트워크판 설명에 매우 자세히 소개 되었고, 관련 연구로는 ≪異體字字典≫의 편집장 증영분(曾榮汾)이 쓴 ≪教育部異體字字典析介≫,[34] ≪試論國內語文工具書編輯觀念之成就≫,[35] ≪網路版詞典編輯經驗析介≫[36]가 있는데, 이 책을 편찬하게 된 과정, 관련 특징, 체제, 참고자료, 기술 등에 대해 예를 들면서 상세히 설명하였고, 동시에 ≪異體字字典≫이 노력해야 할 점과 개선해야 할 점까지 서술했다. 그 외에 2005년 석사 논문 중 이 책의 증보에 대해 언급했던 논문이 있다. 예를 들면, ≪北魏墓誌百種≫研究≫ 第五章 "≪北魏墓誌百種≫研究價值"에 있는 "添補 ≪異體字字典≫之字形"[37]이다. 이영연

34) 曾榮汾 : 〈教育部異體字字典析介〉, ≪第十四屆中國文字學全國學術研討會論文集≫(高雄 : 國立中山大學中國文學系), 2003年, 301~320쪽.

35) 曾榮汾 : 〈試論國內語文工具書編輯觀念之成就〉, ≪辭典學論文集≫, (臺北市 : 辭典學研究室, 2004年), 350쪽.

36) 曾榮汾 : 〈網路版詞典編輯經驗析介〉, 41~46쪽 참고.

(李瑩娟)의 ≪漢語異體字整理法研究≫ 第五章 "現代異體字專門字典整理異體字的方法"에서는 대만의 ≪異體字字典≫과 대륙의 ≪異體字手冊≫, ≪異體字字典≫ 등을 비교하였는데,[38] 모두≪異體字字典≫ 편집내용의 장단점과 한계에 주의를 기울였고, 적절한 평가를 내렸다.

≪異體字字典≫의 편찬 동기는 1994년 진신웅(陳新雄)교수가 한국에서 열린 제 2회 한자문화권내 생활한자문제 국제연구토론회의에 참가했는데, 회의에서 각국에서 ≪異體字典≫을 편찬하기로 결정한 것에서 비롯된다. 이후 대만은 교육부국어추행위원회에서 10여 명의 문자학 전문가를 초빙하여 편집위원회를 만들고, 1995년 7월 편집을 시작했다. 2000년 네트워크판 시험판을 세상에 내놓고, 2001년 6월 정식 네트워크판이 나왔다. 2002년 10월 CD-ROM으로[39] 발행되었고, 현재 사용되고 있는것은 2004년 1월 정식 제5판본이다. 이 책은 6년(1995~2001)에 걸쳐 편집이 완성되었고, 수록된 글자수는 正字와 이체자를 포함하여 106,230자(그 중 정자가 29,892자, 이체자가 76,338자)이다. 이는 대만의 문자 전문학자들의 학문과 지혜의 결정체이자 현재 전세계 최대 중문문자DB로 한학 연구와 교학, 각 나라간 학술 교류에 상당히 큰 역할을 하고 있다.

≪異體字字典≫의 편찬 목표는 어문교육 및 연구의 참고 역할을 하고, 국제한자표준화, 통일화에 근거를 제공하는 동시에 원래의

---

37) 鄭淑昭：≪≪北魏墓誌百種≫ 研究≫(臺南：國立臺南大學語文教育學系教學碩士論文, 2005年), 214쪽 참고.

38) 李瑩娟：≪漢語異體字整理法研究≫(斗六：雲林科技大學漢學資料整理研究所碩士論文, 2005年), 131~155쪽.

39) 曾榮汾：〈教育部異體字字典析介〉, 301쪽.

≪異體字表≫를 수정하고 훗날 중문 컴퓨터 부호화에 기초를 세우는 것으로, 이 때문에 이처럼 방대하고 풍부한 한자자형DB를 만들게 된 것이다.

2. ≪異體字字典≫의 내용상 특색

≪異體字字典≫의 네트워크판 설명(2004년 1월 정식 5판)에 따르면, 자전은 정자를 편집 강령으로 하여 일부 상용빈도가 낮은 글자를 제외하면 글자에 따라 형음의(形音義) 및 그에 종속된 이체자까지 덧붙였다. 이체자는 각각 그와 상응하는 정자 아래에 나열하였고, 자형, 부수, 필획, 내용에 따라 편집하였다. 이체자의 내용은 주로 관련된 중요한 문서를 근거로 이 글자의 대응 관계를 설명하였다. 만약 위원의 "研訂說明"이 있는 경우 바로 관련 정보를 보여주도록 하였다. "關鍵文獻"란에는 저작권과 관련 없는 문헌만 제시해 놓았다. 독자들이 필요한 것이 있으면 제시한 방법에 따라 신청할 수 있게 하였다.

자전의 검색은 정자와 이체자 모두 부수색인이나 필획색인을 선택하게 하였다. 아울러 "問題與解答"을 첨부하여 사용할 때에 발생 가능한 일반적인 상황과 처리 방법을 먼저 정리해 놓았다.

또한 정자와 이체자의 파생과 변천의 맥락을 관찰할 수 있도록 표에 각종 문헌을 수록해 놓았다. 아울러 ≪異體字例表≫, ≪偏旁變形歸納表≫, ≪二一四部首各種形體歸併表≫, ≪聯綿詞異形表≫, ≪中日韓共用漢字表≫, ≪民俗文獻用字表≫, ≪兩岸化學元素用字對照表≫, ≪避諱字叄考表≫, ≪方言用字表≫, ≪單位詞叄考表≫,

≪符號詞參考表≫, ≪待考正字表≫, ≪異體字表修訂版≫, ≪原異體字表修訂紀錄≫, ≪編輯總報告書≫ 등과 같은 표를 첨부하여 놓았다. 이 공정은 그야말로 방대하고 엄밀하며 모든 것을 총망라 했다고 할 수 있겠다.

현대는 네트워크시대로 ≪異體字字典≫이 제공한 편리하고 신속한 전문 검색 시스템은 분명 지면으로 출판된 사서의 한계를 뛰어넘는다. 예를 들면, 지면판 사서는 인쇄량에 한계가 있고, 쉽게 수정보완할 수 없고, 검색이 용이하지 않아 다매체와 결합할 수 없고, 여러가지 방향에서 연결하고 신속하게 연산하고 대량으로 저장하고 지속적으로 편수하고 수정하는 것이 불가능하다. 반면 자료가 디지털화된 뒤에는 문자, 영상, 음성을 모두 망라할 수 있다.[40] 비록 ≪異體字字典≫의 수량이 방대하여 소리 파일이 없는 글자도 있지만, 그 성대함의 일면을 "泉"자의 예를 들어 보겠다.

A02183

【泉】

異體字

40) 曾榮汾 : 〈網路版詞典編輯經驗析介〉, 38~46쪽.

a02183-019

附錄字	⿰田水	部首筆畫	水-05-09
內　容	"⿰田水", 形見≪龍龕手鑑. 田部≫ : "⿰田水 · ⿰田⿰水田, 二俗音泉." · ≪漢語大字典. 田部≫ : "⿰田水, 同『泉』. ≪龍龕手鑑. 田部≫ : 『⿰田水 · ⿰田⿰水田, 二俗, 音泉.』" 待考.		

a02183-023

附錄字	⿱水地	部首筆畫	水-06-10
內　容	"⿱水地", 形見≪四聲篇海. 水部≫ : "⿱水地, 경泉二音." · ≪中華字海. 水部≫ : "⿱水地, 疑同『泉』.≪篇海≫ : 『⿱水地, 경 · 泉二音.』" 待考.		

a02183-021

附錄字	⿱水⿱地土	部首筆畫	水-09-13
內　容	"⿱水⿱地土", 形見 ≪中華字海. 水部≫ : "⿱水⿱地土, 同『泉』. 字見 ≪篇海≫." 還原未見, 待考.		

a02183-020

附錄字	⿰田⿰水田	部首筆畫	水-10-14
內　容	"⿰田⿰水田", 形見 ≪龍龕手鑑. 田部≫ : "⿰田水 · ⿰田⿰水田, 二俗音泉." · ≪字彙補. 田部≫ : "⿰田⿰水田, 都感切, 音膽, 蔭也." · ≪漢語大字典. 田部≫ : "⿰田⿰水田, 同『⿰田水(泉)』. ≪龍龕手鑑. 田部≫ : 『⿰田⿰水田』, 同『⿰田水』. ≪字彙補. 田部≫ : 『⿰田⿰水田, 音泉.』" 待考.		

📖龍龕手鏡(高麗本)

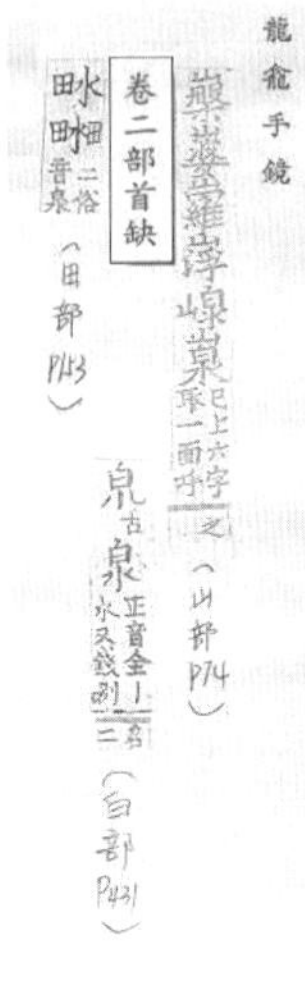

📖龍龕手鑑

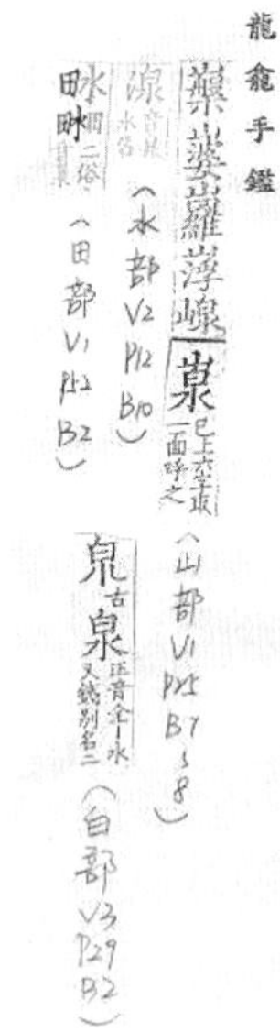

a02183-022

附錄字	[illegible]	部首筆畫	水-15-19
內 容	“[illegible]”，形見 ≪中華字海．水部≫：“[illegible]，同『泉』．字見朝鮮本 ≪龍龕≫．” 還原未見，待考．		

위에서 예로 든 “泉”의 이체자 처리 방식을 보면 알 수 있듯이, ≪異體字字典≫에는 증선생이 지적한 7가지 특징이 있다. 1. 수록한 글자가 가장 많다. 2. 모든 글자의 출처를 밝혔다. 3. 원시 문헌을 부록으로 첨부하였다. 4. 이체자의 예를 제공했다. 5. 일본과 한국에서 사용되는 글자를 나열했다. 6. 방언이나 속어로 사용되는 글자를 결합했다. 7. 컴퓨터로 편집했다.

≪異體字字典≫은 이렇게 하나하나가 사서가 갖추어야 할 기능을 갖추었으며, 또한 매우 자랑스러운 성과이기도 하다.

3. ≪異體字字典≫의 결점

하지만 당연히 ≪異體字字典≫도 상대적인 결함이 있다. 증선생은 이미 자전이 개선해야 할 6가지 문제점을 명백하게 제기한 바 있다. 1. 문헌수록의 부족. 2. 수사자형(手寫字形)의 오류. 3.전면적인 석의 보충의 필요성. 4. 도판 처리 개선. 5. 부수 중복의 보완과 오류 정정. 6. 참고어의 수정.[41]

41) 曾榮汾：〈教育部異體字字典析介〉，301・315쪽.

위에서 예로 든 "泉"자를 보면 대략적인 면을 볼 수 있다. 예를 들어, 전면적인 석의 보충의 필요성이라는 점에서 볼 때, 이 글자에만 "검토를 요함[待考]"이 5번이나 있다. 인용서적 명칭이 통일 되지 않았다. 예를 들면, ≪龍龕手鑑≫을 ≪龍龕≫으로 쓰기도 했다. 또 표점부호가 일치하지 않는다. 예를 들면, "二俗, 音泉" 을"二俗音泉"으로 쓰기도 했다.

또 어떤 자형은 깨져 나오기도 하는데, 예를 들면, "⿱水地"자의 내용에서 "脉"는 "결"로 나온다. 물론 그 중 가장 부족한 점은 세전 문헌과 출토 문헌의 수록과 판별의 부족에 있다.

예를 들어 문헌수록의 부족에 대해 살펴보면, ≪異體字字典≫의 편집은 문헌의 자형 수집을 위주로 한 어문 공구서[42]이며, 그 문헌 선별수록 원칙은 문자의 발전사와 편집 목표에 근거하여 문헌을 선택 수록한 것이다. 그 중 문헌 선별수록 유형은 크게 두 부분으로 나뉘며, 기본 문헌63부를 포함하여 참고문헌이 많게는 1442종에 달한다. 비교적 특이한 것은 일본 특유의 한자를 수록한 것인데, 일본에서 만들어져 자전 본문에 보이지 않는 한자가 총 85개 실렸고, 일본 음독과 석의가 주석되어져 있고, 간혹 비교적 명확하게 조자(造字) 단서를 밝혔고 거기에 대략적으로 분석도 했다. 근거 자료로는 모로하시 데쓰지가 책임 편집한 ≪大漢和辭典≫(大修館, 昭和六十一年九月版)과 鈴木修次, 武部良朋, 水上靜夫가 편집한 ≪角川漢和辭典≫(角川書店, 1992.1版)이다.

또 하나 특수한 것은 한국 특유의 한자를 수록한 것인데, 한국에서 만들어져 자전 본문에 보이지 않는 한자로 255개가 수록되었고, 한국의 음독과 석의가 주석되어져 있다. 이 부분의 자료는 한국의

---

42) 曾榮汾 : ≪網路版詞典編輯經驗析介≫, 41쪽.

정석원(鄭錫元)이 장삼식(張三植) 책임 편집의 ≪大漢韓辭典≫(韓國, 博文出版社), 김종훈(金鍾塤)의 ≪韓國固有漢字硏究≫(集文堂), 최범훈(崔範勳)의 ≪漢字音訓借用表記體系硏究≫, 한국 단국대학교 동양학연구소(檀國大學校東洋學硏究所)에서 편찬한 ≪韓國漢字語辭典≫ 등에 근거하여 편찬한 것으로 자료가 상당히 풍부하다.

≪異體字字典≫의 기본 문헌은, 성질과 내용에 따라 대략 다음과 같이 분류할 수 있다.

1. 說文類：大徐本 ≪說文解字≫, 段注本 ≪說文解字≫.
2. 古文字類：≪校正甲骨文編≫, ≪甲骨文字集釋≫, ≪金文編≫, ≪古文字類編≫, ≪漢語古文字字形表≫, ≪古璽文編≫, ≪古文四聲韻≫.
3. 簡牘類：≪漢簡文字類篇≫.
4. 隸書類：≪漢隸字源≫, ≪隸辨≫.
5. 碑刻類：≪金石文字辨異≫, ≪偏類碑別字≫, ≪碑別字新編≫.
6. 書帖類：≪中國書法大字典≫, ≪草書大字典≫, ≪歷代書法字彙≫.
7. 字書類：≪玉篇≫, ≪玉篇零卷≫, ≪字彙≫, ≪佩觿≫, ≪字鑑≫, ≪六書正≫, ≪字學三正≫, ≪正字通≫, ≪字彙補≫, ≪康熙字典≫(校正本), ≪康熙字典≫(新修本), ≪經典文字辨證書≫, ≪增廣字學舉隅≫, ≪彙音寶鑑≫.
8. 韻書類：≪廣韻≫, ≪集韻≫, ≪類篇≫, ≪精嚴新集大藏音≫, ≪四聲篇海≫, ≪集韻考正≫, ≪重訂直音篇≫.
9. 字樣書類：≪干祿字書≫, ≪五經文字≫, ≪新加九經字樣≫, ≪古今正俗字詁≫, ≪字辨≫, ≪異體字手冊≫, ≪簡化字總表≫,

≪韓國基礎漢字表≫, ≪中日朝漢字對照表≫, ≪簡體字表≫, ≪異體字表≫.

10. 俗字譜類 : ≪敦煌俗字譜≫, ≪六朝別字記新編≫, ≪宋元以來俗字譜≫, ≪俗書刊誤≫.

11. 佛經文字類 : ≪龍龕手鏡≫(高麗本), ≪龍龕手鑑≫, ≪佛教難字字典≫.

12. 現代字書類 : ≪角川漢和辭典≫, ≪中文大辭典≫, ≪漢語大字典≫, ≪國字標準字體宋體母稿≫, ≪學生簡體字字典≫, ≪中華字海≫

하지만 이렇게 두루 수집하였는데도, 앞에서 ≪中文大辭典≫에 수록되지 않은 예로 든 "殔"자, "仸"자, "壋"자가 이 자전에 없으니, 이는 실로 매우 안타까운 일이다.[43)]

V. 고금을 아우르고 나라 간에 상호보충하다

모든 사서의 탄생에는 시간적 공간적 배경이 있다. ≪中文大辭

43) 鄭淑昭, ≪≪北魏墓誌百種≫ 硏究≫ 제五장 〈≪北魏墓誌百種≫ 硏究價値〉「五 · 添補 ≪異體字字典≫ 之字形」: "최근 대만에서는 많은 학자들의 노력으로 컴퓨터 편리성을 이용하여 ≪異體字字典≫을 계획하여 만들었는데, 이것은 연구자들이 컴퓨터 네트워크로 열람할 수 있도록 제공될 뿐만 아니라 자형을 모아 정리할 수 있는 편리한 도구이기도 하다. 본 연구에 수집된 자형을 ≪異體字字典≫과 비교 대조하였더니, 일부 자형이 이 자전의 자형을 증보할 수 있다는 것을 발견했다. 지면 관계로 그 중 10여 쪽을 부록 4로 덧붙인다."(그림 6 참조)

典≫은 문화 부흥의 핵심적인 사명 아래 세전 문헌과 출토된 문헌을 이용하여 고금 문헌을 회통하도록 하였고, 물론 여기에는 ≪大漢和辭典≫도 이용되었다. 반면 ≪異體字字典≫은 국제화의 요구 아래 신기술과 결합하여 대만에 소장되어 있는 전면적인 자료를 보급하는 것 외에도, 일본과 한국의 사서와 특수 한자까지 아울러 나라 간에 상호보충할 수 있는 틀을 갖추고 사용 범위를 크게 넓혔다. 그러나 깊이 생각해보면 어문 사서의 기본 기능은 국제 사회 각계에서 한자를 응용하고 해독할 때 부딪히는 각종 어려움을 해결하는 것이다. 사전은 전문학자들의 사업이지만 결코 그들만의 전유물은 아니며, 그 목적은 주로 사람들에게 검색과 이해의 편리를 제공하는 것이다.

한 가지 부정할 수 없는 사실은 각 대형 어문 사서들이 글자 수록에 있어서 편중되는 현상이 있다는 점이다. 예를 들어 ≪中文大辭典≫, ≪大漢和辭典≫과 ≪漢語大字典≫, ≪漢語大詞典≫에 수록된 글자의 상황을 비교하여 "一"에서 "口"部까지를 표로 나열하여 보면, 그중 ≪漢語大字典≫과 ≪漢語大詞典≫에만 있는 것이 다음과 같다.

部 首	≪漢語大字典≫字例 (≪漢語大詞典≫附見)			
一 部	专	丆尔	丛	丙
	东	丝	乔	亚
	丧	丳	函	丆少
	丆交	亏	丄	相

部 首	≪漢語大字典≫字例（≪漢語大詞典≫附見）			
	神	畐	𠥛	夏
	咼	凧		
漢語大詞典 一 部	夵			
丨 部	𠁡	临		
丶 部	为	𠁼	冄	㒳
	举			
丿 部	𠄠	鸟	乗	甩
	乐	𠂢	甪	乕
	𠂹	甪	爻	乇
漢語大詞典 丿 部	𠄠	乗		
乙 部	乱	乹	𠃌	号
	书	君	尸	㔾
	羌	丣	専	乳
	乬	丱	龠	亅
	习	买	乩	弓
漢語大詞典 乙 部	乱	尸	君	
亠 部	亡	产	亦	亩

部 首	≪漢語大字典≫字例 (≪漢語大詞典≫附見)			
	亱	亭		
漢語大詞典 亠 部	亢			
人 部	佸	俣	仪	仫
	件	庂	们	佤
	氶	买	作	侗
	性	𫢸	伝	径
	侣	佘	𠆷	鬼
	侥	侦	俊	偶
	侨	佚	侪	侧
	侬	仓	仓	伞
	伟	传	伢	伤
	伤	伥	佽	仪
	伦	伧	伪	伫
	仓	𠆪	𠈌	笫
	佥	俦	俨	俩
	俪	俭	㑢	俗
	佬			
漢語大詞典 人 部	俣	俗	佸	佤

部 首	≪漢語大字典≫字例（≪漢語大詞典≫附見）			
	氶	尒	性	俟
	侣	[亻+尨]		
几 部	凱	皃	笂	鳬
刀 部	[凹+刂]	[卜+刀]	刍	[勺+刂]
	争	则	刚	创
	夯	划	刑	[句+刂]
	[必+刂]	到	角	刹
	[夕+刂]	剀	剂	削
	[illegible]	鬲	鬲	[illegible]
	剐	剑	剑	
漢語大詞典 刀 部	[凹+刂]	[illegible]		
勹 部	[illegible]	[illegible]		
又 部	发	癹	变	[illegible]
	敊	叠	叙	敵
口 部	吖	吕	哶	吗
	吗	[口+任]	[口+亦]	[口+庄]
	吼	呓	呕	呖
	呒	呗	员	员

部 首	≪漢語大字典≫字例 (≪漢語大詞典≫附見)			
	呲	呛	呜	[illegible]
	启	号	[illegible]	咉
	[illegible]	[illegible]	[illegible]	咗
	[illegible]	咘	[illegible]	[illegible]
	咙	[illegible]	咛	[illegible]
	叽	[illegible]	[illegible]	呒
	[illegible]	呯	哝	旭
	[illegible]	哙	哗	[illegible]
	呿	哕	呰	哔
	哓	哒	哐	[illegible]
	哑	咡	[illegible]	
漢語大詞典 口 部	吖	[illegible]	[illegible]	[illegible]
	[illegible]	[illegible]	[illegible]	
囗 部	[illegible]	图	围	[illegible]
	[illegible]			

이 중에는 간화자가 꽤 많은데, 이것은 중국 대륙 지역의 특수한 시공간적인 요인을 드러내며 또한 사서의 수록 글자의 내용을 주도

하였다.

고금을 아우르고 나라 간에 상호보충하는 성격을 띤 종합적인 어문대사전이라면 특히 국제교류가 빈번한 지금 사회 각계에서 문헌을 해독할 때 부딪치는 각종 장애를 막힘 없이 해소할 수 있어야 할 뿐만 아니라, 일상생활(신문이나 잡지 등을 보는 것 따위)에 필요한 것을 모두 갖추어야 하며, 전문가와 학자의 해독과 판단 그리고 분석과 해석을 근거로 하여, 이해하기 쉬운 현대 언어로 전환하고 의미 및 용법과 긴밀하게 결합시켜야 한다. 하지만 이것은 사용자들의 희망일 뿐이다. 지금까지 나온 사서가 이러한 요구를 만족시키며 그의 모든 기능을 발휘하고 있는가?

한 예를 들어 보면, "외국의 한문학 및 한문 소설을 정리하자고 주장한"[44] 프랑스의 과학연구센터 내 중국문화연구소 퇴직 학자 진경호(陳慶浩)는 북경대학 및 개인이 소장한 "顧道民脫稿, 客夫人校字"의 청대 초기 ≪東遊記≫(그림 7 참조) 14권을 가지고 대만을 방문하여 '이 책에 있는 글자는 도저히 알 방법이 없다. 사서를 봐도 문제가 해결되지 않는다'고 말했다. 전세계에서 글자가 가장 많이 수록되었다는 ≪異體字字典≫을 검색해 보아도 "㛓"·"詒"·"訦"·"佸"·"媄" 등의 글자를 찾을 수 없었으니, 수록 글자의 부족도 이처럼 대형어문사서에 치명상을 입힌다.

당연히 자아비판은 자아갱신의 중요한 수단이다. 앞에서 언급한 ≪中文大辭典≫과 ≪異體字字典≫의 결점은 아주 미미한 것이다. ≪中文大辭典≫과 ≪異體字字典≫은 역사적인 각도에서 볼 때 그 영향력과 응용의 편리함에 높은 평가를 부여할 수 있겠다.

44) 王三慶 : 〈≪日本漢文小說叢刊≫ 王序〉, ≪日本漢文小說叢刊≫(臺北 : 臺灣學生書局, 2003年), 第一冊, 17쪽 참고.

〈부 록〉

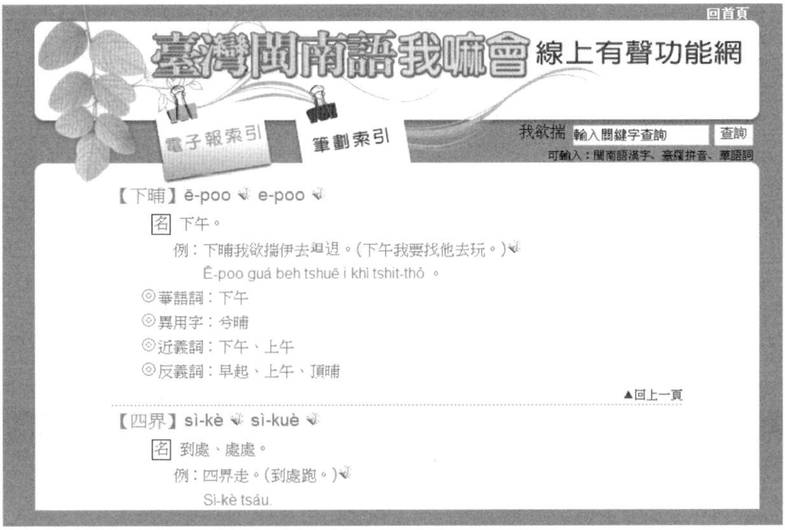

(그림 1) ≪臺灣閩南語我嘛會≫ 線上有聲功能網

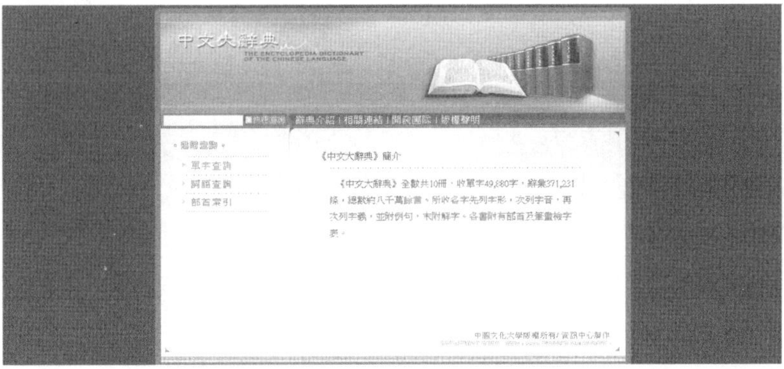

(그림 2) ≪中文大辭典≫網路版首頁 : http://ap6.pccu.edu.tw/Dictionary/index.asp

(圖4-1) 斂口短頸廣肩平底式 頸短, 口有一周平邊, 廣肩, 腹圓而寬, 腹上沿有四犧首銜環, 底平.春秋中期器.

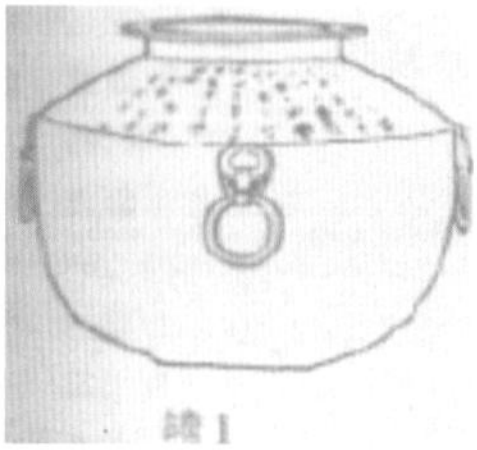

(圖4-2) 斂口短頸廣肩鼓腹平底式口斂, 唇呈弧線形外侈, 頸亦短, 肩廣而圓, 下部亦如此, 故整體有渾圓感. 肩上四交龍銜耳.春秋晚期器.

(圖4-3) 斂口短頸廣肩鼓腹圈足式 頸短, 口有一周平邊, 廣肩而圓, 體上下皆渾圓.肩有雙獸耳套環, 有的對稱的兩側有立龍棱脊.下有圈足甚淺, 據造型特點屬鑰類.戰國早期器.

(그림 3) 馬承源 : ≪中國青銅器≫(臺北 : 南天書局, 1991年), 253쪽. 鑰의 유형

(그림 4) 高蹺鴴, 陳加盛 : ≪台灣鳥類圖誌≫(臺北 : 田野影像出版社, 2006年), 184쪽.

(그림 5) 日本特用漢字“雫”, 如亞樹直著 · 沖本秀繪 · 涂翠花 · 莊湘萍譯 : ≪神之雫≫(尖端出版, 2008年)

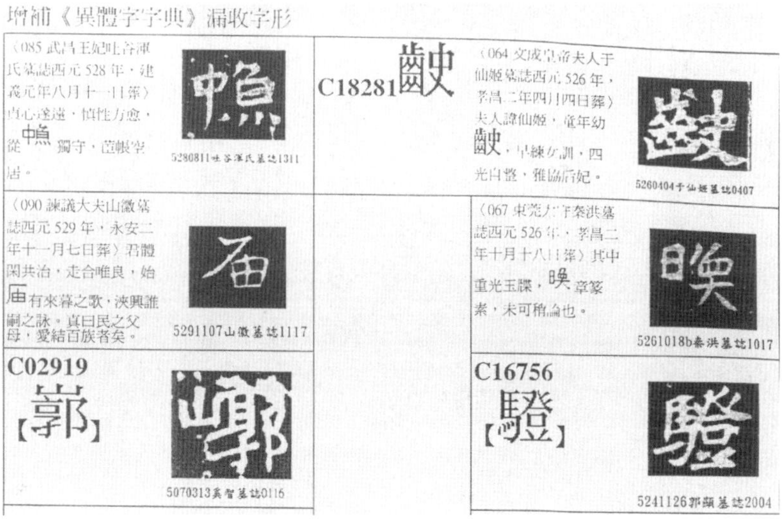

(그림 6) 鄭淑昭 ≪北魏墓誌百種研究≫, 2005年國立臺南大學, 語文教育學系教學碩士論文, 附錄四

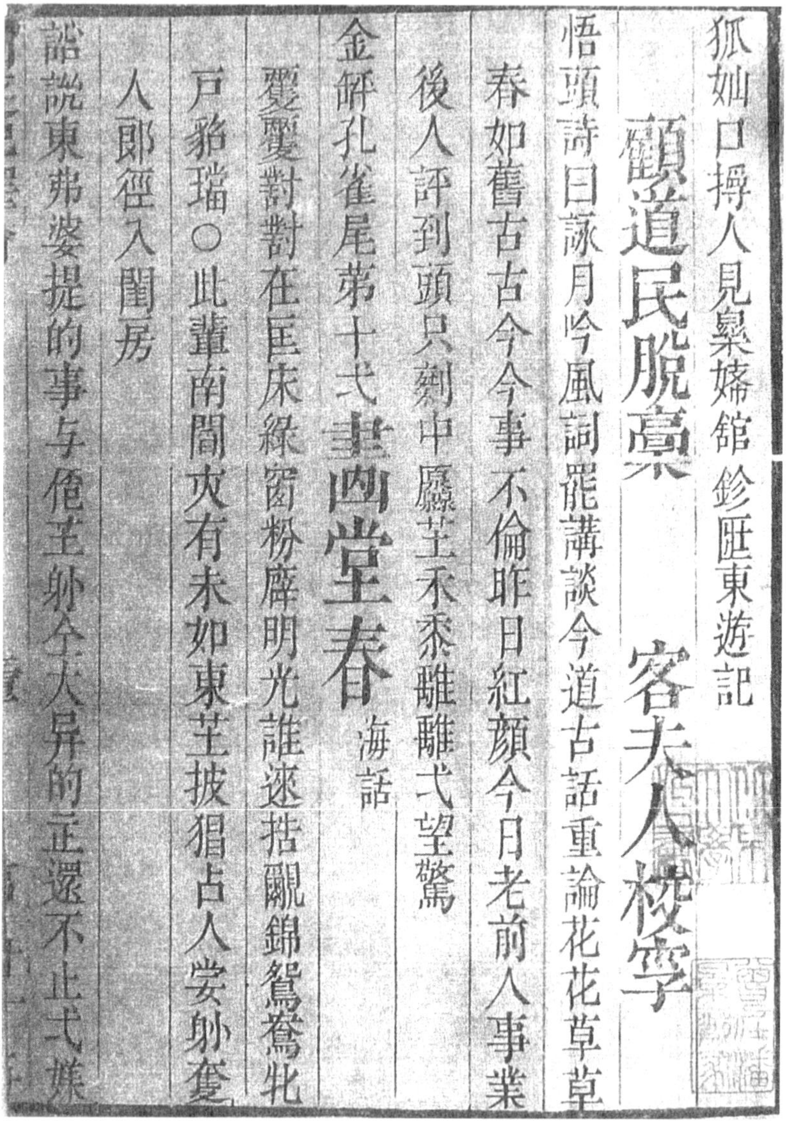

(그림 7) ≪東遊記≫

[번역 : 윤현희(단국대)]

古今共構，內外互補

－以臺灣《中文大辭典》、《異體字字典》的編纂為例

沈 寶 春*

一、前 言

1992年曹先擢、陳秉才等人曾根據北京大學圖書館館藏的清代以前至1988年12月止出版的中文辭書約八千種，纂成《八千種中文辭書類編提要》一書，由北京大學出版社出版。曹先生並在書前撰有一篇<中文辭書發展述略 (代序)>，簡要地回顧並評騭歷代中文辭書的發展脈絡，認為從1979年至今，中文辭書的出版數量多、門類全、質量高，成就之大，舉世矚目。而1990年八卷本的《漢語大字典》收字之多，形,音、義分析之全面，內容之豐富，超過了以往任何字典。《漢語大詞典》13卷，全書收單字條2.5萬，複詞條38萬， 共6000萬字，內容源流並重，古今兼收，頗

* 國立成功大學 中國文學系 教授

能反映漢語詞匯(主要是書面語) 的全貌以及詞義的發展變化。

但文中也明確指出:「由于資料的所限, 未能將海峽彼岸臺灣的以及港澳中文辭書在一起作介紹。臺灣中文辭書也有可觀的發展。就大型辭書言, 臺灣中國文化大學與中華學術院編纂的 ≪中華百科全書≫, 收條1.5萬, 10卷本, 1000萬字…出版了大型的 ≪中文大辭典≫, 收字5萬, 詞37萬條。」[1] 另外, 在書中<近現代辭書部分·語文詞典·普通語文詞典>部分, 也僅對 ≪中文大辭典≫ 作如下的說明:「【中文大辭典】40冊, 中文大辭典編纂委員會編, 林尹、高明主編, 臺灣中國文化研究所1962~1968年版」, 後另收1972年臺灣中國文化研究所10冊普及本及1973年由臺灣華崗出版有限公司出版的40冊修訂本;同樣的, 對於域外日本 ≪大漢和辭典≫ 的說明則更簡略, 僅作:「【大漢和辭典】, [日]諸橋轍次編著, 臺灣北一出版社1983年版」。[2] 其中, 針對臺灣出版的 ≪中文大辭典≫ 也只說明其收字與詞條的數量、主編者、出版者、版次與冊數等, 其餘都付諸闕如, 或許是矜慎態度使然, 揀其所知, 點到即止, 若對「提要」的性質有些許要求, 未免是一項不足與遺憾。

另一方面, 1988年後臺灣出版的書面與網路辭書依然蓬勃的發展, 且更如火如荼的進行, 要全面的介紹其實有篇幅上的限制與困難, 但若略述其梗概, 勾勒其萬一, 或可勉力為之;尤其是, 前有集辭書大成的 ≪中文大辭典≫, 與後繼發展號稱全世界收字最多的 ≪異體字字典≫, 最能反映出臺灣辭書的編纂旨趣。本文試圖站在文字發展擴充必植基於古文字的脈絡下這個側面, 反思這

---

1) 曹先擢、陳秉才主編:≪八千種中文辭書類編提要≫(北京:北京大學出版社, 1992年 7月 第1版), <中文辭書發展述略(代序)>, 12-16頁。按:本文所引人名皆省「先生」敬語。

2) 曹先擢、陳秉才主編:≪八千種中文辭書類編提要≫, 183頁。

兩大辭書在文字傳世文獻與出土文物間的平衡點，故不揣翦陋，概述一二。

二、1988年後臺灣出版語文類辭書概況

首先，略微回顧1988年後臺灣出版語文類辭書的概況，當然這是要儘可能的接續補足《八千種中文辭書類編提要》的遺漏，並稍微反映臺灣出版語文類辭書的一個區域特質。

(一) 有關國語辭書部分

就目前坊間書肆與圖書館典藏的1988年後臺灣出版語文類辭書來觀察，除延續國語辭典的編纂外，有些語文類辭典又重新修訂或出版，舉如《辭源》、《辭海》、《國語日報辭典》、《國語活用辭典》、《辭典》，《國民常用標準字典》(修訂本)，李行健《形音義規範字典》(五南，2003年 7月，原語文出版社《現代漢語規範字典》)[3]、圖解《標準字體國語辭典》等；有的則編纂出新，加入辭典浩瀚的行列，如《新辭典》(三民，1989年 5月)、《學典》(三民，1991年 5月)、楊莞皈《形音義字典》(武陵，

3) 以下作者書名後所引出版社皆為省稱，以簡篇幅。

2000年 3月)、遲嘯川、張嘉文 ≪標準體國語大辭典≫ (華文網, 2000年 8月)、遲嘯川、胡振盛 ≪最近彩色國語字典≫ (華文網, 2000年 11月)、丁德先 ≪新創標準便利字典≫ (北辰, 2001年 5月)、≪華杏國語辭典≫ (華杏, 2001年 7月)、鄭志民 ≪學生一字多音辭典≫ (昇旺, 2002年 8月)、周何、邱德修 ≪國語活用辭典(最新修訂) (三版))≫ (五南, 2008年 4月)…可見辭書的需求是與日俱增, 民間書肆參與的活力, 尤其在華語熱潮的帶動下,如鄒嘉彥、游汝傑的 ≪21世紀華語新詞語辭典≫ (麗文文化出版, 2008年 9月) 乃著因於華語文化的淵遠流長, 由於歷史和地域的因素, 各地使用的華語詞匯也有顯著的差別, 故收集出現於中國大陸(北京, 上海, 廣州)、台灣、香港以及新加坡的區2000年以後產生或流行的最新詞語1500條輯錄成冊, 以各地媒體總共一億字巨型漢語語料庫「LIVAC」超過一萬條新詞語的新詞庫為依據, 各詞條附有注音符號、漢語拼音及粵語拼音, 加上注解與比較, 讓讀者對各地華語加深了解, 促進溝通, 相當具有與時俱進的代表性。

另一方面, 辭書也針對特殊的需求, 有不同的側重, 舉如成語辭典部分, 則有馮作民、宋秀玲 ≪中國成語名言大辭典≫ (星光, 1990年)、謝秀宗 ≪實用成語辭典≫ (雷鼓, 1991年)、胡汝章 ≪成語辭海≫ (方家, 1993年修訂版)、熊光儀 ≪中國成語大辭典≫ (遠東, 1995年)、陳鐵君 ≪遠流活用成語辭典≫ (遠流, 1996年)、吳新勳、張奇雲 ≪成語典≫ (登福, 1998年)、五南成語辭典編輯小組 ≪多功能實用成語典≫ (五南, 1998年)、周宏溟 ≪五用成語大辭典≫ (大孚, 2000年)、謝邱啟聖、許晉璋 ≪分類成語辭典≫ (五南, 2005年)、侯迺慧 ≪成語典≫ (三民, 2005年)、張嘉文 ≪最新成語字典≫ (俊嘉文化, 2007年)、洪淑芬、林于弘、趙天儀 ≪實用成語辭典≫（臺灣實業，2007年）、劉鑑平 ≪常用成語八解辭典(修訂)≫（劉鑑平，國家，2008年）、沈君同 ≪最新成語大辭典≫（注音大字典藏版）（黃金屋文化，2008年）；其它如堅智 ≪中華辭韻多功能詞庫≫（正展，2005年）、黃墩岩 ≪實用分類辭彙≫，（上友，2007年）、劉元柏 ≪常用近義詞、反義詞應用辭典≫（文國，2000年）、廖惠玲≪反義詞辭典（進階級）≫（三遠文化，2006年）、林寶貴 ≪常用手語辭典≫（教育部，2008年）、戴郁軌 ≪韓華大辭典≫（五洲，2007年）、莊隆福 ≪21世紀日語漢字辭典－注音符號檢索查詢≫（萬人，2006年）等，或在字音、或在字義及類別對譯上各有所偏重。

(二) 有關閩南語辭書部分

由於臺灣地處多元族群組合，閩、客又是二大族群，在建立國家主體意識的同時，除國語辭書的編纂重訂外，各方言辭典尤以閩語辭典如雨後春筍般蓬勃地發展，一片生機，如1954年即有沈富進的≪彙音寶鑑≫ 出版，累至1993年已39版 ≪增補彙音寶鑑≫（文藝學社）、或如1963年初版的李木杞 ≪國臺音通用字典≫， 1997年也已出第7版，還在不斷的推出。1988年後，臺灣新出版的閩語辭典，如林央敏 ≪簡明台語字典≫（前衛，1991年）、陳修 ≪台灣話大詞典（閩南話漳泉二腔系部分)≫（遠流，1991年）、徐金松 ≪台語字典≫（1991年）、許極燉的 ≪常用漢字台語詞典≫（自立晚報社文化出版部，1992年）、許成章 ≪臺灣漢語辭典≫（自立晚報文化出版部，1992年）、魏南安 ≪臺語大字典≫（自立晚報文化出版部，1992年）、黃有實 ≪台灣十五音辭典≫（武陵，1993年）李木杞的

≪閩南語有聲彙音字典≫ (1995年)、林柏年、林繼雄 ≪育德通用台音辭典≫ (育德文教基金會, 1995年)、楊青矗 ≪台灣俗語辭典≫ (敦理出版社, 1997年)、林建一 ≪實用台語辭典≫ (林縱, 1999年)、吳清波 ≪臺語正字≫ (臺南縣立文化中心, 1999年)、王壬辰 ≪.台語字彙≫ (萬人, 2000年)、國立編譯館 ≪臺灣閩南語辭典≫ (五南圖書, 2001年)、吳崑松 ≪通用台語字典 (上、下冊)≫ (南天, 2003年)、吳金澤 ≪常用台語字源≫ (前衛, 2005年)、施福珍 ≪台語瞬間入門辭典≫ (巧兒文化, 2006年)、王康旼 ≪台音正字彙編 (台灣羅馬字版)≫ (前衛, 2007年)、陳冠學 ≪高階標準臺語字典 (上冊)≫ (前衛出版, 2007年) 等, 也不斷的推陳出新。

另外, 當作國臺語介面的辭書則如陳成福 ≪國臺音彙音寶典≫ (西北, 1991年)、楊青矗 ≪國台雙語辭典-台華雙語辭典≫ (敦理, 1992年)、林繼雄 ≪簡明台語漢字字典≫ (成功大學台語文研究社, 1993年), 邱文錫、陳憲國 ≪實用華語臺語對照典≫ (樟樹, 1996年)、陳慶洲、陳宇勳 ≪台華字典≫ (1997年)、劉辰雄 ≪台語通俗字典≫ (1998年)、吳守禮 ≪國臺對照活用辭典≫ 上下冊 (遠流, 2000年)、邱文錫、陳憲國 ≪新編華台語對照典≫ (樟樹, 2002年)、許極燉 ≪台語漢字讀音詞典≫ (開拓, 2004年)、劉辰雄 ≪台語中文對照通俗字典≫ (2005年) ; 其它如臺語常用詞彙部分, 則有王育德 ≪臺灣語常用語彙≫ (武陵, 1993年 ; 另 ≪王育德全集≫ 第六冊由陳恆嘉翻譯日文版而來(前衛, 2007年) ; 臺語分類部分, 則有胡鑫麟 ≪分類台語小辭典≫ (自立晚報社文化出版部, 1994年) ; 跨語部分, 前有小川尚義 ≪臺日大辭典 (上、下冊)≫ (眾文, 1981年) ; 後有林文松、許聞智 ≪新台灣人通用字典 (台語、客語、華語、日語多語字典)≫ (1999年) 等, 展現其不同的編纂旨趣。

(三) 有關客語辭書部分

比起閩南語，客語辭書的編纂似乎稍晚，如1992年劉添珍《常用客話字典》(自立晚報社文化出版部，1992.2年)、中原週刊社客家文化學術研究會《客話辭典》(臺灣客家中原週刊社，1992.6年)、彭德修《客家話發音字典》(南天，1996年)、楊政男等《客語字音詞典》(臺灣書店，1998年)、徐兆泉《臺灣客家話辭典》(南天，2001年)、詹益雲《海陸客語字典》(2003年)、鍾有猷《標注國語注音符號四縣客音字典》(張致遠文化工作室，2005年)、徐兆泉《臺灣四縣腔．海陸腔客家話辭典》(南天，2007年)，也此起彼落，方興未艾。

(四) 有關原住民語言辭書部分

除了閩、客二大族群的語文辭典外，臺灣也出版一些少數族群的語文辭書，舉如林生安、陳約翰《阿美族圖解實用字典》(臺北縣政府，1995年)、李壬癸、土田滋《巴宰語詞典》(中央研究院語言學研究所籌備處《語言暨語言學》專刊甲種之二，2001年)、何德華、董瑪女《達悟語：語料、參考語法、及詞彙》(中央研究院語言學研究所《語言暨語言學》專刊甲種之十，2006年)、李壬癸、土田滋《噶瑪蘭語詞典》(中央研究院語言學研究所《語言暨語言學》專刊甲種之十九，2006年)、蔡豐念、胡智賢《太魯閣族語簡易字典》(花蓮縣秀林鄉公所，2006年)，以及由菲律賓毗舍耶族人萬益嘉七年始完成的《西拉雅詞彙初探》(臺南：臺南縣平埔族西拉雅化協會、臺南縣政府文化處, 2008年), 而這種少數族群的辭書, 非得藉助公家機構基於維護儲存文化資產的立場, 「在歷史縫隙中進行語言復育工作」的使命感出版, 否則不易發行。

(五) 有關網路或光碟版辭書部分

在電腦產業日新月異的同時, 也改變了傳統書面辭書的面目和功能。尤其網路版、光碟版電子辭典的相繼開發, 迅速蔓延, 舉如≪中文大辭典≫ 網路版的問世, 以及教育部國語推行委員會編製的「電子辭典」中[4], 收有 ≪重編國語辭典修訂本≫, 「以時間點來看, 當是國內較早公布的電子詞典與網路詞典」[5]、其後陸續推出的≪國語辭典簡編本≫ 已將聲音檔與圖片檔結合進來, 內容更加豐富多元, 而 ≪國語小字典≫、≪異體字字典≫、≪成語典≫、≪臺灣客家語常用詞辭典≫ (試用版)、≪臺灣閩南語常用詞辭典≫ (試用版)、≪臺灣原住民族歷史語言文化大辭典≫ (試用版)[6]、教育部 ≪常用手語辭典・電子書≫ (教育部, 2008年6月)、以及最近推出的≪臺灣閩南語我嘛會≫ (線上有聲功能網)[7] (見圖版一) 等, 都別

4) 網址：http://www.edu.tw/MANDR/content.aspx?site-content-sn=3391

5) 叄見曾榮汾：〈網路版詞典編輯經驗析介〉, ≪佛教圖書館館訊≫, 2003年 6月 第34期, 頁38。

6) 如 ≪重編國語辭典修訂本≫ 自86年7月至97年10月23日已約有62466175人次；≪成語典≫ 自92年2月17日起至至97年10月23日也約24745097人次。

7) 此為教育部為協助民眾對台灣閩南語發音及台羅拼音的掌握, 特別規劃「臺灣閩南語我嘛會線上有聲功能網」(網址：http://guamae.moe.gov.tw), 以八十期教育部電子報專欄 ≪臺灣閩南語我嘛會≫ 為資料庫內容, 除詞目、例句輔有線上發音外, 也規劃設計「電子報期數」、「筆劃」及「條件檢索」(輸入台羅拼音、漢字、華語詞)」等功能, 期望能提供民眾更有效、更便

開生面，爐灶另起，功能超強，方便連結檢索，影響頗為深遠。

當然，不管這些辭書如何紛繁的推出，都不動搖《中文大辭典》與《異體字字典》做為大型辭書的地位，尤其《異體字字典》以「正式一版總收字為十萬六千〇二字，其中正字二萬九千八百七十一字；異體字七萬六千一百三十一字……是集結國內文字專家智慧的字庫，也是目前全世界最大的中文文字資料庫。」[8] 故下文以此兩大辭書為主，稍作評析論略。

三、《中文大辭典》編纂內容評析

《中文大辭典》是臺灣所編纂的紙本語文辭書之中，材料蒐集最廣博，編輯體例相當嚴密有序，鴻裁鉅製為其它辭書難以望其項背的最大部頭工具書。[9]（見圖版二）有關《中文大辭典》的編纂種種詳情，可以叄考《中文大辭典》書前收錄的1962年張其昀所寫的〈序〉、林尹的〈序〉以及〈中文大辭典重版序〉和〈凡例〉，都清楚的述及《中文大辭典》的編纂緣起與標舉的高纛，以及「編輯要旨」、「字辭選錄」、「單字解釋」、「辭彙說明」、「典例圖表」、「排列檢索」。當然，如要果追本溯源，還應先叄考張其昀在《景福門

捷的學習資源，未來將陸續增加音檔的建置與資料庫擴充。目前電子報期數自232~311期，共80期，每期五個詞彙，合計400條詞目。

8) 叄網址：http：//140.111.1.40

9) 叄見孔仲溫：〈中文大辭典巡禮〉，《國文天地》，1987年 10月 1日，頁60-62。

回憶錄≫ 中的陳述。[10]；另外，孔仲溫在1987年10月1日的 ≪國文天地≫ 中，也有一篇〈中文大辭典巡禮〉的文章曾大略介紹。

(一) 編纂計畫與旨趣

茲根據辭典原始構想人張其昀在 ≪景福門回憶錄≫ 所述，將≪中文大辭典≫ 的編纂計畫與旨趣迻錄如下：

1、本書為 ≪中華民國百科全書≫ 之基礎工作，亦為其起點，≪百科全書≫ 第一期之編纂，除本書外，尚有 ≪方言大辭典≫、≪國史大辭典≫、≪美術大辭典≫、≪佛學大辭典≫、≪圖書大辭典≫ 等，預計於五、六年陸續完成之。各書互相補充，避免重複。
2、本書注重中國文字之源流，即「字源學」的解釋，上溯甲骨金文，以說明文字構造之本源，及形、聲、義三者相互之關係；其次則注重辭彙之孳乳，成語與格言的來歷，使閱者有渙然冰釋之快，俾對各級學校之國文教育有所裨益。
3、本書本於左圖右史之旨，凡有圖可稽者，悉附以圖，或重加

10) 叄見張其昀：≪景福門回憶錄≫ (臺北：中國新聞出版公司)，≪中國文化研究所叢書≫，1962年 1月 初版，頁49。≪中文大辭典≫ 係在他接掌教育部長任內(1954~1958)，曾有「中國文化研究所之籌設，其宗旨即欲致力於中國之文藝復興……其工作主要目標之一，則為『中華民國百科全書』之完成。一面對中華學術作系統之整理與闡揚，一面展開大規模之譯述運動，就世界各種文字之百科全書，為取精用弘之譯述與擷取，使未來之「中華民國百科全書」具有「集中外之精華」之特色。」並以「編纂 ≪中文大辭典≫ 作為「中華民國百科全書」的起點」以達到真、善、美、聖的四大目標。

繪製，以求清晰；至注解則力求精確扼要，務以適用為貴。

4、本書所有例句，作有系統之選擇，以整理民族遺產、發揚民族精神為旨歸，故本書不僅為考證文獻之工具書，亦為吾國數千年來偉大著作精華薈萃之結晶，冀能繼往開來，有助於中國文藝復興之新機運。

5、本書本於言必徵信之旨，凡各條重要出處，詳細註明來源或撰稿人。近年重要貢獻，如日人諸橋轍次《大漢和辭典》等書，均為比較參考之資料，如有引用，亦加註明，以示不掠美。11)

其中標舉的「整理民族遺產、發揚民族精神為旨歸」，就是《中文大辭典》編纂的核心價值，也是匯聚中華文化「數千年來偉大著作精華薈萃之結晶」，為的是能夠「繼往開來，有助於中國文藝復興之新機運」，而在這種旨標的驅策之下，由張其昀監修，高明、林尹二位國學碩儒策劃主編，及當時博碩士研究生「皆為高、林二先生之從游弟子」前後計六十餘人組成編輯群，戮力完成，由中國文化研究所單獨發行。而自1962年10月起到1968年8月全書告成，初版四十巨冊；1973年作第一次修訂版普及本十冊。爾後陸續出版刊定，並於2003年7月著手《中文大辭典》數位化，將其收錄的49880單字，371231餘條詞彙，約8000萬餘字的總字數，依據教育部於1982年9月所公部常用字表4808字，先進行數位化上傳單字與詞語約15000餘筆資料（關於《中文大辭典》版次，可參閱全國圖書書目資訊網http://nbinet.ncl.edu. tw/）。

11）張其昀：《景福門回憶錄》，頁49。

(二) 資料來源

≪中文大辭典≫ 的資料來源, 主要網羅經史子集, 旁擷類書、叢書、輯佚書、字書、辭書、暨字兼辭者, 以為依據, 其材料來源茲分述如後：

1、經書：≪十三經注疏≫、≪通志堂經解≫、≪皇清經解≫、≪續皇清經解≫, 及近代諸經學名著。
2、史書：正史自 ≪史記≫ 至清史、政書 ≪資治通鑑≫、≪十通≫ 及古今重要史籍。
3、子書：先秦諸子及漢魏以下諸子部要籍。
4、文集：歷史著名諸總集別集。
5、類書：≪藝文類聚≫、≪北堂書鈔≫、≪初學記≫、≪太平御覽≫、≪冊府元龜≫、≪玉海≫、≪山堂肆考≫、≪永樂大典≫、≪古今圖書集成≫、≪淵鑑類函≫、≪駢字類編≫、≪佩文韻府≫、≪函海≫ 等數十種。
6、叢書：≪四部叢刊≫、≪四部備要≫、≪叢書集成≫ 等多種。
7、輯佚書：≪玉函山房輯佚書≫、≪黃氏逸書≫ 等數種。
8、字書：≪爾雅≫、≪小爾雅≫、≪急就章≫、≪方言≫、≪說文≫、≪說文解字詁林≫、≪釋名≫、≪玉篇≫、≪廣雅≫、≪康熙字典≫、≪龍龕手鑑≫、≪廣韻≫、≪集韻≫、≪經籍纂詁≫、≪甲骨文編≫、≪續甲骨文編≫、≪殷虛文字類編≫、≪鐘鼎字源≫、≪薛氏鐘鼎款識≫、≪重訂金文編≫、≪說文古籀補≫、≪說文古籀補補≫、≪說文古籀三補≫、≪古籀彙編≫、≪石刻篆文編≫、≪漢隸字源≫、≪隸辨≫、≪草字彙≫、≪楷法溯源≫、≪中華大字典≫、≪古篆文大字典≫。

9、辭書：≪經傳釋詞≫、≪經詞衍釋≫、≪辭通≫、≪聯綿字典≫、≪詩詞曲語辭典≫、≪中古詞語考釋≫、≪元劇俗語方言例釋≫、當代諸家百科專科辭典。

10、字彙辭者：≪辭源≫、≪辭海≫、≪國語辭典≫、日本諸橋轍次 ≪大漢和辭典≫。

11、圖繪：≪漢武梁祠畫像考≫、≪古玉圖考≫、≪長沙古物聞見記≫、≪十二家吉金圖錄≫、≪南陽漢畫象彙存≫、≪新鄭彝器≫。[12]

在這些資料中，可注意到 ≪中文大辭典≫ 除了採擷匯聚傳世文獻材料外，也特別留意出土材料整理的成果，如 ≪甲骨文編≫、≪續甲骨文編≫、≪殷虛文字類編≫、≪重訂金文編≫、≪新鄭彝器≫ 之類，是王國維二重證據的體現，也是辭書編纂與時俱進的一大突破。

(三) 特點與缺失

≪中文大辭典≫ 雖然體例完密，採擷豐贍，編校雖謹嚴，在每一筆資料初編之後，都再三複閱，總計四編六校，「凡有譌訛，悉為考正」，但時賢已為文指出的缺失，也所在多有，亦分述如下：

1、單字的形音訛錯

≪中文大辭典≫ 相當注意文字之流變，「凡字形之有甲骨文、金

12) 見中國文化大學：≪中文大辭典≫ 第一次修訂版·普及本·第十冊，〈編後記〉。

文、籀文、篆文、漢碑、漢晉竹簡，以及古代璽印、古匋、下逮晉、唐、宋、元、明、清諸家書法名家之字體，靡不羅列，獨創新例，藉便叄稽。」凡「遇有一字之異形者，如古作某、籀作某、或作某、及俗作某、譌作某、暨與某同、與某通，廣蒐並載，一一標舉引例，以明出處，使閱者得省翻檢之勞。」都屬其創例與特色[13)]，但有時辨識未精，釋形不確，反生困擾，如「世」下列舉字形，誤「百世」合文為「世」字、誤「㞌」為「厎」之類；或是字音部分本是要呈現隨時而變的特質，它採用了 ≪廣韻≫、≪集韻≫、≪韻會≫、≪正韻≫諸書的反切，一一列舉，至於韻書未載及的字，也分別叄酌研析加予注音，將當代國語注音與羅馬音符並用，相當方便。但個中也不免審音未確，略有叄差的，如「丞」的字音 ≪廣韻≫ 作「署陵切」讀「ㄔㄥ」，當作「ㄔㄥˊ」 音；≪廣韻≫ 作「常證切」則漏注「ㄓㄥˋ」音；≪集韻≫ 作「蒸之上聲」讀為「ㄔㄥˋ」的，當作「ㄓㄥˇ」音之類。[14)]

2、辭彙的意義出處有誤

≪中文大辭典≫ 的字義解釋係根據本義、引申義、假借義的詞義系統有序的排列，引申義、假借義則由實詞到虛詞依名詞、動詞、形容詞、助詞排序；辭彙說明除直接解釋外，再依轉義、應用各載出典與例句，例句又依經史子集和時代前後為序，其條理井然，網絡綿密，詮釋得宜[15)]。

---

13) 如孫中運在〈「閻」「閆」的歷史與現狀〉一文引述 ≪中文大辭典≫ 的：「閆，姓也，與閻通。」認為其說法較宜，係繁簡體的一體兩面寫法。見≪咬文嚼字・辨字析詞≫，2003年 第9期，頁9~19。

14) 以上諸例可叄孔仲溫：〈中文大辭典巡禮〉，頁60~62。

15) 舉如杜亞非在〈兒女子「辨」〉一文引 ≪中文大辭典≫ 釋為「猶婦孺輩」，證成其意義「有時偏指婦人，有時偏指小孩， 有進用作指小孩婦人」，是然而在辭彙出處的部分，不免百密一疏，偶見罅隙，如平川所指出的「祭詩」一詞《中文大辭典》認為典出《唐書．賈島傳》，實見唐代馮贄的《雲仙雜記》卷四[16]；或是李明曉根據出土文獻追本溯源，指出「餓鬼」一詞非如《中文大辭典》所謂的，乃「佛家語。梵語Preta之譯。薛荔哆。常受飢渴之苦之種生類。」的外來語彙，而早白秦墓睡虎地秦簡《日書》即有，為全民用語，指的是「口饞或餓極的人」[17]。

在辭彙的意義部分，也有一些值得再行斟酌商榷的地方，舉如封常曦在〈張冠李戴說「三川」〉一文中詳細討論的，《中文大辭典 以「三川」乃指「唐以劍南西、劍南東及山南西三道為三川。[唐書、杜甫傳]祿山亂，天子入蜀，甫避走三川。」但杜甫走避的「三川」，其實是「關內道鄜州的一個縣，故址在今陝西洛川縣西北，因華池水、黑水、洛水三川交會而得名。」[18]或是增補其義，詳細區分個中差異的，例如萬久富認為「何所」在中古漢語中作疑問詞，除詢問地點、事物外，還可詢問時間，故增補《中文大辭典》未釋的「何處」、「何許」、「何所」皆具「何時」義[19]；或是黃國華等在〈「通帛」「雜帛」釋義辨正〉一文中，補苴「通帛」的「旗也」為「正幅和裝飾物均用純赤色絲帛製作的曲柄旗」，補足「雜帛」的「帛素飾其側也」為「用絳帛製作旗幟的正幅，在正幅的周圍鑲上白帛作為裝飾物的雜色旗。」[20]皆

一個「平列的聯合結構」，見《綿陽師範高等專科學校學報》，1999年6月，第18卷 第3期，頁45~46。

16) 平川：〈臺灣《中文大辭典》指瑕一則〉，《孝感職業技術學院學報》，2002年 第3期，頁74。

17) 李明曉：〈「餓鬼」考源〉，《古漢語研究》2006年 第4期，頁92。

18) 封常曦：〈張冠李戴說「三川」〉，《咬文嚼字》，2002年 第6期，頁6~42。

19) 萬久富：〈何所「具」「何時」義〉，《古漢語研究》，1998年 第3期，頁92。

屬此類。

此外，聯綿詞的釋義也是關注的焦點，例如梁宗奎〈也談「狼狽」〉一文中，指出《中文大辭典》將「狼狽」釋作：「二獸相附而行，離則顛撲，故以為顛蹶困頓之喻，引申為顛倒失意，悽惶之意。一作狼跋。」其實「狼狽」當是個聯綿詞，不能拆開分解，其本義指「兩足相背不順」，引申有「進退有難」或「猝遽」之義，又作郎貝、狼貝、狼跋、剌癶……等字形。[21]又若郭在貽及甘漢銓指出的，《中文大辭典》解釋「摘索」為「索取也」，但「摘索」實際上是個疊韻聯綿詞，表示「微幅的顫動」，與抖擻、哆嗦、窄索、蹀躞……相通。[22]都是沒有掌握住聯綿詞的特質而誤釋的例子。

3、標點符號簡略訛誤

在《中文大辭典》數位線上版計畫中指出，其書在「紙本所採用的標點符號僅使用中括號『[ ]』、頓號『 、』與句號『 。』三種符號。」[23]而這種早期書面辭典的缺失，在數位化時已進行改善，採用新式標點。但個中還不免語義解讀，利用標點符號來「離經辨志」時，可以再行斟酌的。舉例言之，當我們披覽辛棄疾著名詞作〈破陣子・為陳同甫賦壯詞以寄〉：「八百里分麾下炙，五十弦翻塞外

---

20) 黃國華、朱習文、孫淑娟〈「通帛」「雜帛」釋義辨正〉，《漢字文化》，2008年 第2期，頁72~73。

21) 梁宗奎：〈也談「狼狽」〉，《文史雜志》，1997年 第4期，頁29。

22) 參見郭在貽：《訓詁學》(北京：中華書局，2005年)，頁85~89，又〈唐代俗語詞雜釋〉、〈唐詩與俗語詞〉，《郭在貽文集》(北京：中華書局，2002年)，第一卷，頁103、第三卷，頁63；又甘漢銓：〈摘索與料峭－－唐詩聯綿詞釋詁二則〉，《語言文字與教學國際學術研討會論文集》(臺中：東海大學中國文學系，2008年 11月 29~30日)，頁342~348。

23) 參見網址：http://ap6.pccn.edu.tw/Dichonary/leam.asp

聲」，或是賞析蘇軾〈約公擇飲是日大風〉詩：「要當啖公八百里，豪氣一洗儒生酸」時，不免想得知「八百里」典出何故？可翻開《中文大辭典》八部八字下，並無「八百里」詞條，但有收「八百里駮」詞條云：「牛名。〔晉書、王濟傳〕王愷有牛、名八百里駮、常瑩其蹄角、王濟請以錢千萬、與牛對射而賭之、愷亦自恃其能、令濟先射、一發破的、因據胡牀叱左右、速探牛心來、須臾而至、一割便去。」[24] 這段出處中的「王濟請以錢千萬、與牛對射而賭之」，本是用「千萬」和「牛」對賭，以「射」的方式來決定勝負，但標點將「千萬」和「牛」分開，變成「王濟」與「牛」對射，詞義相差很多。關於這條，還可參酌《世說新語・汰侈》：「王君夫有牛，名『八百里駮駮』，常瑩其蹄角。王武子語君夫：『我射不如卿，今指賭卿牛，以千萬對之。』君夫既恃手快，且謂駿物無有殺理，便相然可。令武子先射。武子一起便破的；卻據胡牀，叱左右：『速探牛心來！』須臾炙至，一臠便去。」[25]除標點清楚外，詞義更明，可知《中文大辭典》除標點符號的句讀問題外，會讓文獻的解讀產生不必要的歧異。

4、引書稱名體例不一

《中文大辭典》引用古籍，根據〈凡例〉所言，係涵蓋經史子集，以及旁採類書、叢書、輯佚書、字書、辭書、暨字兼辭者以為依據，但並不包括如孔文說的《方言大辭典》、《圖書大辭典》、《人名大辭典》、《地名大辭典》等三十六種。[26]其中辭書收的是

---

24) 參見林尹、高明主編《中文大辭典》(臺北：中國文化大學出版部，1990年 9月 8版)，第1冊，頁1404。

25) 楊勇：《世說新語校箋》(臺南：平平出版社，1975年 7月 再版)，頁659~660。

26) 根據《中文大辭典》〈凡例〉所言，上舉諸書是《中華民國百科全書》

≪經傳釋詞≫、≪經詞衍釋≫、≪辭通≫、≪聯綿字典≫、≪詩詞曲語辭典≫、≪中古詞語考釋≫、≪元劇俗語方言例釋≫、當代諸家百科專科辭典，未知上舉三十六種係在「當代諸家百科專科辭典」之屬？個中諸書稱名，容或分歧，雖「編校謹嚴」，「複閱再三」，但卻常常出現同書異名繁簡不一的現象，如 ≪易≫、≪周易≫、≪易經≫，一書使用三名；≪國策≫、≪戰國≫，一書使用兩名。或使用簡稱，如：≪昭明文選≫ 使用 ≪文選≫，≪經典釋文≫ 使用 ≪釋文≫，≪大方廣佛華嚴經音義≫ 使用 ≪慧苑音義≫ 等等。對於使用者而言，在使用上實有不便之處。[27]而這種形式上的不統一，在數位化時已加予改善，但還不夠周全罷了。

5、收字有待全面增補

蔣妙琴曾在其所著 ≪龍龕手鑑引新舊藏考≫ 第四章第三節中，談及 ≪龍龕手鑑≫ 「對 ≪中文大辭典≫ 修補之價值。」[28]此不贅述。然 ≪中文大辭典≫ 既引 ≪十三經注疏≫ 與 ≪說文≫、≪說文解字詁林≫、≪說文古籀補≫、≪說文古籀補補≫、≪說文古籀三補≫、≪古籀彙編≫ 諸書，理應注意到 ≪儀禮≫ 與段玉裁注中用字與本篆隸定後的差異，舉例言之，就 ≪說文解字≫ 歺部「殔」字：「瘞也。从歺，隶聲。」段注：「土部曰：『瘞，幽薶也。』〈士喪禮〉『掘肂』注曰：『肂，埋棺之坎也。』棺在肂中斂屍焉，所謂殯也，肂

的範疇，與 ≪中文大辭典≫ 是互相補充的，而非將上舉三十六種辭書一併收入，唯說「熔鑄於一爐」則可。

27) 參見網址http://ap6.pccn.edu.tw/Dichonary/leam.asp

28) 蔣妙琴：≪龍龕手鑑引新舊藏考≫ （臺北：文化大學印度文化研究所，1986年）。

者所以殯，故其字次於殯，可證上文將遷葬柩之誤。」[29]但 ≪中文大辭典≫ 卻失收。≪漢語大詞典≫ 則作：

殔 [si ㄙˋ]

[≪廣韻≫ 息利切，去至，心。]

假葬；暫厝。亦指埋棺之坎。≪儀禮・士喪禮≫：「掘殔見衽。」鄭玄注：「殔，埋棺之坎也。」賈公彥疏：「殔，訓為陳，謂陳尸於坎。」≪呂氏春秋・先識≫：「威公薨，殔九月不得葬，周乃分為二。」高誘注：「下棺置地中謂之殔。」≪釋名・釋喪制≫：「假葬於道側曰殔。」南朝宋・顏延之 ≪宋文皇帝元皇后哀策文≫：「戒涼在殔，杪秋即穸。」宋・司馬光 ≪員外啟殯文≫：「爰擇令辰，肇開旅殔，遷就祖域，永有依歸。」清・龔自珍 ≪潘阿細碣≫：「細悲吟，淚霪霪；子先殔，辰以奄。」[30]

或是前舉「八百里」典出 ≪世說新語・汰侈≫ 篇，「汰」又作「忕」，≪中文大辭典≫ 還是失收「忕」字。更遑論先秦出土文字材料中，≪中文大辭典≫ 雖叄考了 ≪甲骨文編≫、≪續甲骨文編≫、≪殷虛文字類編≫、≪鐘鼎字源≫、≪薛氏鐘鼎款識≫、≪重訂金文編≫ 諸書，但個中尚不免有遺珠之憾，比如有名盛酒青銅器的國差甔，其「甔」字作「罎」，係 「甔」字的一字異寫 (見圖版三)[31]，≪中文大辭

29) 叄見漢鄭玄注、唐賈公彥疏：≪十三經注疏・儀禮注疏≫(臺北：藝文印書館，1979年)，第四冊，頁433；許慎著，段玉裁注：≪說文解字注≫(臺北：藝文印書館，2005年)，頁165。

30) 羅竹風：≪漢語大詞典≫(臺北：東華書局，1997年)，第九卷，頁244。

31) 如馬承源：≪中國青銅器≫(臺北：南天書局，1991年)，頁253。書云：「罎字從缶詹聲，古從缶從瓦常通用，即甔字。≪廣雅. 釋器≫ 云甔為『瓶也』。≪史記. 貨殖列傳≫：『醬千甔』，≪集解≫ 引徐廣云：『甔，大罌缶。』字或作擔，≪後漢書. 明帝紀≫ 註引 ≪埤蒼≫ 謂大罌。≪方言.

典≫ 亦不收；或如臺灣冬候鳥「高蹺鴴」，閩南鄉土名稱為「䠷腳仔」[32]（見圖版四），亦無方言用字「䠷」字；或如大陸關中、甘肅地區的方言用字「塬」等[33]，亦不載及；或是在日文中鮮活使用的字，≪中文大辭典≫ 只能解為「義未詳」的，如日本特用漢字「雫」即是（見圖版五），凡此種種，或出於時代因素，或不免百密一疏，都有待更進一步的補苴增訂，而這一曠日費時的浩大工程，部分就由後出纂詳的 ≪異體字字典≫ 來取代了。比如「䠷」

字 ≪異體字字典≫ 作：

䠷	(身材)高；長，與"矮"相對.	廈門方言詞典.77	字書無

* 出自 ≪異體字字典≫ 漢語方言用字參考表：http://140.111.1.40/fulu/fu7/page15.htm

而「塬」字 ≪異體字字典≫ 則作：

字號	C01762	正字	【塬】土-10-13
音讀	ㄩㄢˊ		

五≫：『罃，……齊之東北海岱之間謂之甋。』罃與罌字音相近，為同類器之異寫。由此，甋為瓶形或罌形之大容器，瓶形器必斂口，罌為大腹，是為斂口之大腹器。國差鑰銘云：『工師□鑄西郭寶鑰四秉，用實旨酒。』」又可參見 ≪漢語大字典≫（臺北：建宏出版社，1998年），缶部，頁1226。

32) 陳加盛：≪台灣鳥類圖誌≫(臺北：田野影像出版社，2006年)，頁184。

33) 李學勤：≪青銅器與古代史≫：「何尊是西周前期最重要的青銅器之一，1963年出土於陝西寶雞的賈村塬」。李學勤：≪青銅器與古代史≫(台北：聯經出版事業，2005年)，頁183。又可參見 ≪漢語大字典≫，土部，頁198。

釋義	因地殼變動・海平面下降或河流下切所形成的階地, 地勢平坦, 邊緣陡峭. 如關中地區有"頭道塬"・甘肅地區有"董志塬".

*出自 ≪異體字字典≫ 土部10畫：http://140.111.1.40/yitic/frc/frc01762.htm

至於「雫」字 ≪異體字字典≫ 則作：

字形	雫	部首筆畫數	雨-03-11
音讀	(一)／da (二)／shizuku		
釋義	水點・水滴. 合雨・下二字構成.		

*出自 ≪異體字字典≫ 日本特用漢字表：http://140.111.1.40/fulu/fu5/jap/jap173.htm

由此可見 ≪異體字字典≫ 的超強檢索釋義的功能了。

四、≪異體字字典≫ 編纂內容評述

在利用網路迅捷便利豐富資訊的現代, 一部網路版的無所不包的集大成語文工具書就有其需求的迫切性, 再加上各國間透過網路的聯結而無所弗屆, ≪異體字字典≫就在這樣的時空背景下產生。

(一) ≪異體字字典≫ 的編纂

關於 ≪異體字字典≫ 的編纂過程, 在其網路版說明中有很詳盡的介紹, 而探討的相關研究可見的有 ≪異體字字典≫ 的主編曾榮汾所撰的〈教育部異體字字典析介〉[34]和〈試論國內語文工具書編輯觀念之成就〉[35]、〈網路版詞典編輯經驗析介〉[36]三文, 文中除對編纂此書的來龍去脈, 有關的特色、體例、參考資料、技術等方面舉例詳加說明外, 同時也提出字典中尚待努力與改進之處。另外, 在2005年的碩士論文中, 也有涉及此書而企圖增補的, 如鄭淑昭的 ≪≪北魏墓誌百種≫ 研究≫ 第五章「≪北魏墓誌百種≫ 研究價值」中, 第五點有「添補 ≪異體字字典≫ 之字形」一節[37]。李瑩娟的 ≪漢語異體字整理法研究≫ 第五章「現代異體字專門字典整理異體字的方法」中, 將臺灣的 ≪異體字字典≫ 與大陸的 ≪異體字手冊≫、≪異體字字典≫ 等書進行比較[38], 都關注到 ≪異體字字典≫ 編輯內容的良窳與局限, 也給予適切的評價。

≪異體字字典≫ 的編纂緣起, 實起於1994年陳新雄教授赴韓參加「第二屆漢字文化圈內生活漢字問題國際研討會」, 會中決定各國編訂 ≪異體字典≫。此後臺灣則由教育部國語推行委員會鳩集十

34) 曾榮汾:〈教育部異體字字典析介〉, ≪第十四屆中國文字學全國學術研討會論文集≫, (高雄:國立中山大學中國文學系), 2003年, 頁301~320。

35) 曾榮汾:〈試論國內語文工具書編輯觀念之成就〉, ≪辭典學論文集≫, (臺北市:辭典學研究室, 2004年), 頁350。

36) 曾榮汾:〈網路版詞典編輯經驗析介〉, 頁41~46。

37) 鄭淑昭:≪≪北魏墓誌百種≫ 研究≫(臺南:國立臺南大學語文教育學系教學碩士論文, 2005年), 頁214。

38) 李瑩娟:≪漢語異體字整理法研究≫(斗六:雲林科技大學漢學資料整理研究所碩士論文, 2005年), 頁131~155。

餘位文字學專家組成編輯委員會，於1995年7月開始編輯，2000年推出網路試用版本，2001年6月推出網路正式版本，2002年10月發行光碟版本[39]，今網路上檢索者則為2004年1月正式五版本。此書歷六年(1995~2001）編輯成書，總收字數為正字與異體字共106230字（其中正字29892字，異體字76338字)，乃薈萃臺灣文字專家學養智慧的結晶，也是目前全世界最大的中文文字資料庫，對漢學的研究與教學，各國間學術的交流溝通，起著相當大的作用。

本來《異體字字典》的編纂目標，係作為語文教育及研究的參考、提供國際漢字標準化、統一化工作的依據、並修訂原《異體字表》以及作為日後擴編中文電腦內碼的基礎而設的，以故建起如此龐大豐贍的漢字字形資料庫。

(二)《異體字字典》的內容特色

若根據《異體字字典》網路版說明（2004年1月正式5版)，字典係以正字為編輯綱領，除部分罕用字字義外，逐字附上形音義及所領屬的異體字。至於異體字部分，則逐字陳列於其所對應之正字下。依字形、部首筆畫、內容編輯。異體字的內容主要呈現所據的關鍵文獻，並說明該字所有之對應關係。若有委員「研訂說明」則顯示連結訊息。關鍵文獻欄，僅展示未涉著作權之文獻。讀者若有需要，則要依所附辦法提出申請。字典的檢索採部首與筆畫索引，含正字、異體字之檢索。並附有「問題與解答」，將使用時可能發生的一般狀況與處理方法先作整理。表中收錄各種文獻，藉以觀察正字

39）曾榮汾：〈教育部異體字字典析介〉，頁301。

與異體字孳乳與演變的脈絡。並附〈異體字例表〉、〈偏旁變形歸納表〉、〈二一四部首各種形體歸併表〉、〈聯綿詞異形表〉、〈中日韓共用漢字表〉、〈民俗文獻用字表〉、〈兩岸化學元素用字對照表〉、〈避諱字叄考表〉、〈方言用字表〉、〈單位詞叄考表〉、〈符號詞叄考表〉、〈待考正字表〉、〈異體字表修訂版〉、〈原異體字表修訂紀錄〉、〈編輯總報告書〉等諸表，可謂工程浩大，組織嚴密，包羅萬象，涵蓋周全。

在現今網路時代，≪異體字字典≫所提供的方便迅捷全文搜尋系統，無疑的超越了紙版辭書的種種限制，諸如紙面版印量有限，修訂困難，查索不易，也無法結合多媒體，不能多方連結，快速運算，大量儲存，持續編修，隨時維護；反之，資料數位化後，則文字、影像、聲音都可蒐羅殆盡[40]，雖然≪異體字字典≫處理連結的，因數量龐大，並沒有語音檔的部分，但盛況空前也可窺一斑，試舉「泉」字觀之：

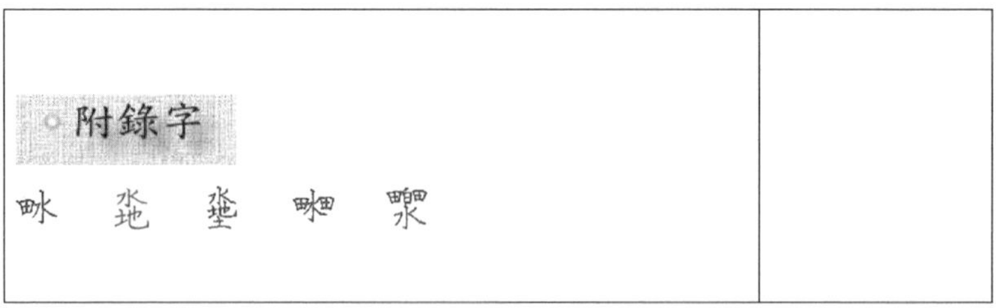

40) 曾榮汾：〈網路版詞典編輯經驗析介〉，頁38~46。

a02183-019

附錄字	畖	部首筆畫	水-05-09
內 容	"畖", 形見≪龍龕手鑑. 田部≫ : "畖 · ⿰畖田, 二俗音泉." · ≪漢語大字典. 田部≫ : "畖, 同『泉』. ≪龍龕手鑑. 田部≫ : 『畖 · ⿰畖田, 二俗, 音泉.』" 待考.		

a02183-023

附錄字	⿱水地	部首筆畫	水-06-10
內 容	"⿱水地", 形見≪四聲篇海. 水部≫ : "⿱水地, 결泉二音." · ≪中華字海. 水部≫ : "⿱水地, 疑同『泉』. ≪篇海≫ : 『⿱水地, 결 · 泉二音.』" 待考.		

a02183-021

附錄字	⿱水坐	部首筆畫	水-09-13
內 容	"⿱水坐", 形見 ≪中華字海. 水部≫ : "⿱水坐, 同『泉』. 字見 ≪篇海≫." 還原未見, 待考.		

a02183-020

附錄字	⿰畖田	部首筆畫	水-10-14
內 容	"⿰畖田", 形見 ≪龍龕手鑑. 田部≫ : "畖 · ⿰畖田, 二俗音泉." · ≪字彙補. 田部≫ : "⿰畖田, 都感切, 音膽, 蔭也." · ≪漢語大字典. 田部≫ : "⿰畖田, 同『畖(泉)』. ≪龍龕手鑑. 田部≫ : 『⿰畖田』, 同『畖』. ≪字彙補. 田部≫ : 『⿰畖田, 音泉.』" 待考.		

龍龕手鏡
(高麗本)

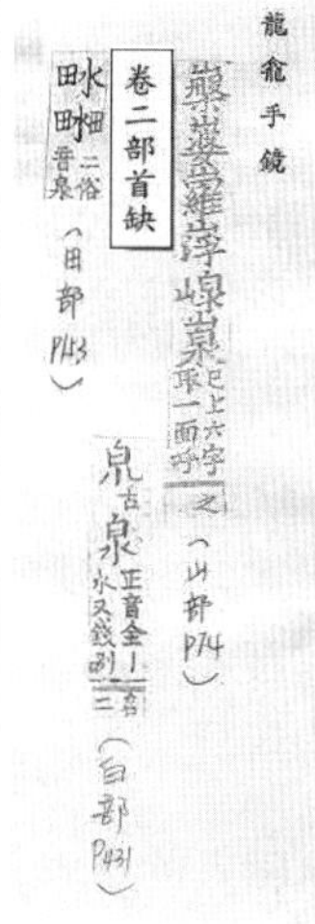

龍龕手鑑

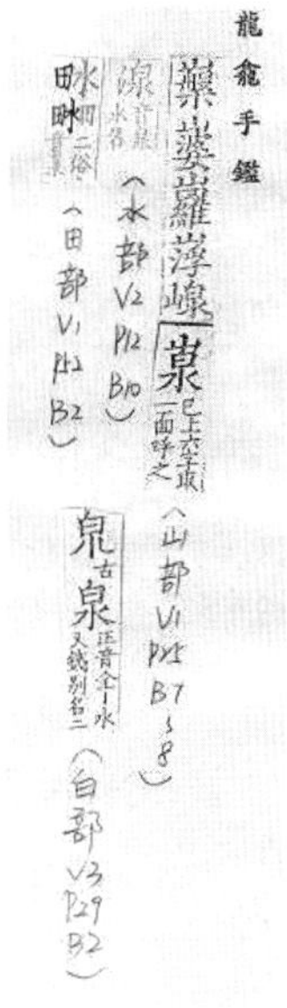

a02183-022			
附錄字	[illegible]	部首筆畫	水-15-19
內　容	"[illegible]", 形見 ≪中華字海. 水部≫ : "[illegible], 同『泉』. 字見朝鮮本 ≪龍龕≫." 還原未見, 待考.		

從上舉「泉」的異體字處理模式可知, 誠如曾文指出的, ≪異體字字典≫ 有七大特色：1.收字最為宏富。2.字字交代出處。3.附錄原始文獻。4.提供異體字例。5.並列日韓用字。6.結合方俗用字。7.使用電腦編輯。個個都具足了辭書該有的功能, 也是它足以傲人的成就。

(三) ≪異體字字典≫ 的缺失

但無可諱言的, ≪異體字字典≫ 相對的也存在著一些缺失, 曾文已明白舉出字典待改進之處凡六：1.文獻收錄的不足。2.手寫字形的失真。3.全面釋義的待補。4.圖片處理的改進。5.部首互見的補正。6.參見線索的修正。[41] 從上舉「泉」字中也可略窺端倪, 比如「全面釋義的待補」方面, 一字而有五個「待考」；或是引書稱名也不統一, 如 ≪龍龕手鑑≫ 又作 ≪龍龕≫；或是標點符號不一, 如「二俗, 音泉」又作「二俗音泉」；或是字型圖檔無法顯現成亂碼之類, 例如 「[illegible]」字內容中的「脉」字則顯示成「결」。當然, 其中最大

41) 曾榮汾：〈教育部異體字字典析介〉, 頁301、315。

的不足還是在傳世文獻與出土文獻收錄判別的不足上。

若舉一臠以賅其餘來看，就「文獻收錄的不足」一項檢核，≪異體字字典≫ 的編輯「是一部以蒐羅文獻字形為主的語文工具書」[42]，其「文獻選錄原則」係「依文字發展史及編輯目標選錄文獻」的，其中文獻選錄類型分為二大部分，包括基本文獻六十三部，參考文獻多達一千四百四十二種。比較特殊的，是它還收「日本特有漢字」，收錄日本所造而未見於字典正文中的漢字，共八十五個，逐字注上日本音讀及釋義，容或有較明確地顯示出構字線索的，也會略加分析，至所依據的材料是從諸橋轍次主編的 ≪大漢和辭典≫（大修館，昭和六十一年九月版）和鈴木修次、武部良朋、水上靜夫編的 ≪角川漢和辭典≫（角川書店，1992.1版）而來；另一特殊的，是收有「韓國特有漢字」，收錄韓國所造而未見於字典正文中之漢字，共 255個，也逐字注上韓國音讀及釋義。此部分材料是委由韓國鄭錫元根據張三植主編的 ≪大漢韓辭典≫（韓國，博文出版社）、金鍾塤 ≪韓國固有漢字研究≫（集文堂）、崔範勳 ≪漢字音訓借用表記體系研究≫、韓國檀國大學校東洋學研究所編 ≪韓國漢字語辭典≫ 等書編輯而成的，材料相當豐富。

如果以 ≪異體字字典≫ 的基本文獻來看，按照性質內容稍作區分，大致可分：

1、說文類：大徐本 ≪說文解字≫、段注本 ≪說文解字≫。
2、古文字類：≪校正甲骨文編≫、≪甲骨文字集釋≫、≪金文編≫、≪古文字類編≫、≪漢語古文字字形表≫、≪古璽文編≫、≪古文四聲韻≫。

42) 曾榮汾：〈網路版詞典編輯經驗析介〉，頁41。

3、簡牘類：≪漢簡文字類篇≫。

4、隸書類：≪漢隸字源≫、≪隸辨≫。

5、碑刻類：≪金石文字辨異≫、≪偏類碑別字≫、≪碑別字新編≫。

6、書帖類：≪中國書法大字典≫、≪草書大字典≫、≪歷代書法字彙≫。

7、字書類：≪玉篇≫、≪玉篇零卷≫、≪字彙≫、≪佩觿≫、≪字鑑≫、≪六書正≫、≪字學三正≫、≪正字通≫、≪字彙補≫、≪康熙字典≫（校正本)、≪康熙字典≫（新修本)、≪經典文字辨證書≫、≪增廣字學舉隅≫、≪彙音寶鑑≫。

8、韻書類：≪廣韻≫、≪集韻≫、≪類篇≫、≪精嚴新集大藏音≫、≪四聲篇海≫、≪集韻考正≫、≪重訂直音篇≫。

9、字樣書類：≪干祿字書≫、≪五經文字≫、≪新加九經字樣≫、≪古今正俗字詁≫、≪字辨≫、≪異體字手冊≫、≪簡化字總表≫、≪韓國基礎漢字表≫、≪中日朝漢字對照表≫、≪簡體字表≫、≪異體字表≫。

10、俗字譜類：≪敦煌俗字譜≫、≪六朝別字記新編≫、≪宋元以來俗字譜≫、≪俗書刊誤≫。

11、佛經文字類：≪龍龕手鏡≫（高麗本)、≪龍龕手鑑≫、≪佛教難字字典≫。

12、現代字書類：≪角川漢和辭典≫、≪中文大辭典≫、≪漢語大字典≫、≪國字標準字體宋體母稿≫、≪學生簡體字字典≫、≪中華字海≫。

雖然如此地蒐羅備盡，但如前舉 ≪中文大辭典≫ 失收的「殔」字、「体」字或「壒」字依然闕如，就不免令人心生遺憾了![43]

五、古今共構與內外互補

當然, 每本辭書的產生都有其特殊的時空背景, 如 ≪中文大辭典≫ 就是在文化復興的核心使命下, 利用傳世文獻與出土文獻建立出古今文獻共構會通的模式, 當然也採擷 ≪大漢和辭典≫；而 ≪異體字字典≫ 卻是在國際化的訴求中, 結合了新科技的運用, 推出除臺灣典藏的全面資料外, 並擴及日、韓方面的辭書與特用漢字, 具備內外互補相足的架構, 拉大使用範圍的視界。但若細加推究, 語文辭書的基本功能, 實際上就是要解決國際社會各界在應用解讀漢字時, 各式各樣的疑難雜症, 它是專家學者的事業但並非專家學者的禁臠, 其目的主要在服務人群方便檢索與理解, 而不是讓大眾一籌莫展。

唯無可否認的, 各大型語文辭書在收字方面卻各有所偏, 如以 ≪中文大辭典≫、≪大漢和辭典≫ 和 ≪漢語大字典≫、≪漢語大詞典≫ 比較其收字情況, 略舉「一」到「口」部列表以示之, 其中 ≪漢語大字典≫、≪漢語大詞典≫ 獨多的有：

部 首	≪漢語大字典≫字例 (≪漢語大詞典≫附見)			
一 部	专	丞	丛	丙

---

43) 鄭淑昭在 ≪≪北魏墓誌百種≫ 研究≫ 第五章〈≪北魏墓誌百種≫ 研究價值〉 中有「五、添補 ≪異體字字典≫ 之字形」一小節云：「近年臺灣以眾學者之力, 利用電腦的便利性, 規劃製作了 ≪異體字字典≫, 除了提供研究者以電腦網路查閱外, 並為彙整字形的一大利器。本研究所輯錄之字形, 經比對 ≪異體字字典≫ 後, 發現有部分字形可增補此字典字形, 因受限篇幅, 僅取其中十數頁置於附錄四。」(見圖版六)

部　首	≪漢語大字典≫字例（≪漢語大詞典≫附見）			
	东	丝	乔	亚
	丧	卌	[illegible]	[illegible]
	[illegible]	亐	[illegible]	祖
	神	鬲	[illegible]	夏
	[illegible]	[illegible]		
漢語大詞典 一　部	尔			
丨　部	尸	临		
丶　部	为	[illegible]	月	[illegible]
	举			
丿　部	[illegible]	鸟	[illegible]	用
	乐	[illegible]	甪	[illegible]
	[illegible]	甪	[illegible]	EE
漢語大詞典 丿　部	[illegible]	[illegible]		
乙　部	[illegible]	乹	[illegible]	[illegible]
	书	[illegible]	[illegible]	[illegible]
	[illegible]	丌	[illegible]	乳
	[illegible]	[illegible]	[illegible]	亅
	习	买	[illegible]	[illegible]

部首	≪漢語大字典≫字例（≪漢語大詞典≫附見）			
漢語大詞典 乙部	乱	尸	肀	
亠部	亍	产	亦	亩
	夜	亯		
漢語大詞典 亠部	亢			
人部	㐰	俣	仪	仫
	仵	伂	们	佤
	氶	买	作	侗
	性	俈	位	径
	侣	俞	侖	尥
	侥	侦	俀	偶
	侨	佚	侪	侧
	依	仑	仑	伞
	伟	传	伢	伤
	伤	伥	佽	佼
	伦	伧	伪	伫
	仓	仓	从	笁
	金	俦	俨	俩
	俪	俭	伤	佮

部 首	≪漢語大字典≫字例（≪漢語大詞典≫附見)			
	⿰亻尨			
漢語大詞典 人 部	俣	俗	⿰亻乱	佤
	氶	佘	⿰亻生	俟
	侣	⿰亻尨		
几 部	凯	凫	⿱⺮几	⿱自几
刀 部	⿰凹刂	⿰卜刀	⿱⺈⺕	⿰勺刂
	争	则	刚	创
	⿱大分	划	⿰井刂	⿰句刂
	⿰必刂	到	⿱⺈冉	刹
	刿	剀	剂	削
	⿰丰刃	⿱刀冏	⿱刀冏	⿰址刂
	剐	⿰佥刂	剑	
漢語大詞典 刀 部	⿰凹刂	创		
勹 部	⿹勹止	⿱⺈甬		
又 部	发	⿱癶友	变	⿰⺊冂又
	⿰甫又	豈	叙	⿰亩又
口 部	吖	吕	⿰口芈	吗
	吗	⿰口任	⿰口亦	⿰口庄

部 首	≪漢語大字典≫字例（≪漢語大詞典≫附見）			
	吼	呓	呕	呖
	呒	呗	员	冎
	呲	呛	呜	𠰅
	启	号	吭	咉
	咭	呐	哪	咗
	𠮳	咘	𠱃	唛
	咙	𠰛	咛	呦
	叽	吐	㕰	呒
	善	呯	哝	旭
	呑	哙	哗	啗
	嗦	哕	呰	哔
	哓	哒	哐	唛
	哑	咡	吒	
漢語大詞典 口 部	吖	吕	㖈	哅
	诤	哗	嘟	
囗 部	画	图	围	囱
	囦			

其中頗多簡化字，顯現出中國大陸地區特殊的時空因素，也主導著辭書編輯收字的內容了。

一部古今共構，內外互補的語文綜合性大辭書，尤其是在國際交流頻繁的現代，既要滿足社會各界在解讀文獻時有著暢行無礙的通關密語，辭書在解碼的過程中，舉凡生活所及、閱讀所需皆能一應俱全，而依傍專家學者的解讀、判斷、辨析、詮釋，並轉化成淺顯易懂的現代語彙，跟時義用法緊密的結合，其實是使用者求全責備的希冀，而實際上目前所見辭書能不能滿足這樣的需求，發揮它極限的功能呢？

試舉一例來驗證，「首唱整理域外漢文學及域外漢文小說」[44]的法國科研中心中國文化研究所退休學者陳慶浩，頃近攜北京大學及私人珍藏的十四卷顧道民脫稿、客夫人校字，清代初年的《東遊記》一書來訪（見圖版七），談及個中用字無法辨析，常常鎖碼，辭書也無法濟其窮。試用號稱全世界收字最多的《異體字字典》來檢索一番，可發現一頁之中即遍尋不著「㛓」、「謟」、「諕」、「僫」、「媄」諸字的芳蹤，收字的不足，也形成大型語文辭書的致命傷。

當然，自我批判是自我更新的一個重要機制，前文所言，對《中文大辭典》與《異體字字典》來說，無疑是九牛一毛，蚍蜉撼大樹，其大醇小疵，瑕不掩瑜，設若站在歷史的角度上，其影響層面的深廣與應用的便捷，實應予以高度的肯定！

44) 王三慶：〈《日本漢文小說叢刊》王序〉，《日本漢文小說叢刊》（臺北：臺灣學生書局，2003年），第一冊，頁17。

〈附 錄〉

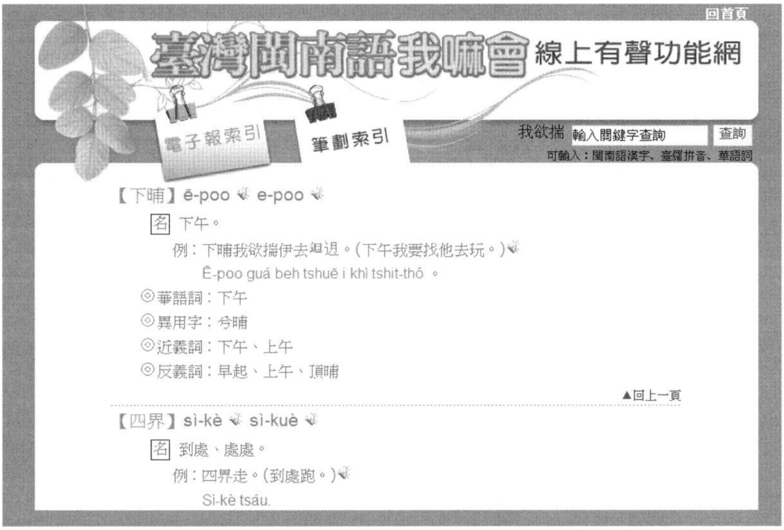

圖版一：≪臺灣閩南語我嘛會≫ 線上有聲功能網

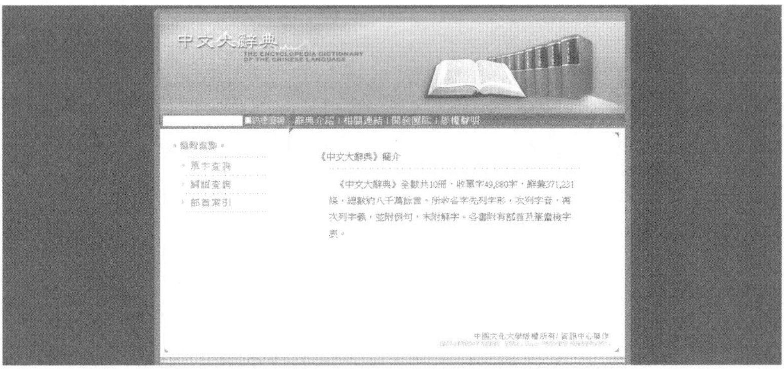

圖版二：≪中文大辭典≫
網路版首頁：http://ap6.pccu.edu.tw/Dictionary/index.asp

(圖4-1) 斂口短頸廣肩平底式 頸短, 口有一周平邊, 廣肩, 腹圓而寬, 腹上沿有四犧首銜環, 底平.春秋中期器.

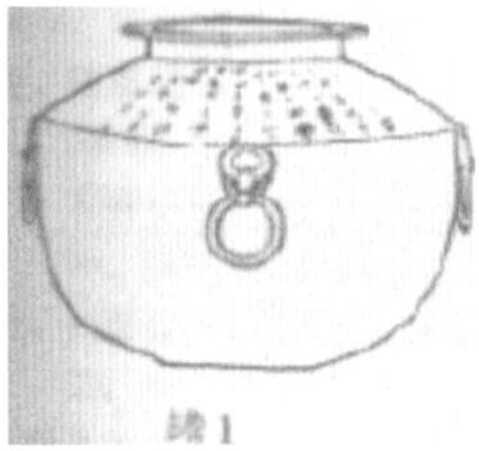

(圖4-2) 斂口短頸廣肩鼓腹平底式口斂, 唇呈弧線形外侈, 頸亦短, 肩廣而圓, 下部亦如此, 故整體有渾圓感. 肩上四交龍銜耳.春秋晚期器.

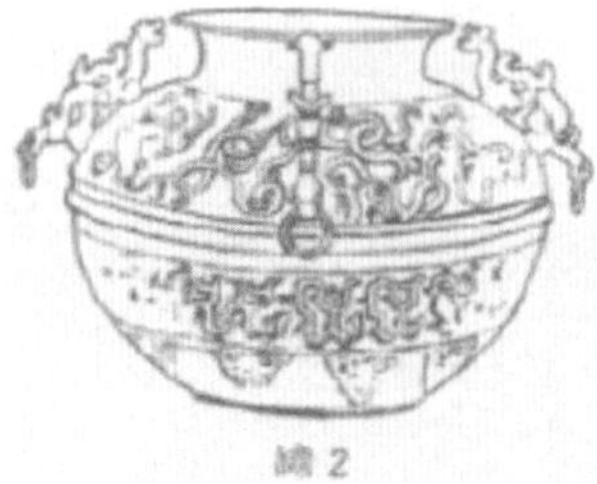

(圖4-3) 斂口短頸廣肩鼓腹圈足式 頸短, 口有一周平邊, 廣肩而圓, 體上下皆渾圓.肩有雙獸耳套環, 有的對稱的兩側有立龍棱脊.下有圈足甚淺, 據造型特點屬⿰缶詹類.戰國早期器.

圖版三、馬承源：≪中國青銅器≫ (臺北：南天書局, 1991年), 頁253。⿰缶詹的類型

圖版四、高蹺鴴, 陳加盛： ≪台灣鳥類圖誌≫ (臺北：田野影像出版社, 2006年), 頁184。

圖版五、日本特用漢字「雫」，如亞樹直著、沖本秀繪、涂翠花、莊湘萍譯：《神之雫》(尖端出版，2008年) 即是：

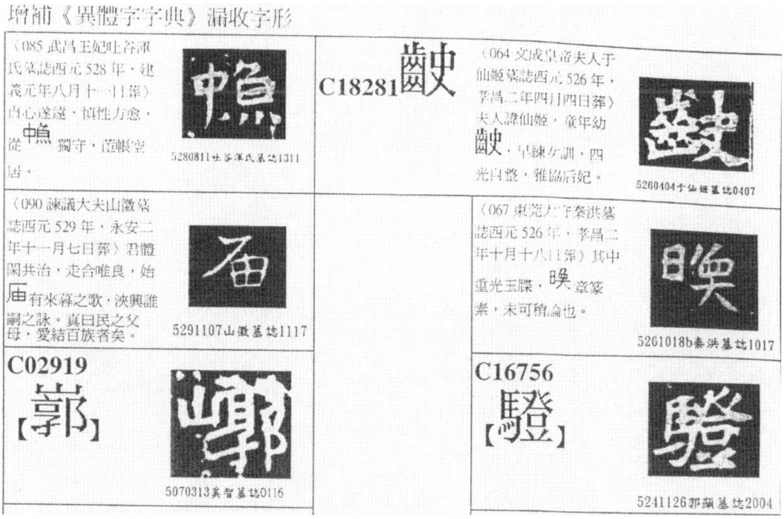
增補《異體字字典》漏收字形

〈085 武昌王妃吐谷渾氏墓誌西元 528 年，建義元年八月十一日葬〉貞心逐遠，慎性方愈，從□獨守，笸帳空居。
5280811吐谷渾氏墓誌1311

C18281□
〈064 文成皇帝夫人于仙姬墓誌西元 526 年，孝昌二年四月四日葬〉夫人諱仙姬，童年幼□，早練女訓，四光自整，雅協后妃。
5260404于仙姬墓誌0407

〈090 諫議大夫山徽墓誌西元 529 年，永安二年十一月七日葬〉君體閑共治，走合唯良，始庿有來暮之歌，洟興誰嗣之詠。真曰民之父母，愛結百族者矣。
5291107山徽墓誌1117

〈067 東莞太守秦洪墓誌西元 526 年，孝昌二年十月十八日葬〉其中重光玉牒，□章篆素，未可稍論也。
5261018b秦洪墓誌1017

C02919
【𨞪】
5070313奚智墓誌0116

C16756
【騎】
5241126郭顯墓誌2004

圖版六 鄭淑昭 《北魏墓誌百種研究》，2005年國立臺南大學，語文教育學系教學碩士論文，附錄四

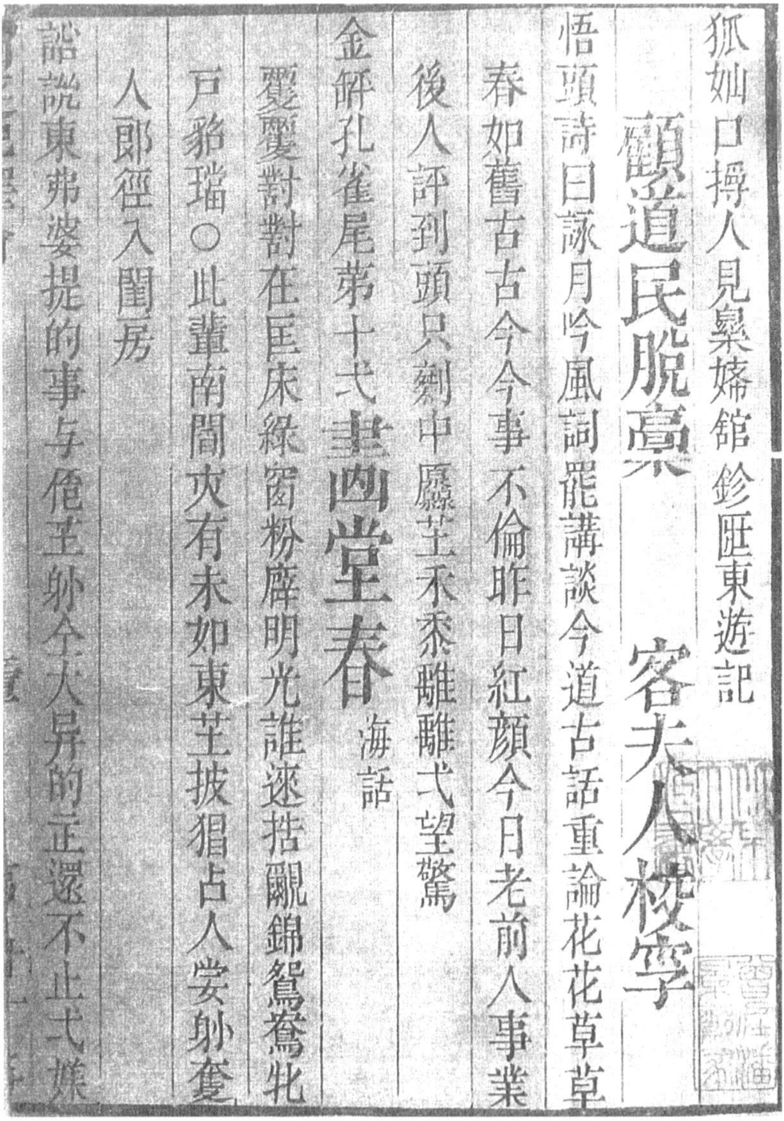
狐姍口搙人見梟婦館 鈔匯東遊記
顧道民脫稟 客夫人樓
悟頭詩曰詠月吟風詞罷講談今道古話重論花花草草
春如舊古古今今事不倫昨日紅顏今月老前人事業
後人評到頭只剩中㶑芏不黍雝雝弋望驚
金䍩孔雀尾第十弌 書西堂春 海話
甕甕對對在匡床綠窗粉㢠明光誰逐括𪄞錦鴛鴦牝
戶豸瑞○此輩南閭夾有未如東芏拔猖占人㚾躬夤
人郎徑入閨房
諂說東弗婆提的事与俺王躬今大昇的並還不止弌媄

圖版七、≪東遊記≫

[『동양학』 46집(2009) 수록]

필자 약력(원고 수록순)

1. 漢韓大辭典 編纂室

『한한대사전』 편찬실 설치(1977)

『한한대사전』 편찬작업 본격 시작(1978)

『한국한자어사전』 1권 출간(1992)

『한국한자어사전』 전4권 완간(1996)

『한한대사전』 1권 출간(1999)

『한한대사전』 전16권 완간(2008)

『통합디지털한한대사전』 편찬사업 진행 중(2009~)

2. 李江魯

忠南 牙山 屯浦公立普通學校 卒業, 國語學 專攻

朝鮮語學會(뒤에 한글학회) 辭典編纂員, 仁川教育大學 教授,

檀國大 教授, 東洋學研究所 漢韓大辭典 編纂室長

主要著作

『朝鮮文學研究(短歌解釋)』, 1948.

『月印千江之曲』 上, 신구문화사, 1962.

『국어 교육의 바른 길』, 박영사, 1970.

『한글과 한자의 만남』, 신구문화사, 1987.

『사성통해의 음운학적 연구』, 박이정, 2004.

3. 金東吉

檀國大 東洋學研究所 漢韓大辭典 編纂部長,
敎學社 敎學大漢韓辭典 編纂主幹

4. 鄭亨道

高麗大 大學院 中語中文學科(文學碩士), 中國語學 專攻
現在 檀國大 東洋學研究院 編纂室 專任研究員

主要著作

「漢字 字典 標題字의 動詞義項 分類」, 高麗大 碩士學位論文, 2009.

5. 朴燦圭

檀國大 大學院 史學科(文學博士), 韓國史學 專攻
現在 檀國大 東洋學研究院 編纂室 編纂主任

主要著作

「百濟의 始祖 傳承과 出自」, 『선사와 고대』 19, 2003.
「集安지역에서 최근 발견된 고구려 문자 자료」, 『고구려연구』 19, 2005.
「백제의 성장과 마한병합」, 『백제의 기원과 건국』(백제문화사대계 연구총서 2), 2007.
「한문자의 수용과 한문학」, 『백제의 문화와 생활』(백제문화사대계 연구총서 12), 2007.
「문헌을 통해서 본 마한의 시말」, 『백제학보』 3, 2010.

6. 鄭載喆

檀國大 漢文敎育科 卒業, 高麗大 大學院 國文學科(文學博士), 漢文學 專攻, 現在 檀國大 漢文敎育科 敎授, 敎育大學院長

主要著作

「조선중기 문장가의 한유문 토석과 그 의미」, 『한국한문학연구』 44, 2009.

「이색의 국자감 유학과 문화교류사적 의미」, 『고전과 해석』 8, 2010.

「구한말 동아시아 지식인의 문화비전」, 『한국한문학연구』 47, 2011.

「디지털한한대사전의 표제어 구성에 대하여」, 『東洋學』 50, 2011.

「동아시아 근대 한문산문의 한 국면」, 『일본학연구』 35, 2012.

7. 尹勝俊

檀國大 國語國文學科 卒業, 檀國大 大學院 國語國文學科(文學博士), 古典散文 專攻, 現在 檀國大學校 敎育大學院 敎育學科 敎授, 東洋學硏究院 編纂室長

主要著作

「六堂 崔南善의 '壇君論' 硏究」, 『인문학연구』 37, 2009.

「筆寫本 "秋雲茶集"의 資料的 價値」, 『東洋學』 47, 2010.

「"열하일기"의 우언 읽기」, 『배달말』 47, 2010.

「조선후기 지식인의 對淸 인식－湛軒과 燕巖을 중심으로－」, 『漢文學報』 24, 2011.

「기대와 실망, 괄시와 보복의 서사－구전설화 속 처가와 사위의 관계－」, 『한민족문화연구』 37, 2011.

8. 徐元南

漢陽大 中語中文學科 卒業, 北京大 中語中文學科(博士),
中國語學 專攻, 現在 漢陽大 中語中文學科 教授

主要著作

『중국 훈고학의 이해』, 제이앤씨(J&C), 2005.
『다시각하적중국어언어문화탐토』, 한국문화사, 2010.
「三家注와 '史記本紀'」통가자 연구, 『중국학』 35, 2010.
「'史記列傳'에 보이는 통가자 연구」, 『중국어문학논집』 60, 2010.
「'史記列傳'을 통해 본 古今義語 용례연구」, 『동북아문화연구』 31, 2012.

9. 金健人

現在 浙江大 中國語言文學系 教授, 中國文學 專攻

主要著作

『小說結構美學』, 浙江文藝出版社, 1987.
『文學：作爲語言藝術』, 百花文藝出版社, 1994.
『新寫實小說選』, 浙江文藝出版社, 1993.
『中外寫作技法大觀』(主編·主撰), 上海教育出版社, 1994.
『全國高校文學概論教學大綱』(共著), 高等教育出版社, 1994.

10. 姜勇仲

成均館大 中語中文學科 卒業, 北京大 中文系(博士),
中國語學 專攻, 現在 成均館大 現代中國研究所 研究教授

主要著作

「근대중국어 어휘연구의 구성과 요건에 대한 시론」, 『중국문화연구』 10, 2007.

「宋儒語錄詞彙研究和'漢語大詞典'：以'二程集'與'朱子語類'爲中心」, 『中國文學研究』 35, 2007.

「어휘계통연구와 중국 역대 상업어휘 연구 방법」, 『중국문학연구』 36, 2007.

「朝鮮時代 類解類 譯學書 商業語彙 收錄 樣相과 對比」, 『중국언어연구』 30, 2009.

「'譯語類解' 買賣門 상업어휘의 분류와 풀이」, 『중국문학연구』 41, 2010.

11. 森博達

名古屋大學 文學修士, 中國語學 專攻

現在 京都産業大學 外國語學部 中國語學科 敎授

主要著作

『日本書紀成立の真実－書き換えの主導者は誰か－』, 中央公論新社, 2011.

『日本書紀の謎を解く－述作者は誰か－』, 中央公論新社, 1999(韓国語版, 2006).

『東海学と日本文化』(共著), 五月書房, 2003.

『ワカタケル大王とその時代』(共著), 山川出版, 2003.

「日本書紀に見える古代韓国漢字文化の影響」(韓国語), 『木簡と文字』 6, 韓国木簡学会, 2010.

12. 沈寶春

國立臺灣大學 中國文學研究所(博士), 文字學 專攻

現在 國立成功大學 中國文學系 教授

主要著作

「論戴侗‘六書故’的金文應用」, 『文字論叢』(中華民國期刊論文 04 2004).

「戰國行氣玉器的用途與銘文性質芻議」, 『古文字研究』(非中華民國期刊論文 2006).

「‘人鬲’新解」, 『古文字學論稿』(非中華民國期刊論文 04 2008).

「郭店〈語叢〉四‘一王母保三一嫛婗’解」, 『中國文字』(中華民國期刊論文 06 2010).

「論清華簡〈程寤〉篇太姒夢占五木的天命象徵意涵」, 『武漢大學簡帛網』(非中華民國期刊論文 03 2011).